普通高等教育汽车类专业系列教材

U0872728

汽车电器与电控技术

第 3 版

主　编：舒　华　赵劲松
参　编：舒　展　郑召才

机 械 工 业 出 版 社

本书主要介绍了汽车电源技术、汽车起动机技术、汽油发动机电控喷油技术、汽油发动机排放与点火控制技术、柴油发动机电控喷油技术、汽车行驶安全电控技术、汽车电控自动变速技术、汽车电控系统故障自诊断技术，详细介绍了各种控制系统的功能、组成、类型、结构原理、控制方法与控制过程等。

本书可作为普通高等院校汽车服务工程、车辆工程等专业教材，还可供其他汽车类专业师生和从事汽车运输管理、汽车维修管理、汽车设计制造的工程技术人员以及汽车修理工、电工学习参考。

图书在版编目（CIP）数据

汽车电器与电控技术/舒华，赵劲松主编. —3 版. —北京：机械工业出版社，2022.5（2025.7 重印）
普通高等教育汽车类专业系列教材
ISBN 978-7-111-70450-8

Ⅰ.①汽…　Ⅱ.①舒…　②赵…　Ⅲ.①汽车－电气设备－高等学校－教材②汽车－电子系统－控制系统－高等学校－教材　Ⅳ.①U463.6

中国版本图书馆 CIP 数据核字（2022）第 050862 号

机械工业出版社（北京市百万庄大街 22 号　邮政编码 100037）
策划编辑：何士娟　　　　责任编辑：何士娟
责任校对：潘　蕊　张　薇　封面设计：张　静
责任印制：刘　媛
北京富资园科技发展有限公司印刷
2025 年 7 月第 3 版第 6 次印刷
184mm×260mm · 19.75 印张 · 485 千字
标准书号：ISBN 978-7-111-70450-8
定价：69.90 元

电话服务	网络服务
客服电话：010-88361066	机　工　官　网：www.cmpbook.com
010-88379833	机　工　官　博：weibo.com/cmp1952
010-68326294	金　　书　　网：www.golden-book.com
封底无防伪标均为盗版	机工教育服务网：www.cmpedu.com

前　言

根据普通高校车辆工程、汽车服务工程等专业教学需求，精选教学内容，对教材第2版进行了精心修订。

本次修订总结了前期教学实施经验，并以教学内容的先进性、系统性和实用性为原则，对全书内容进行了重新梳理和优化编排。增加的内容有汽车行驶车道偏离预警系统和汽车自动紧急制动系统，汽车安全气囊系统控制部件和保险机构的结构原理，安全带收紧系统的结构原理与控制过程，自动变速器齿轮变速系统、液压控制系统和变速电控系统控制部件的结构组成与工作原理，行星齿轮机构的运动规律和变速原理等。鉴于学时所限，教材压缩了汽车电源和起动机技术的实践操作内容，省略了汽车悬架与巡航控制内容。

本书汇集了参与本书编写的专家、教授近40年从事汽车电器与电控技术教学和科研的研究成果，并从普通高等院校教学实际出发，重点介绍了汽车电源系统、起动系统、汽车主要电控系统和总成部件的功能、组成、分类方法、结构特点、控制原理、控制过程以及故障自诊断测试方法。本书图文并茂，使用方便，共附图290余幅。在每章后面附有小结和思考题，思考题的题型有单选题、多选题、判断题和问答题，共计340余题。

本书由解放军陆军军事交通学院教授舒华和副教授赵劲松担任主编，军事科学院系统工程研究院卫勤保障技术研究所工程师舒展和高级工程师郑召才参编。

在修订过程中，承蒙兄弟院校及企业有关同志的大力支持，向他们表示衷心的感谢！此外，本书参考了大量文献资料，在此向原作者深表谢意！由于编者水平有限，书中难免存在疏漏，恳请读者提出宝贵意见。

编　者
2021年8月

目　　录

概　述

汽车由发动机、底盘、电气设备和车身四大部分组成。汽车电气设备由汽车电器系统和汽车电控系统两大部分组成，每一部分又由若干个子系统组成。

汽车工业是我国经济的支柱产业之一，汽车电器与电控技术是汽车技术的关键组成部分，也是衡量一个国家科研实力和工业化水平的一个重要标志。

一、汽车电器技术

汽车电器技术是以电工电子技术、电化学技术、机械传动技术、自动控制技术、化工与橡胶技术、机械制造与热加工等技术为基础，以满足汽车技术性能和使用性能要求为目的，旨在保证汽车正常行驶的技术。

所谓技术，是指人类在利用自然和改造自然的过程中，积累起来并在生产劳动中体现出来的经验和知识，也泛指其他操作方面的技巧，如汽车驾驶技术、汽车维修技术等。

所谓知识，是指人类在社会实践中积累起来的经验的总和，是人类认识自然、认识社会和认识自身的产物，如社会知识、生活常识、汽车维修知识等。

（一）汽车电器系统的功用

汽车电器系统是指由电器装置或电子装置、电器开关和导线等组成，并具有特定功用的机电一体化控制系统。

汽车电器系统的主要功用是保证汽车正常行驶。例如：为使发动机可靠起动，需要装备起动系统；为了保证汽车正常供电，需要装备电源系统；为了保证汽车安全行驶，需要装备信息显示系统、照明与信号系统、风窗玻璃刮水与洗涤系统；为了保护电器元件，便于查找和排除电器装置故障，需要装备熔断器、易熔线和故障自诊断系统等。由此可见，电器系统是保证汽车正常使用必不可少的组成部分。

（二）汽车电器装置的布置

汽车电器装置的布置原则：一是满足汽车技术性能和使用性能要求；二是安装维修与使用操作方便；三是节约连接导线。某型轿车部分电器装置的分布位置如图 0-1 所示。

（三）汽车电器系统的组成

汽车电器系统一般都由电源系统、起动系统、点火系统、信息显示系统、照明与信号系统、辅助电器系统等若干个子系统组成。

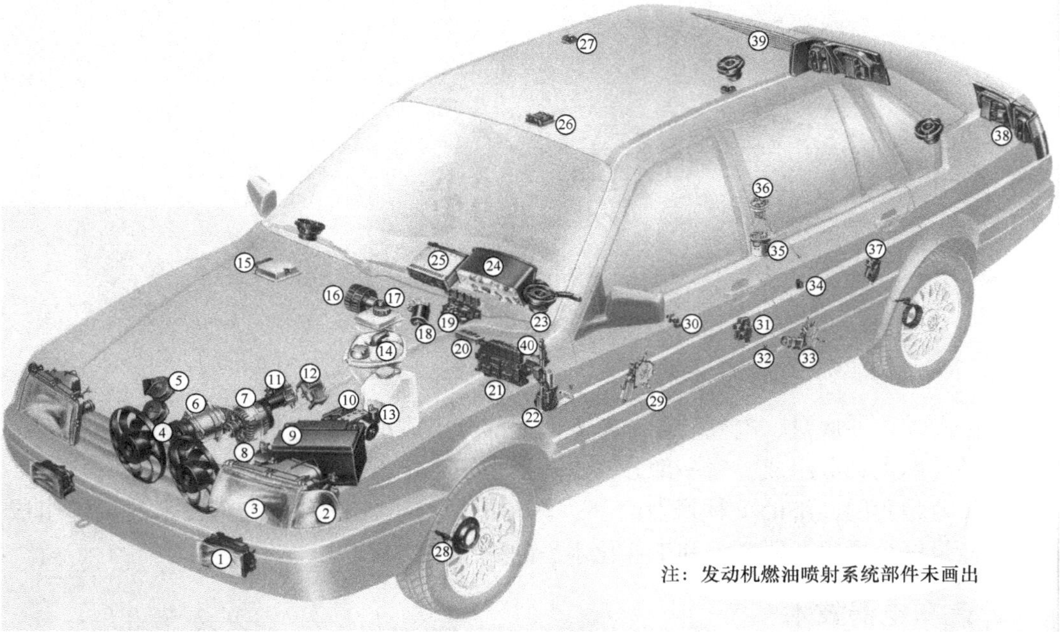

图 0-1　某型轿车部分电器装置的分布位置

1—雾灯　2—转向信号灯　3—组合前照灯　4—散热器风扇　5—双音喇叭　6—空调压缩机　7—交流发电机　8—储液干燥器　9—蓄电池　10—ABS ECU 与液压控制器总成　11—起动机　12—点火线圈与点火控制器　13—风窗玻璃洗涤泵　14—冷却液液位传感器　15—发动机 ECU　16—空调鼓风机　17—制动液液位传感器　18—风窗玻璃刮水器电动机　19—空调控制器　20—车窗电动机控制按钮　21—中央接线盒　22—自动升降天线　23—扬声器　24—组合仪表板　25—收放机　26—内顶灯　27—阅读灯　28—轮速传感器　29—左前车窗玻璃升降电动机　30—电动后视镜调节开关　31—中央门锁控制器　32—车门接触开关　33—左后车窗玻璃升降电动机　34—左后车窗玻璃升降开关　35—燃油泵　36—燃油油位传感器　37—后门锁控制电动机　38—组合后灯　39—后风窗玻璃除霜器　40—防盗器 ECU

1）电源系统。汽车电源系统主要由蓄电池、交流发电机和电子调节器组成。发电机是汽车的主要电源，蓄电池是辅助电源，调节器是一种电压调节装置。在汽车上，蓄电池与发电机并联工作，整车电器与电子设备均与两个直流电源并联连接。电源系统的功用是向整车用电设备提供电能。

2）起动系统。汽车普遍采用电磁控制式起动系统，主要由起动机、起动继电器和点火起动开关组成。起动系统的功用是起动发动机。

3）点火系统。汽油发动机装备有点火系统，柴油发动机在压缩行程末期，吸入缸内空气的温度已经超过柴油的燃点，从喷油器喷出的雾状柴油遇到热空气就立即燃烧，所以不需要装备点火系统。点火系统的功用是产生高压电火花，点燃气缸内的可燃混合气。

4）信息显示系统。主要由各种传感器、指示仪表、报警灯和电子显示器件组成。传感器有发动机润滑油压力传感器和冷却液温度传感器、燃油箱油量传感器、汽车车速传感器和发动机转速传感器等。指示仪表有电流表、电压表、油压表、温度表、燃油表、车速里程表和发动机转速表等。报警灯主要有发动机润滑油压力过低报警灯、冷却液温度过高报警灯、燃油箱油面过低报警灯、轮胎气压过低报警灯、制动压力（油压或气压）过低报警灯、制动液液位过低报警灯以及各种电控系统的故障报警灯等。电子显示器件包括发光显示器件、线条图形显示器件以及液晶显示屏等。随着电子技术在汽车上的广泛应用，汽车仪表电子化已经成为显示汽车信息的发展潮流。信息显示系统的功用是监测并显示汽车运行参数，特别是发动机工况参数和极限参数，以便驾驶人及时采取措施，防止发生人身和机械事故。

5）照明与信号系统。照明系统主要由车内和车外各种照明装置组成，其功用是提供夜间或雾天安全行车必需的灯光照明。在所有照明装置中，前照灯是最重要的照明装置。信号系统由各种信号灯、闪光器、电喇叭与蜂鸣器等组成，如警车、救护车和消防车等都需加装音响警告装置。信号系统的功用是提供安全行车必需的指示与警告信号。

6）辅助电器系统。主要有风窗玻璃刮水与洗涤系统、车窗玻璃升降系统、座椅位置调节系统、进气预热系统等。风窗玻璃刮水与洗涤系统的功用是刮除风窗玻璃上的雨水、积雪、尘土和污物，为驾驶人提供良好的视野，确保行车安全。车窗玻璃升降系统的功用是控制车窗玻璃自动升降，提高使用操作方便性。座椅位置调节系统的功用是调节座椅的前后和高低位置，提高乘坐舒适性。进气预热系统的功用是预热进入气缸的空气或可燃混合气，保证发动机迅速起动。随着控制技术的发展与进步，汽车采用辅助电器装置日益增多，主要是向舒适、娱乐和安全保障等方面发展。

7）配电装置。包括各种控制开关、配电线束、保险装置（易熔线、熔断器、断路器）、继电器、插接器和中央接线盒等。配电装置的功用是根据全车线路的连接原则，将整车电器和电子设备连接成为一个有机的整体，从而实现电器与电控系统的不同功能。

（四）汽车电器系统的特点

汽车种类繁多，形式各异，但其电器装置的结构原理大同小异，电器系统的特点也基本相同，具有“两个电源、低压直流、并联单线、负极搭铁”四个特点。

1）两个电源。即蓄电池和发电机。在汽车装备的两个电源中，蓄电池是辅助电源，发电机是主要电源。蓄电池主要在起动发动机时供电，发电机在汽车运行过程中，既向用电设备供电，又向蓄电池充电。

2）低压直流。汽车电器系统的标称电压有12V、24V两种等级，汽油发动机汽车普遍采用12V电器系统、柴油发动机汽车大多数采用24V电器系统。12V、24V电器系统的额定电压分别为14V和28V。为了满足汽车电器装置日益增多、用电量愈来愈大对电源系统供电功率增大的要求，世界各国研究开发了48V电源，并于2008年开始实车装用。无论电压等级是12V或24V，还是48V，都是安全电压（安全电压值：直流电不超过60V、交流电不超过36V），其主要优点是用电安全，不会导致人体触电。

汽车采用直流电器系统的原因是发动机靠电力起动机起动，起动机采用直流电动机且由蓄电池供电，而蓄电池必须使用直流电充电，所以汽车电器系统为直流电器系统。

3）并联单线。汽车电路均为并联电路。蓄电池与发电机并联工作，整车电器和电控系统均与两个直流电源并联连接。

单线是指从电源到用电设备只用一根导线连接，并用汽车发动机、底盘或车身等金属机体作为另一根共用导线，又称为单线制。由于单线制节省导线、安装维修方便，且电器总成部件不需与车体绝缘，因此当今汽车普遍采用单线制。但是，在特殊情况下，为了保证电器系统特别是电控系统的工作可靠性，也需采用双线制。

4）负极搭铁。在单线制中，将电器产品的壳体与车体金属连接作为电路导电体的方法，称为“搭铁”。将蓄电池和电气设备的负极连接到车体上称为“负极搭铁”；反之，将蓄电池和电气设备的正极连接到车体上则称为“正极搭铁”。QC/T 413—2002《汽车电气设备基本技术条件》规定，汽车电气设备统一规定为负极搭铁。

汽车技术领域专家认为：“只有理解结构特点才能进行检查修理；只有懂得工作原理才能分析判断故障。”学习汽车电器与电子控制技术，不仅需要形象思维，而且需要抽象思维。如果只有形象思维而没有抽象思维，即仅了解汽车电器系统与电控系统的结构特点，不了解电流的流动方向和流动路径，就不能准确判断电器与电控系统发生故障的部位与故障性质（即短路、断路或搭铁）。因此，对于汽车行业的工程技术与管理人员而言，熟悉汽车电器与电控技术知识是胜任本职工作的基础和前提。

二、汽车电控技术

汽车电子控制技术简称汽车电控技术，是以电器技术、微电子技术、计算机技术、自动控制技术、智能控制技术、液压传动技术、新材料和新工艺等技术为基础，以解决汽车相关的能源紧缺、环境污染和交通安全等问题为目的，旨在提高整车性能（动力性、经济性、排放性、安全性、舒适性、操纵性、通过性等）的技术。

汽车技术、建筑技术和环境保护技术是衡量一个国家工业化水平高低的三大标志。汽车技术不仅代表着社会物质生活发展水平，而且代表着科学技术发展水平。20 世纪 80 年代以来，汽车性能的提升主要依赖于电控技术的进步。

（一）汽车电控系统的功用

汽车电子控制系统简称汽车电控系统，是指由传感器、电控单元和执行器组成的能够提高汽车性能的机电一体化控制系统。

汽车电控系统的主要功能是提高汽车的整体性能，包括动力性、经济性、排放性、安全性、舒适性、操纵性及通过性等。例如：汽油发动机采用电控燃油喷射技术和微机控制点火技术，能够精确控制空燃比和点火时刻，实现空燃比和点火提前角闭环控制，不仅能够节约燃油 5% 以上，而且可使有害排放物降低 95% 以上，大大提高了动力性、经济性和排气净化性能；柴油发动机采用高压共轨式电控喷油技术，能够自由调节喷油量和喷油压力，其喷油压力高达 160～200MPa，在发动机的一个工作循环内，能够实现多段喷油（即引导喷射、预喷射、主喷射、后喷射和次后喷射以及更多次喷油控制），柴油雾化良好、混合均匀，燃烧效率提高，能够减少氮氧化物和颗粒物（炭烟或浮游微粒）排放、降低噪声和节约燃油，动力性、经济性和排放性能都能大大提高；采用电子控制防抱死制动技术，不仅可使汽车在泥泞路面上安全行驶，而且可以在紧急制动时防止车轮抱死滑移，保证汽车安全制动，可使汽车在湿滑或冰雪路面上的事故发生率降低 24%～28%；采用安全气囊技术，每年可以挽救成千上万人的生命，当安全气囊与安全带共同使用时，可使驾驶人和前排乘员的伤亡人数减少 43%～46%。在实现汽车操纵自动化，提高舒适性和通过性等方面，电控技术也扮演着重要角色。

综上所述，汽车电器与电控系统是汽车的重要组成部分。汽车配装电器与电控设备的质量和数量直接影响汽车的性能、使用和档次。

（二）汽车电控系统的基本组成

在同一辆汽车上，配装有若干个电控系统。每一个电控系统，都能实现不同的控制功能。汽车车型不同、档次不同，采用电控系统的多少也不尽相同。但是，汽车上每一个电控系统的基本结构都是由传感器（传感元件）与开关信号、电控单元（ECU，Electronic Control Unit）和执行器（执行元件）三部分组成，如图0-2所示，这是汽车电控系统组成的共同特点。

图0-2 汽车电控系统的基本组成

1. 传感器

传感器是将各种非电量（物理量、化学量、生物量等）按一定规律转换成便于传输和处理的另一种物理量（一般为电量）的装置。传感器相当于人的眼、耳、鼻、舌、身等五官。在汽车电控系统中，传感器的功用是将汽车各部件运行的状态参数（各种非电量信号）转换成电量信号并输送到各种电控单元。汽车型号和档次不同，装备传感器的多少也不相同。有的汽车只有几个传感器（如仅装备发动机电控系统的汽车就只有6~8个），有的汽车装备有50多个传感器。一般来说，汽车装备传感器越多，其档次就越高。

按检测项目不同，汽车电控系统采用的传感器可分为以下几种类型。

1）流量传感器。如发动机燃油喷射系统采用的翼片式、量芯式、涡流式、热丝式与热膜式空气流量传感器等。

2）位置传感器。如汽油发动机燃油喷射和微机控制点火系统采用的曲轴位置传感器（又称为发动机转速与曲轴转角传感器）、凸轮轴位置传感器、节气门位置传感器；柴油发动机高压共轨系统和巡航控制系统采用的加速踏板位置传感器；电子控制悬架系统采用的车身位置传感器（车身高度传感器）；信息显示系统和液面监控系统采用的各种液面位置（或高度）传感器；电控动力转向系统采用的转向盘转角传感器等。

3）压力传感器。如发动机控制系统采用的大气压力传感器、排气压力传感器、气缸压力传感器；汽油发动机燃油喷射系统采用的进气歧管压力传感器、爆燃控制系统采用的压电式爆燃传感器；柴油发动机高压共轨系统采用的共轨油压传感器（即喷油压力传感器）、增压压力传感器；自动变速系统采用的自动传动油液压力传感器等。

4）温度传感器。如发动机冷却液温度传感器、进气温度传感器、排气温度传感器、燃油温度传感器；自动变速系统采用的自动传动油液温度传感器；空调控制系统采用的车内温度以及环境温度传感器等。

5）浓度传感器。如发动机控制系统采用的氧传感器；安全控制系统采用的酒精浓度传感器等。

6）速度传感器。如防抱死制动系统采用的车轮速度传感器、车身纵向和横向加（减）速度传感器；发动机控制系统采用的转速传感器；发动机、自动变速及巡航控制系统采用的车速传感器；变速器输入轴或输出轴转速传感器等。

7）碰撞传感器。如安全气囊系统采用的滚球式、滚轴式、偏心锤式、压电式和水银式碰撞传感器等。

2. 电控单元（ECU）

汽车电子控制单元简称电控单元，又称为电子控制器或电子控制组件，俗称“汽车电脑”。

电控单元是以单片微型计算机（即单片机）为核心所组成的电子控制装置，具有强大的数学运算、逻辑判断、数据处理与数据管理等功能。ECU 是汽车电控系统的控制中心，其主要功用是分析处理传感器采集的各种信息，并向受控装置（即执行器）发出控制指令。

3. 执行器

执行器又称为执行元件，是电控系统的执行机构。执行器的功用是接收电控单元（ECU）发出的指令，完成具体的执行动作。

汽车电控系统不同，采用执行器的数量和种类也不相同。发动机燃油喷射系统的执行器有电动燃油泵和电磁喷油器；发动机怠速控制系统的执行器是怠速控制阀（或电动机）；燃油蒸气回收系统的执行器是活性炭罐电磁阀；微机控制点火系统的执行器有点火控制器和点火线圈；液压式防抱死制动系统的执行器有电磁阀（两位两通电磁阀或三位三通电磁阀）、电动回液泵；安全气囊系统的执行器是气囊点火器；座椅安全带收紧系统的执行器是收紧器点火器；自动变速电子控制系统的直接执行器有自动传动液的电动输油泵、换档电磁阀和锁止电磁阀；汽车巡航控制系统的执行器有巡航控制电动机或巡航控制电磁阀等。

（三）汽车电控系统的分类

汽车电控系统种类繁多、形式各异，分类方法不尽相同。一般可按控制系统的控制目标和控制对象进行分类。

1. 按控制目标分类

根据控制目标不同，汽车电控系统可分为动力性、经济性与排放性、安全性、舒适性、操纵性和通过性 6 种目标的控制系统，主要控制目标和主要控制项目见表 0-1。其中，经济性与排放性控制系统具有双重功能，既能降低燃油消耗量，又能减小有害气体的排放量。

表 0-1 汽车电控系统的控制目标与主要控制项目

类型	控制目标	系统名称	主要控制项目
汽车电子控制系统	动力性	发动机燃油喷射系统（EFI）	喷油时刻（喷油提前角）；喷油量（喷油持续时间）；喷油顺序；喷油次数
		微机控制点火系统（MCI）	点火时刻（点火提前角）；点火导通角
		爆燃控制系统（EDCS）	点火提前角
		怠速控制系统（ISCS）	怠速转速、怠速进气量
		电子控制自动变速系统（ECT）	发动机输出转矩；液力变矩器锁止时机
		发动机进气控制系统（IACS）	切换进气通路提高充气效率；可变气门定时
		涡轮增压控制系统（ETC）	泄压阀控制；废气涡轮增压器控制
		控制器局域网（CAN）	发动机电控单元、自动变速电控单元、防抱死制动电控单元等
	经济性与排放性	空燃比反馈控制系统（AFC）	空燃比
		断油控制系统（SFIS）	超速断油；减速断油；清除溢流
		电控废气再循环系统（EGR）	排气再循环率
		燃油蒸气回收系统（FECS）	活性炭罐电磁阀

（续）

类型	控制目标	系统名称	主要控制项目
汽车电子控制系统	安全性	防抱死制动系统（ABS）	车轮制动力；车轮滑移率
		电子控制制动力分配系统（EBD）	车轮制动力
		电子控制制动辅助系统（EBA）	车轮制动力
		车身稳定性控制系统（VSC）	车轮制动力；车身偏转角度
		驱动轮防滑转调节系统（ASR）	发动机输出转矩；驱动轮制动力；防滑转差速器锁止程度
		安全气囊系统（SRS）	气囊点火器点火时机；系统故障报警
		座椅安全带收紧系统（SRTS）	安全带收紧器点火时机
		雷达车距报警系统（RPW）	车辆距离；报警；制动
		前照灯光束控制系统（HBAC）	焦距；光线角度
		安全驾驶监控系统（DMS）	报警
		防盗报警系统（GATA）	报警；遥控门锁；数字密码点火开关；数字编码门锁；转向盘自锁
		电子仪表系统	汽车状态信息显示与报警
		故障自诊断测试系统（OBD）	故障报警；故障码存储；部件失效保护；故障应急运行
	舒适性	电子控制悬架系统（EMS）	悬架刚度；悬架阻尼；车身高度
		座椅位置调节系统（SAMS）	向前、向后方向控制；向上、向下高低控制
		自动空调系统（AHVC）	通风；制冷；取暖
		CD 音响、DVD 播放机	娱乐欣赏
		信息显示系统（IDS）	交通信息；电子地图
		车载电话（CT）	通信联络
		车载计算机（OBC）	车内办公
	操纵性	电子控制动力转向系统（EPS）	助力油压、气压或电动机电流
		巡航控制系统（CCS）	节气门开度、变速器、制动
		中央门锁控制系统（CLCS）	门锁遥控；门锁自锁；玻璃升降
	通过性	驱动防滑控制系统（ASR）	发动机输出转矩；驱动轮制动力；防滑转差速器锁止程度
		中央轮胎充放气系统（CTIS）	轮胎气压
		自动驱动管理系统（ADM）	驱动轮驱动力
		差速器锁止控制系统（VDLS）	防滑转差速器锁止程度
		电子控制悬架系统（EMS）	车身高度；悬架刚度；悬架阻尼

2. 按控制对象分类

根据控制对象不同，汽车电控系统可分为发动机电控系统、底盘电控系统和车身电控系统三大类。

（1）汽车发动机电控系统

汽车发动机电控系统的主要功用是提高汽车的动力性、经济性和排放性能。主要有以下电控系统。

1）电控发动机燃油喷射系统（EFI，Engine Fuel Injection System）。

2）汽油发动机微机控制点火系统（MCI，Microcomputer Control Ignition System）。

3）发动机爆燃控制系统（EDCS，Engine Detonation Control System）。

4）发动机怠速控制系统（ISCS，Idle Speed Control System）。

5）发动机断油控制系统（SFIS，Sever Fuel Injection System）。

6）发动机空燃比反馈控制系统（AFC，Air Fuel Ratio Feedback Control System）。

7）加速踏板控制系统（EAP，Electronic Control Accelerator Pedal System）。

8）发动机进气控制系统（IACS，Engine Intake Air Control System）。

9）燃油蒸气回收系统（FECS，Fuel Evaporative Emission Control System）。

10）电控废气再循环系统（EGR，Electronic Control Exhaust Gas Recirculation System）。

11）可变气门定时控制系统（VVT－i，Volatile Valve Timing Control System）。

12）汽车巡航控制系统（CCS，Vehicle Cruise Control System）。

13）车载故障自诊断系统（OBD，On－Board Self－Diagnosis System）。

（2）汽车底盘电控系统

汽车底盘电控系统的主要功用是提高安全性、操纵性和通过性，主要有以下控制系统。

1）电子控制自动变速系统（ECT，Electronic Controlled Automatic Transmission System）。

2）电子控制无级变速系统（CVT，Electronic Controlled Continuously Variable Transmission System）。

3）电子控制手动－自动一体变速系统（Activematic ECT，Electronic Controlled Active－matic Transmission System）。

4）防抱死制动系统（ABS，Anti－lock Braking System）。

5）电子控制制动力分配系统（EBD，Electronic Brakeforce Distributing System）。

6）电子控制制动辅助系统（EBA，Electronic Brake Assist System）。

7）驱动轮防控制系统（ASR，Acceleration Slip Regulation System）或牵引力控制系统TCS/TRC（Traction Force Control System）。

8）车身稳定性控制系统（VSC，Vehicle Stability Control）或车身动态稳定性控制系统（DSC，Dynamic Stability Control System）或电子控制稳定性程序（ESP，Electronically Controlled Stability Program）。

9）汽车行驶车道偏离预警系统（LDWS，Lane Departure Warning System）。

10）汽车自动紧急制动系统（AEB，Autonomous Emergency Braking System）。

11）电子控制悬架系统（EMS，Electronic Modulated Suspension System）。

12）电子控制动力转向系统（EPS，Electronically Controlled Power Steering System）。

13）电子控制四轮转向系统（4WS，Electronically Controlled 4－Wheel Steering System）。

14）中央轮胎充放气系统（CTIS，Central Tyre Inflate and Deflate System）。

15）自动驱动管理系统（ADM，Automatic Drive－train Management System）。

16）差速器锁止控制系统（VDLS，Vehicle Differential Lock Control System）。

（3）汽车车身电控系统

汽车车身电控系统的主要功用是提高安全性和舒适性，主要有以下控制系统。

1）辅助防护安全气囊系统（SRS，Supplemental Restraint System Air Bag）。
2）座椅安全带收紧系统（SRTS，Seat - Belt Emergency Retracting Triggering System）。
3）座椅位置调节系统（SAMS，Seat Adjustment Position Memory System）。
4）雷达车距报警系统（RPW，Radar Proximity Warning System）。
5）倒车报警系统（RVAS，Reverse Vehicle Alarm System）。
6）防盗报警系统（GATA，Guard Against Theft and Alarm System）。
7）中央门锁控制系统（CLCS，Central Locking Control System）。
8）前照灯控制与清洗系统（HAW，Headlamp Adjustment and Wash System）。
9）风窗玻璃刮水与清洗控制系统（WWC，Wash/Wipe Control System）。
10）自动空调系统（AHVC，Automatic Heating Ventilating Air - Conditioning System）。
11）车载局域网（LAN，Local Area Network）。
12）车载计算机（OBC，On - Board Computer）。
13）车载电话（CT，Car Telephone）。
14）交通控制与通信系统（TCIS，Traffic Control and Information System）。
15）信息显示系统（IDS，Information Display System）。
16）电子语音系统（ESR，Electronic Speech Reproduction System）。
17）液面与磨损监控系统（FWMS，Fluids and Wear Parts Monitoring System）。
18）维修周期显示系统（LSID，Load - Dependent Service Interval Display System）。

（四）汽车电控技术应用概况

汽车电控技术已广泛应用于汽油发动机控制、柴油发动机控制、汽车底盘控制、汽车车身控制、汽车故障自诊断和无人驾驶等技术领域。图 0-3 所示为 20 世纪 90 年代电控技术在轿车上的应用概况。

当今世界衡量汽车先进水平和档次高低的重要标志主要是汽车的品牌、外观和电子化程度。汽车制造商普遍认为：增加汽车电子装置的数量，促进汽车电子化是夺取未来汽车市场的有效手段。汽车设计人员普遍认为：电子技术在汽车上的应用，已经成为汽车设计研究部门考虑汽车结构革新的重要手段。

人类历史步入 21 世纪以来，在国内生产的中高档轿车上，每辆轿车电子装置的平均成本已占整车成本的 30% ~35%，在一些豪华轿车上，电子产品的成本已占整车成本的 50% 以上，并始终保持逐年增长的趋势。

（五）汽车电控技术发展动因

汽车电控技术是汽车技术与电子技术结合的产物。近半个世纪以来，汽车电控技术飞速发展的动力和原因包括两个方面：一方面是全球能源紧缺、环境保护和交通安全问题，促使汽车油耗法规、排放法规和安全法规的要求不断提高；另一方面是电子技术水平不断提高。

汽车油耗法规和排放法规促进了汽车发动机电控技术的发展，汽车安全法规促进了汽车底盘和车身电控技术的发展。随着油耗法规、排放法规和安全法规要求的不断提高，汽车发动机电控燃油喷射系统、防抱死制动系统和安全气囊系统已经成为国内外轿车的标准装备。

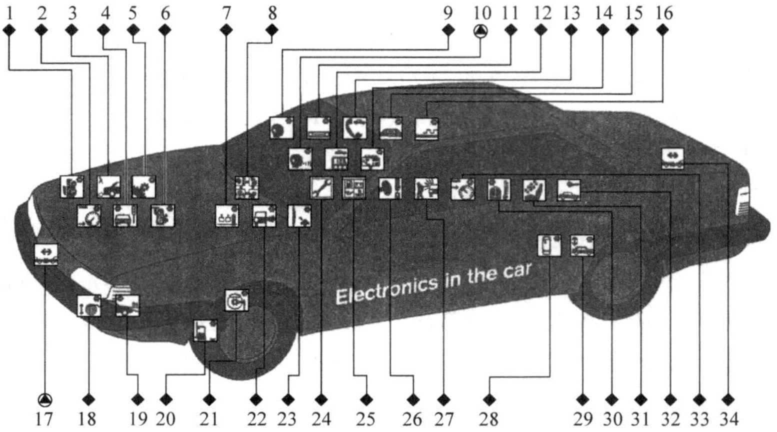

图 0-3　汽车电控技术应用概况

1—燃油喷射控制　2—怠速控制　3—空燃比反馈控制　4—发动机故障诊断　5—自动变速　6—微机控制点火　7—加速踏板控制　8—控制器区域网络　9—电子语音　10—声控操作　11—音响系统　12—车载计算机　13—车载电话　14—交通控制与通信　15—信息显示　16—总线控制　17—雷达车距控制与报警　18—前照灯控制与清洗　19—车灯控制　20—轮胎气压控制　21—防抱死与防滑转调节　22—底盘故障诊断　23—刮水器与清洗器控制　24—保养周期显示　25—液面与磨损监控　26—安全气囊与安全带控制　27—车辆防盗　28—前/后轮转向控制　29—电子悬架　30—自动空调　31—座椅调节　32—中央门锁　33—巡航控制　34—车距报警

三、汽车技术发展趋势

20 世纪 80 年代以来，汽车技术的发展主要是汽车电器技术、电控技术和车身技术的发展，在解决汽车油耗、排放和安全等问题方面，汽车电控技术具有举足轻重的作用。汽车电子化（即自动化、网络化和智能化）是 21 世纪汽车发展的必由之路。

汽车已为人类交通运输做出了不可磨灭的贡献，未来汽车已不仅仅是一个代步工具，而且具有交通、办公、通信和娱乐等多种功能。毋庸置疑，汽车在造福人类的同时，也带来了能源紧张、环境污染和交通安全等一系列社会问题。就人类目前拥有的科技水平而言，解决这些问题的有效途径依然是继续开发利用汽车电控技术、研究新能源汽车技术、开发汽车轻量化技术，这也是我国汽车工业科技的发展战略。

（一）汽车电控技术

汽车电控技术的发展趋势是网络化和智能化，主要研究智能传感器技术、微处理器技术、智能交通技术、光导纤维技术、模块化设计技术、电压倍增技术、主动安全技术、网络通信和无人驾驶等技术。汽车电控技术发展的终极目标是使汽车成为能够自动筛选最佳行驶路线的智能汽车。

1）智能传感器技术。全球汽车传感器市场的年均增长率达 20%。智能传感器不仅能够提供汽车的状态信息，而且还能对信号进行放大和处理，对温度漂移、时间漂移和非线性数据进行自动校正，具有较强的抗电磁干扰能力，在恶劣条件下仍能保持较高的测量精度。

2）微处理器技术。微处理器已广泛用于汽车发动机、底盘、车身和故障诊断控制系统，车载各类控制系统目前使用的微处理器累计已达 30 ~ 60 个。汽车智能化发展的一个重要趋势就是大量使用微处理器，用以改善汽车的整体性能。

3）智能交通技术。智能交通系统（ITS，Intelligent Traffic System）是将机器视觉、环境感知、卫星定位、信息融合、决策与控制等相关技术相互融合，使汽车自动筛选最佳行驶路线的系统。

4）光导纤维技术。光导纤维不仅具有柔软性好、易于连接、质量小、成本低、弯曲半径小、数值孔径大、耦合效率高等优点，而且还具有电气绝缘性能好、抗电磁干扰和抗辐射能力强等优异的传输特性。随着光导纤维的成本不断降低和在汽车上的应用量逐年增大，必将大大降低汽车电控系统乃至汽车整车的制造成本和减轻整车整备质量，同时还可为汽车轻量化开辟一条新的技术途径。

5）模块化设计技术。所谓模块化设计，是指为开发具有多种功能的不同产品，不需要对每种产品实施单独设计，而是精心设计出多种模块，将其经过不同方式的组合来构成不同的产品，以解决产品品种、规格、制造周期和成本之间的矛盾。汽车整车电控系统的零部件用量越来越大，采用模块化设计技术，能够减小体积、减轻质量、缩短装配工时，提高汽车电控系统乃至汽车整车的可靠性。

6）电压倍增技术。2008 年，欧盟国家已经实车应用 48V 电源电压技术。理论与实验证明：在电器负载功率不变的情况下，电源电压提高 2 倍，负载电流可以减小 2/3。因此，提高汽车电源电压，就可大大减小汽车电器或电控部件的电流，汽车导线、电缆、电动机、驱动线圈等就可减小尺寸、减小质量。同理，在负载电流大小不变的情况下，提高汽车电源电压，可以增大汽车电器或电控部件的功率，电控可变气门定时、电控电动转向、电控气动阀机构、飞轮内装起动机/发电机一体式结构、电控电动制动器等就能得以实现，电控系统就能驱动大功率执行器来实现自动控制功能。

7）主动安全技术。汽车主动安全系统包括车身动态综合管理系统、速度与车距自动调节系统、车辆碰撞预警系统、红外夜视系统、轮胎压力预警系统和驾驶环境控制系统等。

车身动态综合管理系统（VDIM，Vehicle Dynamics Integrated Management System）将防抱死制动系统（ABS）、电控制动力分配系统（EBD）、电控辅助制动系统（EBA）、驱动轮防滑转调节系统（ASR）和车身稳定性控制系统（VSC）等控制制动力和驱动力的主动安全系统，以及电控动力转向系统（EPS）和电子控制悬架系统（EMS）等进行综合集成，对车身姿态进行综合控制，使汽车在各种行驶条件下，特别是在转向、制动或打滑时，都能保持方向稳定、行驶安全和乘坐舒适。事实上，VDIM 是一个采用智能识别与判断技术来控制车辆行驶稳定性的主动安全体系。汽车速度与车距自动调节系统是利用安装在车内的雷达探测装置准确探测汽车行进过程中的障碍物信息，由发动机控制系统、自动变速系统和防抱死制动系统等自动采取相应控制策略的集成控制系统。当雷达装置探测到障碍物信息时，系统将采取减速措施，一旦障碍物消失，就会取消制动并控制节气门开度增大而加速。车辆碰撞预警系统是一个由前部探测、后部探测和侧部探测装置组成的监控系统，其功能是提醒驾驶人避免车辆发生碰撞。红外夜视系统是一个利用红外探测技术，能在夜间探测到距车 650 ~ 750m 发热物体（人、动物和有余热的故障车辆等）的监测与报警系统。汽车前照灯一般能够照射到距车前方 150m 的物体，最远只能照射到距车前方 300 ~ 400m 的物体。红外夜视系统的功能与车辆碰撞预警系统相似，主要是提醒驾驶人躲避障碍物。轮胎压力预警系统是一个集中央轮胎充放气系统为一体的监控与报警系统。该系统利用安装在每一只轮胎中的压力与温度传感器直接监测胎内气压和温度，并用无线射频装置将气压和温度信号发送到驾驶室内的接收与监控器，再由监控器显示与控制每一只轮胎的气压和温度。系统的功能是有效避免轮胎温度和气压过高而导致爆胎事故，或轮胎漏气导致气压过低而加速磨损，使轮胎始终保持在正常气压和温度状态下行驶，延长轮胎使用寿命、降低汽车燃油消耗。驾驶环境控制系统是一个舒适性控制系统。该系统集自动空调系统于一体，可据驾驶室内外温度、行驶速度、空气流量、气流方向进行换气通风，给驾驶人营造一个舒适的驾驶环境，减轻驾驶疲劳，保证车辆行驶安全。

8）网络通信技术。汽车电子化发展的趋势是利用网络通信技术来传输海量的实时数据。网络通信技术将集成通信系统与车载信息系统，提供实时的交通信息、气象数据、满足个性化要求的信息以及详细的道路指南等信息。网络通信技术被视为汽车工业继电控高压缩比发动机技术之后的又一次革命。作为引领汽车产业向另一发展阶段进发的新技术领域，网络通信技术必将进一步整合移动通信技术与无线网络技术，使汽车与人类活动紧密相连。

9）无人驾驶技术。集环境感知、模式识别、地理信息、规划决策、发动机控制、底盘控制、车身控制、人工智能、大数据和云计算等技术于一体，是计算机科学、模式识别和智能控制技术高度发展的产物，也是衡量一个国家科研实力和工业化水平的一个重要标志，在国防和国民经济领域具有广阔的应用前景。

无人驾驶汽车是通过车载传感系统感知道路环境，自动规划行驶路线并控制汽车到达预定位置的智能汽车。利用车载传感器感知车辆周围环境，并根据感知所得的道路、车辆位置和障碍物信息来控制车辆，从而使车辆安全、可靠地在道路上行驶。

（二）新能源汽车技术

新能源汽车是指具有新型动力系统或燃用新型燃料的汽车。具有新型动力系统的汽车包括纯电动汽车、混合动力汽车、燃料电池汽车（如氢燃料电池汽车）等；燃用新型燃料的汽车包括天然气汽车、液化石油气汽车、醇醚类燃料汽车、生物燃料汽车与合成燃料汽车等。

（三）汽车轻量化技术

汽车轻量化技术是指在使用要求和成本控制的前提条件约束下，能够减小汽车自身质量的材料、设计和制造技术。轻量化材料包括高强度材料（高强度钢）和低密度材料（铝、镁、塑料、复合材料等）。众所周知的第一代奥迪 A8 轿车就是全铝车身的杰出代表，捷豹汽车则是全铝发动机的开路先锋。轻量化设计包括减少汽车零部件数量、优化汽车结构设计，如基于载荷和强度特性的结构设计、底盘与车身结构的拓扑优化设计等。轻量化制造包括激光拼焊、液压成型、热压成型、铝合金半固态成型以及异种材料之间的连接等。汽车综合运用轻量化技术的根本目的是降低燃油消耗、减少尾气的排放量。

本章小结

本章主要介绍了汽车电器与电控系统的功用、汽车电器系统的组成与特点、汽车电控系统的应用概况、基本组成与分类方法、汽车技术的发展趋势等。本章重点内容如下：

1. 汽车电器系统的功用、组成与特点。主要功用是保证汽车正常行驶。具有“两个电源、低压直流、并联单线、负极搭铁”四个特点。

2. 汽车电器装置的布置原则。

3. 汽车电控系统的基本组成。每一个电控系统都是由传感器、ECU 和执行器组成。

4. 汽车电控系统采用传感器和执行器的种类。汽车电控系统的分类方法。

5. 汽车电控技术的发展动因与发展趋势。发展趋势是网络化和智能化。主要研究智能传感器技术、微处理器技术、智能交通技术、光导纤维技术、模块化设计技术、电压倍增技术、主动安全技术、网络通信和无人驾驶等技术。

思考题

一、单选题

1. 直流电的安全电压是（　　）。

A. 12V　　B. 36V　　C. 48V　　D. 60V

2. 20 世纪 80 年代以来，在提高汽车性能，节约能源和保护环境方面，主要取决于（　　）。

A. 电工技术　　B. 通信技术　　C. 电控技术　　D. 制造技术

3. 汽油发动机采用电控喷油技术，能够精确控制空燃比和实现闭环控制，可节约燃油（　　）。

A. 5%以上　　B. 50%以上　　C. 75%以上　　D. 95%以上

4. 汽油发动机采用电控喷油技术，能够精确控制空燃比，可使有害排放物降低(　　)。

A. 5%以上　　B. 50%以上　　C. 75%以上　　D. 95%以上

5. 汽车采用电控防抱死制动技术，可使汽车在湿滑或冰雪路面上的事故发生率降低约（　　）。

A. 25%　　B. 45%　　C. 75%　　D .95%

6. 汽车采用安全气囊技术，可使驾驶人和前排乘员的伤亡人数减少约（　　）。

A. 25%　　B. 45%　　C. 75%　　D. 95%

7. 汽车发动机电子控制系统的主要功用是提高汽车的（　　）。

A. 舒适性　　B. 安全性　　C. 经济性　　D. 操作性

8. 汽车底盘电子控制系统的主要功用是提高汽车的（　　）。

A. 舒适性　　B. 安全性　　C. 经济性　　D. 动力性

9. 汽车车身电子控制系统的主要功用是提高汽车的（　　）。

A. 通过性　　B. 安全性　　C. 经济性　　D. 动力性

10. 在汽车电器负载功率不变的情况下，当电源电压提高 2 倍时，其负载电流可以减小（　　）。

A. 1/2　　B. 1/3　　C. 2/3　　D. 1/4

二、多选题

1. 汽车电源系统主要由下述电器装置组成（　　）。

A. 继电器　　B. 蓄电池　　C. 交流发电机　　D. 电子调节器

2. 汽车电器系统的特点有（　　）。

A. 两个电源　B. 低压直流　C. 并联单线　D. 正极搭铁

3. 汽车上每一个电子控制系统的基本结构都是由下述几部分组成（　　）。

A. 传感器　B. 电控单元　C. 点火控制器　D. 执行器

4. 汽车电控技术能够协助人类解决下述问题（　　）。

A. 能源紧缺　B. 环境保护　C. 交通安全　D. 反恐维稳

5. 汽车电子控制技术能够提高汽车的下述性能（　　）。

A. 动力性　B. 经济性　C. 排放性　D. 通过性

三、判断题

1. 汽车电控技术是衡量一个国家科研实力和工业化水平的重要标志之一。（　　）
2. 汽车电器系统的主要功用是提高汽车的整体性能。（　　）
3. 在当今汽车上，蓄电池与交流发电机为串联连接关系。（　　）
4. 汽车电源系统的功用是向整车用电设备提供电能。（　　）
5. 汽车起动系统的功用是起动发电机。（　　）
6. 我国汽车行业标准统一规定汽车电器设备为负极搭铁。（　　）
7. 汽车电控系统是指由传感器、电控单元和执行器组成的能够提高汽车性能的机电一体化控制系统。（　　）
8. 在汽车电控系统中，传感器的功用是将汽车各部件运行的状态参数（各种非电量信号）转换成电量信号并输送到各种电控单元。（　　）
9. 汽车发动机电子控制系统既能提高动力性，又能提高经济性和安全性。（　　）
10. 汽车无人驾驶技术是衡量一个国家科研实力和工业化水平的重要标志之一。（　　）

四、问答题

1. 汽车电器部件的布置原则是什么？
2. 汽车电器系统由哪些子系统组成？各子系统的功用分别是什么？
3. 汽车电器系统具有哪些特点？汽车采用低压电器系统的优点有哪些？
4. 汽车电控系统采用的传感器和执行器主要有哪些？
5. 汽车电控系统的分类方法有哪些？各分为哪些类型？
6. 汽车电控技术的发展趋势是什么？主要研究哪些技术？
7. 汽车电子控制技术飞速发展的动力和原因是什么？
8. 何谓新能源汽车？哪些类型的汽车属于新能源汽车？
9. 什么是汽车电器技术？什么是汽车电子控制技术？
10. 什么是汽车电器系统和汽车电控系统？其主要功能分别是什么？

第一章 汽车电源技术

汽车电源系统由蓄电池、交流发电机和电子调节器组成。发电机是汽车的主要电源，蓄电池是辅助电源，调节器是一种电压调节装置。在汽车上，蓄电池与发电机并联工作，整车电器与电子设备均与两个直流电源并联连接。汽车电源系统的功用是向整车用电设备提供电能。汽车车型不同，采用交流发电机和电子调节器的结构形式各不相同，因此电源系统部件及线路的布置形式各有不同。

当电子调节器安装在交流发电机上组合成整体式交流发电机时，电源系统的组成与线路连接关系如图 1-1 所示，这种电子调节器一般都采用多功能集成电路式调节器（IC 调节器）。

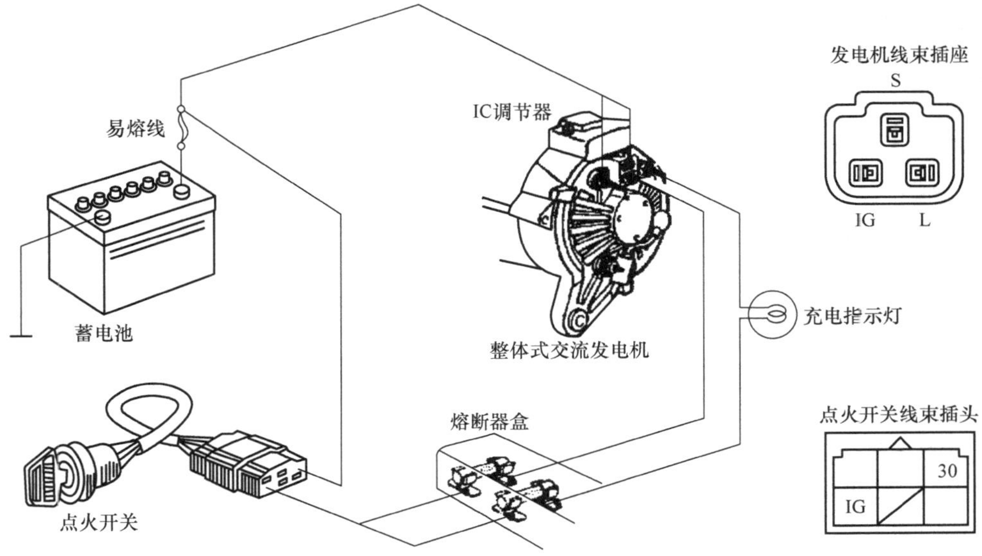

图 1-1 整体式交流发电机电源系统线路

整体式交流发电机电源系统的显著特点是：交流发电机与电子调节器之间无需另加导线连接，因此电源系统线路大大简化，故障率也相应降低。但是，一旦电源系统发生故障时，就不能诊断出故障发生在交流发电机还是发生在电子调节器，因此需要更换整体式交流发电机总成才能继续行驶。

第一节　蓄电池的功用与分类

蓄电池是一种可逆的低压直流电源，既能将化学能转换为电能，也能将电能转换为化学能。汽车蓄电池大都采用结构简单、价格低廉的起动型铅酸蓄电池，简称蓄电池。

一、蓄电池的分类

当今汽车用蓄电池均为塑料槽蓄电池，可按荷电能力、结构和水损耗进行分类。

（一）按荷电能力分类

按荷电能力不同，汽车用蓄电池主要分为干荷电和免维护蓄电池两种类型。

1）干荷电蓄电池。指极板在干燥状态下，能在较长时间（一般 1 年）内保存制造过程中所得电量的蓄电池。又称为干式荷电蓄电池，简称干荷电蓄电池。

2）免维护蓄电池。根据国家标准 GB/T 5008.1—2013《起动用铅酸蓄电池　第 1 部分：技术条件和试验方法》规定，免维护蓄电池是指：在满足规定条件下，使用寿命期（4 年）内无需维护的微水损耗型蓄电池，英文名称是 Maintenance - Free Battery，简称 MF 蓄电池。规定条件是指蓄电池以恒压限流充电方法完全充电和水损耗试验。

根据国家标准《起动用铅酸蓄电池　第 1 部分：技术条件和试验方法》（GB/T 5008.1—2013）规定，蓄电池还可按结构和水损耗进行分类。

（二）按结构分类

按结构不同，蓄电池分为排气式和阀控式两种类型。

1）排气式（富液式）蓄电池。指蓄电池盖上设有一个或多个排气装置，能够析出气体产物的蓄电池，包括正常水损耗、低水损耗和微水损耗蓄电池。

2）阀控式蓄电池。指正常条件下是密封的，但当内部压力超过预定值时，气体复合装置能让气体析出的蓄电池。在这种蓄电池中，电解液是不流动的，正常情况下不能添加水或电解液，又称为具有气体复合功能的蓄电池。

（三）按水损耗分类

按水损耗不同，蓄电池分为正常水损耗、低水损耗和微水损耗 3 种类型。

1）正常水损耗蓄电池。指水损耗试验时，按额定容量 C_n 计算，蓄电池水质量损失大于 4g/A · h 的蓄电池。

2）低水损耗蓄电池。指水损耗试验时，按额定容量 C_n 计算，蓄电池水质量损失不大于 4g/A · h 的蓄电池。

3）微水损耗蓄电池。指水损耗试验时，按额定容量 C_n 计算，蓄电池水质量损失不大于 1g/A · h 的蓄电池。

二、蓄电池的功用

当发动机正常工作时，用电设备所需电能主要由发电机供给，蓄电池的功用有以下几项：

1）起动供电。当起动发动机时，向起动系统和点火系统供电。

2）备用供电。当发动机低速运转、发电机不发电或电压较低时，向交流发电机磁场绕组、点火系统以及其他用电设备供电。

3）存储电能。当发动机中高速运转、发电机正常供电时，将发电机剩余电能转换为化学能存储起来。

4）协同供电。当发电机过载时，协助发电机向用电系统供电。

5）稳定电源电压，保护电子设备。蓄电池相当于一个大容量电容器，不仅能够保持汽车电器系统的电压稳定，而且还能吸收电路中出现的瞬时过电压，防止损坏电子设备。

三、对蓄电池的要求

当接通起动开关起动发动机时，蓄电池在3～5s内必须向起动机连续供给强大电流（汽油机汽车一般为200～600A；柴油机汽车一般为800A以上）。由此可见，蓄电池的主要功用是起动发动机。根据蓄电池这一工作特点，对汽车用蓄电池的要求是容量大、内阻小，其目的是保证蓄电池具有足够的起动能力。

第二节　蓄电池的构造与型号

汽车用蓄电池由极板、隔板、电解液和壳体四部分组成。干荷电蓄电池的特点是极板制造工艺有所不同，免维护蓄电池的特点是极板材料和隔板结构有所不同，阀控式蓄电池的特点是具有气体复合装置、电解液不流动，并且正常情况下不能添加水或电解液。车用干荷电蓄电池的构造如图1-2所示。

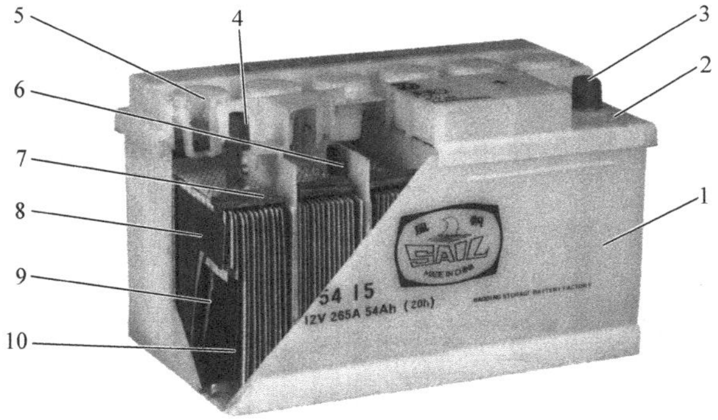

图1-2　车用干荷电蓄电池的构造

1—塑料槽　2—塑料盖　3—正极柱　4—负极柱　5—加液孔螺塞　6—穿臂连条　7—汇流条　8—负极板　9—隔板　10—正极板

一、极板

极板由栅架与活性物质组成，是蓄电池的核心部件。极板的功用是在蓄电池充放电过程中，其上的活性物质与电解液中的硫酸产生化学反应，从而实现电能与化学能的相互转换。

栅架呈放射形状，由铅锑合金或铅钙锡合金制成，其构造如图1-3所示。干荷电蓄电池栅架用铅锑合金浇铸而成，含锑量为 1.5% ~2.3%。免维护蓄电池栅架用导电性能好、耗水量小的铅钙锡合金热模滚压工艺制成。在栅架中添加金属锑的目的是提高机械强度和改善浇铸性能；制成放射形状能够减小极板电阻。

耗水量（蒸馏水的消耗量）是蓄电池的重要技术指标之一。在使用过程中，蓄电池消耗蒸馏水的途径有两条，一是水的自然蒸发（约占 10%），二是水的电解（占 90%）。

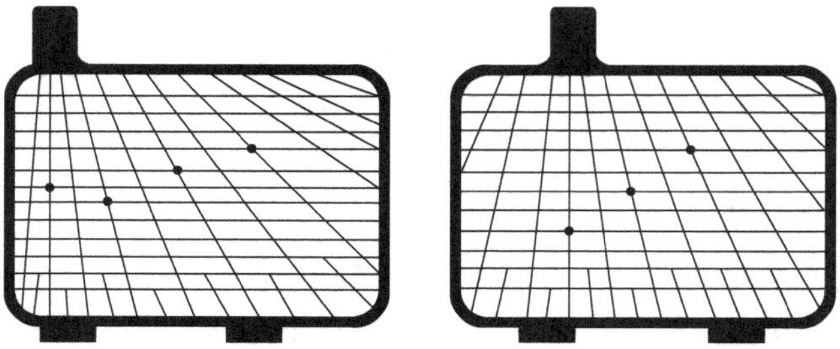

a)　　b)

图 1-3　蓄电池栅架的构造

活性物质是指极板上参与化学反应的工作物质，主要由铅粉与一定密度的稀硫酸混合而成。铅粉是活性物质的主要原料，由铅块放入球磨机中研磨而成。

极板分为正极板和负极板两种。将铅粉与稀硫酸混合成膏状涂在栅架上即可得到生极板，生极板经热风干燥，再放入稀硫酸中进行化成（在蓄电池生产工艺中，对极板进行充电的过程称为“化成”，一般充电 18 ~20h）处理便可得到正极板和负极板。在充电的过程中，连接充电机正极的极板为正极板，其活性物质为二氧化铅（PbO_2），呈深棕色；连接充电机负极的极板为负极板，其活性物质为海绵状铅（Pb），呈深灰色。

单片极板的荷电量是有限的，为了增大蓄电池的容量，将多片正、负极板分别并联，并用汇流条焊接起来便分别组成正、负极板组，结构如图 1-4 所示。汇流条上浇铸有极柱；各片极板之间留有空隙。安装时，各片正、负极板相互嵌合，中间插入隔板后装入电池槽内便可形成单格电池。

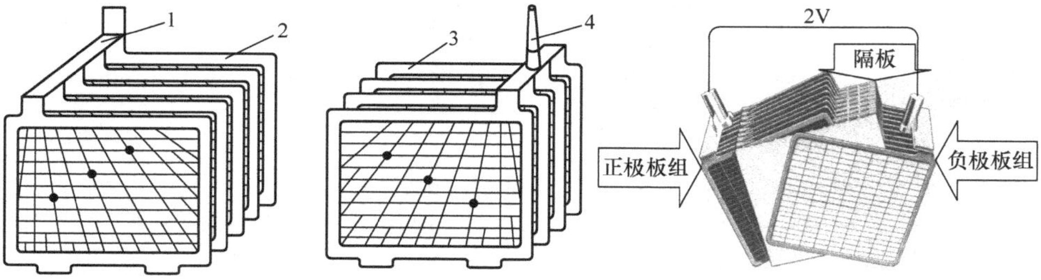

a)　　b)　　c)

图 1-4　蓄电池极板组的结构

a）负极板组　b）正极板组　c）极板组嵌合情况

1—汇流条　2—负极板　3—正极板　4—极柱

在每个单格电池中，负极板总比正极板多一片。这是因为正极板上的化学反应比负极板上的化学反应剧烈，所以将正极板夹在负极板之间，可使其两侧放电均匀，防止活性物质体积变化不一致而造成极板拱曲。

将一片正极板和一片负极板浸入电解液中，便可得到2V左右的电压。汽车蓄电池由6个单格电池串联成12V电池供汽车选用，其极板组的结构如图1-5所示。12V电系汽车选用一只电池，24V电系汽车选用两只电池。

二、隔板

为了减小蓄电池内阻和尺寸，正、负极板应尽可能靠近。隔板的功用是将正、负极板隔开，防止相邻正、负极板接触而导致短路。微孔塑料和微孔橡胶隔板的结构如图1-6a所示。

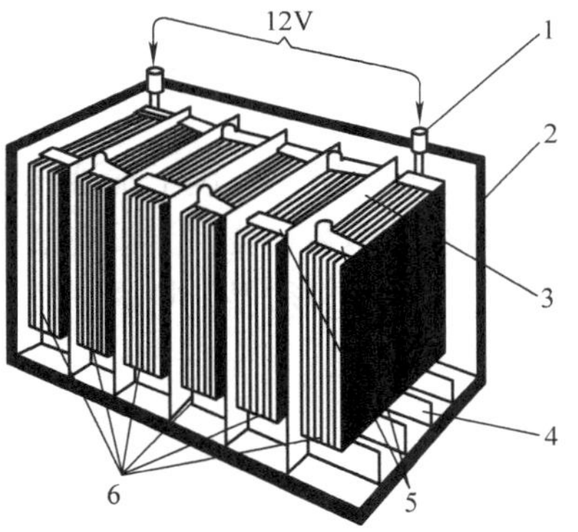

图1-5　12V蓄电池极板组的结构

1—极柱　2—电池槽　3—隔壁　4—沉淀池壁　5—汇流条　6—极板组

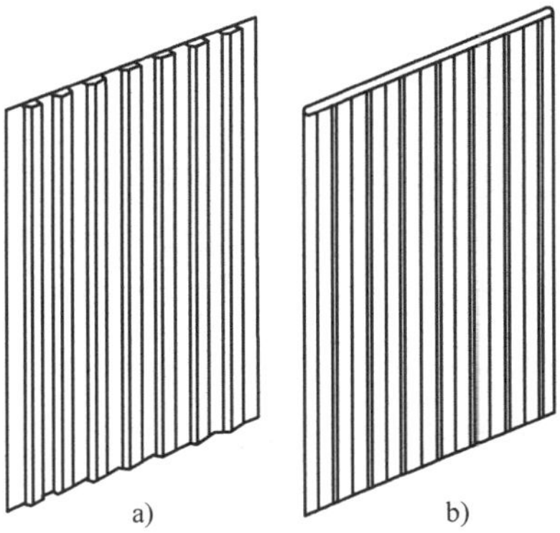

图1-6　蓄电池隔板结构

a）塑料隔板　b）袋式隔板

安装隔板时，带槽一面应面向正极板，且沟槽必须与壳体底部垂直。因为正极板在充、放电过程中的化学反应剧烈，沟槽能使电解液上下流通，也能使气泡沿槽上升，还能使脱落的活性物质沿槽下沉。

免维护蓄电池普遍采用了聚氯乙烯袋式隔板，结构如图1-6b所示。使用时，正极板被隔板袋包住，脱落的活性物质保留在袋内，不仅可以防止极板短路，而且可以取消壳体底部凸起的筋条，使极板上部容积增大，从而增大电解液的储存量。

三、电解液

汽车蓄电池的电解液由密度为1.84g/cm^{3}的浓硫酸与蒸馏水按一定比例配制而成。电解液中硫酸成分所占的比例，称为电解液的相对密度，通常简称为电解液密度。根据国家标准GB/T 5008.1—2013《起动用铅酸蓄电池 第1部分：技术条件和试验方法》规定，汽车起动用排气式蓄电池完全充电时的电解液密度，在25℃条件下应保持在1.27～1.30g/cm^{3}范围内。

电解液纯度是影响蓄电池电气性能和使用寿命的重要因素。因此，蓄电池用电解液和蒸馏水必须符合机械行业标准JB/T 10052—2010《铅酸蓄电池用电解液》和JB/T 10053—2010《铅酸蓄电池用水》的规定，所用硫酸必须符合化工行业标准HG/T 2692—2015《蓄电池用硫酸》的规定。由于普通工业用硫酸和普通水中含铜、铁等杂质较多，会加速蓄电池自放电，因此不能用于车用蓄电池。

四、壳体

蓄电池壳体由电池槽和电池盖两部分组成。壳体的功用：一是盛装电解液和极板组；二是便于蓄电池充电和使用维护。壳体应当耐酸、耐热、耐振动、耐冲击。车用蓄电池普遍采用聚丙烯透明塑料壳体，电池槽与电池盖之间采用热压工艺粘合为整体结构，不仅符合上述要求，而且壳壁薄（厚约2mm）而轻、易于热封合、外形美观、成本低廉。

电池槽由隔壁分成6个互不相通的单格，底部制作有凸起的筋条，以便放置极板组。筋条与极板底缘组成的空间可以积存极板脱落的活性物质，防止正、负极板短路。对于采用袋式隔板的免维护蓄电池，因为脱落的活性物质存积在袋内，所以不必设置筋条。蓄电池各单格电池之间一般都用铅质连接条在壳体内部采用穿壁式或跨越式串联连接，也可在壳体表面采用外露形式串联连接。

电池盖上设有加液孔，并用螺塞或盖板密封，防止电解液溢出。旋下加液孔螺塞或打开加液孔盖板，即可加注电解液和检测电解液密度。在加液孔螺塞和盖板上设有通气孔，以便排出化学反应放出的氢气和氧气。在使用过程中，该通气小孔必须保持畅通，防止充放电过程中产生的氢气聚集导致壳体胀裂或发生爆炸事故。

五、卷绕式蓄电池的特点

传统的铅酸蓄电池为平板叠片式结构，而卷绕式铅酸蓄电池的显著特点是其极板为螺旋形结构，如图1-7所示。宝马、丰田、克莱斯勒、大众、奔驰、福特、沃尔沃、日产、道依茨等汽车都已采用卷绕式蓄电池。

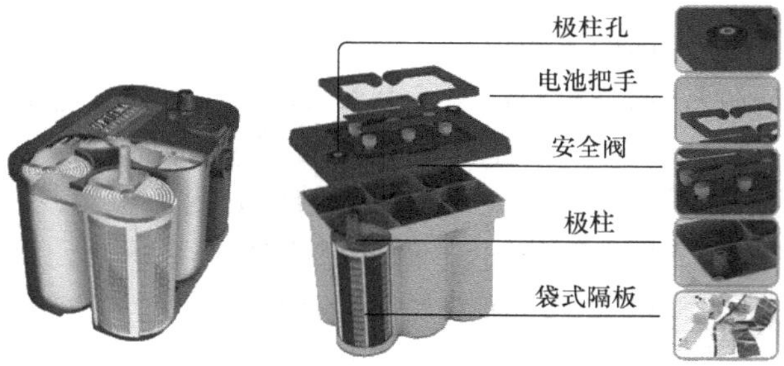

图1-7　卷绕式铅酸蓄电池的结构

卷绕式蓄电池为阀控式蓄电池，其栅架采用比较柔软的纯铅或铅锡合金材料制成，不仅利于卷绕加工，而且能够最大限度地抑制负极板上氢离子的析出而产生氢气。电解液为固态酸，正极板套装在袋式隔板内，正、负极板与固态酸一起捆绑并卷绕成螺旋结构，卷绕后的每层极板都与汇流条连接。正极产生的氧离子通过气体复合装置与负极产生的氢离子发生反应生成水，可使内部气体复合防止水耗，实现免维护功能。当蓄电池内部气体压力超过预定值时，蓄电池盖上的安全阀能让气体析出，防止产生膨胀或爆炸。

卷绕式蓄电池的突出优点：一是无漏液之忧，因此安装方便，既可以任何角度或方式固定，也可倒置安放；二是耐振动冲击，能承受4g（33Hz）振动12h以及6g振动4h的负荷；

三是适用范围广，适用于水陆空各领域交通运输工具，特别是军事领域各类交通运输工具。

现代汽车电子设备越来越多，对蓄电池电压的稳定性和供电可靠性提出了更高的要求，很多高档轿车都采用了双电池供电方案，即一只大容量铅酸蓄电池用于起动发动机以及对灯光、车身电器等设备供电，另一只小容量的镍氢或锂（离子）电池用于维持车载电控单元和其他控制器的供电。

六、蓄电池的型号

按照我国机械行业标准 JB/T 2599—2012《铅酸蓄电池名称、型号编制与命名办法》规定，蓄电池型号由 3 部分组成，各部分之间用短线分开，型号排列及其含义如图 1-8 所示。

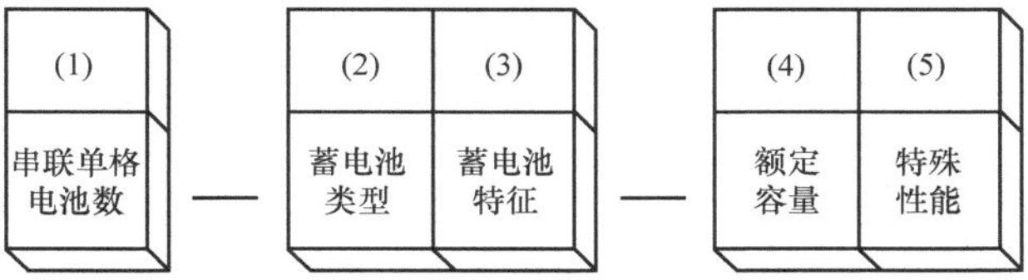

图 1-8　蓄电池型号排列及其含义

1）串联单格电池数。指一个整体壳体内所包含的单格电池数目，用阿拉伯数字表示。

2）蓄电池用途类型代号。根据蓄电池的主要用途进行划分。起动型蓄电池用“Q”表示，代号“Q”是汉字“起”拼音的第一个字母。

3）蓄电池结构特征代号。为附加部分，仅在同类用途的产品具有某种结构特征，而在型号中又必须加以区别时采用。如为干荷电蓄电池，则用汉字“干”拼音的第二个字母“A”表示；如为无需（免）维护蓄电池，则用“无”字拼音的第一个字母“W”表示，见表 1-1。

4）额定容量。国标规定蓄电池型号中标示的容量是指 20 小时率额定容量，用阿拉伯数字表示，单位为安培·小时（A·h），单位在型号中可略去不写。20 小时率是 20 小时放电率的简称。放电率即放电速率，放电电流越大，则放电速率越快，连续放电至终止电压的时间就越短；反之，放电电流越小，连续放电至终止电压的时间就越长。

5）特殊性能。在产品具有某些特殊性能时，可用相应的代号加在型号末尾表示。如“G”表示采用薄型极板的高起动率电池，“S”表示采用工程塑料外壳与热封合工艺的蓄电池。

例 1：大众车系用 6－QA－60 型蓄电池：表示由 6 个单格电池组成，额定电压为 12V，额定容量为 60A·h 的起动型干荷电蓄电池。

例 2：斯太尔车系用 6－QW－180 型蓄电池：表示由 6 个单格电池组成，额定电压为 12V，额定容量为 180A·h 的起动型免维护蓄电池。

表 1-1　蓄电池产品特征代号

序号	蓄电池特征	代号	汉字及拼音	
1	密封式	M	密	mi
2	无需（免）维护	W	无	wu
3	干式荷电	A	干	gan

（续）

序号	蓄电池特征	代号	汉字及拼音	
4	湿式荷电	H	湿	shi
5	微型阀控式	WF	微阀	wei fa
6	排气式	P	排	pai
7	胶体式	J	胶	jiao
8	卷绕式	JR	卷绕	juan rao
9	阀控式	F	阀	fa

第三节　蓄电池的工作原理

蓄电池的工作原理包括蓄电池电动势的建立、充电过程和放电过程。在充、放电过程中，蓄电池内部发生的化学反应是可逆的。

根据格拉斯顿和特拉普于1882年创立的双极硫酸盐化理论（简称双硫化理论），铅蓄电池正极板上的活性物质是二氧化铅（PbO_2），负极板上是海绵状铅（Pb），电解液是硫酸（H_2SO_4）水溶液。当蓄电池与负载接通放电时，正极板上的PbO_2和负极板上的Pb都将转变成硫酸铅（$PbSO_4$），电解液中的H_2SO_4减少、相对密度下降。当蓄电池接通直流电源充电时，正、负极板上的$PbSO_4$又将分别恢复成原来的PbO_2和Pb，电解液中的H_2SO_4增加，相对密度增大。若略去化学反应的中间过程，其反应方程式可表示为

$$\underset{\text{正极板}}{PbO_2} + \underset{\text{电解液}}{2H_2SO_4} + \underset{\text{负极板}}{Pb} \xrightleftharpoons[\text{充电}]{\text{放电}} \underset{\text{正极板}}{PbSO_4} + \underset{\text{电解液}}{2H_2O} + \underset{\text{负极板}}{PbSO_4}$$

一、电动势的建立

蓄电池的单格电池由浸渍在电解液中的正极板和负极板组成，电解液是H_2SO_4水溶液。

当极板浸入电解液时，正、负极板上的部分PbO_2和Pb就有溶解于电解液的倾向并发生相应的化学反应，使正极板具有正电位，约+2.0V，负极板具有负电位，约-0.1V。当外电路尚未接通、反应达到相对平衡状态时，正、负两极间的静止电动势E_s约为2.1V。

$$E_s = E_+ - E_- = +2.0\text{V} - (-0.1\text{V}) = 2.1\text{V}$$

二、蓄电池的放电过程

将蓄电池的化学能转换成电能的过程称为放电过程。放电现象如图1-9a所示。

当放电电路接通时，在电动势的作用下，电流便从正极流出，经过灯丝流回负极。电流流经灯丝会使灯丝发热，当电流足够大时，便使灯丝炽热而发出亮光。

在放电过程中，由于正极板上的PbO_2和负极板上的Pb不断与电解液发生化学反应，因此，PbO_2和Pb逐渐转变成$PbSO_4$，正极电位逐渐降低，负极电位逐渐升高，使正、负极间的电位差逐渐降低；电解液中的H_2SO_4成分逐渐减少、水分逐渐增多，使

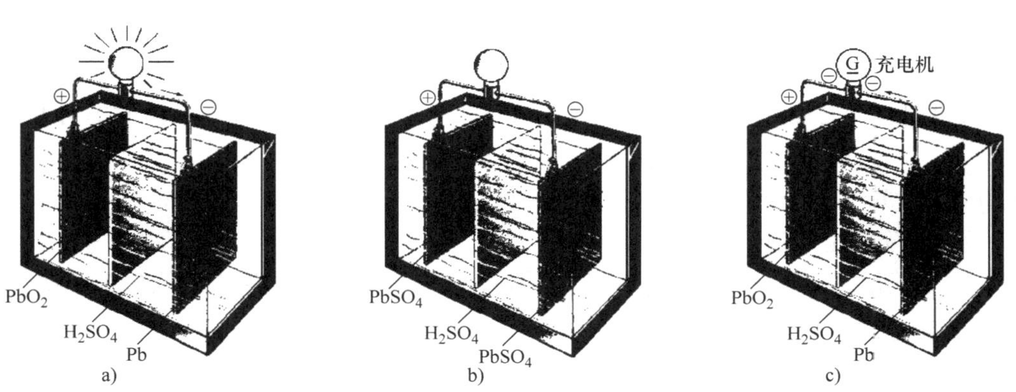

图 1-9 蓄电池充放电现象

a）放电过程 b）放电终了 c）充电过程

电解液密度逐渐减小。

当电位差降低时，流过灯丝的电流就会减小，灯丝发热量相应减少，灯泡亮度变弱，直到不能发光为止，如图 1-9b 所示。

理论上，放电过程将进行到正、负极板上的活性物质全部转变为 $PbSO_4$为止。但是由于电解液不能渗透到活性物质最内层，所以使用中的所谓完全放电，事实上只有 20% ~30% 的活性物质转变为 $PbSO_4$。因此，采用薄型极板、增大活性物质孔率，就可提高活性物质的利用率，增大蓄电池的实际输出容量。

三、蓄电池的充电过程

将电能转换成蓄电池的化学能的过程称为充电过程。充电时，蓄电池应当连接直流电源，蓄电池正极接电源正极，蓄电池负极接电源负极，如图 1-9c 所示。

将完全放电的蓄电池与直流电源接通时，电流就会按放电时相反的方向流过蓄电池。此时蓄电池内部将发生与放电过程相反的化学反应，正、负极板上的 $PbSO_4$将分别还原为 PbO_2和 Pb，电解液中 H_2SO_4 成分逐渐增多而水分逐渐减少，电解液密度逐渐增大。充电将一直进行到极板上的活性物质完全恢复到放电前的状态为止。

在充电末期，电解液密度将升高到最大值，且会引起水的电解，产生大量气泡。

第四节 蓄电池的工作特性

蓄电池的工作特性是指其电动势、电压、电流和电解液密度随充、放电时间而变化的规律。

一、蓄电池的技术参数

蓄电池的技术参数有电解液密度、静止电动势、电压、内阻和容量等。这里主要介绍电解液密度、静止电动势和内阻。

（一）电解液密度

电解液密度是指电解液中 H_2SO_4 成分所占的比例。因为密度与温度密切相关，所以实际测量密度时应同时测量电解液的温度，并按下式换算成标准温度（25℃）时的密度 $\rho_{25℃}$。

$$\rho_{25℃} = \rho_T - \beta(T - 25) \quad (1\text{-}1)$$

式中 ρ_T——实测电解液密度，g/cm^3；

T——实测电解液温度，℃；

β——密度温度系数（$\beta = 0.0007$），即温度每升高 1℃，密度将降低 $0.0007g/cm^3$。

（二）静止电动势

静止电动势 E_s 是指蓄电池在静止状态（不充电也不放电）时，正、负极板之间的电位差（即开路电压）。静止电动势的高低与电解液密度和温度有关，在密度为 1.05 ~ $1.30g/cm^3$ 的范围内，可由下式计算近似值（V）：

$$E_s = 0.85 + \rho_{25℃} \quad (1\text{-}2)$$

汽车用蓄电池电解液的密度在充电时增大，放电时减小，变化范围在 1.12 ~ $1.30g/cm^3$ 之间，其静止电动势相应地在 1.97 ~ 2.15V 之间变化。

（三）内阻

蓄电池内阻的大小反映了蓄电池带负载的能力。在相同条件下，内阻越小，输出电流越大，带负载能力越强。蓄电池的内阻为极板电阻、隔板电阻、电解液电阻和连接条电阻的总和，用 R_0 表示。

极板电阻很小，且随极板上活性物质的变化而变化。充电时电阻变小，放电时电阻变大，特别是在放电终了时，由于活性物质转变成为导电性能极差的硫酸铅，因此内阻显著增大。

隔板电阻与其材料的孔径和孔率有关。木质隔板比微孔塑料、微孔橡胶和聚氯乙烯袋式隔板的电阻大。此外，隔板越薄则电阻越小。

电解液电阻随温度和密度不同而变化。如 6-Q-75 型蓄电池在温度为 40℃时，其内阻约为 0.010Ω，但在 -20℃时则为 0.019Ω。可见，内阻随温度降低而增大。电解液密度为 $1.20g/cm^3$（25℃）时，H_2SO_4 的离解度最好，黏度较小，电阻最小。

连接条电阻与蓄电池单格之间的连接形式有关。内部穿壁式和跨越式连接的电阻比表面外露式连接的电阻要小。

总而言之，汽车用蓄电池的内阻很小，因此能够提供强大电流来起动发动机。对于完全充足电的蓄电池，在标准温度 25℃时的内阻 R_0 可按以下经验公式计算：

$$R_0 = \frac{U_e}{17.1C_n} \quad (1\text{-}3)$$

式中 U_e——蓄电池的额定电压，V；

C_n——20 小时率额定容量，A · h。

二、蓄电池的充电特性

蓄电池的充电特性是指在恒流充电过程中，蓄电池的端电压 U_c 和电解液密度 $\rho_{25℃}$ 等参

数随充电时间 t_c 变化的规律。

在对放完电的蓄电池以恒定电流 I_c 进行充电的过程中，每隔一定时间（一般为2h）测量其单格电池的平均电压 U_c、电解液密度 ρ_T 和温度 T 等工作参数，将其描绘在坐标纸上即可得到蓄电池的充电特性曲线，如图1-10所示。

在恒流充电过程中，由于充电电流不变，即单位时间内生成硫酸的数量相等，因此，电解液密度 $\rho_{25℃}$ 随时间增长而线性上升，静止电动势 E_s 也随密度的上升而升高。

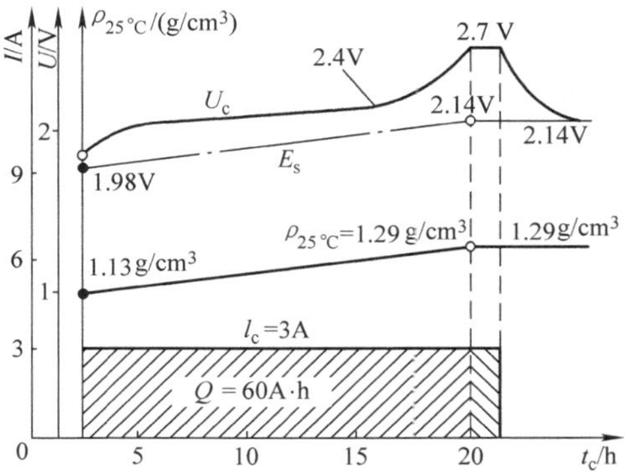

图1-10　6－QA－60型蓄电池的充电特性曲线

蓄电池充电时，因为充电电压 U_c 必须克服蓄电池的静止电动势 E_s 和内阻产生的电压降 I_cR_0 之后，才能在电路形成电流，所以充电电压始终高于电动势。即

$$U_c = E_s + I_cR_0 \tag{1-4}$$

在充电初期，蓄电池端电压迅速上升，这是因为充电时活性物质和电解液的作用首先是在极板孔隙中进行，生成的 H_2SO_4 使孔隙内的电解液密度迅速增大所致。随着硫酸增多，并不断向周围扩散，当极板孔隙内生成 H_2SO_4 的速度与向外扩散的速度达到动态平衡时，端电压便随整个电池槽内电解液密度的升高而逐渐上升。

当端电压达到2.4V左右时，电解液中开始产生气泡，此现象说明蓄电池已基本充足，极板上的活性物质已基本转变为 PbO_2 和Pb，部分充电电流已用于电解水，产生了氢气与氧气。随着充电时间增长，电解水的电流增大，产生的氢气和氧气增多，就会呈现所谓的“沸腾”现象。由于氢离子在极板上与电子的结合速度比较缓慢，因此，在靠近负极板处会积存较多的正离子即 H^+，使极板与溶液之间产生附加电位差（称为氢过电位，约0.33V），使端电压急剧升高到2.7V左右。此时如果继续对蓄电池进行充电，则称为过充电。在蓄电池过量充电时，由于极板内部产生大量气泡会形成局部压力而加速活性物质脱落，使极板过早损坏，因此应尽量避免长时间过量充电。在实际充电中，为了保证蓄电池充电充足，通常需要进行2～3h的过充电。

停止充电后，由于内压降随充电电流切断而自动消失，极板孔隙内外的电解液也逐渐混合均匀，因此蓄电池端电压逐渐降低，最终等于静止电动势。

蓄电池充电终了的特征：一是蓄电池内产生大量气泡，即出现所谓“沸腾”现象；二是蓄电池端电压和电解液密度均上升至最大值，且在2～3h内不再上升。

三、蓄电池的放电特性

蓄电池的放电特性是指在恒流放电过程中，蓄电池的端电压 U_f 和电解液密度 $\rho_{25℃}$ 等参数随放电时间 t_f 变化的规律。

在对完全充足电的蓄电池以20h放电率的电流 I_f 进行恒流放电过程中，每隔一定时间（一般为2h）测量其单格电池的平均电压 U_f、电解液密度 ρ_T 和温度 T 等工作参数，将其描绘在坐标纸上即可得到蓄电池的放电特性曲线。6－QA－60型蓄电池的放电特性曲线如图1-11所示。

在放电过程中，因为放电电流恒定，即单位时间内消耗 H_2SO_4 的数量相同，所以电解液密度随放电时间增长而线性下降。因此，在使用过程中，通过测量电解液密度可以判断蓄电池的放电程度。在一般情况下，电解液密度每下降 0.04g/cm^3，蓄电池放电约为 25%。

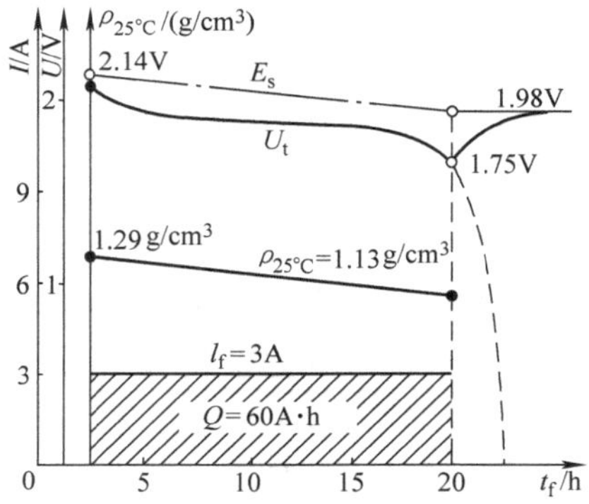

图 1-11　6-QA-60 型蓄电池的放电特性曲线

放电时，由于蓄电池内阻上有电压降，因此蓄电池端电压总是低于电动势。端电压在放电初期迅速下降，是由于极板孔隙中的 H_2SO_4 迅速消耗，密度迅速降低所致。随着极板孔隙内、外密度差的不断增大，H_2SO_4 向孔隙内扩散的速度也随之加快，使放电电流得以维持。当扩散与渗透到极板孔隙内的 H_2SO_4 与孔隙内消耗的 H_2SO_4 趋于一致时，端电压将随整个电池槽内电解液密度的降低而缓慢下降。放电接近终了时，化学反应已深入到极板内层，由于极板上生成的 $PbSO_4$ 的体积比活性物质的体积大（为 PbO_2 的 1.86 倍，海绵状 Pb 的 2.68 倍），$PbSO_4$ 聚集在极板表面和孔隙内使电解液渗入困难，因此极板孔隙内消耗的 H_2SO_4 难以得到补充，使孔隙内的电解液密度迅速下降，因此端电压急剧下降。

当端电压下降到规定的放电终止电压（20h 放电率的放电终止电压为 1.75V）时，应当停止放电，继续放电则为过度放电，不仅没有实用意义（试验证明，3～5min 内电压就会下降到 0V），而且不利于蓄电池充电时活性物质的还原。放电终止电压与放电电流的大小有关，见表 1-2。放电电流越大则放完电的时间越短，允许放电的终止电压就越低。

表 1-2　起动型蓄电池的放电率与终止电压的关系

放电率	20h	10h	3h	30min	5min
放电电流/A	$0.05C_n$	$0.1C_n$	$0.25C_n$	C_n	$3C_n$
单格电池终止电压/V	1.75	1.70	1.65	1.55	1.50

注：C_n 为 20 小时率额定容量。

停止放电后，蓄电池的内压降随之消失，极板孔隙中的电解液与电池槽中的电解液趋于平衡，所以端电压稍有回升。

蓄电池放电终了的特征：一是电解液密度降低到最小允许值；二是蓄电池端电压降到放电终止电压。

第五节　蓄电池的容量及其影响因素

蓄电池容量是指在规定的放电条件（放电温度、放电电流和终止电压）下，蓄电池能够输出的电量，用 C 表示。当恒流放电时，蓄电池容量等于放电电流与放电时间之积，即

$$C = I_f t_f \tag{1-5}$$

式中　C——蓄电池容量，A·h；

I_f——放电电流，A；

t_f——放电持续时间，h。

容量是反映蓄电池对外供电能力、衡量蓄电池质量优劣以及选用蓄电池的重要指标。容量越大，可提供的电能越多，供电能力也就越大；反之，容量越小，则供电能力就越小。

蓄电池容量与电解液温度、放电电流、放电终止电压和放电持续时间有关。所以，蓄电池出厂时规定的20小时率额定容量 C_n 和额定储备容量 $C_{r,n}$ 都是在规定的电解液温度（恒温25℃±2℃）、规定的放电电流（20小时率放电电流 I_n，数值为 $I_n=\frac{C}{t_f}=\frac{C_n}{20}=0.05C_n$；额定储备容量放电电流 $I_r=25A$）和规定的终止电压（10.50V±0.05V）下测得的容量。

一、20小时率容量

20小时率容量是指：蓄电池完全充电后，在恒温（25±2）℃的条件下，以20小时率放电电流 I_n 连续放电至电压降到(10.50±0.05)V时输出的容量。

国家标准GB/T 5008.1—2013《起动用铅酸蓄电池 第1部分：技术条件和试验方法》规定，20小时率容量试验是在蓄电池完全充电结束后1~5h内，将其放置在(25±2)℃的恒温水浴槽中（其端子高出水面15~25mm，如有多只蓄电池，则蓄电池及其槽壁之间距离应不小于25mm），以20小时率放电电流 I_n（A）放电，放电期间电流值的变化应不大于±2%，放电过程中每隔2h记录一次蓄电池电压，每隔4h记录一次电池温度。当电压降到10.80V时，每隔5min记录一次蓄电池电压，当电压降到（10.50±0.05）V时，停止放电并记录放电时间和温度。然后按下式换算到基准温度25℃时的实际容量：

$$C_{e25℃}=I_n\times t[1-\lambda(T-25)] \tag{1-6}$$

式中　$C_{e25℃}$——25℃实际容量，A·h；

t——放电时间，h；

T——最终温度，℃；

λ——温度修正系数，$\lambda=0.01/℃$。

二、20小时率额定容量

20小时率额定容量 C_n 是在规定的试验条件下测得的，并由制造商宣称的蓄电池的容量值。国标GB/T 5008.1—2013规定，20小时率实际容量 $C_{e25℃}$ 应在第三次或之前的20小时率容量试验时，达到20小时率额定容量 C_n。

20小时率额定容量是检验蓄电池质量的重要指标。新蓄电池必须达到该指标，否则就为不合格产品。例如：在电解液温度为（25±2）℃条件下，对新产6-QA-105型蓄电池以 I_n（=5.25A）电流连续放电至端电压降到（10.50±0.05）V时，若放电时间大于或等于20h，则其容量为 $C=I_nt_f\geq105A\cdot h$，达到或超过了额定容量105A·h，因此该蓄电池为合格产品；若放电时间小于20h，则其容量为 $C=I_nt_f<105A\cdot h$，低于额定容量值105A·h，因此就为不合格产品。

三、储备容量

储备容量是指蓄电池完全充电后，在恒温（25±2）℃的条件下，以25A电流连续放电至电压降到（10.50 ±0.05）V时的放电时间，用min表示。

储备容量表达了汽车充电系统（交流发电机和电子调节器）失效的情况下，蓄电池能为照明、仪表和点火系统等用电设备提供25A恒定电流的能力。

我国标准GB/T 5008.1—2013《起动用铅酸蓄电池 第1部分：技术条件和试验方法》对储备容量的试验方法已有明确规定，即储备容量试验是在蓄电池完全充电结束后1~5h内，将其放置在（25 ±2）℃的恒温水浴槽中（其端子高出水面15~25mm，如有多只蓄电池，则蓄电池及其槽壁之间距离应不小于25mm），以I_r（=25A）电流放电，放电期间电流值的变化应不大于±1%，放电过程中每隔10min记录一次蓄电池电压，当电压降到11V时，每隔1min记录一次蓄电池电压，当电压降到（10.50 ±0.05）V时，停止放电并记录放电时间和温度。然后按下式换算到基准温度25℃时的实际储备容量：

$$C_{r,e25℃} = C_{r,eT}[1 - \lambda_1(T - 25)] \tag{1-7}$$

式中 $C_{r,e25℃}$——25℃实际储备容量，min；

$C_{r,eT}$——最终温度实际储备容量，min；

T——最终温度，℃；

λ_1——温度修正系数，$\lambda_1 = 0.009/℃$。

四、额定储备容量

额定储备容量$C_{r,n}$也是在规定的试验条件下测得的，并由制造商宣称的蓄电池的容量值。国标GB/T 5008.1—2013规定，实际储备容量$C_{r,e25℃}$应在第三次或之前的储备容量试验时，达到额定储备容量$C_{r,n}$。

五、影响蓄电池容量的使用因素

蓄电池容量与很多因素有关，归纳起来分为两类：一类是与生产工艺及产品结构有关的因素，如活性物质的数量、极板的厚薄、活性物质的孔率等；另一类是使用条件，如放电电流、电解液温度和电解液密度等。

（一）放电电流

放电电流越大，极板表面活性物质的孔隙会很快被生成的硫酸铅堵塞（硫酸铅的体积是二氧化铅的1.86倍、铅的2.68倍），使极板内层的活性物质不能参加化学反应，因此蓄电池容量越小。此外，放电电流越大，电压下降越快，放电“终了”现象将提前出现。如果继续放电，则将导致过放电而影响蓄电池使用寿命。因此，在起动发动机时，必须严格控制起动时间，每次接通起动机的时间不得超过5s，再次起动应间隔15s以上时间。

（二）电解液温度

温度降低则容量减小。这是由于温度降低时，电解液的黏度增大，渗入极板内部困难，使离子扩散速度和化学反应速度降低；同时电解液电阻也增大，使蓄电池内阻增加，消耗在内阻上的电压降增大，蓄电池端电压降低，允许放电时间缩短，因此容量减小。

温度对蓄电池放电时的端电压和容量影响很大，寒冷天气应特别注意蓄电池保温。

（三）电解液密度

适当增大电解液密度，可以提高电解液的渗透速度和蓄电池的电动势，并减小内阻，使蓄电池输出容量增大。但密度超过一定值时，由于电解液黏度增大使渗透速度降低，内阻和极板硫化增加，又会使蓄电池输出容量减小。起动型蓄电池一般使用密度为 1.27 ~ 1.30g/cm³的电解液。

第六节　蓄电池的启用与充电

汽车在使用过程中，消耗维修费用最多的部件一是蓄电池，二是车轮。蓄电池的性能和使用寿命不仅取决于产品的结构和质量，而且还取决于是否进行正确的使用与维护。

一、新蓄电池的启用

当今车用新蓄电池在首次使用之前，加注规定密度和液量的电解液并静止放置 15min 后即可装车使用。在启用新蓄电池时，需要注意以下几点：

1）蓄电池型号规格必须符合汽车设计要求。一是要考虑蓄电池的容量，容量过小则无法起动发动机；二是要考虑蓄电池的外形尺寸，尺寸过大则无法安装。

2）必须取下加液孔盖上密封通气孔的不干胶带。蓄电池在存储过程中，为了防止空气进入蓄电池内部而导致极板氧化失效，其加液孔盖上的通气孔均用不干胶带粘贴密封。如未取下不干胶带，蓄电池充放电产生的气体就可能使壳体胀裂，甚至导致蓄电池爆炸。

3）电解液密度必须符合本地区使用要求。电解液密度过低容易结冰而导致蓄电池壳体胀裂，密度过高会加速极板和隔板腐蚀而缩短蓄电池的使用寿命。因此，启用新蓄电池时，电解液密度必须根据不同地区和气温条件进行选择，见表 1-3。寒冷地区应当使用密度较高的电解液，同一地区冬季电解液密度应比夏季高 0.02 ~ 0.04g/cm³。

表 1-3　不同地区和气温条件下电解液密度的选择范围　（单位：g/cm³）

气候条件	完全充电蓄电池在25℃时的电解液密度	
	冬季	夏季
冬季低于 -40℃的地区	1.30	1.26
冬季高于 -40℃的地区	1.28	1.25
冬季高于 -30℃的地区	1.27	1.24
冬季高于 -20℃的地区	1.26	1.23
冬季高于 0℃的地区	1.23	1.23

电解液密度可用吸式密度计或光学检测仪进行检测。用吸式密度计检测电解液密度的方法如图 1-12 所示，先用拇指适当压下橡皮囊后再将密度计的橡皮吸管插入电解液中，然后缓慢放松拇指，使电解液吸入玻璃管中，吸入电解液的多少以使浮子浮起为准，此时液面与浮子相交的刻度即为电解液密度值。因为密度大小与温度密切相关，所以在测量密度的同时，必须测量电解液的温度，并将实测密度换算成标准温度（25℃）时的密度值。

4）电解液液面高度必须符合规定要求。液面高度是指电解液液面高出隔板或保护网的高度。液面过高时，电解液容易溢出；液面过低时，露出液面的部分极板不能参加化学反应，蓄电池输出容量就会降低。在蓄电池静置15min后，由于部分电解液渗透到了极板内部，因此，电解液液面高度会有所降低，此时应补充到规定高度。在启用新蓄电池时，电解液液面高度应保持在壳体上标示的上液面线位置。当壳体上没有液面线或液面不清楚时，可用孔径为3~5mm的玻璃管或塑料管进行测量，方法如图1-13所示。先将测量管垂直插入蓄电池加液孔内，直到与护网或隔板上缘接触为止，然后用拇指堵住管口，再取出测量管。此时，管内吸取的电解液高度即为液面高度，其值应为10~15mm。

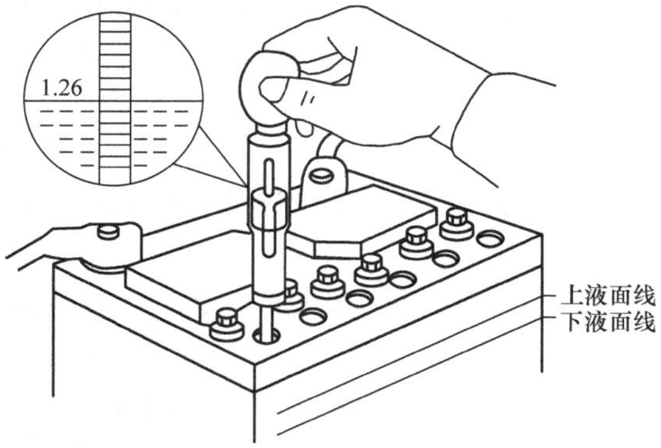

图1-12 检测电解液密度

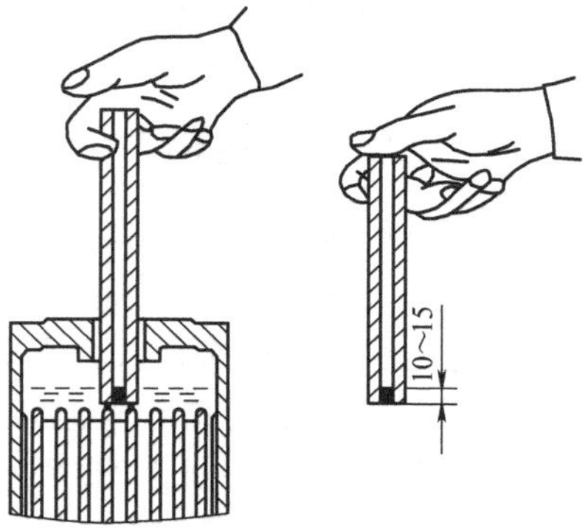

图1-13 检查液面高度

5）存放时间过长的蓄电池需要充电之后再装车使用。干荷电和免维护蓄电池的有效存储时间为1年。当存储时间超过规定期限时，极板在干燥状态下的荷电性能受空气氧化的影响会大大降低，蓄电池供电能力减小，甚至不能提供足够电流来起动发动机。因此，必须至少充电15min之后再装车使用。

二、蓄电池的充电

将电源的电能转换为蓄电池化学能的过程称为充电。为使蓄电池保持一定容量和延长蓄电池的使用寿命，无论干荷电蓄电池，还是免维护蓄电池，在使用过程中都应进行补充充电。

（一）充电方法

蓄电池充电的方法有恒压充电、恒流充电、恒压限流充电和脉冲充电几种。其中，常用的是恒压充电、恒流充电和恒压限流充电。

（1）恒压充电

在充电过程中，充电电压恒定不变的充电称为恒压充电。蓄电池在汽车上由发电机对其充电就属于恒压充电，其充电电压由充电系统的电压调节器控制。蓄电池采用恒压充电时，单格电池的充电电压一般都按基本充足电的特征电压2.4V进行选定。如在汽车上，根据全车电系电压等级不同，其电压调节器控制的发电机输出电压就分别选定为14V和28V左右。

恒压充电的优点是：在充电初期，充电电流较大，充电速度较快，充电4~5h，蓄电池的容量即可恢复80%以上，因此充电时间较短。同时，充电电流能随电动势的上升而逐渐减小到零，使充电自动停止，这就不必由人工调节充电电流。

恒压充电的缺点是：由于充电电流大小不能调整，因此不能保证蓄电池彻底充足电；也不能用于蓄电池去硫化充电。对于车使用的蓄电池，为了防止其产生硫化故障，需要定期（一般为两个月）拆下用恒流充电方法充电一次。

（2）恒流充电

在充电过程中，充电电流恒定不变的充电称为恒流充电。汽车蓄电池在充电间的充电过程分为两个阶段，称为改进恒流充电，其充电电路与充电特性曲线如图 1-14 所示。

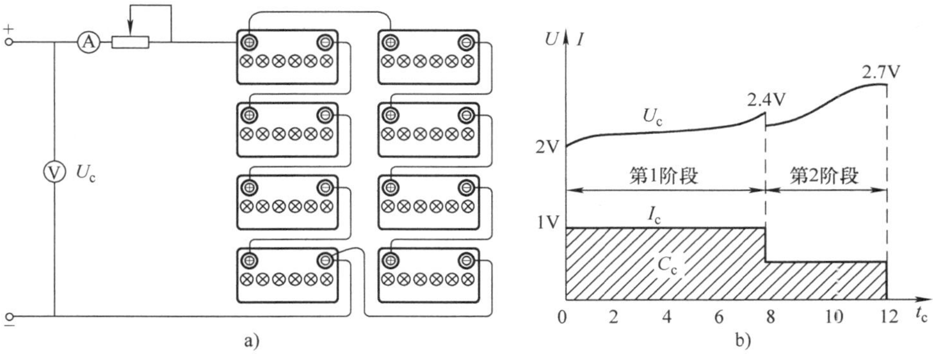

图 1-14 实际恒流充电电路及充电特性曲线

a）充电电路 b）充电特性曲线

在恒流充电过程中，随着蓄电池电动势上升，要想保持充电电流恒定，就需调高充电电压。在充电第 1 阶段，用较大电流进行恒流充电，当单格电池电压上升到 2. 4V 左右、电解液中开始产生气泡时，将充电电流减小一半转入第 2 阶段恒流充电，直到蓄电池完全充足电为止，这种充电方法又称为改进恒流充电或两阶段恒流充电。由于第 2 阶段充电电流较小，既可减少活性物质脱落，又能保证蓄电池彻底充足。因此，在充电间充电广泛采用。

恒流充电的优点是：充电电流可以任意选择，有益于延长蓄电池的使用寿命。由于充电电流可以任选，因此，既适用于蓄电池补充充电，也适用于去硫化充电（去硫充电）。

恒流充电的缺点是：充电时间长，充电电流需要人工进行调节。

实际充电广泛采用两阶段恒流充电方法进行充电的原因是：当单格电池充电电压达到 2. 4V 时，蓄电池已基本充足，活性物质二氧化铅和铅已基本还原，电解液中开始产生气泡说明部分充电电流已经开始电解水。此时若不减小充电电流，电解水的电流就会随着充电时间的延长而增大，这样不仅浪费电能，而且产生的大量气泡会将极板上的活性物质冲掉，使蓄电池容量降低，寿命缩短。

（3）恒压限流充电

国家标准 GB/T 5008. 1—2013《起动用铅酸蓄电池 第 1 部分：技术条件和试验方法》规定，在进行 20 小时率容量、储备容量和水损耗试验时，对于不能确定结构或制造商没有明确说明结构的蓄电池，充电应以恒压限流方法进行。

恒压限流充电方法是指：蓄电池在（25 ± 10）℃条件下，以表 1-4 所示电压 U_1（V）和电流 I_1（A）进行充电后，再以 I_2（A）电流充电 4h。

表 1-4　蓄电池恒压限流充电参数

蓄电池类型	U_1/V	I_1	I_2	充电时间/h	起动后充电时间/h
正常水损耗蓄电池	14.80 ±0.10	$5I_n$	I_n	20	10
低水损耗蓄电池	15.20 ±0.10	$5I_n$	I_n	20	10
微水损耗蓄电池	16.00 ±0.10	$5I_n$	I_n	20	10
阀控式蓄电池	14.40 ±0.10	$5I_n$	$0.5I_n$	20	10

注：I_n为 20 小时率放电电流，数值为 $C_n/20$，单位为 A。C_n为 20 小时率额定容量。

水损耗试验是指：蓄电池先以恒压限流充电方法完全充电，擦净全部表面，干燥并称量质量 W_1，然后保持在（40 ±2）℃的恒温水浴槽中（其端子高出水面 15 ~25mm，如有多只蓄电池，则蓄电池及其槽壁之间距离应不小于25mm），以（14.40 ±0.05）V 电压恒压充电500h，再擦净全部表面，干燥并称量质量 W_2。水损耗量按下述计算：

$$W=\frac{W_1-W_2}{C_n} \tag{1-8}$$

式中　W——水损耗量，g/(A·h)；

W_1——充电开始时蓄电池质量，g；

W_2——充电后蓄电池质量，g；

C_n——20 小时率额定容量，A·h。

蓄电池的水损耗按额定容量 C_n计算，正常水损耗型蓄电池的水损耗量大于 4g/(A·h)，低水损耗型蓄电池的水损耗量不大于 4g/(A·h)，微水损耗型蓄电池的水损耗量不大于 1g/(A·h)。

（二）充电工艺

根据蓄电池技术状态不同，其充电工艺可分为初充电、补充充电和去硫化充电三种。对新蓄电池或更换极板后的蓄电池进行的首次充电，称为初充电。蓄电池使用后的各次充电，称为补充充电。消除硫化的充电工艺称为去硫化充电。各种充电工艺的过程基本相同，主要区别在于充电电流大小的选择有所不同。下面以补充充电工艺为例，说明蓄电池的充电工艺。

1）清洁蓄电池，检查电解液液面高度。将液面高度调整到高出隔板或护网 15mm 位置或与蓄电池壳体上的上液面线平齐。当液面过低时，只需添加蒸馏水。

2）选择补充充电电流。补充充电电流的选择方法是：第 1 阶段充电电流为：$I_{C1}=2I_n$(A)，第 2 阶段充电电流为：$I_{C2}=I_n$(A)。蓄电池的容量不同，充电电流大小也不相同。当同一充电支路中各串联蓄电池的容量不同时，其充电电流则应按容量最小者进行选择。当小容量蓄电池充足电后，应随即摘除，再继续给大容量蓄电池充电。这样既能保证各蓄电池都能充足电，又能避免小容量蓄电池过量充电。

3）连接蓄电池。在连接蓄电池之前，应先根据充电机的额定电压和额定电流计算出一台充电机一次充电所能连接的蓄电池总数。根据充电机的额定电流 I_R和第 1 阶段充电电流 I_{C1}，确定蓄电池并联充电支路数 i，即

$$i=\frac{I_R}{I_{C1}}\text{（取整数）} \tag{1-9}$$

根据充电机的额定电压 U_R 和单格电池充足电时的电压（为了保证充电充足，单格电压按 2.75V 计算），确定每一条充电支路串联蓄电池只数 m，即

$$m = \frac{U_R}{2.75n} = \frac{U_R}{2.75 \times 6} = \frac{U_R}{16.5} \text{（取整数）} \tag{1-10}$$

式中　n——蓄电池的单格电池数（汽车蓄电池 $n=6$）。

一台充电机一次充电最多允许连接蓄电池总数（只）为

$$N = mi \tag{1-11}$$

当一条充电支路中串联蓄电池的只数大于 m 时，由于充电机电压不足，因此蓄电池不能彻底充足电。当有两条或两条以上并联支路同时充电时，各支路串联蓄电池的单格电池总数必须相等。否则就会导致串联单池总数少的蓄电池过量充电。

连接蓄电池时，先连接串联支路，再将各支路并联连接，最后将蓄电池充电支路的正极与充电机正极相连，将充电支路的负极与充电机负极相接。

4）接通充电电路充电。在充电过程中，每隔 2～3h 应测量一次充电电压和电解液密度。当单格电压达到 2.4V 时，应及时转入第 2 阶段充电，直到充足电为止。在充电过程中，还应经常测量电解液温度。当其升到 40℃时，应将充电电流减半。当温度继续升高到 45℃时，应暂停充电，待温度降到低于 40℃后，方可继续充电。

5）调整电解液密度。充电结束 15min 后，测量电解液密度如不符合规定，则应进行调整。密度偏低应补充适量密度为 1.40g/cm³ 的稀硫酸水溶液；反之应补充蒸馏水进行调整。调整后的电解液密度是否符合规定，要待充电 2h 后再复查一次。各单格电池之间的密度之差不得超过 0.01g/cm³。电解液密度调好后应做记录，以备使用参考。补充充电的全部充电时间为 13～16h。

第七节　交流发电机的构造

汽车交流发电机是通过二极管整流，输出为直流电的发电机。其功用是：当发动机在怠速以上转速运转时，向除起动机以外的用电设备供电，同时还为蓄电池充电。

一、交流发电机的分类

汽车交流发电机种类繁多、形式各异，可按总体结构、整流器结构和搭铁形式进行分类。

（一）按总体结构分类

按总体结构不同，交流发电机可分为以下几种类型。

1）普通交流发电机。既无特殊装置，也无特殊功能和特点的汽车交流发电机。如东风系列汽车用 JF132N 型交流发电机。

2）整体式交流发电机。即机体上装有电子调节器的交流发电机，如大众车系用 JFZ1913Z 型 14V 90A 交流发电机。

3）无刷交流发电机。即没有电刷和集电环的交流发电机。如东风车系用 JFW2621 型 28V 45A 整体式发电机和斯太尔车系用 JFW2518A 型 28V 27A 整体式发电机。

4）带泵交流发电机。即带真空制动助力泵的交流发电机，如 JFB1712 型交流发电机。

（二）按整流器结构分类

按整流器结构不同，交流发电机可分为以下几种类型。

1）6 管交流发电机。即整流器由 6 只整流二极管组成三相桥式全波整流电路的交流发电机。如解放车系用 JF1522A、JF1518、JF1526 型 14V 55A 交流发电机。

2）8 管交流发电机。即整流器总成由 8 只二极管组成的交流发电机。如 JFZ1542 型 14V 45A 型交流发电机。

3）9 管交流发电机。即整流器总成由 9 只二极管组成的交流发电机。如斯太尔车系用 JFZ2518A 型 28V 27A 整体式发电机。

4）11 管交流发电机。即整流器总成由 11 只二极管组成的交流发电机。如大众车系用 JFZ1913Z 型 14V 90A 发电机和东风车系用 JFW2621 型 28V 45A 发电机。

（三）按磁场绕组搭铁方式分类

按磁场绕组搭铁方式不同，交流发电机分为以下两种类型。

1）内搭铁型交流发电机。即发电机磁场绕组的一端与发电机壳体连接的交流发电机。如东风车系用 JF132N 型交流发电机。

2）外搭铁型交流发电机。即磁场绕组的一端经调节器后搭铁的发电机。如大众车系用 JFZ1913Z 型 14V 90A 发电机和东风车系用 JFW2621 型 28V 45A 发电机。

目前，大多数汽车都采用外搭铁型交流发电机。

二、交流发电机的基本结构

车用普通交流发电机由三相同步交流发电机和 6 只硅整流二极管组成的三相桥式整流器组成。整体式交流发电机则增设有电压调节器，且都采用集成电路（Integrated Circuit，IC）调节器，结构组成如图 1-15 所示。交流发电机的基本结构都是由转子、定子、整流器和端盖 4 部分组成。

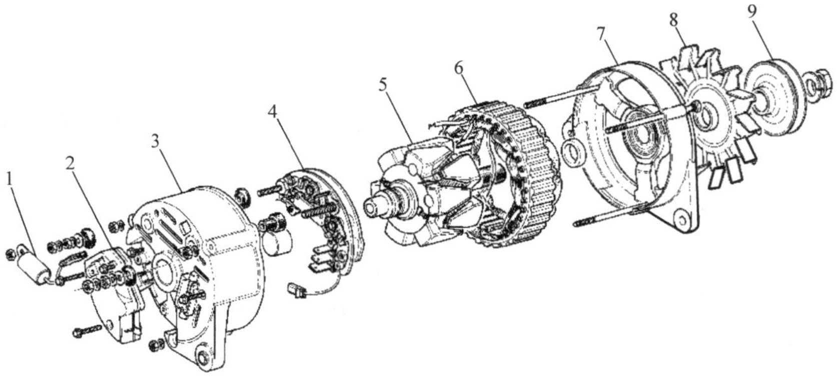

图 1-15　整体式交流发电机结构组成

1—抗干扰电容器　2—IC 调节器与电刷总成　3—电刷端盖　4—整流器

5—转子　6—定子　7—驱动端盖　8—风扇　9—驱动带轮

1. 转子的结构

交流发电机转子的功用是产生磁场。转子由两块爪极、磁场绕组、铁心和集电环组成，其结构如图 1-16 所示。爪极有两块，每块爪极上制有 6 个鸟嘴形磁极。两块爪极压装在转子轴上，爪极间的空腔内装有铁心，铁心压装在转子轴上，磁场绕组绕在铁心上。

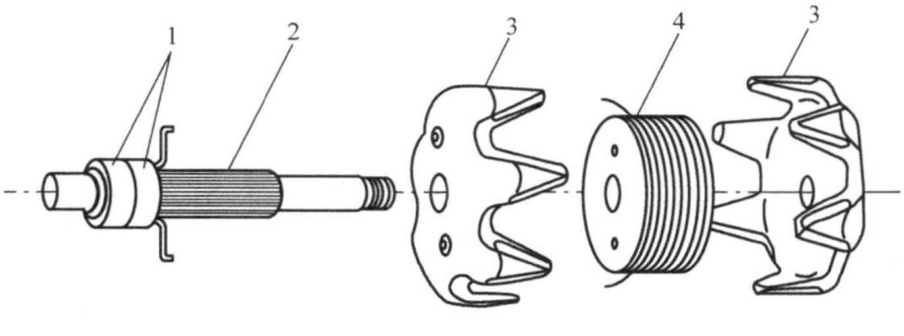

图 1-16 转子的结构

1—集电环 2—转子轴 3—爪极 4—磁场绕组与铁心

集电环俗称滑环，由彼此绝缘的两个铜环组成。集电环压装在转子轴的一端并与转子轴绝缘。磁场绕组的两端分别焊接在两个集电环上。两个铜环分别与发电机后端盖上的两只电刷相接触。当两只电刷与直流电源接通时，磁场绕组中便有电流流过，并产生轴向磁通，使一块爪极磁化为北极（即 N 极），另一块爪极磁化为南极（即 S 极），从而形成 6 对相互交错的磁极，如图 1-17 所示。

2. 定子的结构

定子的功用是产生交流电。定子由定子铁心与定子绕组组成，如图 1-18 所示。定子铁心由内圆带槽的环状硅钢片叠压而成。

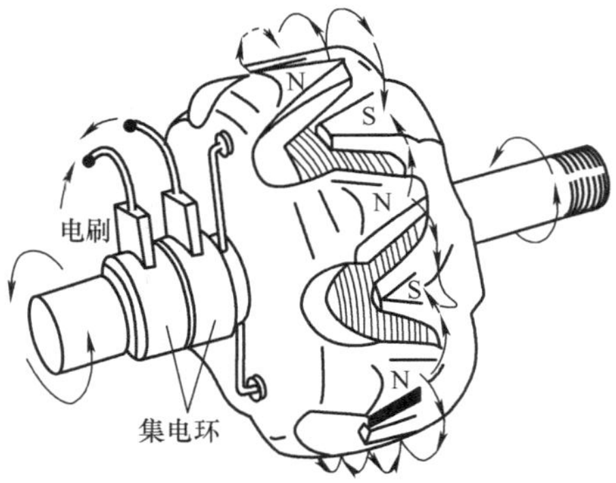

图 1-17 转子的磁场

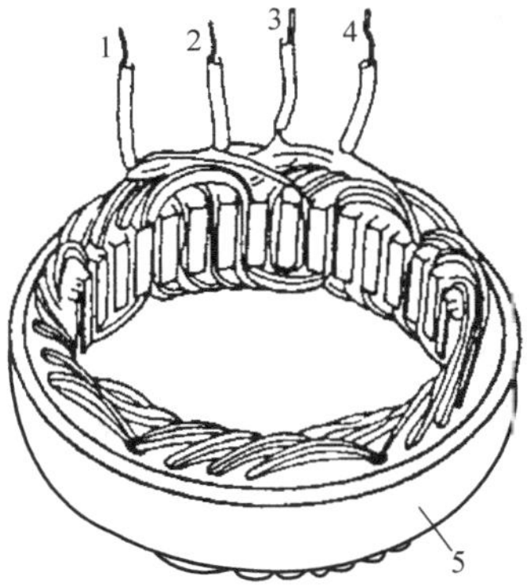

图 1-18 定子总成的结构

1、2、3、4—绕组引线 5—定子铁心

定子绕组为三相绕组，并按一定规律对称安放在定子铁心槽内。绕制三相绕组的要求是：使三相绕组产生频率相同、幅值相等、相位互差 120°电角度的三相对称电动势。为此在绕制三相绕组时，应合理确定绕组的安放位置。当采用星形联结时，定子绕组的展开图如图 1-19 所示。

三相绕组的连接方法有星形联结（简称Y联结）和三角形联结（简称△联结）两种。当采用Y联结时，三相绕组的3个末端X、Y、Z连接在一起，称为中性点，3个始端U、V、W作为交流发电机的输出端。当采用△联结时，一相绕组的始端与另一相绕组末端连接，共有3个接点，这3个接点即为交流发电机的输出端。

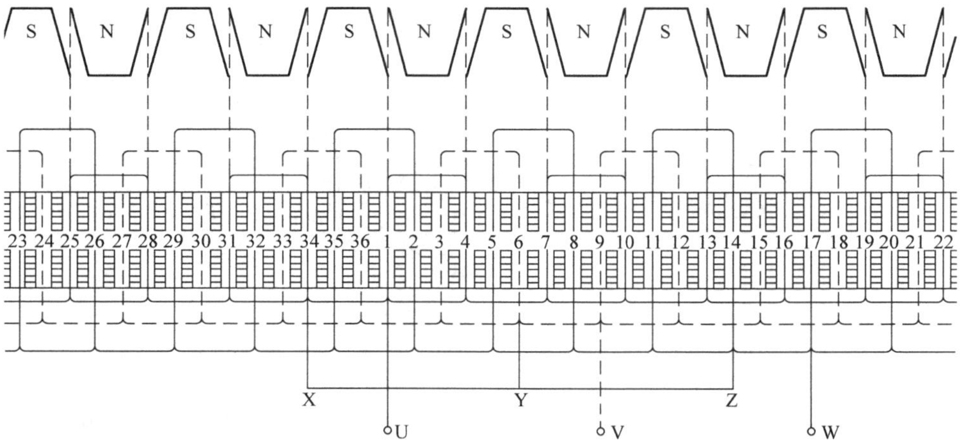

图1-19　交流发电机星形联结定子绕组展开图

交流发电机转子的磁极对数决定了三相定子绕组线圈的个数和定子铁心的槽数。转子上每对磁极必须对应分布在定子铁心槽中3个线圈的下面，以便产生三相交流电。定子线圈嵌入铁心槽中用以切割磁力线而产生感应电动势的边称为有效边，每个线圈的两个有效边应分别嵌入定子铁心的两个槽中，以便获得感应电动势。

3. 整流器的结构

交流发电机整流器的作用是将三相定子绕组产生的交流电变换为直流电。整流器由整流二极管和二极管的散热板组成。大众与奥迪等轿车用整流器总成的结构如图1-20所示。整流器总成的形状有长方形、马蹄形、半圆形和圆形等，与定子总成的连接关系如图1-21所示。

汽车交流发电机用整流二极管的内部结构和工作原理与普通工业用二极管基本相同，但其外形结构有所不同。有的将二极管外壳锡焊到金属散热板上；有的将PN结直接烧结在金属散热板上，如图1-22a所示；有的将二极管做成扁圆形焊在金属散热板上或夹在两块金属板之间；有的压装在金属散热板上的二极管安装孔中，如图1-22c所示。这些二极管的显著特点是工作电流大、反向电压高。根据汽车行业标准QC/T 422—2000《机动车用硅整流二极管》规定：ZQ50型二极管的正向平均电流为50A、峰值电流为600A、反向重复峰值电压为270V、反向不重复峰值电压为300V。

汽车交流发电机的整流二极管有正极管与负极管之分。普通交流发电机具有3只正极管和3只负极管。引出电极为二极管正极的称为正极管，其上标有红色标记；引出电极为二极管负极的称为负极管，其上标有绿色或黑色标记。安装二极管的铝质散热板称为整流板，安装3只正极管的整流板称为正整流板，安装3只负极管的整流板称为负整流板。

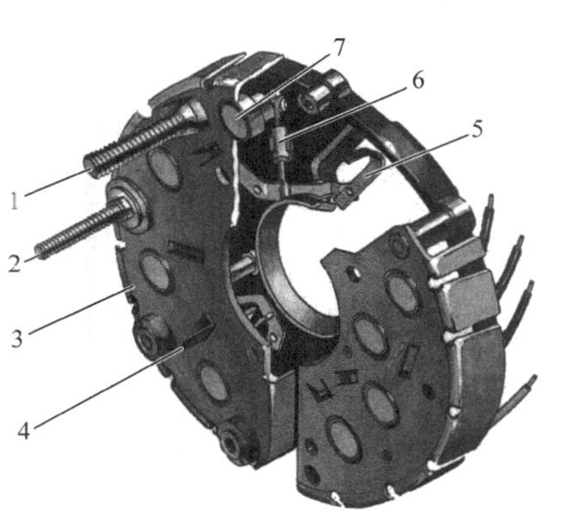

图 1-20　整流器总成的结构

1—“B +” 端子　2—“D +” 端子　3—正整流板　4—电容器连接片　5—压紧弹片　6—磁场二极管　7—整流二极管

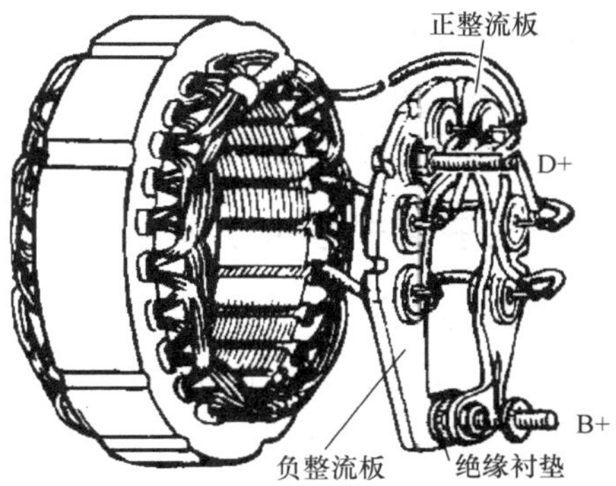

图 1-21　整流器与定子总成的连接

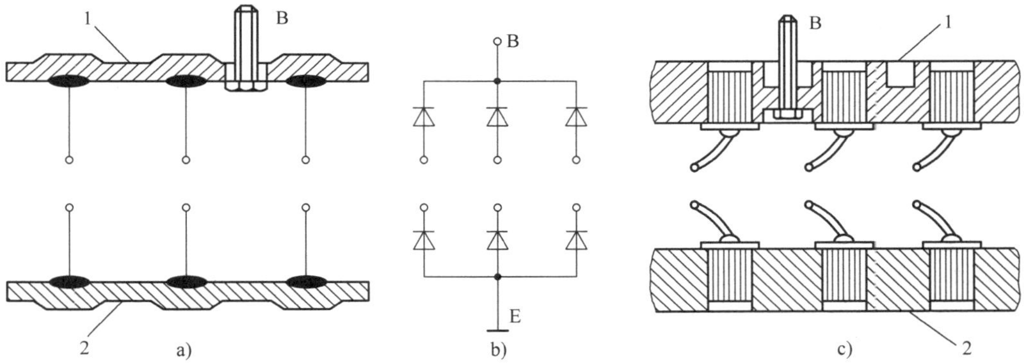

图 1-22　二极管安装示意图

a）焊接式　b）电路图　c）压装式

1—正整流板　2—负整流板

在正整流板上制有一个螺孔，称为“输出”端子安装孔，螺栓由此从电刷端盖引出，作为发电机的“输出”端子，该端子为发电机的正极，标记为“B”“B +”“A”或“ +”。

4. 端盖与电刷组件的结构

端盖的功用是支承转子和定子总成，并用螺栓将转子和定子等部件连接成为一个整体。

交流发电机的前、后端盖均用铝合金卷压焊接或铸造而成。因为铝合金为非导磁材料，所以能够减少漏磁，增大发电机的输出功率，且有质量轻、散热性好等优点。

前端盖（驱动端盖）外侧装有风扇和驱动带轮，由发动机通过驱动带驱动旋转，转子随驱动带轮一同转动。通风散热依靠风扇来完成，在前、后端盖上制有通风口，当风扇与驱动带轮一起转动时，空气便从进风口流入，经发电机内部再从出风口流出，由此便将内部热量带出，达到散热目的。

后端盖（电刷端盖）上安装有电刷组件。电刷组件由电刷、电刷架和电刷弹簧组成，如图 1-23 所示。每台交流发电机有两只电刷。电刷用铜粉和石墨粉模压而成，电刷架用酚醛玻璃纤维塑料模压而成。电刷安装在电刷架的孔内，借弹簧张力使电刷与集电环保持良好接触。

汽车交流发电机的发电原理和整流原理与电工学和电子学所述完全相同，故不赘述。

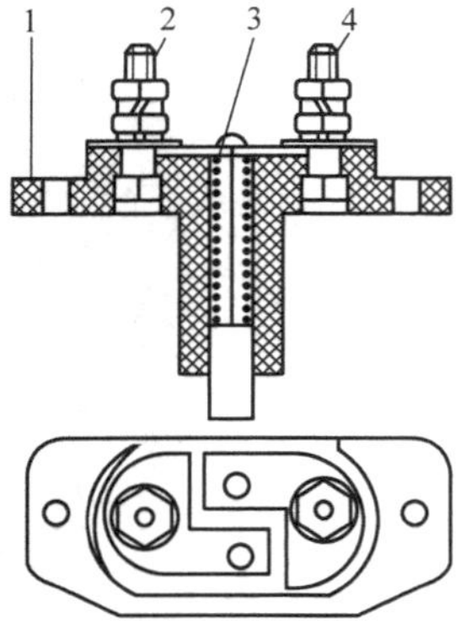

图1-23　电刷组件
1—电刷架　2、4—磁场端子
3—电刷与弹簧

三、电子调节器的结构原理

在汽车行驶过程中，发动机按固定的传动比驱动发电机旋转。发动机转速随时都在发生变化，发电机转速也随之改变（变化范围为0～18000r/min）。

电子调节器的功用是：当发电机转速变化时，自动调节发电机的输出电压，防止输出电压过高而损坏用电设备，避免蓄电池过量充电。

（一）电压调节原理与调节方法

由电工学可知，交流发电机空载输出电压 U 与其感应电动势 E_Φ 成正比，而感应电动势 E_Φ 与发电机转速 n 和每极磁通 Φ 成正比，即

$$U \propto E_\Phi = C_e \Phi n \tag{1-12}$$

式中　C_e——交流发电机的结构常数。

由上式可见，当发电机转速变化时，要保持发电机输出电压恒定，就必须改变磁极磁通。因此，调节器调节电压的原理是：通过调节磁场电流来调节磁极磁通，使发电机输出电压保持恒定。当发电机转速一定时，电压调节过程如图1-24所示。

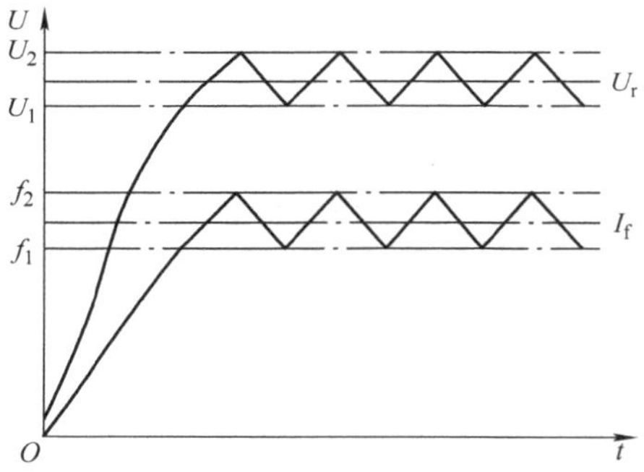

图1-24　转速一定时的电压调节过程

当发电机转速 n 达到一定值（$n = C =$ 常数）、其输出电压 U 达到调节电压上限值 U_2 时，调节器开始进行调节并使磁场电流 I_f 减小，磁通 Φ 减少，电动势 E_Φ 下降，U 随之下降。

当输出电压降到调节电压下限值 U_1 时，调节器又进行调节并使磁场电流 I_f 增大，磁通 Φ 增多，电动势 E_Φ 升高，输出电压随之升高。

当 U 再次升高到上限值 U_2 时，调节器重复上述调节过程，使发电机输出电压 U 在调节电压上下限值 U_2、U_1 之间脉动，从而保持平均电压 U_r 不变。电压调节过程表达如下：

$$n\uparrow = C \rightarrow U\uparrow = U_2 \xrightarrow{\text{调节}} I_f\downarrow \rightarrow \Phi\downarrow \rightarrow E_\Phi\downarrow \rightarrow U\downarrow = U_1 \xrightarrow{\text{调节}} I_f\uparrow \rightarrow \Phi\uparrow \rightarrow E_\Phi\uparrow \rightarrow U\uparrow$$

各种调节器都是通过调节磁场电流使磁极磁通改变来控制发电机的输出电压，电子调节器的调节方法是：利用晶体管的开关特性，使磁场电流接通与切断来调节发电机的磁场电流。

（二）电子调节器的基本电路

汽车交流发电机有内搭铁型与外搭铁型之分，因此与之匹配使用的电子调节器也有内搭铁型与外搭铁型两类，下面以图1-25所示外搭铁型电子调节器的基本电路为例进行说明。

基本电路由信号电压监测电路、信号放大与控制电路、功率放大电路以及保护电路 4 部分组成。

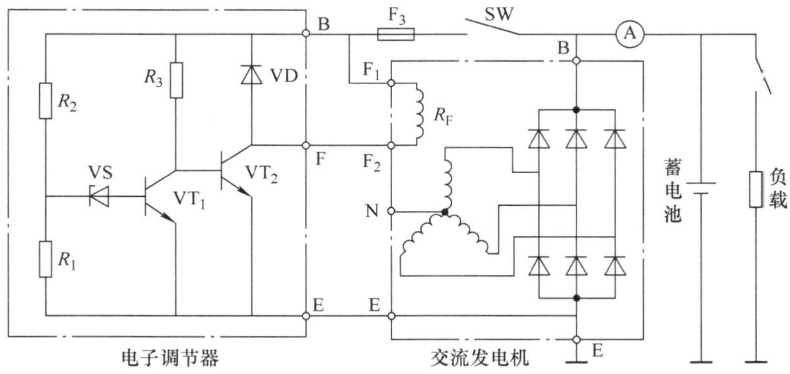

图 1-25　外搭铁型电子调节器的基本电路

电阻 R_1、R_2和稳压二极管 VS 构成信号监测电路。稳压二极管（简称稳压管）VS 是传感元件，一端连接晶体管 VT_1的基极，另一端接在分压电阻 R_1、R_2之间，VS 与晶体管 VT_1的发射结串联后再与分压电阻 R_1并联，从而监测发电机电压的变化，并控制晶体管 VT_1导通与截止。电阻 R_1、R_2串联在交流发电机输出端子 B 与搭铁端子 E 之间，构成一只分压器，直接监测发电机输出电压 U 的变化，从分压电阻 R_1上取出发电机输出电压 U 的一部分 U_{R_1}作为调节器的输入信号电压，R_1上的分压为

$$U_{R_1} = \frac{R_1}{R_1 + R_2}U \tag{1-13}$$

由式（1-13）可见，发电机电压 U 升高时，分压电阻 R_1上的分压值 U_{R_1}升高；反之，当发电机电压 U 下降时，分压值 U_{R_1}下降。

晶体管 VT_1和电阻 R_3构成信号放大与控制电路，其功用是将电压监测电路输入的信号进行放大处理后，控制功率晶体管 VT_2导通与截止。电阻 R_3既是晶体管 VT_1的负载电阻，又是功率晶体管 VT_2的偏流电阻。晶体管 VT_1为小功率晶体管，接在大功率晶体管 VT_2的前一级，起功率放大作用，也称前级放大。

功率晶体管 VT_2通常采用达林顿晶体管构成功率放大电路，VT_2为 NPN 型大功率晶体管，串联在磁场绕组与搭铁端子之间，这是外搭铁型调节器的显著特点。磁场绕组的电阻为 VT_2的负载电阻。VT_2导通时，磁场电流接通；VT_2截止时，磁场电流切断。因此，通过控制晶体管 VT_2导通与截止，就可改变磁场电流使发电机输出电压稳定。

续流二极管 VD 构成保护电路，其功用是防止磁场绕组产生的自感电动势击穿功率晶体管 VT_2而造成损坏。

（三）稳压管的工作条件

稳压管 VS 与晶体管 VT_1的发射结串联后再与分压电阻 R_1并联，所以当发电机电压 U 高于或等于调节电压上限值 U_2，即分压电阻 R_1两端的分压值 U_{R_1}达到或超过稳压管 VS 的稳定电压 U_w（稳压管正常工作时，管子两端保持不变的电压值称为稳压管的稳定电压）与晶体管 VT_1发射结压降 U_{be1}（锗管：$U_{be1}=0.2\sim0.3V$；硅管：$U_{be1}=0.6\sim0.7V$）之和时，稳压

管 VS 和晶体管 VT_1 导通；反之，当发电机电压 U 下降到调节电压下限值 U_1，即分压电阻 R_1 两端的分压值 U_{R_1} 低于稳压管 VS 的稳定电压 U_w 与晶体管 VT_1 发射结压降 U_{be1} 之和时，稳压管 VS 和晶体管 VT_1 截止，即稳压管的导通条件与截止条件为

稳压管 VS 导通条件：$U_{R_1} = \dfrac{R_1}{R_1 + R_2} U_2 \geqslant U_w + U_{be1}$　　(1-14)

稳压管 VS 截止条件：$U_{R_1} = \dfrac{R_1}{R_1 + R_2} U_1 < U_w + U_{be1}$　　(1-15)

（四）调节器的工作过程

电子调节器是利用晶体管的开关特性，将大功率晶体管作为一只开关串联在发电机磁场电路中，根据发电机输出电压高低，控制晶体管导通与截止来调节发电机磁场电流，从而使发电机输出电压稳定在规定范围之内。发电机输出电压的调节过程如下：

1）接通点火开关 SW，发电机电压 U 低于蓄电池电压时，晶体管 VT_1 截止，晶体管 VT_2 导通，磁场电流 I_f 接通，发电机他励发电，即磁场电流由蓄电池供给。

当点火开关 SW 接通，发电机未转动或转速低，电压 U 低于蓄电池电压时，蓄电池电压经点火开关 SW 加在分压电阻 R_1、R_2 两端。由于发电机电压低于调节电压上限值，因此分压电阻 R_1 上的分压值 U_{R_1} 小于稳压管 VS 的稳定电压 U_w 与晶体管 VT_1 发射结压降 U_{be1} 之和，由稳压管的导通条件可知，VS 处于截止状态，VT_1 基极无电流流过也处于截止状态。此时蓄电池经点火开关、电阻 R_3 向晶体管 VT_2 提供基极电流，VT_2 导通并接通磁场电流，其电路为：蓄电池正极→电流表 A→点火开关SW→熔断器 F_3→发电机磁场端子 F_1→发电机磁场绕组 R_F→发电机磁场端子 F_2→调节器磁场端子 F→晶体管 VT_2→调节器搭铁端子 E→发电机搭铁端子 E→蓄电池负极。此时若发电机转动，则其电压将升高。

2）当发电机电压上升到高于蓄电池电压但尚低于调节电压上限值 U_2 时，发电机自励发电，即磁场电流由发电机自己供给。

当发电机电压高于蓄电池电压但低于调节电压上限值 U_2 时，VS 与 VT_1 仍然截止，VT_2 保持导通。此时磁场电路为：发电机定子绕组→正极管→发电机输出端子 B→点火开关 SW→熔断器 F_3→发电机磁场端子 F_1→发电机磁场绕组 R_F→发电机磁场端子 F_2→调节器磁场端子 F→晶体管 VT_2→调节器搭铁端子 E→发电机搭铁端子 E→发电机负极管→定子绕组。

3）当发电机电压随转速升高而升高到调节电压上限值 U_2 时，VS、VT_1 导通，VT_2 截止，磁场电流切断，发电机电压降低。

当发电机电压升高到调节电压上限值 U_2 时，由稳压管导通条件可知，此时 VS 导通，其工作电流从晶体管 VT_1 基极流入，并从 VT_1 发射极流出。因为 VS 的工作电流就是 VT_1 的基极电流，所以 VT_1 导通。当 VT_1 导通时，VT_2 发射结几乎被短路，流过电阻 R_3 的电流经 VT_1 集电极和发射极构成回路，VT_2 因无基极电流而截止，磁场电流被切断，磁极磁通迅速减少，发电机电压迅速下降。

4）当发电机电压降到调节电压下限值 U_1 时，VS、VT_1 截止，VT_2 导通，磁场电流接通，发电机电压升高。

当发电机电压降到调节电压下限值 U_1 时，由稳压管截止条件可知，VS 截止，VT_1 随之截止，其集电极电位升高，发电机又经 R_3 向 VT_2 提供基极电流使 VT_2 导通，磁场电流接通，

磁极磁通增多，发电机电压重新升高。

当发电机电压再次升高至调节电压上限值 U_2 时，调节器重复3）、4）中的工作过程，将发电机电压控制在某一平均值 U_r 不变。12V 交流发电机的调节电压平均值 U_r 为(14.2 ± 0.25)V；24V 交流发电机的调节电压平均值 U_r 为(28.5 ±0.30)V。

在 VT_2 由导通转为截止瞬间，磁场绕组产生的自感电动势（F 端为正，B 端为负）经二极管 VD 构成放电回路，防止 VT_2 击穿。因为放电电流流经 VD，所以 VD 称为续流二极管。

电子调节器是利用晶体管的开关特性来调节发电机电压，当大功率晶体管截止时，磁场电流被切断，发电机仅靠剩磁发电，因交流发电机剩磁磁通很少，所以调节器的工作上限很高，调节范围很大。

在使用中，外搭铁型电子调节器只能与外搭铁型交流发电机配用，内搭铁型电子调节器只能与内搭铁型交流发电机配用。否则交流发电机的磁场绕组将与电子调节器的大功率晶体管并联连接，磁场绕组将无电流流过，发电机将只靠剩磁发电而不能正常输出电压。

四、8 管交流发电机的特点

在普通交流发电机的基础上加装 2 只整流二极管，即可组成 8 管交流发电机。连接在发电机中性点 N 与输出端 B 以及与搭铁端 E 之间的 2 只整流二极管，称为中性点二极管，如图 1-26 中 VD_7、VD_8 所示。8 管交流发电机的显著特点是能够提高输出功率，原理如下。

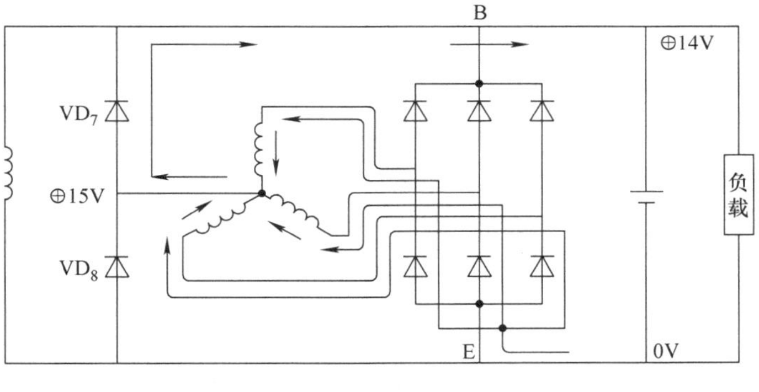

图 1-26　中性点瞬时电压 u_N 高于输出电压 U 时的电流路径

当中性点的瞬时电压 u_N 高于输出电压平均值 U_r 时，二极管 VD_7 导通，从中性点输出的电流如图 1-26 中箭头方向所示。其路径为：定子绕组→中性点二极管 VD_7→输出端子 B→负载和蓄电池→负极管→定子绕组。

当中性点瞬时电压 u_N 低于 0V（搭铁电位）时，二极管 VD_8 导通，流过中性点二极管 VD_8 的电流如图 1-27 中箭头方向所示。其路径为：定子绕组→正极管→输出端子 B→负载和蓄电池→中性点二极管 VD_8→定子绕组。

由此可见，只要在中性点处连接两只整流二极管，就可利用中性点输出的交流电压来增加交流发电机的输出电流，如图 1-28 所示。试验表明，在不改动交流发电机结构的情况下，加装两只整流二极管后，当发电机中高速（发电机转速超过 2000r/min，发动机转速大约超过 800r/min）时，其输出功率与额定功率相比就可增大 11% ~15%。

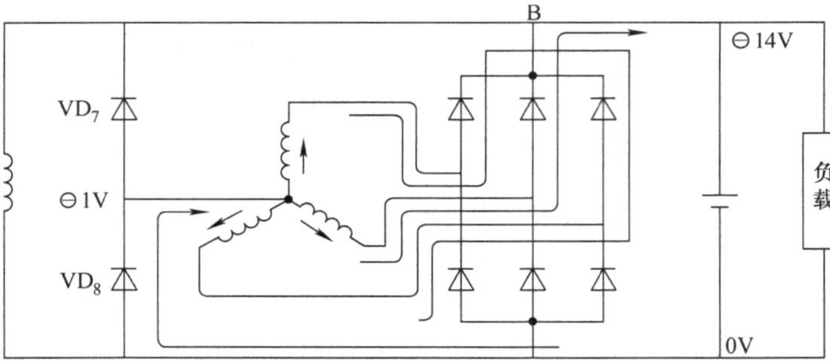

图 1-27　中性点瞬时电压 u_N 低于 0V 时的电流路径

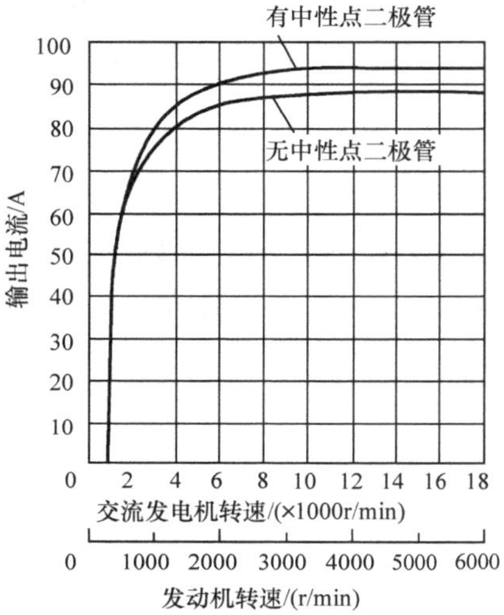

图 1-28　发电机输出电流比较

第八节　交流发电机的工作特性

汽车交流发电机的转速变化范围很大，其工作特性的表示方法与工业用交流发电机有所不同。

一、交流发电机的励磁

汽车交流发电机不接外电源时也能自励发电，其前提是发电机必须有剩磁且转速足够高。由于其转子铁心体积很小，保留剩磁的能力很弱，因此在交流发电机转速较低、输出电压低于蓄电池电压时，采用了由蓄电池通过点火开关供给磁场电流进行他励的方式，使发电机输出电压迅速上升。当输出电压超过蓄电池电压时，发电机便开始自励发电并对外输出电流。

（一）9 管交流发电机的励磁

在普通交流发电机的基础上增设 3 只小功率二极管 VD_7、VD_8、VD_9，即可组成 9 管交流发电机，其充电系统电路如图 1-29 所示。

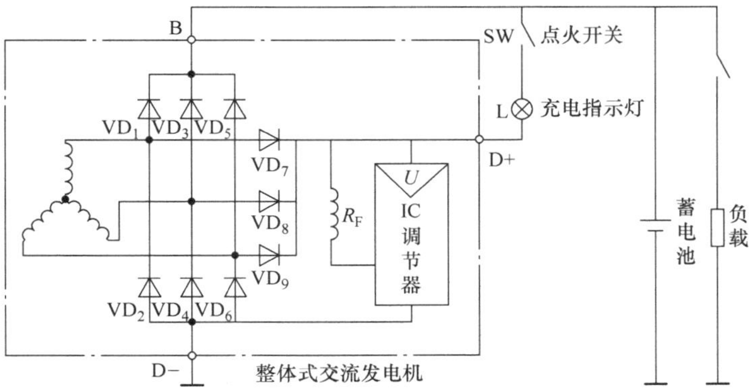

图 1-29　9 管交流发电机充电系统电路

当发电机工作时，定子绕组产生的三相交流电动势经 6 只整流二极管 $VD_1 \sim VD_6$组成的三相桥式全波整流电路整流后，输出直流电压 U_B向负载供电并向蓄电池充电。VD_7、VD_8、VD_9与 3 只负极管 VD_2、VD_4、VD_6组成三相桥式整流电路，专门供给磁场电流，故增设的 3 只小功率二极管称为磁场二极管。9 管交流发电机不仅可以控制充电指示灯来指示蓄电池充电情况，而且能够指示充电系统是否发生故障。

当接通点火开关 SW 时，蓄电池电流便经点火开关 SW→充电指示灯→发电机磁场电流输出端子 D + →磁场绕组 R_F→调节器内部大功率晶体管→搭铁→蓄电池负极构成回路。此时充电指示灯发亮，指示磁场电流接通并由蓄电池供电。

当发动机起动后，随着发电机转速升高，发电机 D + 端电压随之升高，充电指示灯两端的电位差降低，指示灯亮度变暗。当发电机电压升高到蓄电池端电压时，发电机 B 端与 D + 端电位相等，充电指示灯两端电位差降低到零而熄灭，指示发电机已正常发电，磁场电流由发电机自己供给。

当发电机高速运转、充电系统发生故障而导致发电机不发电时，因为 D + 端无电压输出，所以充电指示灯两端电位差增大而发亮，警示驾驶人应当及时排除故障。

（二）11 管交流发电机的励磁

整流器总成具有 3 只正极管（VD_1、VD_3、VD_5）、3 只负极管（VD_2、VD_4、VD_6）、3 只磁场二极管（VD_7、VD_8、VD_9）和 2 只中性点二极管（VD_{10}、VD_{11}）的交流发电机，即为 11 管交流发电机，其充电系统电路如图 1-30 所示。

11 管交流发电机综合了 8 管和 9 管交流发电机的优点，不仅具有提高输出功率功能，而且还有反映充电系统工作情况的功能。

随着汽车技术的发展，国内外都开发出了结构先进、性能优良的交流发电机。除了 8 管、9 管、11 管和无刷交流发电机之外，还有水冷式交流发电机（2000 年开始，奔驰、宝马、奥迪、路虎等汽车已经采用）、发电与起动功能合为一体的电机等。

二、交流发电机的输出特性

交流发电机的输出特性是指发电机电压维持在试验电压 U_t时，输出电流 I 与转速 n 之间

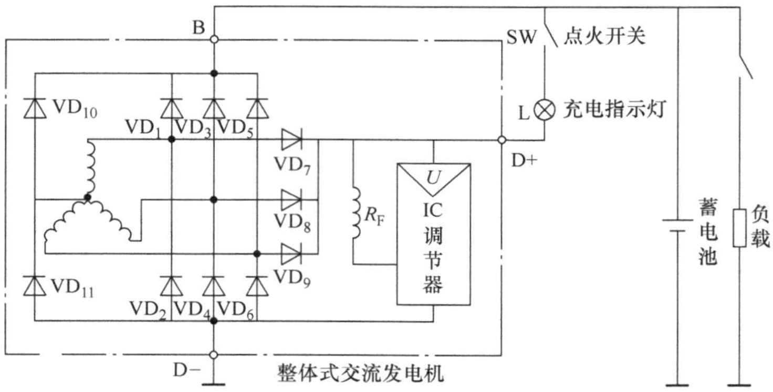

图1-30　11管交流发电机充电系统电路

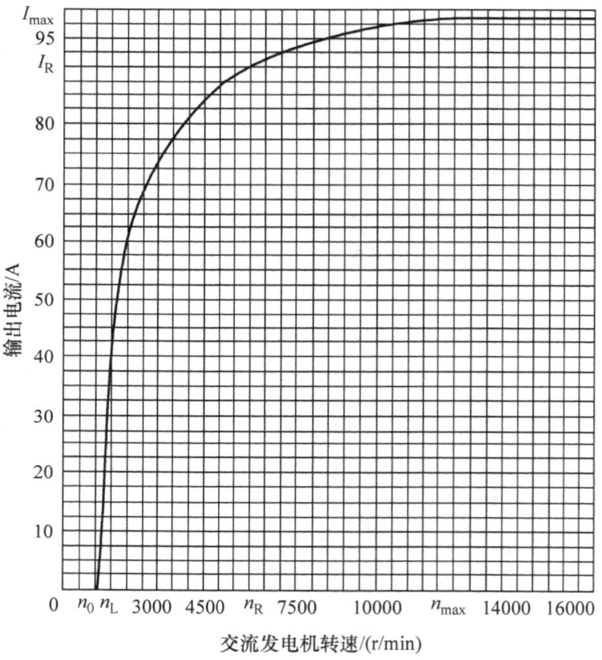

图1-31　JFZ1913Z型交流发电机的输出特性

的关系，故又称为电流－转速特性，如图1-31所示。由特性曲线可见，当发电机电压一定时，输出电流的变化规律是随转速升高和负载增多而增大，且在转速达到一定值后不再增大。

试验电压是测试输出电流时规定的电压值。根据我国汽车行业标准QC/T 729—2005《汽车用交流发电机技术条件》规定：对于配用电子式调节器的交流发电机，为使调节器处于非工作状态，即防止调节器工作对发电机输出电流产生影响，将12V发电机的试验电压规定为13.5V；24V发电机规定为27V。

汽车用交流发电机的性能用空载转速n_A、零电流转速n_0、最小工作电流I_L、额定电流I_R和最大电流I_{max}等5个指标来描述。

1）空载转速n_A。空载转速是指发电机转速逐渐升高到充电指示灯（或电流表）指示充电开始时的转速。发电机转速n低于空载转速n_A时，其端电压低于蓄电池电压，发电机不能对外（用电设备）输出电流，只有当$n>n_A$时，发电机才能对外输出电流，所以将转速n_A称为空载转速。空载转速n_A的实用意义是：选择发电机与发动机之间传动比的主要依据。

空载转速高低取决于励磁功率（输入）、转速变化率、蓄电池电压以及转子的剩余磁通密度。由于充电指示灯的额定功率直接影响励磁电流的大小，因此其额定功率值规定为2W。

2）零电流转速n_0。发电机电压达到规定的试验电压、但尚无电流输出时的转速。在电流－转速特性曲线上，该点与横坐标相交，特性曲线与横坐标交点的数值，即为零电流转速值。

3）最小工作电流 I_L。发电机在试验电压 U_t、转速 $n_L = 1500$r/min 时的输出电流。转速 n_L称为最小工作转速，相当于发动机怠速时发电机的转速。

最小工作电流反映了发电机低速充电性能的好坏。现代汽车选用蓄电池的容量越来越小，要求怠速时发电机应对蓄电池充电。因此，最小工作电流越大，发电机的低速充电性能越好。

4）额定电流 I_R。发电机在试验电压 U_t、额定转速 n_R时输出的最小电流。额定电流值由发电机制造厂规定，并标示在发电机铭牌上。额定转速 n_R是交流发电机在环境温度 (23 ±5)℃和试验电压 U_t下，输出额定电流时允许的最高转速。汽车行业标准 QC/T 729—2005《汽车用交流发电机技术条件》规定额定转速 n_R为 6000r/min。

5）最大电流 I_{max}。发电机在试验电压 U_t、最高工作转速 n_{max}时的输出电流。最高工作转速是交流发电机在环境温度（23 ±5)℃、试验电压 U_t和输出最大电流条件下，至少正常并连续工作 15min 的转速。汽车行业标准 QC/T 729—2005《汽车用交流发电机技术条件》规定的最高工作转速是：12V 电器系统为 15000r/min，24V 电器系统为 12000r/min。实际最高工作转速由发电机制造厂根据发电机的实际情况确定，一般都高于行业标准，常见的最高工作转速有 15400r/min、16000r/min 和 18200r/min。

三、交流发电机的限流保护原理

汽车交流发电机的转速达到一定值后，输出电流不再随转速升高而增大，表明其自身具有限制输出电流的能力，可避免用电设备接通过多、输出电流过大导致发电机过载而损坏。限流保护原理如下：

（1）定子绕组的阻抗 Z 随转速升高而增大

交流发电机定子绕组的阻抗 Z 由绕组电阻 R 和感抗 X_L合成，即

$$Z = \sqrt{R^2 + X_L^2} \tag{1-16}$$

$$X_L = 2\pi fL \tag{1-17}$$

式中　L——交流发电机定子绕组的电感；

f——感应电动势的频率，$f = pn/60$；

p——交流发电机磁极的对数（一般发电机，$p = 6$）；

n——交流发电机转速。

由上式可见，阻抗 X_L与转速 n 成正比，而绕组电阻 R 又很小（200 ~ 800mΩ），所以当发电机高速时，R 与 X_L相比可以忽略不计。因此，定子绕组的阻抗与转速成正比。

（2）电枢反应增强使磁场削弱

电枢反应是指定子绕组电流产生的磁场对转子磁场的影响。当发电机输出电流增大时，定子绕组的电流增大，因此电枢反应增强，磁场削弱，使定子绕组感应产生的电动势降低。

由此可见，当发电机输出电流增大到一定值后，随着转速继续升高，尽管定子绕组中的感应电动势增加，但是由于定子绕组阻抗增大使内压降增大，同时由于电枢反应使感应电动势降低，因此输出电流不再增大。

第九节 交流发电机的检修

汽车交流发电机和调节器组成的系统通常称为充电系统。为了保证汽车蓄电池电能充足来起动发动机，充电系统必须随时保证技术状态良好。交流发电机的检修主要是磁场绕组、定子绕组和整流器的检修。

一、磁场绕组的检修

磁场绕组故障有短路、断路和搭铁 3 种。在使用中，其端头的焊点易受震动影响而发生断路故障，可用万用表（数字式拨到 OHM ×200Ω 档；指针式拨到 $R\times1\Omega$ 档）进行检测。

检测磁场绕组电阻的方法如图 1-32a 所示，若阻值符合标准数值（12V 交流发电机为 3 ~5Ω，24V 交流发电机为 8 ~10Ω），说明磁场绕组良好；若阻值为无穷大，说明磁场绕组断路；若阻值小于标准阻值，说明磁场绕组匝间短路。

a) b)

图 1-32 检测磁场绕组的电阻

a）检测磁场绕组电阻 b）检测磁场绕组搭铁

检测磁场绕组与转子铁心之间绝缘电阻的方法如图 1-32b 所示。如万用表不导通（即阻值为无穷大），说明绕组与铁心绝缘良好；如万用表导通（即阻值不为无穷大），说明绕组或集电环搭铁。

当磁场绕组断路故障发生在端头焊接处时，可用 200W/220V 电烙铁重新焊接排除。若断路、短路和搭铁故障无法排除，则需更换转子总成。

二、定子绕组的检修

定子绕组的故障有短路、断路和搭铁 3 种。定子绕组有无短路故障，最好是在发电机分解之前，通过台架试验检测其输出功率进行判断。因为定子绕组的电阻很小，一般仅为 200 ~800mΩ，测量电阻难以判断其有无短路故障。

检测定子绕组断路故障的方法如图 1-33a 所示。将数字式万用表拨到 OHM ×200Ω 档，两只表笔分别接定子绕组的两个引出端子进行检测。如万用表均导通，说明定子绕组良好；如万用表有一次不导通（即阻值为无穷大），说明定子绕组有断路故障。如能找到断路部位，可用 50W/220V 电烙铁焊接修复；如找不到断路部位，则需更换定子总成。

检测定子绕组搭铁故障的方法如图 1-33b 所示。检测时，将数字式万用表拨到 OHM ×

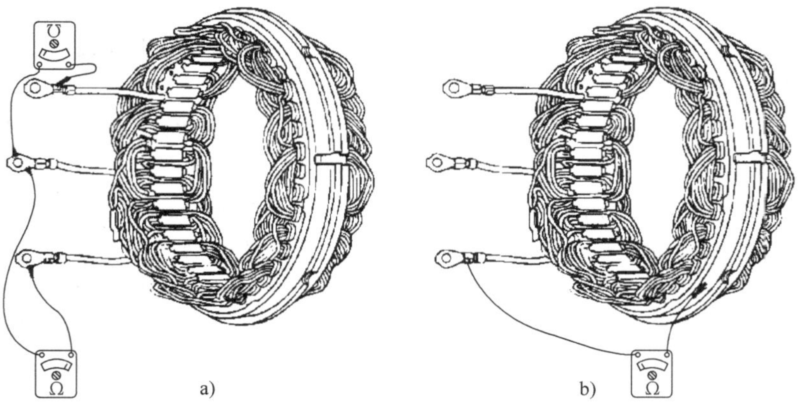

图 1-33 定子绕组的检测

a）检测定子绕组电阻 b）检测定子绕组搭铁

200Ω 档，一只表笔接定子绕组的任意一个引出端子，另一只表笔接定子铁心进行检测。万用表不导通说明定子绕组良好；万用表导通说明定子绕组有搭铁，需更换定子总成。

三、整流器的检修

整流器的检修主要是整流二极管的检修。当二极管的引出端头与定子绕组的引线端子拆开后，即可用万用表对每只二极管进行检测。由于二极管的阻值随外加电压的高低而发生变化，因此在检测时，数字式万用表应置于 OHM × 200Ω 档位，指针式万用表应置于 $R\times1\Omega$ 档，否则检测结果就会出现较大偏差。

检测二极管时，先将万用表的两只表笔分别接在被测二极管的两极上检测一次，然后交换两只表笔的位置再检测一次。若两次测得阻值为一大（10kΩ 以上）一小（8 ~ 10Ω），说明该二极管良好；若两次检测阻值均为无穷大，则说明该二极管断路；若两次检测阻值均为零，则被测二极管短路。

目前整流二极管的安装方式有焊接式和压装式两种。对于焊接式的整流器，只要有一只二极管短路或断路，就需更换该二极管所在的整流板总成；对于压装式的整流器，则只需更换故障二极管即可。更换整流板总成或二极管之前，需特别注意二极管的正负极性。

本章小结

本章主要介绍了电源系统的组成，蓄电池的功用、分类、构造与型号，蓄电池的工作原理、工作特性、容量及其影响因素，蓄电池的使用；交流发电机的分类、构造、工作特性与检修方法。本章重点内容如下：

1. 蓄电池和交流发电机的分类。蓄电池可按荷电能力、结构和水损耗不同进行分类。

2. 蓄电池的功用。起动供电，备用供电，存储电能，协同供电，稳定电源电压保护电子设备。主要功用是起动发动机。对汽车用蓄电池的要求是容量大、内阻小。

3. 蓄电池的构造。车用铅酸蓄电池都是由极板、隔板、电解液和壳体四部分组成。极板由栅架与活性物质组成，是蓄电池的核心部件。卷绕式铅酸蓄电池的极板为螺旋形结构。

4. 蓄电池的工作原理与工作特性。放电时，电解液中的硫酸减少，电解液密度减小。

充电时，电解液中的硫酸增多，电解液密度增大。

5. 蓄电池的容量及其影响因素。容量定义及其实用意义。容量与放电电流、电解液温度和电解液密度密切相关。

6. 蓄电池的启用与充电。蓄电池常用的充电方法是恒压充电、恒流充电和恒压限流充电。蓄电池的充电工艺分为初充电、补充充电和去硫化充电三种。

7. 交流发电机的分类。可按总体结构、整流器结构和磁场绕组搭铁形式进行分类。

8. 交流发电机的构造。交流发电机为三相同步交流发电机，转子的功用是产生磁场，定子的功用是产生交流电。整流器的作用是将三相定子绕组产生的交流电变换为直流电。

9. 电子调节器的结构原理与工作过程。调压原理是调节磁场电流来调节磁极磁通，使电压恒定。调压方法是利用晶体管的开关特性使磁场电流接通与切断来调节磁场电流。

10. 交流发电机的励磁方法、输出特性及限流保护原理。

11. 交流发电机的检修方法。磁场绕组的电阻值：12V 交流发电机为 3 ~ 5Ω，24V 交流发电机为 8 ~ 10Ω。定子绕组的电阻仅为 200 ~ 800mΩ。

思考题

一、单选题

1. 当采用整体式交流发电机的电源系统发生故障时，需要更换（　　）。

A. 蓄电池　　B. 发电机　　C. IC 调节器　　D. 熔断器

2. 干荷电蓄电池的极板能够保存制造过程中所得电量的时间为（　　）。

A. 1 年　　B. 4 年　　C. 6 年　　D. 8 年

3. 免维护蓄电池的设计寿命为（　　）。

A. 1 年　　B. 4 年　　C. 6 年　　D. 8 年

4. 微水损耗蓄电池在水损耗试验时，按 C_n 计算的水质量损失应不大于（　　）。

A. 4g/(A · h)　　B. 3g/(A · h)　　C. 2g/(A · h)　　D. 1g/(A · h)

5. 起动汽油机汽车时，蓄电池在 3 ~ 5s 内必须向起动机连续供给的电流为（　　）。

A. 100 ~ 200A　　B. 200 ~ 600A　　C. 600 ~ 800A　　D. 800 以上

6. 汽车用蓄电池正极板上的活性物质是（　　）。

A. Pb　　B. H_2SO_4　　C. PbO_2　　D. $PbSO_4$

7. 汽车用蓄电池负极板上的活性物质是（　　）。

A. Pb　　B. H_2SO_4　　C. PbO_2　　D. $PbSO_4$

8. 将一片正极板和一片负极板浸入电解液中，便可得到的电压约为（　　）。

A. 2V　　B. 6V　　C. 12V　　D. 24V

9. 汽车用蓄电池完全充电时，其电解液密度应保持在（　　）。

A. 1.05g/cm^3　　B. 1.13 ~ 1.29g/cm^3　　C. 1.27 ~ 1.30g/cm^3　　D. 1.84g/cm^3

10. 型号 6 – QA – 60 表示该型蓄电池的额定容量为（　　）。

A. 6A · h　　B. 12A · h　　C. 36A · h　　D. 60A · h

11. 蓄电池单格电池的静止电动势 E_s 约为（　　）。

A. 2.7V　　B. 2.4V　　C. 2.1V　　D. 1.75V

12. 蓄电池基本充足电时，其单格电池的电压约为（　　）。

A. 2.7V　　B. 2.4V　　C. 2.1V　　D. 1.75V

13. 汽车交流发电机转子的磁极对数一般为（　　）。

A. 1 对　　B. 2 对　　C. 4 对　　D. 6 对

14. 交流发电机转子的功用是产生（　　）。

A. 直流电　　B. 交流电　　C. 磁场　　D. 电压

15. 交流发电机定子的功用是产生（　　）。

A. 直流电　　B. 交流电　　C. 磁场　　D. 电流

16. 具有提高输出功率和反映充电情况功能的交流发电机是（　　）。

A. 11 管　　B. 9 管　　C. 8 管　　D. 6 管

17. 汽车用 12V 交流发电机磁场绕组的阻值为（　　）。

A. 200～800mΩ　　B. 1～3Ω　　C. 3～5Ω　　D. 8～10Ω

18. 选择发电机与发动机之间的传动比时，主要依据交流发电机的（　　）。

A. n_0　　B. n_A　　C. n_R　　D. n_{max}

19. 我国汽车行业标准规定的交流发电机额定转速为（　　）。

A. 6000r/min　　B. 12000r/min　　C. 15000r/min　　D. 18000r/min

20. 根据我国汽车行业标准规定，12V 交流发电机的试验电压规定值为（　　）。

A. 13.5V　　B. (14.2±0.25)V　　C. 27V　　D. (28.5±0.30)V

二、多选题

1. 汽车用铅酸蓄电池的组成包括下述部件或成分。（　　）

A. 极板　　B. 隔板　　C. 壳体　　D. 水溶液

2. 卷绕式蓄电池具有下述特点。（　　）

A. 安装方便　　B. 耐振动　　C. 易漏液　　D. 应用广

3. 蓄电池的特征电压包括下述参数。（　　）

A. 12V　　B. 2.4V　　C. 2.1V　　D. 1.75V

4. 测试蓄电池容量时，规定的放电条件包括下述指标。（　　）

A. 放电时间　　B. 放电温度　　C. 放电电流　　D. 终止电压

5. 蓄电池容量参数包括下述指标。（　　）

A. C_n　　B. $C_{r,n}$　　C. $C_{e25℃}$　　D. $C_{r,e25℃}$

6. 影响蓄电池容量的使用条件包括下述几种因素。（　　）

A. 放电电流　　B. 放电负载　　C. 电解液温度　　D. 电解液密度

7. 汽车蓄电池常用的充电方法有下述几种。（　　）

A. 恒压充电　　B. 恒流充电　　C. 恒压限流充电　　D. 补充充电

8. 整体式交流发电机包含下述几种部件。（　　）

A. 转子　　B. 定子　　C. 整流器　　D. IC 调节器

9. 汽车交流发电机用整流二极管具有下述哪几个特点？（　　）

A. 工作电流大　　B. 反向电压高　　C. 峰值电流大　　D. 价格便宜

10. 汽车交流发电机“输出”端子通常用下述几种标记来表示。(　　)

A. B　　B. E　　C. A　　D. B+

三、判断题

1. 蓄电池是汽车的辅助电源。(　　)
2. 免维护蓄电池是指在使用寿命期内无需维护的微水损耗型蓄电池。(　　)
3. 蓄电池充电时，电解液中的水分逐渐减少，因此电解液密度逐渐减小。(　　)
4. 蓄电池的容量与电解液温度、放电电流、放电终止电压和放电持续时间有关。(　　)
5. 在汽车上每次接通起动机的时间不得超过 5s，再次起动应间隔 15s 以上。(　　)
6. 汽车蓄电池储备容量的单位是 A·h。(　　)
7. 汽车蓄电池的液面高度应当高出护网或极板上缘 10～15mm。(　　)
8. 在对 6－QA－60 型蓄电池进行补充充电时，第 1 阶段充电电流应当选择 6A。(　　)
9. 汽车交流发电机输出到负载的是交流电。(　　)
10. 当今大多数汽车都采用了外搭铁型交流发电机。(　　)
11. 调节器的调压原理是调节磁场电流和磁极磁通，使发电机输出电压恒定。(　　)
12. 在电子调节器中，续流二极管 VD 的功用是防止电源电压过高击穿功率晶体管 VT_2 而造成其损坏。(　　)
13. 汽车用 12V 交流发电机的调节电压为 14.8V。(　　)
14. 汽车交流发电机的试验电压必须低于调节电压。(　　)
15. 汽车交流发电机自身具有限制输出电流的能力。(　　)

四、问答题

1. 汽车蓄电池的功用有哪些？其主要功用是什么？对车用蓄电池有何要求？
2. 当今汽车用蓄电池的壳体具有哪些特点？
3. 在蓄电池充放电过程中，其内部的各种物质将发生什么变化？
4. 在实际充电中，当单池充电电压达到 2.4V 时，为何要将充电电流减小一半？
5. 蓄电池 20 小时率额定容量与额定储备容量的实用意义各是什么？
6. 放电电流大小对蓄电池的容量有何影响？有何对策？
7. 在启用新蓄电池时，需要注意哪些问题？
8. 为什么汽车交流发电机必需配装电压调节器？
9. 当汽车交流发电机的输出电压变化时，电子调节器怎样进行调节？
10. 分析说明汽车交流发电机的限流保护原理。

第二章　汽车起动机技术

汽车发动机由静止状态转为运转状态的过程称为起动。发动机进入正常工作循环之前，必须借助外力来起动。起动系统的功用就是起动发动机。

电磁控制式起动系统主要由蓄电池、起动机、起动继电器和点火起动开关（通常简称点火开关）等组成，如图 2-1 所示。因为电磁铁可以实现远距离控制，且操作简便省力，所以被当今汽车普遍采用。

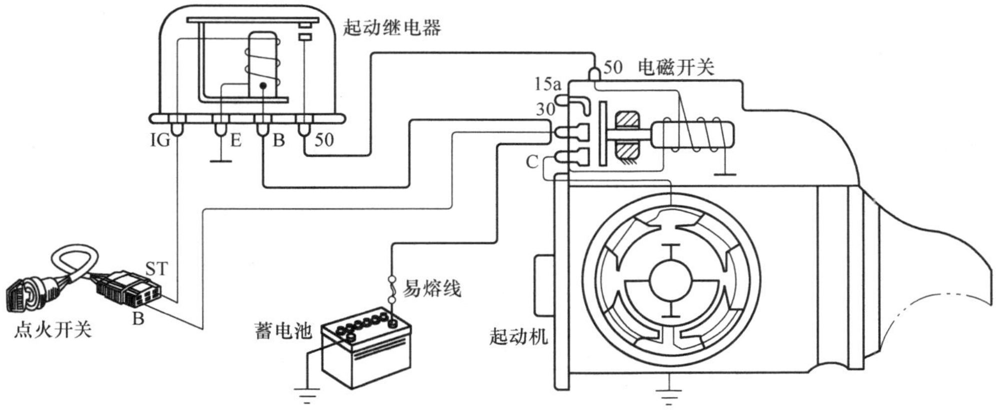

图 2-1　电磁控制式起动系统的组成

第一节　起动机的构造

在电磁控制式起动系统中，蓄电池是动力电源，起动机是将电能转换为机械能并将机械能传递到发动机飞轮的动力转换与传递装置，起动继电器和点火开关是控制装置。其中，起动机是起动系统的核心装置，其结构与性能直接影响汽车的使用。

一、起动机的分类

汽车用起动机种类繁多，形式各异，分类方法各不相同。电磁控制式起动机可按起动机的总体结构和传动机构的啮入方式进行分类。

1. 按起动机的总体结构分类

按总体结构不同，起动机可分为电磁式、永磁式和减速式起动机。

1）电磁式起动机。电动机的磁场为电磁场的起动机。电磁场是指由线圈通电而在铁心中产生的磁场。

2）减速式起动机。传动机构设有减速装置的起动机。其电动机一般采用高速小型电动机，质量和体积比电磁式起动机减小 30% ~35%，主要用于小轿车和轻型越野汽车。

3）永磁式起动机。电动机磁场由永久磁铁产生永磁磁场的起动机。由于磁极由永磁材料（铁氧体或钕铁硼等）制成，无需磁场绕组，因此电动机结构简化、体积小、质量小，主要用于小轿车。

2. 按传动机构啮入方式分类

按传动机构啮入方式不同，起动机可分为强制啮合式、电枢移动式和同轴移动式起动机。

1）强制啮合式起动机。利用电磁力拉动杠杆机构，使驱动齿轮强制啮入飞轮齿圈的起动机。其主要优点是工作可靠性高，因此被当今汽车广泛采用。

2）电枢移动式起动机。利用磁极产生的电磁力使电枢产生轴向移动，从而将驱动齿轮啮入飞轮齿圈的起动机。其特点是结构复杂，适用于大功率发动机汽车。

3）同轴移动式起动机。利用电磁开关推动电枢轴孔内的啮合推杆，使驱动齿轮啮入飞轮齿圈的起动机。主要用于大功率发动机汽车，如斯泰尔车系。

各型电磁式起动机的结构大同小异，都是由直流电动机、传动装置和控制装置三部分组成，如图 2-2 所示。右下部分是直流电动机，左下部分的单向离合器和移动叉是传动装置，上半部分的电磁开关是控制装置。

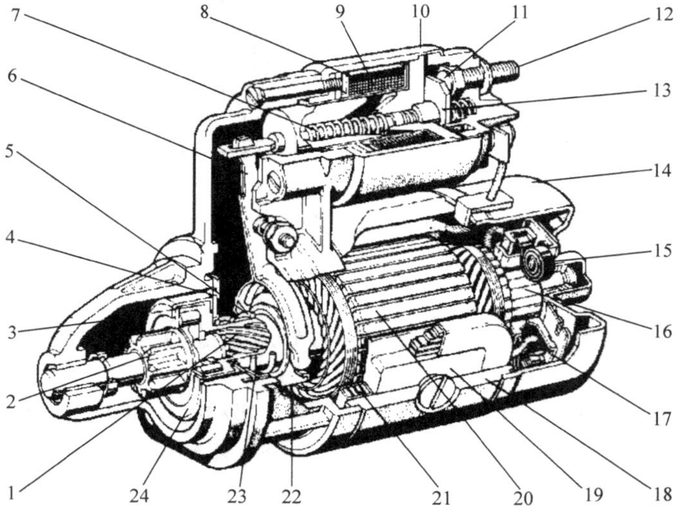

图 2-2 起动机结构剖视图

1—电枢轴螺旋键槽 2—驱动齿轮 3—离合器驱动座圈（外座圈） 4—离合器制动盘 5—啮合弹簧 6—移动叉 7—复位弹簧 8—保持线圈 9—吸引线圈 10—电磁开关壳体 11—电动机开关触点 12—接线端子“30” 13—电动机开关触盘 14—换向器端盖 15—电刷弹簧 16—换向器 17—电刷 18—电动机壳体 19—磁极 20—电枢 21—磁场绕组 22—滑环 23—驱动端盖 24—单向离合器

二、直流电动机结构特点

直流电动机是将电能转换为机械能的装置。起动机用直流电动机也是由磁极、电枢、电刷组件和壳体等部件组成。

1. 磁极的特点

磁极由铁心和磁场绕组两部分组成（永磁式直流电动机的磁场为永磁磁场。由永久磁铁产生，无需磁场绕组）。铁心用低碳钢制成马蹄形，并用螺钉固定在电动机壳体的内壁上，如图2-3所示，磁场绕组套装在铁心上。磁极的功用是产生磁场。电磁式直流电动机的磁场为电磁场，当磁场绕组接通电流时，在磁极的铁心中就会产生磁场，即电磁场。

起动机用直流电动机的显著特点是磁极多、磁场绕组的横截面积大，目的是增大起动机的电磁转矩。起动机一般都采用4个磁极，功率超过7kW的起动机一般采用6个磁极。磁场绕组一般用矩形漆包铜线绕制，QD1215型起动机采用了1.25mm×5.5mm扁铜线，并与电枢绕组串联，如图2-4所示。

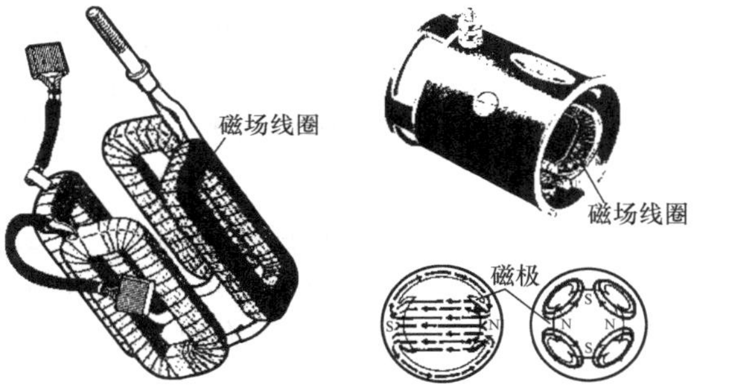

图2-3　直流电动机磁极的结构

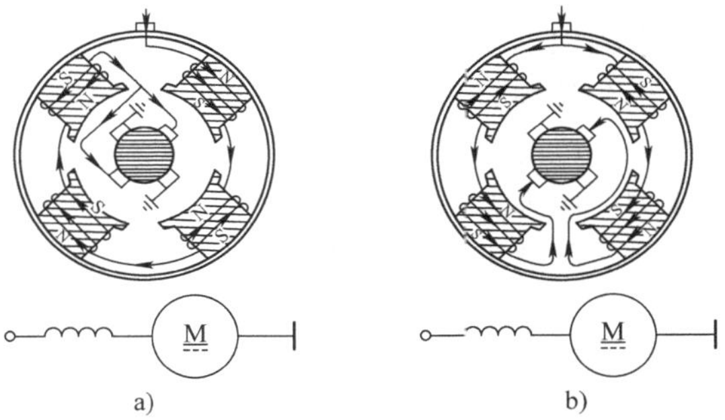

图2-4　磁场绕组连接方式

a）串联电路　b）先串联后并联电路

磁场绕组的连接方式有两种：一种是4个绕组串联后再与电枢绕组串联，如图2-4a所示；另一种是两个磁场绕组串联后再并联，然后再与电枢绕组串联，如图2-4b所示。当今汽车起动机普遍采用后一种连接方式，其目的是减小电阻，增大电流和电磁转矩。无论采用哪一种连接方式，其磁场绕组通电产生的磁极都必须满足N、S极相间排列的要求。

2. 电枢的特点

电枢主要由电枢铁心、电枢绕组和换向器组成，其结构如图2-5a所示。电枢的功用是产生电磁转矩。

电枢铁心由相互绝缘的硅钢片叠装而成，其圆周上制有安放电枢绕组的线槽，内孔借花键槽压装在电枢轴上。电枢绕组绕制在电枢铁心的线槽内，绕组两端分别焊接在换向器的铜片上。为了获得较大的电磁转矩，流经电枢绕组的电流很大（小功率起动机300A左右，大功率起动机800A以上）。因此，电枢绕组采用横截面积较大的扁或圆漆包铜线绕制。

换向器的功用是保证电枢绕组产生的电磁转矩的方向保持不变。换向器由截面呈燕尾形的铜片围合而成，如图2-5b所示。燕尾形铜片称为换向片，换向片与换向片、换向片与轴套以及换向片与压环之间均用云母绝缘。

3. 电刷组件的特点

电刷组件由电刷、电刷架和电刷弹簧组成，结构如图 2-6 所示。电刷组件的功用是将直流电引入电枢绕组。

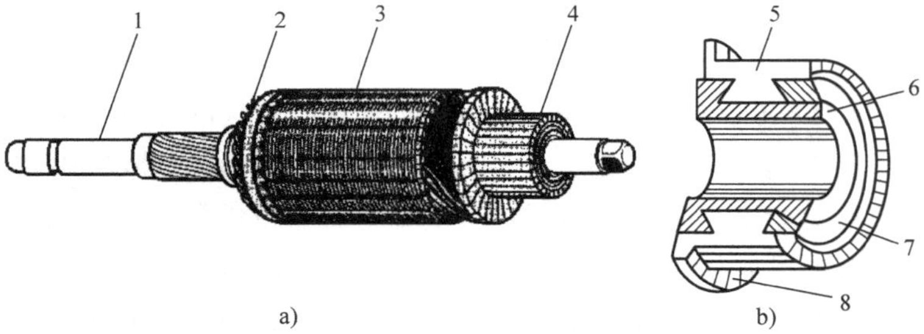

图 2-5　起动机电枢的结构

a）电枢总成　b）换向器结构

1—电枢轴　2—电枢绕组　3—铁心　4—换向器　5—换向片　6—轴套

7—压环　8—焊线凸缘

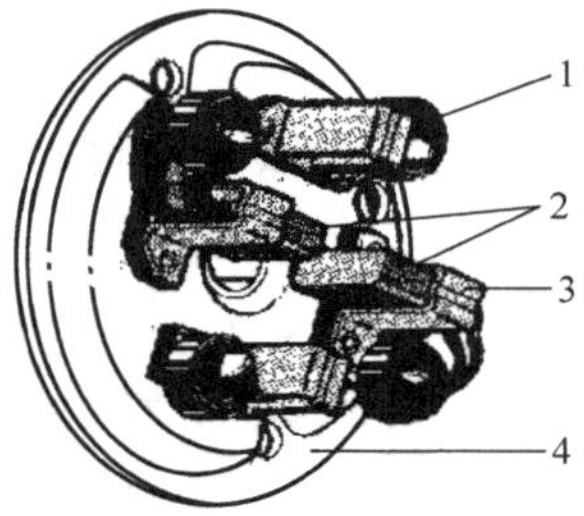

图 2-6　电刷组件的结构

1—电刷弹簧　2—电刷

3—电刷架　4—端盖

电刷用铜粉与石墨粉混合后模压而成，起动机电刷中铜的质量分数为 80% 左右，石墨的质量分数为 20% 左右。加入较多铜粉的目的是减小电阻，提高导电性能，石墨可提高耐磨性能。电刷安装在电刷支架（简称电刷架）内，借弹簧张力紧压在换向器上，电刷弹簧的压力一般为 12 ~ 15N。

一台起动机有 4 只电刷架。电刷架直接固定或通过绝缘垫片固定在换向器端盖上。直接固定在换向器端盖上的电刷架，称为负电刷架，安装在负电刷架内的电刷称为负电刷；电刷架与换向器端盖之间安装有绝缘垫片，电刷架与换向器端盖绝缘的电刷架，称为正电刷架，安装在正电刷架内的电刷称为正电刷。

4. 壳体与端盖的特点

起动机的壳体由电动机壳体、驱动端盖和换向器端盖三部分组成。电动机壳体用低碳钢板卷焊或铸铁浇铸而成，用于固定磁极和构成导磁回路；驱动端盖和换向器端盖一般都用砂型浇铸而成，用于安装支承电枢和离合器总成。电动机壳体上设有一个接线端子，该端子与磁场绕组的一端连接。

直流电动机的工作原理与电工学所述完全相同，故不赘述。

三、传动装置的结构原理

起动机的传动装置由单向离合器和移动叉组成。单向离合器的功用是单方向传递力矩，即起动发动机时，将电动机的驱动转矩传递给发动机曲轴（传递动力）；当发动机起动后又能自动打滑（切断动力），以免损坏电动机。因为发动机飞轮与起动机驱动齿轮之间的传动比为 1∶10 ~ 1∶15，当发动机起动后，如果动力联系不及时切断，飞轮就会带动电枢以 8000 ~ 15000r/min 的转速高速旋转，从而导致电枢绕组从铁心槽中甩出而损坏电枢。

起动机采用的离合器有滚柱式、弹簧式和摩擦片式三种。滚柱式和弹簧式离合器主要用于功率较小的汽油机起动机，摩擦片式离合器能够传递较大的转矩，主要用于柴油机起动机。

（一）滚柱式单向离合器的结构

滚柱式单向离合器的结构如图 2-7 所示。传动导管与外座圈制成一体，外座圈内圆制成十字形空腔。驱动齿轮另一端的内座圈伸入外座圈的空腔内，将十字形空腔分割成楔形腔室，如图 2-8 所示。

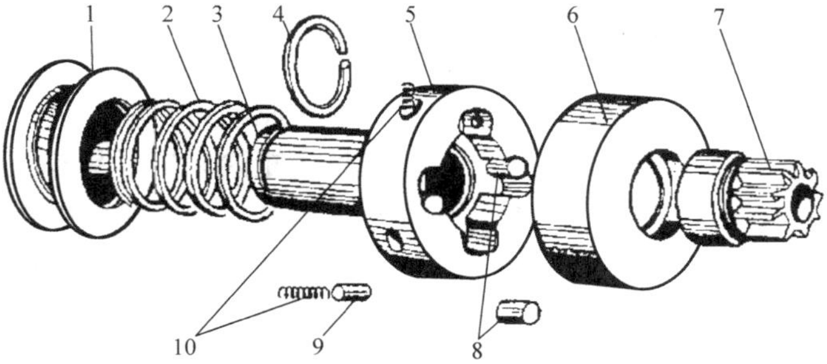

图 2-7　滚柱式单向离合器的结构

1—滑环　2—驱动弹簧　3—传动导管　4—卡环　5—驱动座圈　6—壳体　7—驱动齿轮　8—滚柱　9—弹簧帽　10—压紧弹簧

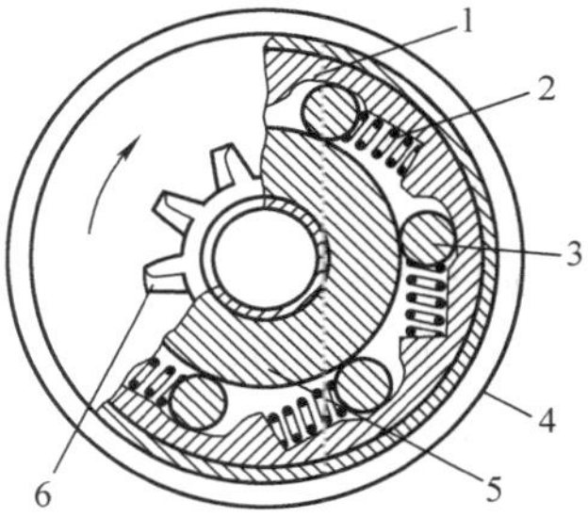

图 2-8　楔形槽的结构

1—驱动座圈　2—滚柱弹簧　3—滚柱　4—壳体　5—内座圈　6—驱动齿轮

滚柱有 4～6 只，安放在楔形腔室内。弹簧一端套有弹簧帽，并安放在外座圈的径向小孔中。弹簧帽压在滚柱上，弹簧另一端压在铁皮外壳上，铁皮外壳将内、外座圈卷压包装在一起。当起动机尚未投入工作时，弹簧张力将滚柱压向楔形室较窄一端。

传动导管套装在电枢轴上，导管内加工有内螺旋键槽，与电枢轴上的外螺旋键槽配合而传递动力。驱动齿轮与内座圈制成一体，并套装在电枢轴的光轴部分，既可轴向移动，也可绕轴转动。

（二）滚柱式单向离合器的工作原理

1）起动发动机时传递动力。起动发动机时，驾驶人操纵点火起动开关，在控制装置（电磁开关）的作用下，移动叉下端便拨动离合器向车后移动，驱动齿轮与发动机飞轮齿圈进入啮合。当电动机驱动转矩小于发动机阻力转矩时，电枢轴仅带动传动导管与外座圈转动，此时驱动齿轮、内座圈和飞轮并不转动，在内座圈与滚柱之间的摩擦力矩和弹簧力矩作用下，滚柱滚向楔形室较窄一侧并将外座圈与内座圈卡成一体，如图 2-9a 所示，动力便经电枢轴、传动导管和外座圈、滚柱、内座圈和驱动齿轮传递到发动机飞轮齿圈。

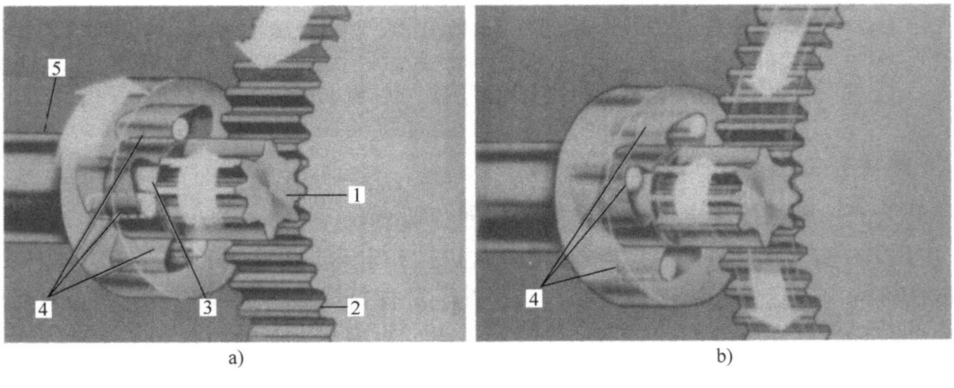

图 2-9　单向离合器工作原理图

a）传递动力　b）切断动力

1—驱动齿轮　2—发动机飞轮齿圈　3—楔形槽　4—滚柱　5—传动导管

当电动机驱动转矩达到或超过发动机阻力转矩时，驱动齿轮便带动飞轮旋转，直到发动机被起动为止。在起动发动机时，离合器驱动齿轮为主动部件，发动机飞轮为被动部件。

2）起动发动机后切断动力。发动机起动后，曲轴在活塞的作用下高速旋转，发动机飞轮转为主动部件，单向离合器驱动齿轮转为被动部件。由于飞轮齿圈与驱动齿轮之间的传动比较大，因此发动机一旦被起动，飞轮就会带动驱动齿轮高速旋转。由于驱动齿轮转速远远高于电枢轴转速，因此内座圈与滚柱之间的摩擦力矩便使滚柱克服弹簧力矩滚向楔形室较宽一侧，如图 2-9b 所示，滚柱将在内、外座圈之间跳跃滚动，发动机的动力不会传递给电枢轴，即动力联系切断。此时电枢轴仅由电枢绕组产生的电磁转矩驱动而空转，从而避免电枢超速旋转而损坏。

四、控制装置的结构原理

起动机的控制装置包括电磁开关、起动继电器和点火起动开关等。电磁开关与起动机安装在一起。起动机的控制电路大同小异，电磁式起动机的控制电路如图 2-10 所示。

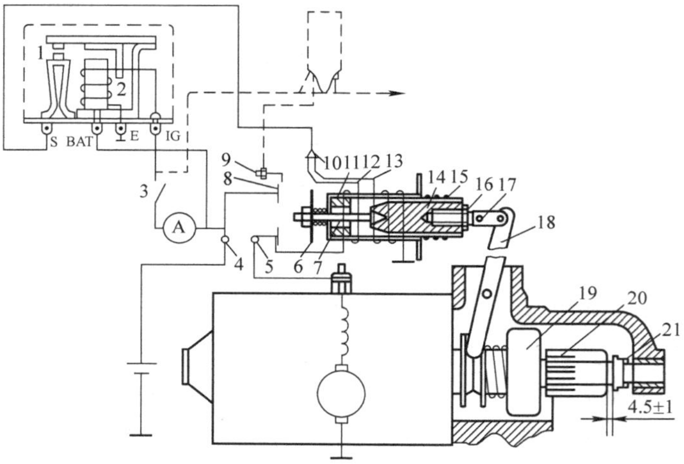

图 2-10　电磁式起动机的控制电路

1—起动继电器触点　2—继电器线圈　3—点火起动开关　4—起动机电源端子“30”　5—起动机磁场端子“C”　6—电动机开关触盘　7—推杆　8—电动机开关触点　9—附加电阻短路开关接线端子“15a”　10—吸引线圈与保持线圈接线端子“50”　11—固定铁心　12—吸引线圈　13—保持线圈　14—活动铁心　15—复位弹簧　16—调节螺钉　17—连接销　18—移动叉　19—单向离合器　20—驱动齿轮　21—止推垫圈

（一）电磁开关

电磁开关的功用是控制电动机主电路的接通与切断。

1）电磁开关结构组成。电磁开关由电磁铁机构和电动机开关两部分组成。

电磁铁机构由固定铁心、活动铁心、吸引线圈和保持线圈等组成。固定铁心与活动铁心安装在一个铜套内。固定铁心固定不动，活动铁心可在铜套内做轴向移动。活动铁心前端固定有推杆，推杆前端安装有开关触盘 6；活动铁心后端用调节螺钉和连接销与移动叉连接。铜套外面安装有一个复位弹簧，其作用是使活动铁心等可移动部件复位。

电磁开关接线座上一般设有 4 个接线端子，如图 2-11b 所示。

电动机开关由开关触盘和触点组成。触盘固定在活动铁心推杆的前端；两个触点分别与磁场端子 C 和电源端子 30 的螺柱制成一体。在开关触点旁边，设有一个小铜片制成的附加电阻短路开关，并与接线端子 15a 相连，该铜片的端面应稍微偏后于电动机开关触点所在的平面，以便触盘接通开关触点时，短路开关能可靠接通，使附加电阻能被短路。

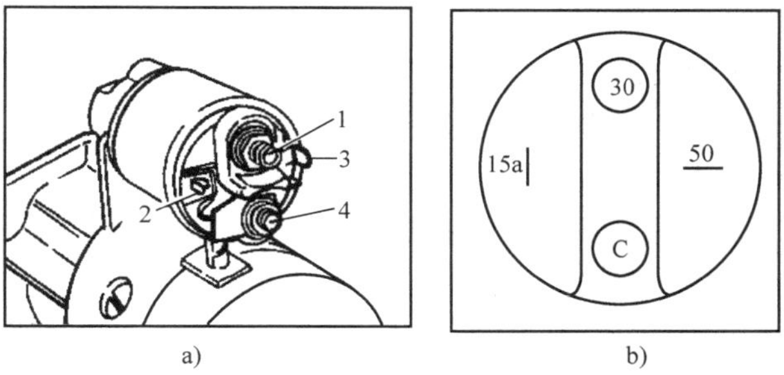

图 2-11　电磁开关端子位置

a）结构组成　b）接线端子

1—端子 30　2—端子 15a　3—端子 50　4—端子 C

2）电磁开关的工作原理。当吸引线圈和保持线圈通电产生的磁通方向相同时，其电磁吸力便吸引活动铁心向前移动，直到推杆前端的触盘将电动机开关触点接通使电动机主电路接通为止。

当吸引线圈和保持线圈通电产生的磁通方向相反时，其电磁吸力相互抵消，在复位弹簧的张力作用下，活动铁心等可移动部件自动复位，触盘与触点断开，电动机主电路切断。

（二）起动继电器

起动继电器的结构如图 2-10 左上角部分所示，它由电磁铁机构和触点总成组成。电磁铁机构的线圈分别与壳体上的点火开关端子 IG 和搭铁端子 E 连接，固定触点与起动机端子 S 连接，活动触点经触点臂和支架与蓄电池端子 BAT 连接。起动继电器的触点为常开触点，当线圈通电时，继电器铁心产生电磁吸力将触点吸闭，从而将继电器控制的吸引线圈和保持线圈电路接通。

起动继电器触点的闭合电压 12V 电器系统为 6.0～7.6V，24V 电器系统为 14～16V；断开电压 12V 电器系统为 3.0～5.5V，24V 电器系统为 4.5～8V。

第二节　起动机的工作特性

起动机的转速 n、电磁转矩 T、功率 P 与电枢电流 I_a 之间的关系称为起动机的工作特性。

一、起动机的功率

起动机的功率 P(kW)可由下式确定

$$P=\frac{T_s n_s}{9550} \tag{2-1}$$

式中　T_s——起动机输出转矩，N·m；

n_s——起动机转速，r/min。

二、起动机的工作特性曲线

起动机的功率是直流电动机输出的，因此由上式和串励直流电动机的转矩特性及机械特性可得起动机的工作特性。东风汽车用起动机的工作特性曲线如图 2-12 所示。

当起动机空载（$T_s=0$）运行时，流过起动机的电流称为空载电流，用I_0表示，一般$I_0\leqslant 90$A，起动机转速达到最大值，称为空载转速，用n_0表示，一般$n_0\geqslant 5000$r/min。此时起动机对外尚无转矩输出，空载电流产生的电磁转矩用于克服起动机自身的摩擦力矩和惯性力矩。

当起动机完全制动（即$n_s=0$，相当于刚刚接通起动机）时，电枢电流最大（即$I_a=I_{amax}$，I_{amax}称为制动电流，一般$I_{amax}\geqslant$ 600A）、电磁转矩达到最大值（即$T_s=T_{smax}$，T_{smax}称为制动转矩）。

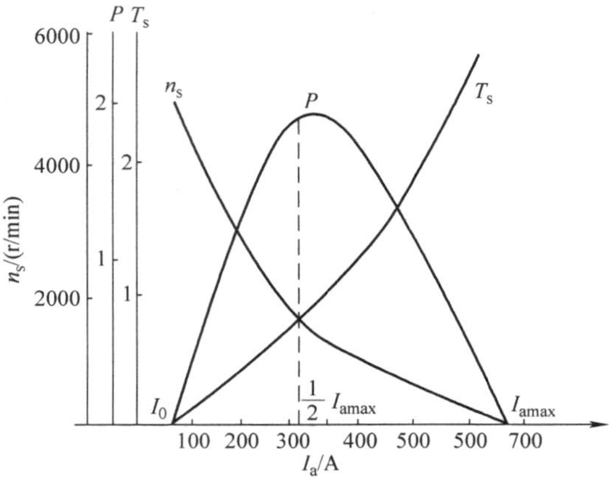

图2-12　电磁式起动机的工作特性曲线

当起动机完全制动（$n_s=0$）和空载（$T_s=0$）时，起动机的功率为0。而在电枢电流略大于制动电流的一半（$I_a=0.5I_{amax}$）时，起动机输出功率最大。由于汽车起动机工作时间很短（3~5s），允许以最大功率运转，因此，通常将起动机的最大功率确定为起动机的额定功率。

在生产与使用过程中，通常通过进行空载与制动两项试验来检验起动机的技术状态。

三、起动机功率的影响因素

起动机工作时电流很大，因此，起动电路电阻、蓄电池容量和环境温度对起动机的输出功率有很大影响。

1）起动电路电阻的影响。起动电路电阻包括导线电阻和接触电阻。接触电阻包括起动电路的电缆端子与蓄电池极柱之间、电缆端子与起动机电源端子“30”之间、搭铁电缆端子与汽车车体之间、电动机电刷与换向器之间、电动机开关触盘与触点之间的接触电阻等。接触电阻大、电缆截面积过小，都会造成较大的电压降而使起动机输出功率下降。

2）蓄电池容量的影响。蓄电池容量越小，其内阻越大，内压降也就越大，施加在起动机上的端电压就低，因此会使起动机输出功率下降。当蓄电池使用时间增长，极板硫化程度增大时，其内阻相应增大，蓄电池输出容量减小，起动机输出功率下降，所以发动机就不易起动。

3）环境温度的影响。温度低时，蓄电池电解液黏度和内阻增大，蓄电池容量和端电压都将下降，使起动机输出功率下降。因此冬季寒冷时，应对蓄电池采取保温措施。

第三节　起动系统工作过程

汽车起动系统的工作过程大同小异，今以图2-10所示电磁式起动系统控制电路为例说明。

一、发动机起动时的工作过程

当起动开关未接通时，起动机驱动齿轮与发动机飞轮分离，如图2-13a所示。

1. 接通起动开关，起动继电器工作，电磁开关电路接通

当起动发动机时，将点火开关转到起动位置，起动继电器线圈电路接通。如图2-10所

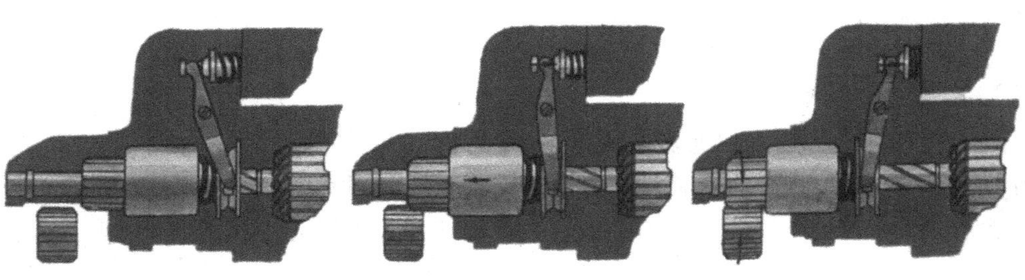

a) b) c)

图 2-13 起动机工作过程

a）初始状态齿轮分离 b）齿轮进入啮合 c）驱动飞轮旋转

示，其电路为：蓄电池正极→起动机电源端子 30（图中代号 4）→电流表→点火起动开关→起动继电器端子 IG→继电器线圈→继电器搭铁端子 E→蓄电池负极。

电流流过起动继电器线圈使铁心磁化，电磁吸力将触点臂吸下，触点闭合接通电磁开关吸引线圈和保持线圈电路。吸引线圈电路为：蓄电池正极→起动机电源端子 30→起动继电器端子 BAT→继电器支架、触点臂→触点→继电器 S 端子→起动机电源端子 50（图中代号 10）→吸引线圈 12→起动机磁场端子 C→起动机磁场绕组、电枢绕组→搭铁→蓄电池负极。

保持线圈电路为：蓄电池正极→起动机电源端子 30→起动继电器端子 BAT、支架、触点→继电器 S 端子→起动机电源端子 50→保持线圈 13→搭铁→蓄电池负极。

2. 电磁开关与传动机构工作，起动机主电路接通并起动发动机

当吸引线圈和保持线圈刚刚接通电流时，两线圈产生的磁通方向相同，使固定铁心和活动铁心磁化，在其磁力的共同作用下，活动铁心 14 向前移动（图 2-10 中为向左移动），并带动移动叉绕支点（支承螺栓）转动，移动叉下端便拨动离合器 19 向右移动，离合器驱动齿轮 20 便与飞轮齿圈进入啮合，如图 2-13b 所示。

当驱动齿轮后移与飞轮齿圈发生抵住现象时，移动叉下端将先推动右半滑环压缩锥形弹簧继续向后移动，待电动机主电路接通使电枢轴稍微转动、驱动齿轮的轮齿与飞轮齿圈的齿槽对正时，即可进入啮合。

当驱动齿轮与飞轮齿圈接近完全啮合（啮合尺寸约为驱动齿轮齿宽的 2/3）时，活动铁心带动推杆前移使触盘将起动机主电路（即电枢和磁场绕组电路）接通。起动机主电路为：蓄电池正极→起动机电源端子 30→电动机开关触盘 6→起动机磁场端子 C（图 2-10 中代号为 5）→磁场绕组→正电刷→电枢绕组→负电刷→搭铁→蓄电池负极。起动机主电路接通时，电枢绕组和磁场绕组通过大电流，产生的电磁转矩超过发动机阻力转矩时便驱动飞轮旋转，如图 2-13c 所示。当转速达到一定值时，发动机便被起动。

3. 当主电路接通时，吸引线圈被触盘短路，保持线圈继续工作

在触盘 6（图 2-10 中件号，后同）将电动机开关触点接通（即将起动机电源端子 30 与磁场端子 C 接通）之前，吸引线圈的电流是从起动机电源端子 30 经起动继电器触点、起动机端子 50、吸引线圈 12 流到起动机端子 C。当触盘将起动机电源端子 30 与 C 直接连通时，吸引线圈 12 便被触盘短路，吸引线圈没有电流流过而磁力消失。此时保持线圈继续通电。因为此时活动铁心 14 与固定铁心 11 之间的气隙（空气间隙）很小，所以保持线圈 13 的磁

力能够将活动铁心保持在吸合位置，故将线圈 13 称为保持线圈。

二、发动机起动后的工作过程

1. 断开起动开关，起动继电器触点断开

当发动机起动后，放松点火钥匙，点火开关将自动转回一个角度，切断起动继电器线圈电路。继电器线圈电流切断后，磁力消失，在支架的弹力作用下，触点迅速断开。

2. 吸引线圈电流改道，电动机开关断开，齿轮分离

当起动继电器触点刚刚断开时，吸引线圈 12 中的电流电路改道，其电路为：蓄电池正极→起动机电源端子 30→电动机开关触点 8→触盘 6→起动机端子 C→吸引线圈 12→起动机电源端子 50→保持线圈 13→搭铁→蓄电池负极。可见，此时吸引线圈 12 重又通电，但其电流和磁通方向与起动时相反。由于保持线圈 13 的电流和磁通方向没有改变，因此两个线圈产生的磁力相互抵消。在复位弹簧 15 作用下，活动铁心 14 立即右移复位，并带动推杆和触盘向右移动，使起动机主电路切断而停转。与此同时，移动叉带动单向离合器 19 向左移动，使驱动齿轮与飞轮齿圈分离，起动过程结束。

第四节 减速起动机

在传动装置中设有减速装置的起动机，称为减速式起动机，简称减速起动机。减速起动机一般都采用永磁磁极式直流电动机，故又称为永磁式减速起动机。

一、减速起动机结构特点

减速起动机起动系统除了减速装置和直流电动机磁极之外，其他零部件的结构原理与电磁式起动机起动系统基本相同。典型的永磁式减速起动机零部件组成如图 2-14 所示。

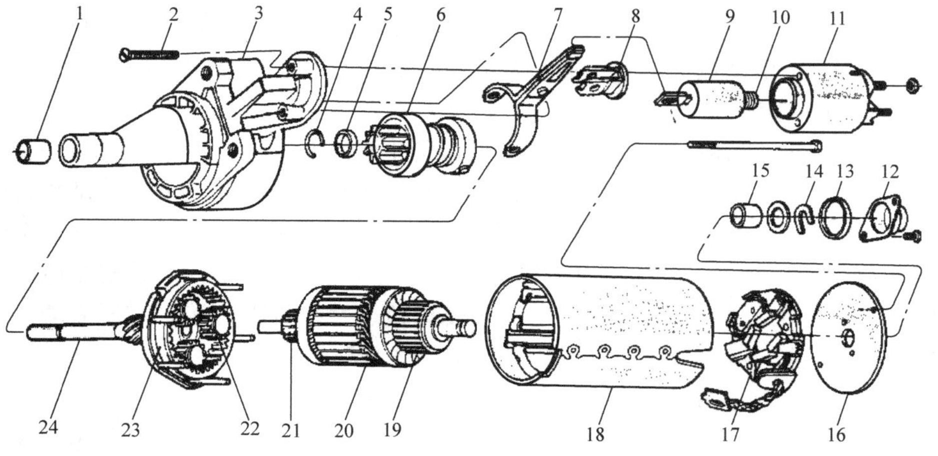

图 2-14 永磁式减速起动机的零部件组成

1、15—铜衬套 2—固定螺栓 3—驱动端盖 4—卡环 5—止推垫圈 6—单向离合器 7—移动叉 8—移动叉支点衬垫 9—活动铁心 10—复位弹簧 11—电磁开关线圈总成 12—防尘盖 13—密封圈 14—锁紧卡片 16—换向器端盖 17—电刷总成 18—电动机壳体 19—换向器 20—电枢 21—减速器太阳轮 22—行星齿轮 23—齿圈 24—减速器输出轴

二、减速装置的特点

减速装置安装在电枢轴与单向离合器之间，按传动方式不同分为平行轴圆柱齿轮外啮合传动式（如日本电装公司的12V11E1.4型减速起动机）、平行轴圆柱齿轮内啮合传动式（如QD254型减速起动机）和同心轴行星齿轮传动式（如QDJ124型永磁式减速起动机）。在这三种传动方式中，行星齿轮减速装置应用较广，这是因为行星齿轮减速装置具有以下优点。

1）负载平均分配在行星齿轮上，齿圈可用塑料制成，可减小质量和降低噪声；

2）电枢轴和轴承上无径向负载，因此振动较小；

3）减速比大时，只影响起动机轴向长度。

三、减速起动机的优点

减速起动机与电磁式起动机相比，具有以下优点：

1）减速起动机具有减速增扭作用，既可增大起动转矩，提高起动可靠性，有利于低温起动，也可相对延长蓄电池的使用寿命。

2）比功率（单位质量输出的功率）大，质量小。在输出功率相同的情况下，质量可减小25%～35%。

3）外部尺寸小，其总长度可缩短20%～30%。因此，在汽车上所占空间可大大缩小。

减速起动机的工作过程与电磁式起动机基本相同，故不赘述。

本章小结

本章主要介绍了起动系统的组成，起动机的分类、构造和工作特性，减速起动机的结构特点，起动系统的工作过程等。下列问题覆盖了本章的主要学习内容，利用以下线索可对所学内容做一次简要的回顾：

1. 起动系统的组成。起动系统由蓄电池、起动机、起动继电器和点火起动开关组成。起动机由直流电动机、传动装置和控制装置（电磁开关）三部分组成。

2. 直流电动机的结构特点。磁极多、磁场绕组和电枢绕组的截面积大，目的是增大起动机的电磁转矩。起动机电刷中铜的质量分数为80%左右，石墨的质量分数为20%左右，铜的质量分数大是为了减小电阻，提高导电性能。

3. 传动装置的结构特点。单向离合器在发动机起动时，将电动机产生的电磁转矩传递给发动机曲轴（传递动力）；当发动机起动后能自动切断动力，以免损坏电动机。

4. 起动机的工作特性。当起动机完全制动（$n_s=0$）和空载（$T_s=0$）时，起动机的功率为0。而在电枢电流略大于制动电流的一半（$T_s=0.5T_{smax}$）时，起动机输出功率最大。汽车起动机工作时间很短（3～5s），允许以最大功率运转。通常将起动机的最大功率确定为起动机的额定功率。

5. 起动系统的工作过程。吸引线圈和保持线圈的三种工作状态是接通起动开关后起动系统工作过程的核心内容。

思考题

一、单选题

1. 为了获得较大的电磁转矩，柴油机起动机流经电枢绕组的电流一般都在（　　）。

A. 300A 左右　　B. 600A 以上　　C. 800A 以上　　D. 1000A 以上

2. 为了增大电磁转矩，汽车起动机的磁极对数一般都为（　　）。

A. 1 对　　B. 2 对　　C. 4 对　　D. 6 对

3. 汽车起动机的电刷数量一般都为（　　）。

A. 1 对　　B. 2 对　　C. 4 对　　D. 6 对

4. 为了减小电阻，汽车起动机电刷中铜的含量一般都为（　　）。

A. 20%　　B. 40%　　C. 60%　　D. 80%

5. 汽车用起动机的空载电流 I_0 一般都应小于或等于（　　）。

A. 90A　　B. 300A　　C. 600A　　D. 800A

二、多选题

1. 汽车起动系统是由下述哪些装置组成（　　）。

A. 蓄电池　　B. 起动机

C. 起动继电器　　D. 点火开关

2. 汽车起动机是由下述哪些部件组成（　　）。

A. 直流电动机　　B. 继电器

C. 传动装置　　D. 控制装置

3. 按起动机的总体结构，可分为下述哪几种形式的起动机（　　）。

A. 滚柱式　　B. 减速式　　C. 永磁式　　D. 电磁式

4. 起动机用直流电动机是由下述哪些部件组成（　　）。

A. 磁极　　B. 电枢　　C. 电刷组件　　D. 壳体

5. 减速起动机具有下述哪些优点（　　）。

A. 比功率大　　B. 质量小　　C. 外部尺寸小　　D. 磁场电流小

三、判断题

1. 汽车发动机由静止状态转为运转状态的过程称为起动。（　　）
2. 在汽车起动系统中，起动机是将电能转换为机械能的核心装置。（　　）
3. 当磁场绕组接通电流时，在磁极的铁心中产生的磁场称为电磁场。（　　）
4. 柴油机汽车起动机普遍采用滚柱式单向离合器。（　　）
5. 起动机电刷含铜量较多的目的是：减小电路电阻和提高耐磨性能。（　　）
6. 通常将起动机的最大功率确定为起动机的额定功率。（　　）
7. 减速起动机的直流电动机具有磁极多、磁场绕组横截面积大的特点。（　　）
8. 当起动机的主电路接通时，保持线圈被触盘短路，吸引线圈继续工作。（　　）
9. 减速起动机的显著优点是能够起到减速增扭作用。（　　）
10. 汽车起动机的减速装置大都采用行星齿轮机构。（　　）

四、问答题

1. 在汽车起动机中，单向离合器的功用是什么？为什么要采用单方向传递力矩？
2. 影响起动机输出功率的因素有哪些？
3. 汽车蓄电池容量对起动机的功率有何影响？
4. 环境温度降低对汽车起动机的功率有何影响？如何解决？
5. 在发动机起动过程中，起动机的吸引线圈和保持线圈经历了哪些工作状态？

第三章　汽油发动机电控喷油技术

汽油发动机电控喷油技术是借鉴飞机发动机喷油技术而诞生，并伴随着汽车油耗法规、排放法规和电子技术的进步而逐步发展到当今水平。电控燃油喷射式发动机（简称电控发动机或电喷发动机）具有卓越的动力性、经济性和排放性能，在20世纪末完全取代了化油器式发动机。

第一节　汽油发动机电控系统的组成

汽油发动机电子控制系统（EEC或EECS，Engine Electronic Control System）又称为发动机管理系统（EMS，Engine Management System），其主要功能是提高汽车的动力性、经济性和排放性能。电子控制系统通常简称为电控系统，其功能、控制参数和控制精度不同，采用控制部件（传感器、电控单元和执行器）的类型或数量也不相同。通过对各种控制部件进行不同的组合，便可组成若干个子控制系统。大众M型发动机电控系统的组成如图3-1所示，结构简图如图3-2所示，控制部件安装位置如图3-3所示。

一、汽油发动机电控系统的传感器

汽油发动机电控系统采用的传感器一般都有空气流量传感器、曲轴位置传感器、凸轮轴位置传感器、节气门位置传感器（传感器与节气门控制组件J338制作成一体）、冷却液温度传感器、进气温度传感器、氧传感器、爆燃传感器和车速传感器9种传感器。在这些传感器中，空气流量传感器、曲轴位置传感器、凸轮轴位置传感器和节气门位置传感器4种传感器，是控制燃油喷射与点火时刻最重要的传感器，其技术性能与工作状况直接影响控制系统的控制精度和控制效果。大众M型发动机电控系统传感器的类型及其功用如下：

1）热膜式空气流量传感器（AFS，Air Flow Sensor）安装在发动机空气滤清器与节气门之间的进气道上，直接检测吸入发动机气缸的进气量，以便计算确定喷油量的大小。

2）磁感应式曲轴位置传感器（CPS，Crankshaft Position Sensor）安装在发动机缸体侧面，直接检测发动机曲轴的转速和转角，以便控制喷油提前角和点火提前角的大小。

3）霍尔式凸轮轴位置传感器（CPS，Camshaft Position Sensor）安装在发动机凸轮轴的

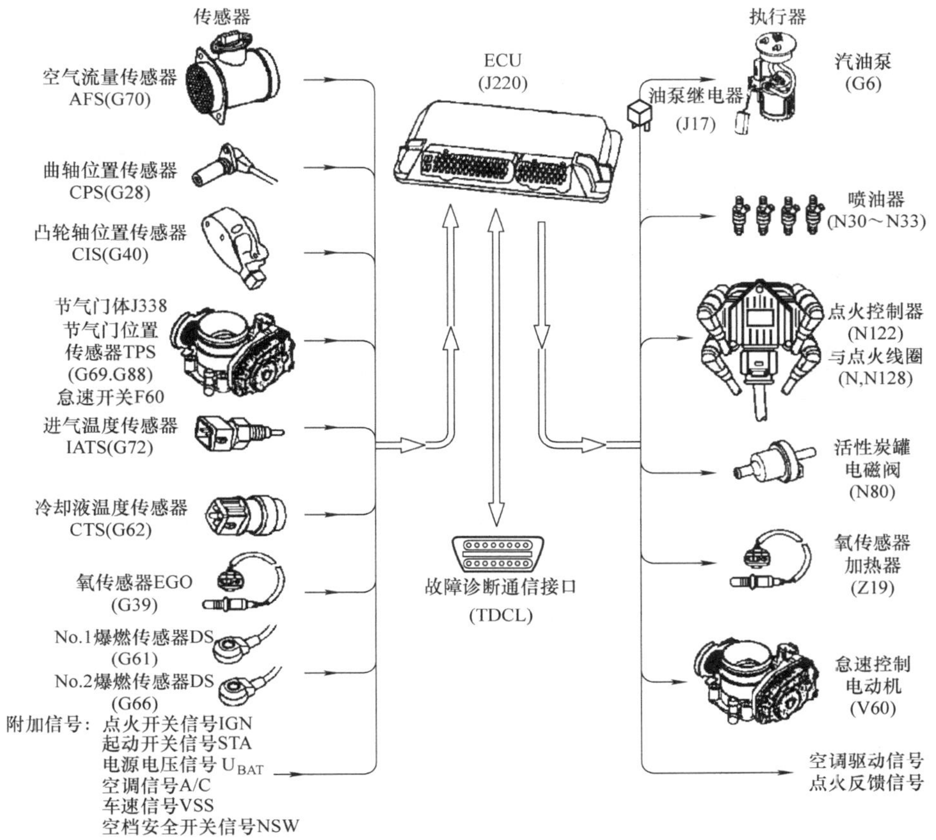

图 3-1 大众 M 型发动机电控系统组成（代号 G70、G28 等为原厂资料代号）

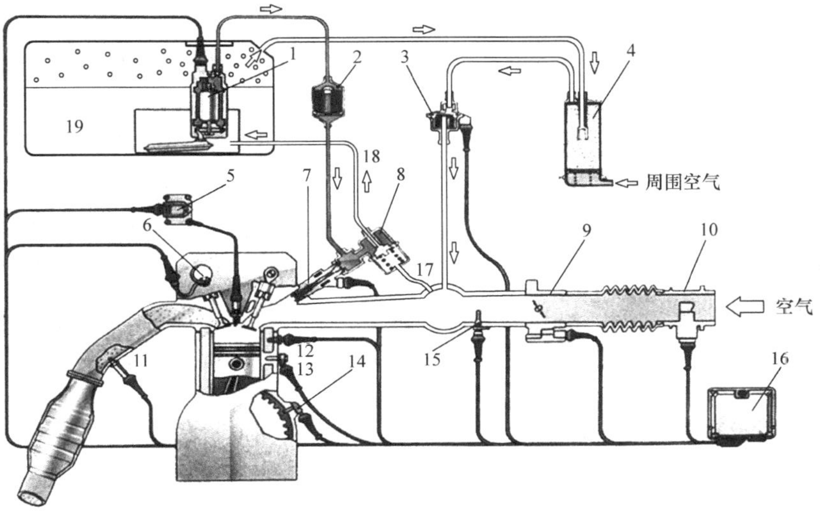

图 3-2 大众 M 型发动机电控系统结构简图

1—电动燃油泵 2—燃油滤清器 3—活性炭罐电磁阀 N80 4—活性炭罐 5—点火线圈及点火控制器总成 N152 6—霍尔式凸轮轴位置传感器 G40 7—喷油器 N30、N31、N32、N33 8—燃油压力调节器 9—节气门控制组件 J338 10—热膜式空气流量传感器 G70 11—氧传感器 G39 12—冷却液温度传感器 G62 13—1 号爆燃传感器 G61 及 2 号爆燃传感器 G66 14—发动机转速与曲轴转角传感器 G28 15—进气温度传感器 G72 16—多点喷射电控单元 J220 17—真空管 18—回油管 19—燃油箱

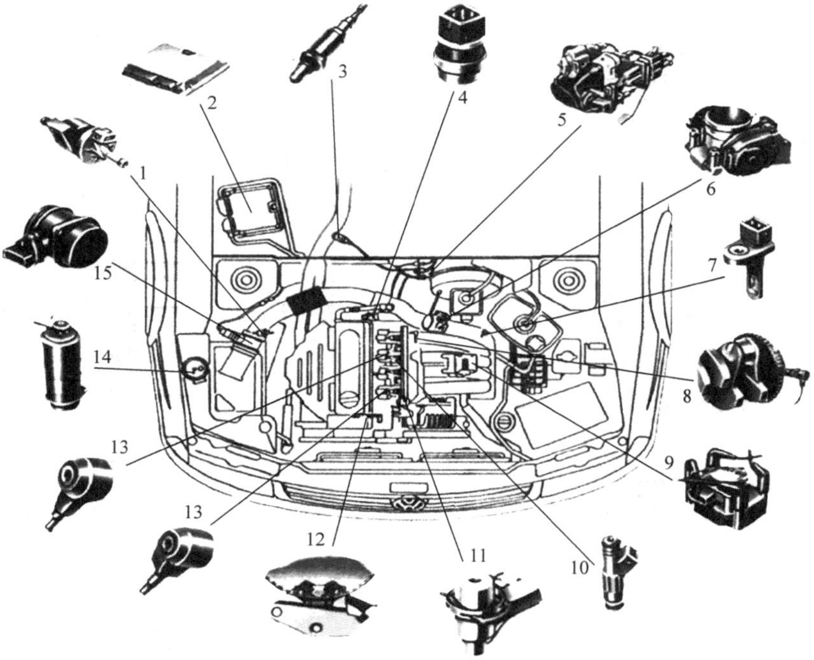

图 3-3　大众 M 型发动机电控系统控制部件安装位置

1—活性炭罐电磁阀 N80　2—多点喷射电控单元 J220　3—氧传感器 G39　4—发动机控制用冷却液温度传感器 G62 与组合仪表用冷却液温度传感器 G2　5—传感器线束支架　6—节气门控制组件 J338　7—进气温度传感器 G72　8—发动机转速与曲轴转角传感器 G28　9—点火线圈及点火控制器总成 N152　10—喷油器 N30、N31、N32、N33　11—燃油压力调节器　12—霍尔式凸轮轴位置传感器 G40　13—1 号爆燃传感器 G61 及 2 号爆燃传感器 G66　14—活性炭罐　15—热膜式空气流量传感器 G70

前端，直接检测第 1 缸活塞相对于压缩行程上止点和排气行程上止点的位置，以便确定开始喷油和开始点火时刻，又称为气缸判别传感器（CIS，Cylinder Identification Sensor）。需要特别说明的是，曲轴位置和凸轮轴位置传感器的英文缩写字母均为 CPS，为了便于区分，本书一律采用 CIS 来表示凸轮轴位置传感器。此外，在部分汽车发动机电控系统中，曲轴位置传感器与凸轮轴位置传感器制成一体，统称为曲轴位置传感器，并用 CPS 表示。

4）节气门位置传感器（TPS，Throttle Position Sensor）安装在发动机进气道上节气门轴的一端，检测节气门开度（发动机负荷）的大小。如节气门关闭、部分开启和全开等。此外，ECU 通过计算节气门位置传感器信号的变化率，便可得到汽车加速度或减速度信号。

5）热敏电阻式冷却液温度传感器（CTS，Coolant Temperature Sensor）安装在发动机缸体上，检测发动机水套内的冷却液温度，用于修正喷油量和点火提前时间。

6）热敏电阻式进气温度传感器（IATS，Intake Air Temperature Sensor）安装在发动机进气歧管上，直接检测吸入发动机气缸空气的温度，用于修正喷油量。

7）氧化钛式氧传感器（O_2或 EGO，Exhaust Gas Oxygen Sensor）安装在距离排气歧管不超过 1m 的发动机排气管上，通过检测排气管排出废气中氧离子的含量来反映可燃混合气空燃比的大小，以便修正喷油量并实现空燃比闭环控制。

8）压电式发动机爆燃传感器（EDS，Engine Detonation Sensor），两只传感器均安装在发动机排气管一侧的缸体上，第 1 缸与第 2 缸之间安装一只，第 3 缸与第 4 缸之间安装一只，分别检测各气缸是否产生爆燃现象，以便修正点火提前角并实现点火提前角闭环控制。

9）舌簧开关式车速传感器（VSS，Vehicle Speed Sensor）安装在变速器输出轴上，检测汽车行驶速度，用于判定汽车的状态，以便实现怠速控制等。

大众 M 型发动机电控系统为了精确检测节气门开度的大小，采用了怠速节气门位置传感器 G88 和节气门位置传感器 G69 两只传感器，并与节气门控制组件（节气门体或节流阀体）J338 制成一体。节气门控制组件 J338 由怠速节气门位置传感器 G88、节气门位置传感器 G69、怠速控制电动机 V60 和怠速开关 F60 组成。怠速节气门位置传感器 G88 安装在节气门体内并与怠速控制电动机 V60 连接在一起，节气门位置传感器 G69 安装在节气门轴上。两只节气门位置传感器的功用都是检测节气门开度信号并输入电控单元 J220。在 M3.8.2 型发动机电控系统中，发动机怠速时的进气量采用了直接控制节气门开度的方式进行控制，所以当发动机在怠速范围内工作时，电控单元 J220 将根据怠速节气门位置传感器 G88 提供的信号调节怠速时的节气门开度；当发动机工作在怠速以外的工况时，电控单元 J220 将根据节气门位置传感器 G69 提供的信号进行控制。

二、汽油发动机电控系统开关信号

发动机电控单元 ECU 除了采集上述传感器的信号之外，还要采集点火开关、起动开关、空调开关、怠速开关 F60、电源电压以及空档安全开关（对自动变速器汽车而言）等控制开关的信号，用以判断汽车运行状态并采取相应的控制措施。大众 M 型发动机电控系统的开关信号有：

1）点火开关信号（IGN，Ignition Switch），当点火开关接通“点火（IG）”档位时，向 ECU 输入一个高电平信号。

2）起动开关信号（STA，Start Switch），当点火开关接通“起动（ST）”档位时，向 ECU 输入一个高电平信号。

3）空调信号（A/C，Air Conditioning），当空调开关接通时，向 ECU 提供接通空调系统的信号。

4）电源电压信号 U_{BAT}，向 ECU 提供蓄电池的端电压信号。

5）空档安全开关信号（NSW，Neutral Security Switch），在装备自动变速器的汽车上，用于检测自动变速器的档位选择开关是否处于空档位置。

三、汽油发动机电控系统的执行器

大众 M 型发动机电控系统采用的执行器有电动燃油泵、电磁喷油器、怠速控制电动机（在节气门控制组件 J338 内）、活性炭罐电磁阀、点火控制器和点火线圈。

1）电动燃油泵。其功用是供给发动机电控系统规定压力的燃油。

2）电磁喷油器。其功用是根据 ECU 发出的喷油控制指令，计量燃油喷射量。

3）怠速控制电动机。其功用是调节发动机的怠速转速。控制内容：一是在发动机正常怠速时稳定怠速转速；二是在发动机怠速负载增加（如接通空调器、动力转向器或液力变矩器等）时，自动提高怠速转速，防止发动机熄火。

4）活性炭罐电磁阀。其功用是控制发动机内部（曲轴箱、气门室、燃油箱等）燃油蒸气的回收，减少碳氢化合物的排放量。

5）点火控制器和点火线圈。其功用是根据 ECU 发出的点火控制指令，适时接通或切断点火线圈的初级电流，从而产生电火花点着可燃混合气。

汽车发动机电控系统是一个综合控制系统，具有多种控制功能。将发动机电控系统的传感器和执行器进行不同的组合，就可组成电控燃油喷射系统、微机控制点火系统、发动机爆燃控制系统、怠速控制系统、超速断油控制系统、减速断油控制系统、清除溢流控制系统、空燃比反馈控制系统、燃油蒸汽回收系统、排气再循环系统和故障自诊断系统等，从而实现燃油喷射控制、点火提前闭环控制、发动机爆燃控制、怠速控制、超速断油控制、减速断油控制、清除溢流控制、空燃比反馈控制、燃油蒸汽回收控制、排气再循环控制和故障自诊断等功能。其中，控制燃油喷射和点火时刻是发动机电控系统的主要功能，其余均为辅助控制功能。此外，某一控制系统也可能同时具有多种控制功能。如电控燃油喷射系统能够精确控制喷油量，且令喷射的燃油雾化良好、燃烧完全。不仅能够提高汽车的经济性和排放性能，而且还能提高动力性。

在汽车电控系统中，发动机电控系统的控制部件较多、控制参数较多、控制功能较强、控制过程较复杂。只要理解发动机电控系统的结构原理与控制过程，掌握其故障诊断与排除方法，其他电控系统的学习问题就能迎刃而解。

第二节　汽油发动机电控喷油系统的组成

汽油机电控燃油喷射系统，又称为发动机电控喷油系统或发动机燃油喷射系统，英文名称为 Engine Fuel Injection System，缩写为 EFI。采用电控喷油技术的发动机，称为电喷发动机，发动机采用电控喷油技术的目的是：减少燃油消耗量和有害气体排放量。

燃油喷射系统（EFI）是发动机电控系统（EEC）的重要组成部分，主要由空气供给系统（供气系统）、燃油供给系统（供油系统）和燃油喷射电控系统 3 个子系统组成。

一、供气系统

燃油在发动机气缸内燃烧时，需要一定数量的空气。供气系统的功用是向发动机提供混合气燃烧所需的空气，并测量出进入气缸的空气量（进气量）。

根据电喷发动机怠速进气量的控制方式不同，供气系统分为旁通式和直供式两种。

1）旁通式供气系统。设置有旁通空气道、发动机怠速进气量由怠速控制阀控制的空气供给系统，称为旁通式供给系统，结构如图 3-4a 所示。主要由空气滤清器、空气流量传感器、进气软管、旁通空气道、怠速控制阀、进气歧管、动力腔、节气门位置传感器、进气温度传感器等组成。

当发动机正常工作时，其空气通道为：进气口→空气滤清器→空气流量传感器→进气软管→节气门→动力腔→进气歧管→发动机进气门→发动机气缸。

当发动机怠速运转时，其空气通道为：进气口→空气滤清器→空气流量传感器→进气软管→节气门前端的旁通空气道入口→怠速转速控制阀→节气门后端的旁通空气道出口→动力腔→进气歧管→发动机进气门→发动机气缸。

2）直供式供气系统。没有设置旁通空气道、发动机怠速进气量由节气门直接控制的空

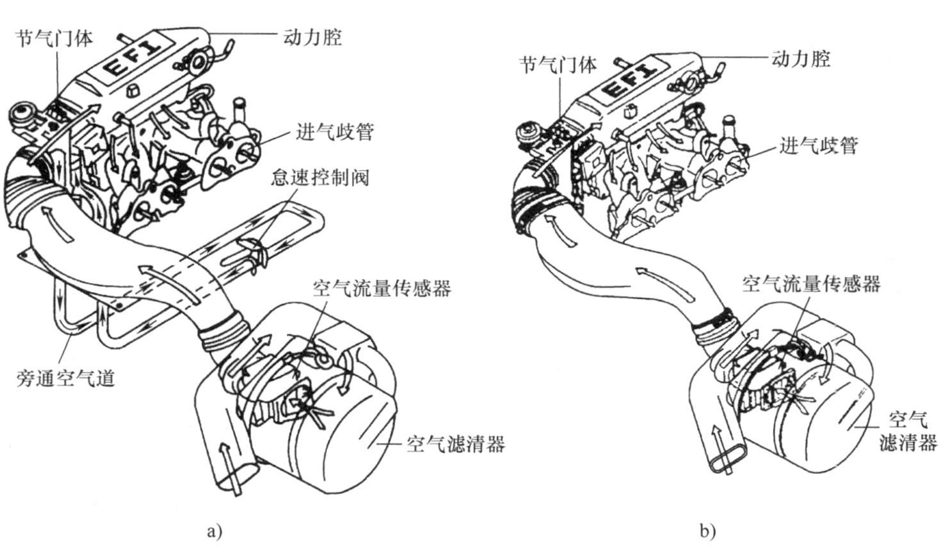

图 3-4 电喷发动机供气系统的结构
a）旁通式供气系统 b）直供式供气系统

气供给系统，称为直供式供气系统，结构如图 3-4b 所示。主要由空气滤清器、空气流量传感器、进气软管、进气歧管、动力腔、节气门位置传感器、进气温度传感器等组成。

发动机正常工作和怠速运转时的空气通道完全相同，其空气通道为：进气口→空气滤清器→空气流量传感器→进气软管→节气门体→动力腔→进气歧管→发动机进气门→气缸。

空气经滤清器滤清后，经节气门体流入动力腔，再分配给各缸进气歧管。进入气缸空气量的多少，由 ECU 根据安装在进气道上的空气流量传感器检测的进气量信号求得。发动机怠速运转时，大众 M 型轿车发动机直接供气系统的标准进气量为 2.0 ~ 5.0g/s。

3）供气系统的结构特点。电喷发动机供气系统的显著特点是：进气道较长且设有动力腔（或谐振腔）。其目的是：充分利用空气动力效应，增大进气管的进气量（即增大充气量），提高发动机的动力性（输出转矩）。空气动力效应是一种十分复杂的物理现象。为了便于说明，可将其视为气流惯性效应与气流压力波动效应共同作用的结果。

气流惯性效应是指在进气管内高速流动的气流在活塞到达进气行程的下止点之后，仍可利用进气气流的惯性继续充气一段时间，从而增加充气量。因为适当增加进气管的长度，能够充分利用气流的惯性效应来增加充气量，所以燃油喷射式发动机都采用了较长的进气管，并将进气歧管设计成具有较大弧度，以便充分利用气流的惯性效应来提高充气量。

气流压力波动效应是指各个气缸周期性、间歇性地进气而导致进气管内产生一定幅度的气流压力波动。气流压力波动会沿着进气管以音速传播并往复反射。如果进气管的形状有利于压力波反射并产生一定的共振，就能利用共振后的压力波动提高充气量。为此，大多数电喷发动机都在进气管道上设有一个谐振腔，又称为动力腔。谐振进气系统的优点是没有运动部件，工作可靠且成本低廉。其不足之处在于只能增加特定转速下的进气量和输出转矩。

二、供油系统

供油系统的功用是向发动机提供混合气燃烧所需燃油。燃油喷射式发动机供油系统的结构如图3-5所示，主要由燃油箱、电动燃油泵、输油管、燃油滤清器、油压调节器、燃油分配管、喷油器和回油管等组成。

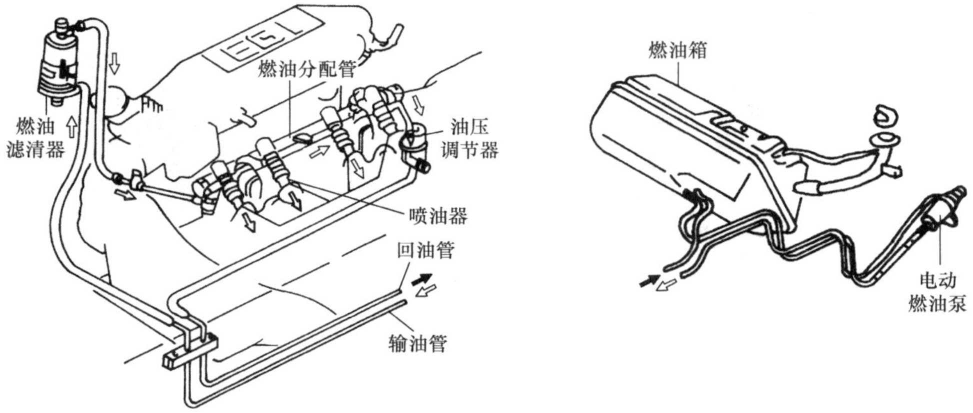

图3-5　燃油供给系统的结构

发动机工作时，电动燃油泵将汽油从油箱里泵出，先经燃油滤清器过滤，再经油压调节器调节油压，使油路中的油压高于进气管压力300kPa左右，最后经燃油分配管分配到各缸喷油器。当喷油器接收到电控单元ECU发出的喷油指令时，再将汽油喷射在进气门附近，并与供气系统提供的空气混合形成雾化良好的可燃混合气。当进气门打开时，混合气被吸入气缸燃烧做功。进入发动机气缸的燃油流过的路径为：燃油箱→燃油泵→输油管→燃油滤清器→燃油分配管→喷油器。喷油器将燃油喷射在进气门附近（缸内喷射系统则直接喷入气缸）。

当燃油泵泵入供油系统的燃油增多、油路中的油压升高时，油压调节器将自动调节燃油压力，保证供给喷油器的油压基本不变。

供油系统过剩的燃油由回油管流回燃油箱，回油路径为：燃油箱→燃油泵→输油管→燃油滤清器→燃油分配管→油压调节器→回油管→燃油箱。

三、电控系统

汽油发动机燃油喷射电子控制系统由传感器、电控单元（ECU）和执行器三部分组成，典型燃油喷射电控系统的组成如图3-6所示。

发动机燃油喷射电控系统采用的传感器主要有空气流量传感器（或歧管压力传感器）、曲轴位置传感器、凸轮轴位置传感器、节气门位置传感器、冷却液温度传感器、进气温度传感器、氧传感器和车速传感器；开关信号主要有点火开关信号、起动开关信号、电源电压信号；执行器主要有电动燃油泵和电磁喷油器等。将这些传感器和执行器进行不同组合，即可组成若干个子控制系统。如喷油控制系统、断油控制系统和空燃比反馈控制系统等。

在燃油喷射电控系统的控制部件中，空气流量传感器（或歧管压力传感器）、曲轴位置

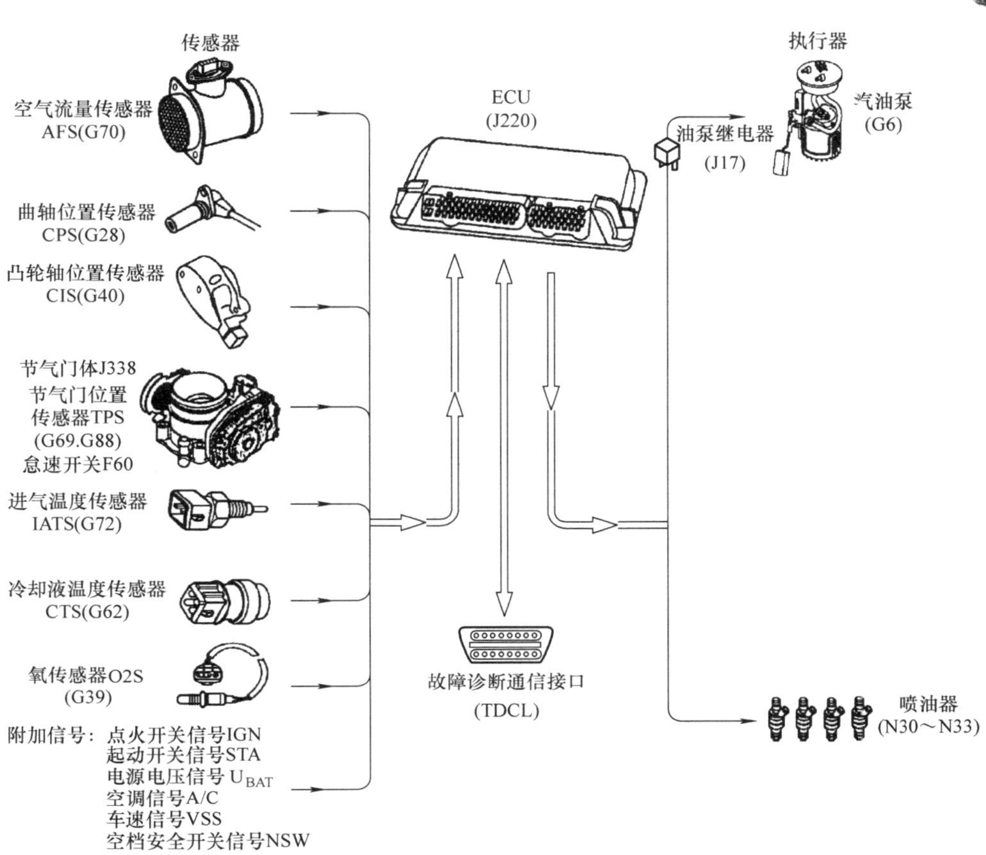

图 3-6　典型发动机燃油喷射电控系统组成

传感器、凸轮轴位置传感器和节气门位置传感器是决定控制系统档次的 4 种传感器，其信号是计算和控制燃油喷射量必不可少的信号。冷却液温度传感器、进气温度传感器、氧传感器、车速传感器的信号以及各种开关信号主要用于判定发动机运行状态、修正燃油喷射量，提高系统的控制精度。

第三节　汽油发动机电控喷油系统的分类

20 世纪 60 年代以来，美国、德国和日本等工业发达国家和国内各大汽车（集团）公司相继开发研制了多种类型、档次各异的汽车发动机燃油喷射系统。燃油喷射技术的发展经历了机械控制、机电结合控制和电子控制等阶段。其分类方法各不相同，常用的有按控制方式、燃油喷射部位和喷油方式进行分类，如图 3-7 所示。

一、按喷油控制方式分类

按控制方式不同，汽油机燃油喷射系统可分为机械控制式、机电结合式和电子控制式 3 种类型。

机械控制式燃油喷射系统是指利用机械机构实现燃油连续喷射的机械控制系统。早期（1967—1982 年）奔驰（Benz）、奥迪（Audi）轿车采用的 K 型汽油喷射系统 K－Jetronic 即为机械控制式燃油喷射系统。喷油器将汽油喷射在进气门附近，喷油压力为360kPa。

- 发动机燃油喷射系统分类
  - 按控制方式分
    - 机械控制式燃油喷射系统
    - 机电结合式燃油喷射系统
    - 电子控制式燃油喷射系统
      - 开环控制系统
      - 闭环控制系统
      - 自适应控制系统
      - 学习控制系统
      - 模糊控制系统
  - 按喷射部位分
    - 进气管喷射系统
      - 单点喷射系统(SPI、TBI或CFI)
      - 多点喷射系统(MPI)
        - D型多点喷射系统
        - L型多点喷射系统
        - LH型多点喷射系统
        - M型多点喷射系统
    - 缸内喷射系统
  - 按喷油方式分
    - 连续喷射
    - 间歇喷射
      - 同时喷射
      - 分组喷射
      - 顺序喷射

图 3-7　发动机燃油喷射系统的分类

机电结合式燃油喷射系统是指由机械机构与电控装置相结合，从而实现燃油喷射的系统，主要是指1993年以前奔驰和奥迪轿车装备的、在K型机械控制系统基础上改进而成的KE型汽油喷射系统KE－Jetronic。KE－Jetronic仍为连续喷射系统，喷油器将汽油喷射在进气门附近，喷油压力为430～460kPa。

电子控制式燃油喷射系统是指由电控单元（ECU）根据各种传感器信号，经过数学计算和逻辑判断处理后，直接控制执行器（喷油器）喷射燃油的系统，如图3-8所示。随着汽车电子技术的飞速发展，到20世纪90年代末期，机械控制式和机电结合式燃油喷射系统已经退出历史舞台，汽车普遍装备电控喷油系统。进入21世纪以来，国产汽油机汽车都已装备以单片微型计算机为控制核心的电子控制式燃油喷射系统。

电子控制式燃油喷射系统又称为电控喷油系统，其显著特点是：发动机供油系统供给一定压力（一般高于进气歧管压力300kPa左右）的燃油，燃油由喷油器喷在节气门附近（单点喷射）或进气门附近（多点喷射）的进气道内或直接喷入气缸与空气混合，喷油器受电控单元（ECU）控制，ECU通过控制每次喷油持续时间的长短来控制喷油量。喷油持续时间一般为2～10ms（实测值为1.5～12.6ms）。喷油持续时间越长，喷油量越大。

空气流量传感器（即空气流量计）检测进气量并转变为电信号输入ECU，曲轴位置传感器检测曲轴转速和转角并转变为电信号输入ECU用以计算发动机转速，ECU根据进气量信号和转速信号计算基本喷油量，再根据冷却液温度传感器和其他传感器信号对基本喷油量进行修正，并确定实际喷油量。除此之外，ECU还要根据节气门位置传感器信号，在发动机不同工况下按不同的控制模式来控制喷油量。在节气门关闭、发动机处于怠速工况时，ECU 将增加喷油持续时间，提供较浓的混合气，保证发动机怠速稳定；在节气门中小开度、发动机处于部分负荷工况时，ECU 将控制提供经济空燃比的稀混合气，以便节约燃油和减少排放；在节气门接近全开或全开、发动机处于大负荷或满负荷工况时，ECU 将控制提供较浓的功率空燃比混合气，保证发动机输出足够的动力。

根据控制方式不同，电子控制式燃油喷射系统又可分为开环控制系统、闭环控制系统、自适应控制系统、学习控制系统和模糊控制系统等。

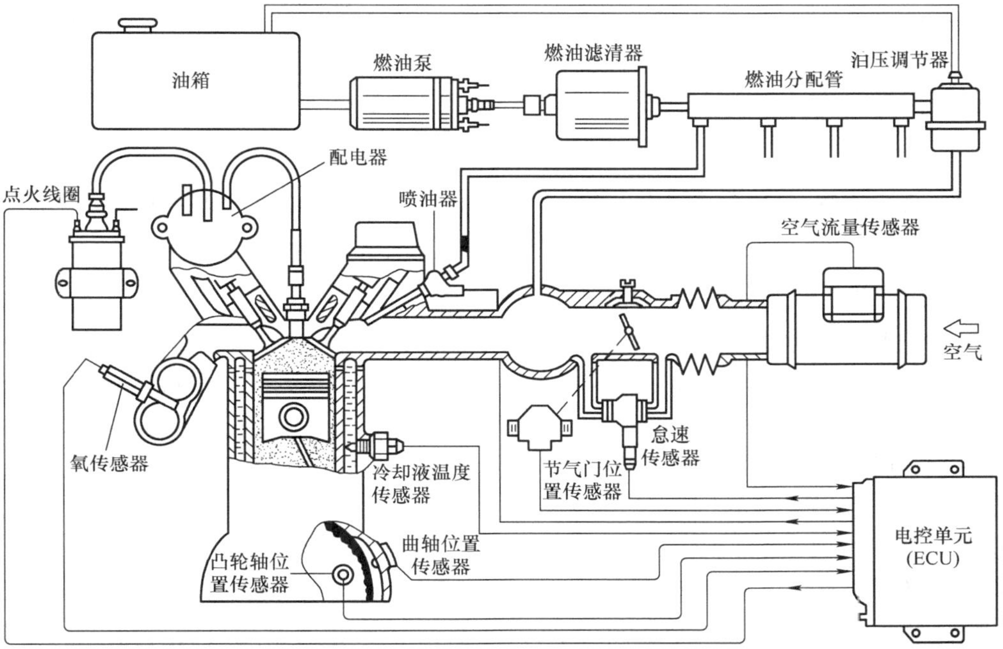

图 3-8　电子控制式燃油喷射系统

二、按喷油部位分类

按喷油器喷射燃油的部位不同，发动机燃油喷射系统可分为缸内喷射系统和进气管喷射（即缸外喷射）系统。

（一）缸内喷射系统

缸内喷射是燃料分层喷射（FSI，Fuel Stratified Injection）的简称，是指喷油器将燃油直接喷射到气缸内部的喷射，如图 3-9a 所示，其喷油器安装在气缸盖上。

缸内直喷技术是由柴油机分层燃烧技术衍生而来的汽油喷射技术。缸内直喷系统均为多点喷射系统，这种喷射系统将喷油器安装在火花塞附近的气缸盖上，并以较高的燃油压力（10MPa 以上）将燃油直接喷入气缸燃烧。因为汽油黏度低而喷射压力较高，且缸内工作条件恶劣（温度高、压力高），所以对喷油器的技术条件和加工精度要求较高。试验证明：缸内喷射的优越性在于喷油压力高、燃油雾化好，并能实现稀薄混合气（空燃比 40∶1）燃烧。因此能够显著降低油耗、减少排放和提高动力性。缸内直喷技术是汽油机电控喷油技术的发展方向，如今国内外汽车都已普遍采用缸内直喷技术，如奔驰 E200、E300L、宝马 X6 与宝

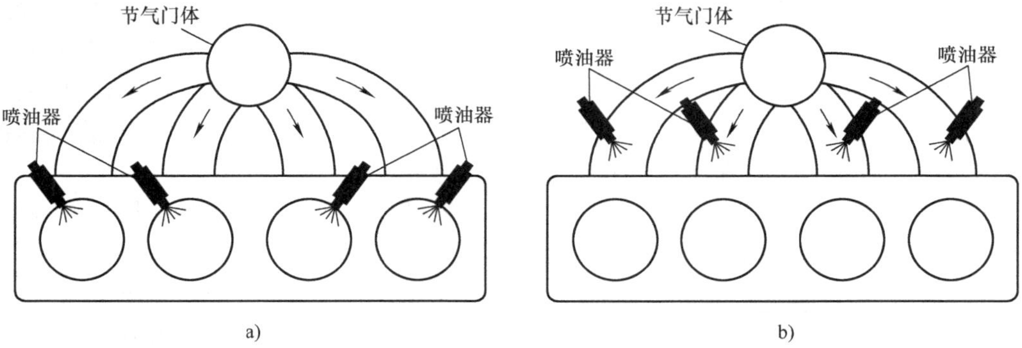

图 3-9 喷油器喷油位置示意图
a）缸内喷射 b）进气管喷射

马 7 系列、大众迈腾（MAGOTAN）、大众辉腾（PHAETON）、奥迪（Audi）RS4、Audi R8、丰田雷克萨斯（Lexus）GS300 等轿车都已装备缸内直喷系统。

（二）进气管（缸外）喷射系统

进气管喷射又称为缸外喷射，是指喷油器将燃油喷射在节气门附近或进气门附近进气管内的喷射，如图 3-9b 所示。与缸内喷射相比，进气管喷射系统对发动机机体的改动量较小，喷油器不受燃烧高温、高压的直接影响，设计喷油器时受到的制约较少，且喷油器工作条件大大改善。2010 年以前，国内外汽油发动机大都采用进气管喷射系统。

进气管喷射系统又可分为单点喷射（SPI、TBI 或 CFI）和多点喷射（MPI）系统。

1. 单点燃油喷射系统（SPFI 或 SPI）

单点燃油喷射系统（SPFI 或 SPI，Single Point Fuel Injection System）是指在多缸发动机节气门的上方，安装一只或并列安装两只喷油器同时喷油的燃油喷射系统，如图 3-10a 所示。

在单点燃油喷射系统中，燃油喷射在节气门上方的进气管中与进气气流混合形成可燃混合气，通过进气歧管分配到各个汽缸。因为喷油器安装在节流阀体（即节气门体）中央集中喷射燃油，所以又称为节流阀体喷射系统（TBI，Throttle Body Injection System）或集中喷射系统（CFI，Concentrate Fuel Injection System），如美国通用（General）汽车公司的 TBI 系统、福特（Ford）汽车公司的 CFI 系统以及德国博世（Bosch）公司的 Mono – Motronic 系统等。

单点喷射系统的工作原理与多点喷射系统相似，也是由电控单元根据空气量传感器、曲轴位置传感器、节气门位置传感器、冷却液温度传感器等检测的发动机工况信号计算喷油时间，在发动机每个气缸进气行程开始之前喷油一次，喷油量由每次喷油持续时间的长短来控制，喷射所需的压力燃油由电动燃油泵提供。由于喷油器距离进气门较远，喷入进气管的燃油具有足够的时间与进气气流混合形成均匀的可燃混合气，因此对燃油雾化质量的要求不高，可以采用较低的喷油压力（一般为 100kPa）。这样可以降低对电动燃油泵、燃油滤清器等供油系统零部件的要求，从而降低控制系统的制造成本。

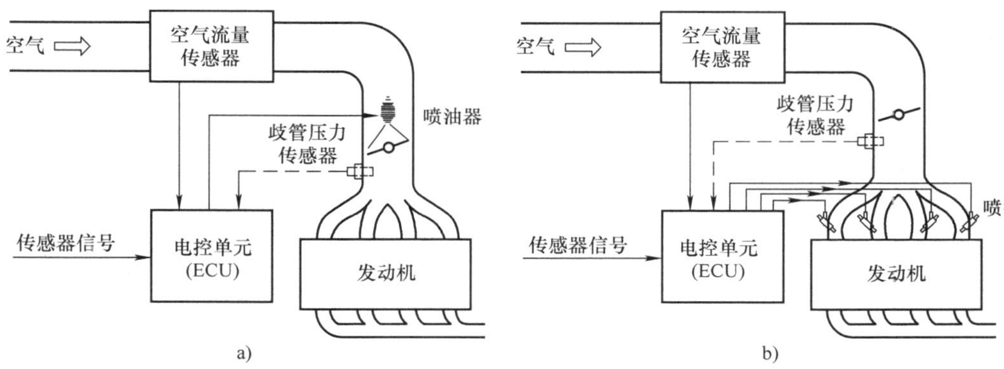

图 3-10　单点与多点喷射系统喷油器安装部位示意图

a）单点喷射　b）多点喷射

2. 多点燃油喷射系统（MPFI 或 MPI）

多点燃油喷射系统（MPFI 或 MPI，Multi－Point Fuel Injection System）是指在发动机每一个气缸都设置一只喷油器的燃油喷射系统，如图 3-10b 所示，其喷油器安装在进气门附近的燃油分配管上。

根据进气量的检测方式不同，多点燃油喷射系统又分为压力型（即 D 型）和流量型（即 L 型）燃油喷射系统。字母 D 和 L 分别来源于德文 Druck（压力）和 Luftmengen（空气流量）的第一个字母。

1）D 型燃油喷射系统。D 型喷油系统的显著特点是：利用压力传感器检测进气歧管内的压力来测量进气量。该系统是最早应用在汽车上的发动机电控燃油喷射系统，于 1967 年由德国博世（Bosch）公司根据美国本迪克斯（Bendix）公司的专利技术研制而成，应用在当时的大众 VW1600 型和奔驰 280SE 型轿车上。20 世纪 90 年代国产轿车大都采用 D 型多点燃油喷射系统，但其控制系统较传统的博世 D 型燃油喷射系统已有较大改进，点火提前角和空燃比都采用了闭环控制。

2）L 型燃油喷射系统。L 型喷油系统由 D 型多点燃油喷射系统改进设计而成，其显著特点是：用空气流量传感器取代 D 型电控喷油系统的压力传感器来直接测量进气量，从而提高了喷油量的控制精度。典型的 L 型燃油喷射系统有博世公司研制的 L－Jetronic、LH－Jetronic 和 Motronic 电控燃油喷射系统。LH－Jetronic 和 Motronic 系统是在 L－Jetronic 系统的基础上改进而成的多点燃油喷射系统。

L－Jetronic 燃油喷射系统的显著特点是：采用翼片式空气流量传感器来检测进气量。丰田大霸王（PREVIA）小客车、丰田凯美瑞（CAMRY）轿车与马自达 MPV（多用途汽车）都采用过改进型 L－Jetronic 燃油喷射系统，空燃比和点火提前角都采用了闭环控制。由于翼片式空气流量传感器检测进气量的部件容易磨损，因此这种燃油喷射系统已很少采用。

LH－Jetronic（即 LH 型）燃油喷射系统的显著特点是：采用热丝式空气流量传感器来检测进气量。热丝式空气流量传感器没有运动部件，进气量用电子电路检测，进气阻力减小，检测精度提高。同时还采用了大规模集成电路组成电控单元，运算速度提高、控制范围扩大、控制功能增强。装备 LH 型电控燃油喷射系统的车型很多，如别克（BUICK）世纪（CENTURY）、丰田雷克萨斯（LEXUS）LS400、日产风度（CEFIRO）、日产千里马（MAXIMA）、马自达626 和1991 年后出厂的奔驰600SE 型轿车等。

Motronic（即 M 型）燃油喷射系统的显著特点是：将点火提前角和喷油时间的控制组合在一个电控单元中进行控制。Motronic 系统的 ECU 采用数字式单片机，采用大规模集成电路，具有结构简单、体积小、控制精度高、响应速度快、控制功能强等优点。因为组合控制点火与喷油，所以在发动机起动、怠速、加减速、全负荷等工况下，不仅能够自动调节喷油量，而且还能自动控制点火提前角，实现喷油量与点火提前角最佳匹配控制，使发动机的起动性能、加速性能、怠速稳定性、动力性、经济性以及排放性能得以大大提高。

三、按喷油器喷油方式分类

按喷油方式不同，燃油喷射系统可分为连续喷射和间歇喷射两大类。

（一）连续喷射系统

连续喷射系统是指在发动机运转期间，喷油器连续不断地喷射燃油的控制系统。连续喷射方式主要用于机械控制式、机电结合式和单点喷射系统，如博世公司的 K 型和 KE 型喷射系统，其喷油量的大小取决于燃油分配器中燃油计量槽开度的大小和喷油器进、出油口之间燃油的压差。连续喷油技术的控制精度很低，20 世纪 90 年代末就已淘汰。

（二）间歇喷射系统

间歇喷射就是在发动机运转期间，喷油器根据 ECU 的控制指令间歇地喷射燃油。当今汽车电控喷油系统均为间歇喷射系统，喷油量大小取决于喷油器阀门的开启时间（即由 ECU 决定的喷油脉冲宽度）。根据喷射时序不同，间歇喷射又分为同时喷射、分组喷射和顺序喷射，如图 3-11 所示。

1）同时喷射。同时喷射是指在发动机运转期间，由 ECU 的同一个指令控制所有喷油器同时开启或同时关闭的喷油控制方式，如图 3-11a 所示。当采用分组喷射或顺序喷射的燃油喷射系统发生故障、控制系统处于应急状态运行时，ECU 将自动转换为同时喷射，其目的是供给充足的燃油维持发动机运转，以便将汽车开回家或行驶到维修厂修理。

2）分组喷射。分组喷射是将喷油器分组，由 ECU 分别发出喷油指令控制各组喷油器喷油的控制方式，如图 3-11b 所示，同一组喷油器同时喷油。

3）顺序喷射。顺序喷射又称为次序喷射，是指在发动机运转期间，由 ECU 控制喷油器按进气行程的顺序轮流喷油的控制方式，如图 3-11c 所示。喷油正时由 ECU 根据凸轮轴位置传感器提供的信号判定出第 1 缸活塞位置，在第 1 缸活塞到达进气行程上止点前一定角度时，ECU 发出喷油脉冲信号控制第 1 缸喷油器喷射燃油。第 1 缸喷油器喷油之后，ECU 根据气缸点火顺序，轮流控制其他气缸的喷油器在其活塞到达进气行程上止点前一定角度时喷射燃油，从而实现顺序喷射。20 世纪 90 年代后开发研制的喷油系统大都采用顺序喷射。

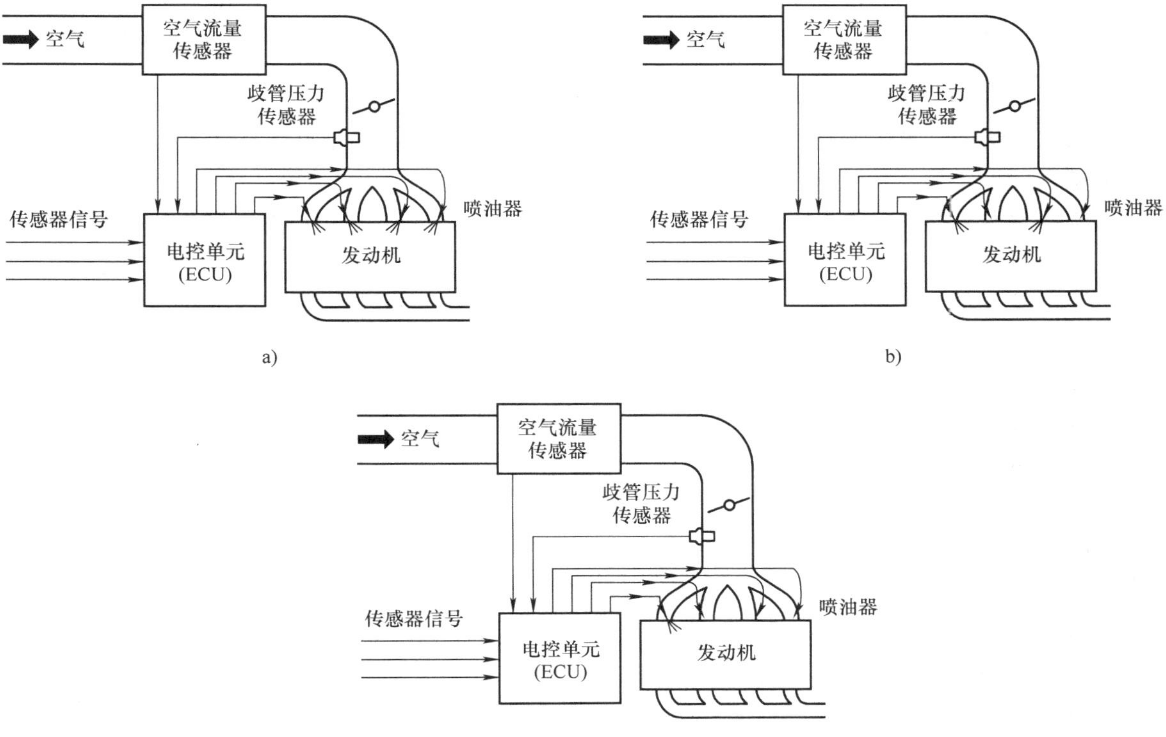

图 3-11 喷油器的喷射时序
a）同时喷射 b）分组喷射 c）顺序喷射

第四节 电控喷油系统传感器的结构原理

车用传感器是将各种非电量（空气流量、油液温度和压力、转速与转角、位置和位移等）按一定规律转换成为电量的装置。电控喷油系统采用的传感器有空气流量传感器（或歧管压力传感器）、曲轴位置传感器、凸轮轴位置传感器、节气门位置传感器、冷却液温度传感器、进气温度传感器、氧传感器和车速传感器；开关信号主要有点火开关信号、起动开关信号、电源电压信号等。

一、空气流量传感器

空气流量传感器（AFS，Air Flow Sensor）又称为空气流量计（AFM，Air Flow Meter），是进气歧管空气流量传感器（MAFS，Manifold Air Flow Sensor）的简称，其功用是检测发动机进气量的大小，并将进气量信息转换成电信号输入 ECU，以供 ECU 计算确定喷油时间（即喷油量）和点火时间（即点火提前角）。进气量信号是 ECU 计算喷油时间和点火时间的主要依据。众所周知，当汽油发动机的空燃比 $\lambda = A/F =$ 进气量/喷油量 $= 14.7$ 时，汽油才能完全燃烧并生成二氧化碳（CO_2）和水（H_2O）。因此，只有检测出进气量 A 之后，ECU 才能通过控制喷油量 F（喷油时间）将空燃比控制在经济空燃比 14.7，从而提高发动机的经济性和排放性。由此可见，进气量传感器是汽油机电控喷油系统必不可少的传感器。反映发动机进气量（即负荷）大小的传感器有空气流量、歧管压力和节气门位置等传感器。

（一）空气流量传感器的分类

根据检测进气量的方式不同，空气流量传感器分为D型（即压力型）和L型（即空气流量型）两种类型。

D型传感器是利用压力传感器检测进气歧管内的绝对压力，可以间接测量发动机的进气量。传感器可安装在汽车的任何部位，只需用导压管将进气歧管内的进气压力引入传感器即可。装备D型流量传感器的系统称为D型燃油喷射系统，电控系统利用该绝对压力（空气密度与压力有关）和发动机转速来计算吸入气缸的空气量，故又称为“速度-密度”型燃油喷射控制系统。由于空气在进气歧管内流动时会产生压力波动，发动机怠速（节气门关闭）时的进气量与汽车加速（节气门全开）时的进气量之差可达40倍以上，进气气流的最大流速可达80m/s，因此，D型燃油喷射系统的测量精度不高，但系统成本较低，适合于低档轿车采用。

L型传感器是一种直接测量吸入进气管进气量的传感器，安装在空气滤清器与节气门体之间的进气通道上。因为是直接测量发动机的进气流量，所以测量精度较高，控制效果优于D型燃油喷射系统。L型流量传感器分为体积流量型（如翼片式、量芯式、涡流式）和质量流量型（如热丝式和热膜式）传感器。其中，质量流量型传感器内部没有运动部件，气流流动阻力很小，工作性能稳定，测量精度较高，且热膜式的使用寿命远远长于热丝式传感器，其缺点是成本相对较高。

在上述流量传感器中，目前采用较多的有D型、涡流式和热膜式流量传感器。

（二）涡流式空气流量传感器

涡流式空气流量传感器是一种根据卡尔曼涡流理论，利用超声波或光电信号检测旋涡频率来测量空气流量的传感器。根据检测旋涡频率的方式不同，涡流式流量传感器分为超声波检测式和光电检测式两种。如丰田雷克萨斯LS400型、皇冠3.0型轿车采用了光电检测式流量传感器，三菱（Mitsubishi）帕杰罗（PAJERO）吉普车、长丰猎豹吉普车和北京现代（Hyundai）轿车采用了超声波检测式流量传感器。

1. 涡流式流量传感器的测量原理

众所周知，当野外架空的电线被风吹动时，就会发出“嗡、嗡”的响声，风速越快声音频率越高，这是气流流过电线后形成旋涡（即涡流）所致。液体、气体等流体均会发生这种现象。在流体中放置一个柱状物体（称为涡流发生器）后，在其下游流体中就会形成两列平行的旋涡，且左右交替出现，如图3-12所示。因此，根据旋涡出现的频率，就可测

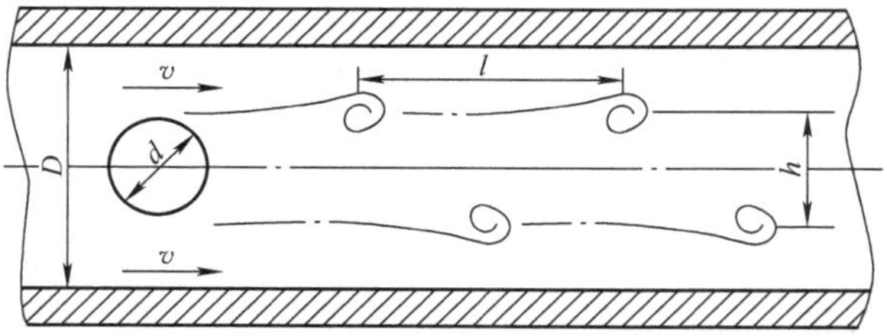

图3-12　卡尔曼涡流的产生原理

量出流体的流量。旋涡与街道两旁的路灯类似，称其为“涡街”。这种现象首先被卡尔曼先生发现，所以称为卡尔曼涡街或卡尔曼涡流。

设两列平行涡流之间的距离为 h，同一列涡流中先后产生的两个旋涡之间的距离为 l，当比值 h/l 为 0.281 时，涡流将是稳定地，并且周期性地产生。根据卡尔曼涡流理论，单侧涡流产生的频率 f 与流体流速 v 之间具有如下关系：

$$f = S_t \frac{v}{d} \tag{3-1}$$

式中 v——涡流发生器两侧流体的流速，m/s；

d——涡流发生器迎流面的最大宽度，m；

S_t——斯特罗巴尔系数（圆柱形柱体 $S_t = 0.21$，三角形柱体 $S_t = 0.16$，长方形柱体 $S_t = 0.12$，矩形柱体 $S_t = 0.17$）。

当流体管道的直径为 D 时，流体的体积流量 Q_A 为：

$$Q_A = \frac{\pi}{4} D^2 v_1 = \frac{\pi}{4} D^2 \frac{dS_1}{S_t S} f = Cf \tag{3-2}$$

式中 v_1——管道内流体的平均流速，m/s；

S_1——涡流发生器两侧的流通面积，m^2；

S——管道内总流通面积，m^2；

C——系数，$C = \pi d S_1 D^2 / (4 S_t S)$。当管道与涡流发生器尺寸确定后，$C$ 为常数。

由此可见，通过测量涡流的频率 f，即可得到流体的体积流量。

卡尔曼旋涡是一种物理现象，涡流的测量精度由空气通道面积与涡流发生器的尺寸决定，与检测方法无关。涡流式传感器输出的信号是与旋涡频率对应的脉冲信号，其响应速度是汽车常用空气流量传感器中最快的一种，几乎能同步反映空气流速的变化。因此，它特别适用于数字式计算机处理。此外，它还具有测量精度高、进气阻力小、无磨损（无运动部件）等优点，长期使用时，性能不会发生变化。其缺点一是制造成本较高，因此只有少数中高档轿车采用；二是测得流量为体积流量，需要利用空气温度和大气压力对其进行修正。

2. 光电检测涡流式传感器的结构特点

丰田雷克萨斯 LS400 和皇冠 3.0 型轿车装备的光电检测涡流式流量传感器的结构如图 3-13所示，主要由涡流发生器、发光二极管（LED）、光敏晶体管、反光镜、张紧带和进气温度传感器组成。

在传感器气流入口处设有蜂窝状整流网栅，其作用是使吸入的空气在涡流发生器上游形成比较稳定的气流，从而保证涡流发生器产生与流速成正比的旋涡。涡流发生器用合成树脂与厚膜集成电路封装成一体，内部结构如图 3-14 所示。

涡流发生器的形状如剖面 A－A 所示，前面为三角形，中间为稳流槽，后面为梯形。实验证明，在比值 h/l 为 0.281 的条件下，无论柱状物体为圆柱形或三角形，还是长方形或矩形，都能周期性地产生稳定的卡尔曼旋涡。在涡流发生器上设有一个稳流槽和两个导压孔，如剖面 A－A 和 B－B 所示。稳流槽使涡流发生器下游产生稳定的涡流，导压孔将涡流发生器两侧的压力引导到导压腔中。

反光镜采用反光能力较强的金属箔片制成，并用细薄的张紧带张紧在导压腔的外表面

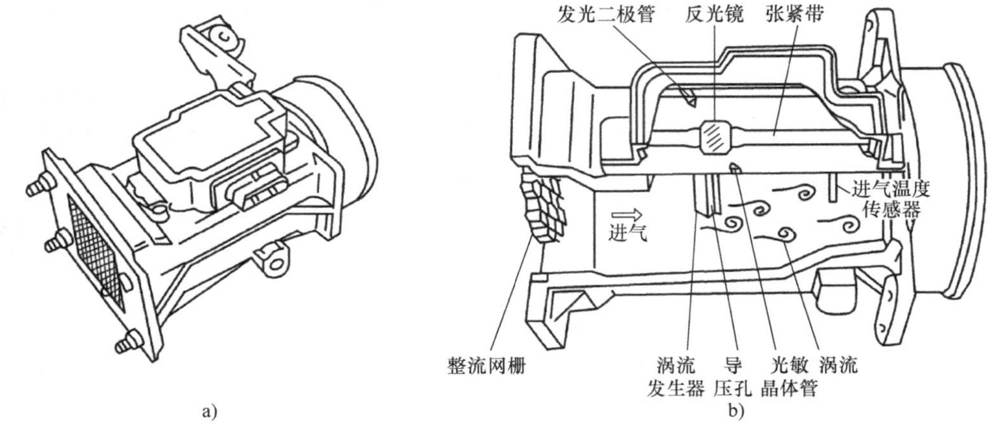

图 3-13　光电检测涡流式流量传感器的结构
a）外形结构　b）内部结构

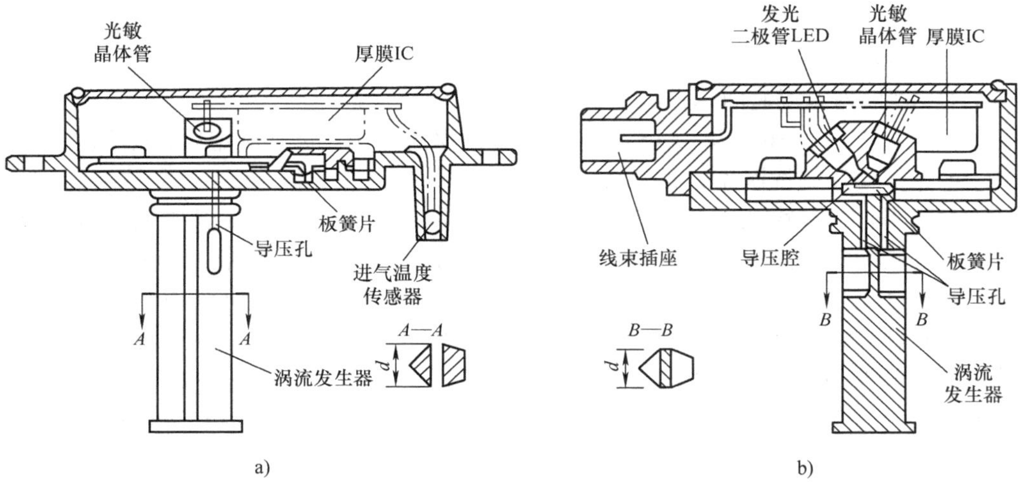

图 3-14　光电检测涡流式传感器剖视图
a）进气气流方向剖视图　b）进气气流垂直方向剖视图

上，镜面上部设有一只发光二极管（LED）和一只光敏晶体管，发光二极管发出的光束由反光镜反射到光敏晶体管上。板簧片设在导压腔内，并紧贴张紧带，其作用是给张紧带施加适当的预紧力，防止张紧带和反光镜振幅过大而变形损坏。涡流频率的检测任务由发光二极管、反光镜和光敏晶体管完成，传感器内部的信号处理电路将频率信号转换成数字信号（方波信号）后，再输入电控单元（ECU）进行运算处理。

3. 光电检测涡流式传感器的检测原理

当进气气流流过涡流发生器时，发生器两侧就会交替产生涡流，两侧的压力就会交替发生变化。进气量越大，旋涡数量越多，压力变化频率就越高。导压孔将变化的压力引入导压腔中，张紧带就会随着压力变化而产生振动，振动频率与单位时间内产生的旋涡数量（即涡流频率 f）成正比。在张紧带振动时，其上的反光镜便将 LED 的光束反射到光敏晶体管上，因为光敏晶体管受到光束照射时导通，不受光束照射时截止，所以光敏晶体管导通与截止的频率与旋涡频率成正比。信号处理电路将频率信号转换成方波信号输入 ECU 之后，ECU 便可计算出进气流量的大小。利用发动机故障诊断测试系统在丰田皇冠 3.0 型轿车上实测光电检测涡流式空气流量传感器的输出信号周期值见表 3-1。可见，发动机转速越高，吸入气缸的进气量越大，产生涡流的频率就越高。

表 3-1　皇冠 3.0 型轿车光电检测涡流式空气流量传感器输出信号

发动机转速/(r/min)	700（怠速）	1000	2000	3000	4000	5000	6000
信号周期/ms	35.445	23.970	13.770	7.650	4.59	3.825	2.295
信号频率/Hz	28	42	72	130	218	261	436

（三）热丝式与热膜式空气流量传感器

热丝式传感器的发热元件是铂金属丝，热膜式传感器是热丝式传感器的改进产品，其发热元件采用平面形铂金属薄膜（厚约 200nm）电阻器，故称为热膜电阻。铂金属发热元件的响应速度很快，能在几毫秒内反映出空气流量的变化，因此测量精度不受进气气流脉动的影响（气流脉动在发动机大负荷、低转速运转时最为明显）。此外，热膜式空气流量传感器还具有进气阻力小、无磨损部件等优点。因此，奥迪 A4、A6 型，大众帕萨特等中高档轿车都采用了热膜式空气流量传感。

1. *热丝式空气流量传感器的结构特点*

热丝式空气流量传感器的结构如图 3-15 所示，传感器壳体两端设置有与进气道相连接的圆形连接接头，空气入口和出口都设有防止传感器受到机械损伤的防护网。传感器入口与空气滤清器一端的进气管连接，出口与节流阀体一端的进气管连接。

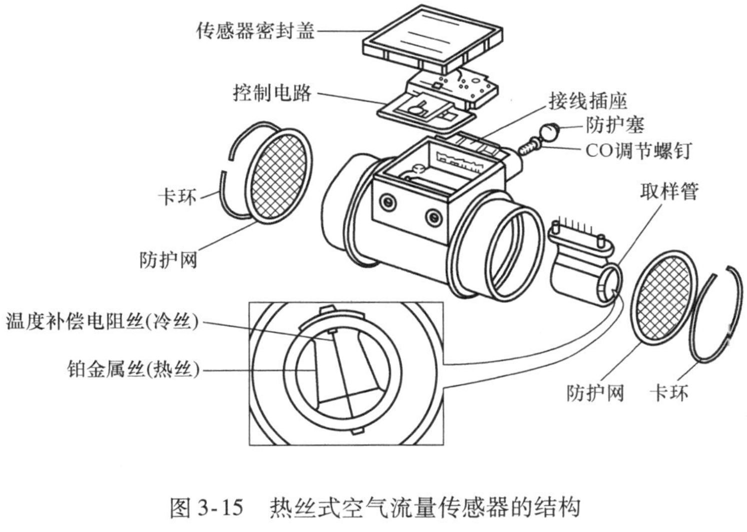

图 3-15　热丝式空气流量传感器的结构

传感器内部套装有一个取样管，取样管中设有一根直径很小（约 70μm）的铂金属丝作为发热元件，并制成“Π”形张紧在取样管内。传感器工作时，铂金属丝将被控制电路提供的电流加热到高于进气温度120℃，因此称之为热丝。由于进气温度变化会使热丝的温度发生变化而影响进气量的测量精度，因此，在热丝附近的气流上游设有一只温度补偿电阻。早期的流量传感器采用铂金属丝的温度补偿电阻，该电阻丝靠近进气口一侧，称之为冷丝，由于电阻丝在使用中容易折断而导致传感器报废，因此目前普遍采用在氧化铝陶瓷基片上印制出铂膜电阻。该温度补偿电阻相当于一只进气温度传感器，其电阻值随进气温度的变化而变化。

当传感器工作时，控制电路提供的电流将使温度补偿电阻的温度始终低于发热元件的温度120℃。这样温度补偿电阻的温度起到一个参照标准的作用，使进气温度的变化不至于影响发热元件测量进气量的精度。

2. 热膜式空气流量传感器的结构特点

热膜电阻的制造方法是：首先在氧化铝陶瓷基片上采用蒸发工艺淀积铂金属膜，然后通过光刻工艺制成梳状图形电阻，将电阻值调节到设计要求的阻值后，在其表面覆盖一层绝缘保护膜，再引出电极引线而制成。奥迪 A4、A6 型，大众帕萨特等轿车用热膜式空气流量传感器的结构如图 3-16 所示。

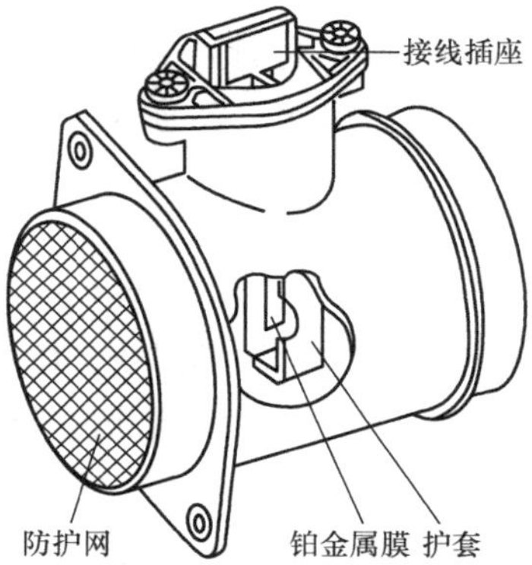

图 3-16　热膜式空气流量传感器

在传感器内部的进气通道上设有一个矩形护套（相当于取样管），热膜电阻 R_H 设在护套中。为了防止污物沉积到热膜电阻上影响测量精度，在护套的空气入口一侧设有空气过滤层，用以过滤空气中的污物。为了防止进气温度变化使测量精度受到影响，在热膜电阻附近的气流上游设有铂金属膜式温度补偿电阻 R_T。温度补偿电阻和热膜电阻与传感器内部控制电路连接，如图 3-17 所示，控制电路与线束连接器插座连接，线束插座设在传感器壳体中部。与热丝式相比，热膜电阻的阻值较大，使用寿命较长。

3. 热丝式与热膜式传感器的测量原理

利用热丝或热膜作为发热元件的空气流量传感器，其测量原理完全相同。为了叙述方便，下面将热丝与热膜统称为发热元件。实验证明：在强制气流的冷却作用下，发热元件单位时间内的散热量与发热元件的温度和气流温度之差成正比。为此，在热丝式与热膜式流量传感器中，采用了恒温差控制电路来实现流量检测，如图 3-17 所示。

在恒温差控制电路中，发热元件电阻 R_H 和温度补偿电阻（热敏电阻式进气温度传感

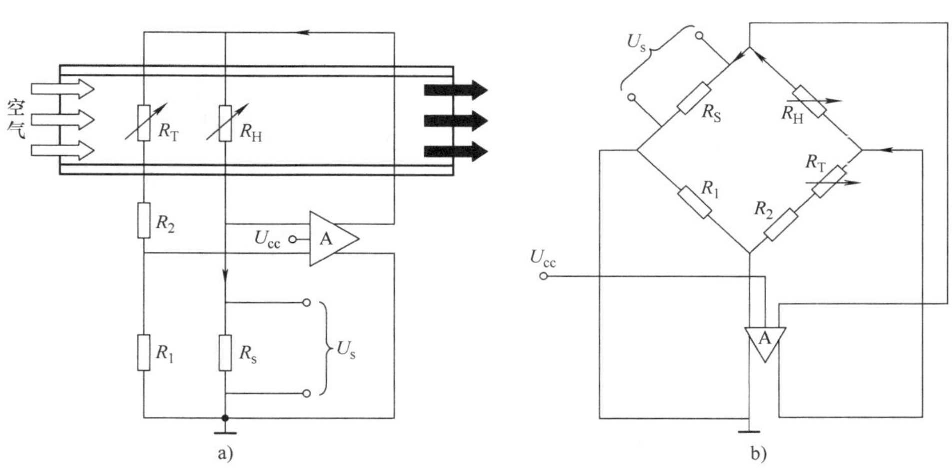

图 3-17　热丝式与热膜式空气流量传感器原理电路

a）电路连接　b）电桥电路

R_T—温度补偿电阻（进气温度传感器）　R_H—发热元件（热丝或热膜）电阻

R_S—信号取样电阻　R_1、R_2—精密电阻　U_{cc}—电源电压　U_s—信号电压　A—控制电路

器）R_T分别连接在惠斯登电桥电路的两个臂上。当发热元件的温度高于进气温度时，电桥电压才能达到平衡。加热电流（50～120mA）由具有电流放大作用的控制电路 A 进行控制，其目的是使发热元件的温度 T_H与温度补偿电阻的温度 T_T之差保持恒定，即 $\Delta T = T_H - T_T = 120$（℃）。

当空气气流流经发热元件使其受到冷却时，发热元件温度降低，阻值减小，电桥电压失去平衡，控制电路将增大供给发热元件的电流，使其温度高于温度补偿电阻 120℃。电流增量的大小，取决于发热元件受到冷却的程度，即取决于流过传感器的空气量。

当电桥电流增大时，取样电阻 R_S上的电压就会升高，从而将空气流量的变化转换为电压信号 U_s的变化。输出电压与空气流量之间近似于4 次方根的关系。信号电压输入 ECU 后，ECU 便可根据信号电压的高低计算出空气质量流量 Q_M的大小。

当发动机怠速或空气为热空气（如夏季行车）时，因为怠速时节气门全闭或接近全闭，所以空气流速低，空气量小；又因空气温度越高，空气密度越小，所以在体积相同的情况下，热空气的质量小，因此发热元件受到冷却的程度小，阻值减小幅度小，保持电桥平衡需要的加热电流小，如图 3-18a 所示，故取样电阻上的信号电压低。ECU 根据信号电压即可计算出空气量，大众轿车怠速时的空气流量标准值为 2.0～5.0g/s。

当发动机负荷增大或空气为冷空气时，因为节气门开度增大，空气流速加快，使空气流量增大；而冷空气密度大，在体积相同的情况下冷空气质量大，所以发热元件受到冷却的程度增大，阻值减小幅度大，保持电桥平衡需要的加热电流增大，如图 3-18b 所示。因此，当发动机负荷增大时，信号电压升高。

二、歧管压力传感器

在汽车行驶过程中，需要实时监测发动机的进气压力、大气压力、燃油压力、机油压力、制动油液压力以及变速传动油液压力等。压力传感器的功用就是将气体或液体的压力信号转换为电信号，并输入 ECU 进行处理，保证电控系统实现控制功能。

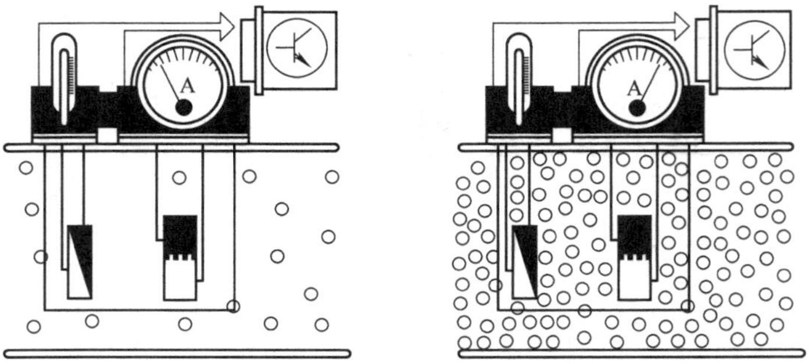

图 3-18 热膜与热丝式空气流量传感器测量原理
a）怠速或热空气时 b）负荷增大或冷空气时

（一）压力传感器的分类

压力传感器检测压力的方法大都是测定压差，检测原理都是将压力的变化转换为电阻值的变化。车用压力传感器按结构不同，可分为半导体压阻效应式和电阻应变计式两种类型。前者利用硅半导体的压阻效应和微电子技术制成，后者利用弹性敏感元件和电阻应变片制成（即弹性敏感元件将被测压力转换为弹性体的应变值，电阻应变片将应变转换为电阻值的变化。应变是指物体的相对变化量）。

在汽车电控系统中，检测压力较低的进气歧管压力和大气压力时，一般采用硅半导体压阻效应式传感器；检测压力较高的制动油液、变速传动油液和柴油发动机喷油压力时，一般采用电阻应变计式压力传感器。

（二）压阻效应式歧管压力传感器

单晶硅材料受到应力作用后，其电阻率发生明显变化的现象，称为压阻效应。利用半导体硅的压阻效应和微电子技术制成的压阻式传感器，具有灵敏度高、动态响应好、易于微型化和集成化等优点。因此，被汽车电控系统广泛应用。

1. 歧管压力传感器的功用

进气歧管绝对压力传感器（MAP，Manifold Absolutely Pressure Sensor）简称歧管压力传感器，按流量传感器的分类方法又称为 D 型流量传感器。MAP 是一种间接测量发动机进气量的传感器，其功用是通过检测节气门至进气歧管之间的进气压力来反映发动机负荷的大小，并将压力转换为电信号输入发动机 ECU，供 ECU 计算确定喷油持续时间（即喷油量）和点火时间（即点火提前角）。

2. 歧管压力传感器的结构特点

各型汽车用压阻效应式歧管压力传感器结构大同小异，由硅膜片（压力转换元件）、真空室、混合集成电路（IC）、真空管接头、线束连接插头和壳体等组成，如图 3-19 所示。歧管压力传感器的安装位置比较灵活，只要将进气歧管内的进气压力引入传感器的真空管内，传感器就可安放在任何位置。

压阻效应式歧管压力传感器的内部结构如图 3-20 所示，主要由硅膜片、真空室、硅杯、半导体压敏电阻、底座、真空管和电极引线等组成。

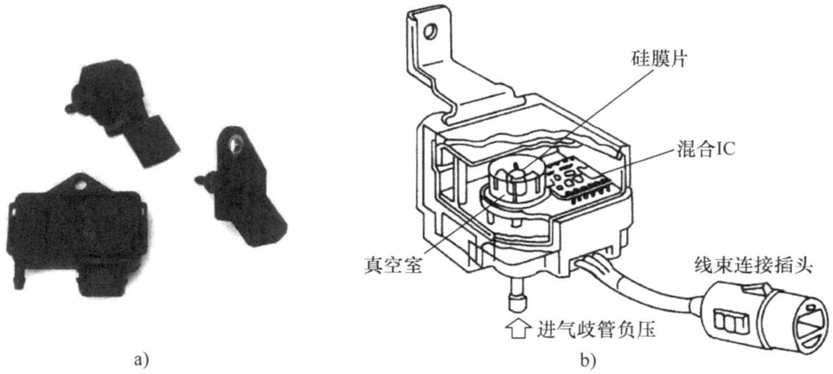

图 3-19 歧管压力传感器的外形与结构

a）MAP 外形 b）MAP 结构

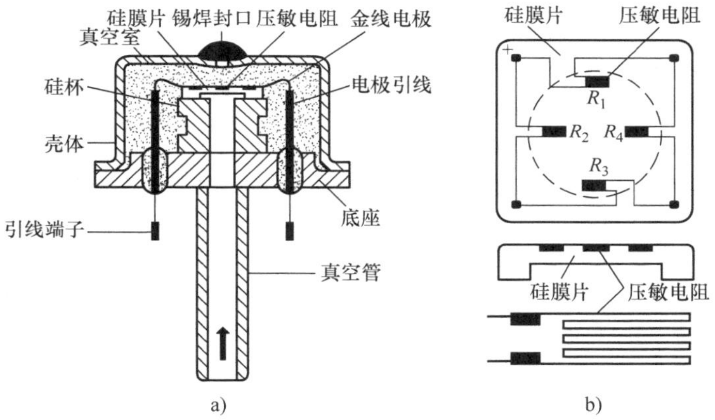

图 3-20 压力转换元件的结构组成

a）平面图 b）硅膜片结构

硅膜片是压力转换元件，用单晶硅制成。硅膜片的长和宽约为 3mm、厚度约为 160μm，在硅膜片的中央部位采用腐蚀工艺制做有一个直径为 2mm、厚度约为 50μm 的薄膜片。在薄硅膜片表面上，采用集成电路加工技术与台面扩散技术（扩散硼）制做 4 只梳状阻值相等的半导体压敏电阻，又称为固态压阻器件或固态电阻，如图 3-20b 所示，并利用低阻扩散层（P 型扩散层）将 4 只电阻连接成惠斯顿电桥电路，然后再与传感器内部的混合集成连接。

硅杯一般用线性膨胀系数接近于单晶硅（线性膨胀系数为 32×10^{-7}/℃）的铁镍铬合金（线性膨胀系数为 47×10^{-7}/℃）制成，设置在硅膜片与传感器底座之间，用于吸收底座材质与硅膜片热膨胀系数不同而加到硅膜片上的热应力，从而提高传感器的测量精度。硅杯与壳体以及底座之间形成的腔室为真空室。壳体顶部设有排气孔，利用排气孔将该腔室抽成真空后，再用锡焊密封排气孔，从而形成真空室。真空室为基准压力室，基准压力为 0。

在压力转换元件内部的真空管路上设有滤清器，用于过滤导入空气中的尘埃或杂质，以免硅膜片受到腐蚀和脏污而导致传感器失效。

3. 歧管压力传感器的工作原理

歧管压力传感器的工作电路如图3-21所示。混合集成电路由集成运算放大器和温度补偿电路等组成。电桥电路的输出电压为u_s，集成运算放大器为减法运算放大器，输出电压为u_o。

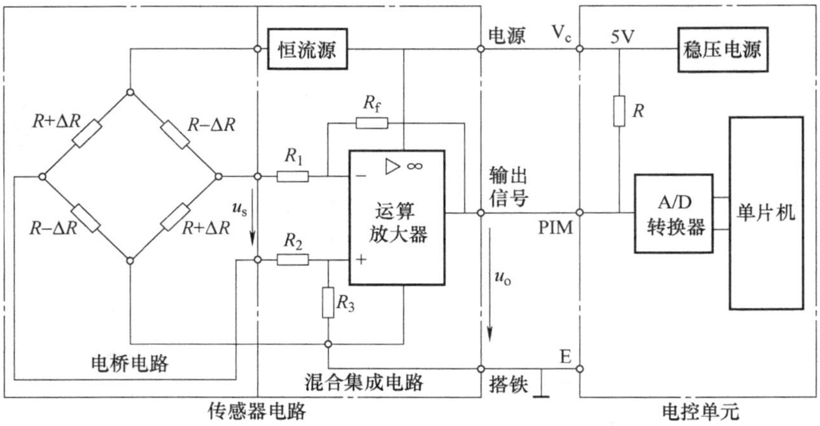

图3-21　压阻效应式歧管压力传感器简化电路及其连接

压阻效应式压力传感器的硅膜片一面通真空室，另一面通进气歧管。在歧管压力p作用下，硅膜片就会产生应力。在应力作用下，半导体压敏电阻的电阻率就会发生变化而引起阻值变化，惠斯顿电桥上电阻值的平衡就会被打破。当电桥输入端输入一定的电压或电流时，在电桥的输出端就可得到变化的信号电压或信号电流。根据信号电压或电流的大小，即可计算出歧管压力的高低。

在设计制作传感器时，如果将电桥上的压敏电阻制成4只阻值相等的电阻，并适当安排电阻的位置，以使径向电阻和切向电阻受到的平均应力相等，就可使电阻的正向增量与负向增量相等，从而组成图3-21所示的差动电桥电路。当电桥采用恒流源供电时，其输出电压U_s为

$$U_s = \frac{3\pi_{44}IR}{16h^2}[(1+\mu)r^2-(1+3\mu)x^2]p \tag{3-3}$$

式中　U_s——电桥输出电压，V；

r、x、h——圆形膜片的有效半径、计算点半径（即压敏电阻中心至膜片圆心的距离）、膜片厚度，m；

μ——泊松比（硅取$\mu=0.35$）；

π_{44}——剪切压阻系数，可由实验测得；

I——恒流源供给的电流，A；

R——每只压敏电阻的阻值，Ω；

p——平均分布压力，Pa。

上式可见，当传感器结构一定并采用恒流源供电时，电桥输出电压与硅膜片上作用的压

力成正比。压力越高，输出电压越高。

经集成运算放大器进行减法运算处理后的输出信号电压 u_o 为：

$$u_o = \frac{R_f}{R_1}u_s = \frac{3\pi_{44}IRR_f}{16h^2R_1}[(1+\mu)r^2 - (1+3\mu)x^2]p \tag{3-4}$$

发动机工作时，进气歧管内部的压力随进气流量的变化而变化。当节气门开度增大（即进气流量增大）时，空气流通截面增大，气流速度降低，进气歧管压力升高，膜片应力增大，压敏电阻阻值的变化量增大，电桥输出的电压升高，传感器输入电控单元（ECU）的信号电压升高。反之，当节气门开度由大变小（即进气流量减小）时，进气流通截面减小，气流速度升高，进气歧管压力降低，膜片应力减小，压敏电阻阻值的变化量减小，电桥输出电压降低，传感器输入 ECU 的信号电压降低。实测歧管压力传感器输出电压 U_s 与歧管压力 p 的关系见表 3-2。

表 3-2　歧管压力传感器输出电压 U_s 与歧管压力 p 的关系

歧管压力 p/kPa	13	27	40	54	67
传感器信号电压 U_s/V	0.3～0.5	0.7～0.9	1.1～1.3	1.5～1.7	1.9～2.1

三、曲轴与凸轮轴位置传感器

在多点燃油顺序喷射系统中，当电控单元 ECU 控制喷油器喷油时，首先必须知道是哪一个气缸的活塞即将到达排气上止点。当 ECU 控制火花塞跳火时，首先也必须知道是哪一个气缸的活塞即将到达压缩上止点，然后再根据曲轴转角信号控制喷油与点火。由此可见，曲轴位置传感器和凸轮轴位置传感器是多点燃油顺序喷射系统必不可少的传感器。

（一）曲轴与凸轮轴位置传感器的功用与分类

曲轴位置传感器（CPS，Crankshaft Position Sensor）又称为发动机转速与曲轴转角传感器，其功用是采集发动机曲轴转动角度和发动机转速信号，并将信号输入 ECU，以便确定和控制喷油时间与点火时间。

凸轮轴位置传感器（CPS，Camshaft Position Sensor）又称为气缸判别传感器（CIS，Cylinder Identification Sensor）和相位传感器。为了区别于曲轴位置传感器 CPS，凸轮轴位置传感器一般都用 CIS 表示。CIS 的功用是采集配气凸轮轴的位置信号，并将信号输入 ECU，以便 ECU 识别 1 缸活塞压缩上止点，从而进行顺序喷油控制、点火控制和爆燃控制。此外，凸轮轴位置信号还用于发动机起动时识别出第一次点火时刻。因为凸轮轴位置传感器能够识别哪一缸活塞即将到达上止点，故又称为判缸传感器。

电喷发动机燃油喷射系统常用的曲轴与凸轮轴位置传感器分为光电式、磁感应式和霍尔式三种类型。因为有的汽车将曲轴与凸轮轴位置两种传感器制成一体，且类型相同的传感器其结构原理完全相同，所以将这两种传感器组合在一起进行介绍。

（二）光电式曲轴与凸轮轴位置传感器

1. 光电式曲轴与凸轮轴位置传感器的结构特点

日产公司采用的光电式曲轴与凸轮轴位置传感器是由分电器改进而成，结构如图 3-22 所示，主要由信号发生器、信号盘（即信号转子）、配电器、传感器壳体和线束插头等组成。

信号盘是传感器的信号转子，压装在传感器轴上，结构如图 3-22a 所示。在靠近信号盘的边缘位置制有间隔角度均匀的内、外两圈透光孔。其中，外圈制有 360 个长方形透光孔（缝隙），间隔角度为 1°（透光孔占 0.5°，遮光部分占 0.5°），用于产生曲轴转角与转速信号；内圈制有 6 个透光孔（长方形孔），间隔角度为 60°，用于产生各个气缸的上止点信号，其中有一个长方形的宽边稍长，用于产生第 1 缸上止点信号。

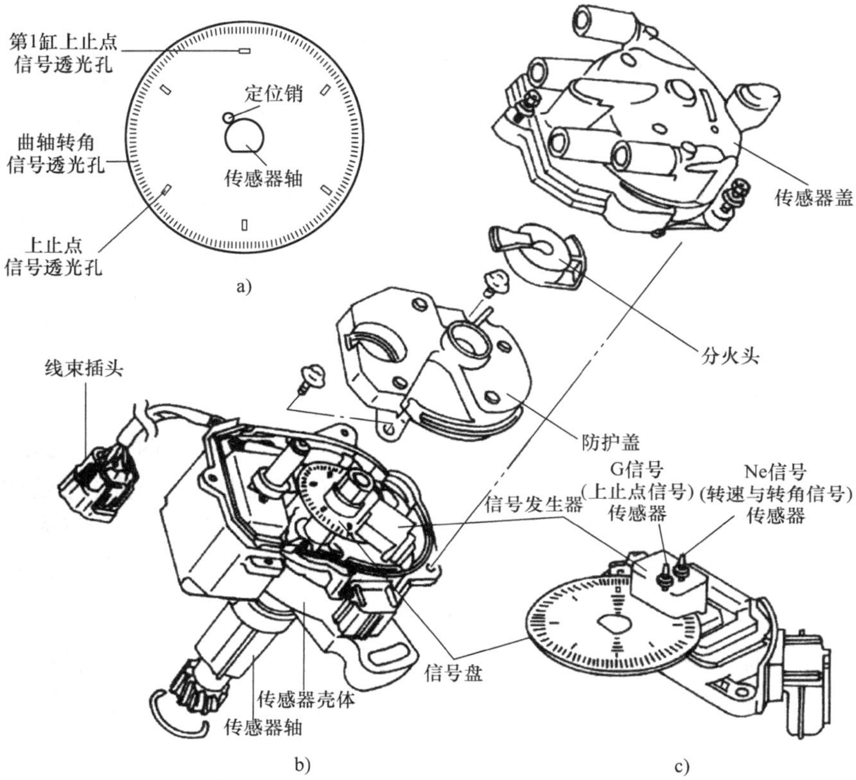

图 3-22　光电式曲轴与凸轮轴位置传感器结构

a）信号盘结构　b）传感器结构　c）信号发生器结构

信号发生器固定在传感器壳体上，由 Ne 信号（转速与转角信号）发生器、G 信号（上止点信号）发生器以及信号处理电路组成，如图 3-22c 所示。Ne 信号与 G 信号发生器均由一只发光二极管（LED）和一只光敏晶体管组成，两只 LED 分别正对着两只光敏晶体管。

2. 曲轴转速、转角和气缸识别信号的产生

当传感器轴随曲轴和配气凸轮轴转动时，信号盘上的透光孔和遮光部分便从 LED 与光敏晶体管之间转过，LED 发出的光线受信号盘透光和遮光作用就会交替照射到信号发生器的光敏晶体管上，传感器中就会产生与曲轴位置和凸轮轴位置对应的脉冲信号。光电式曲轴与凸轮轴位置传感器输出波形如图 3-23 所示。

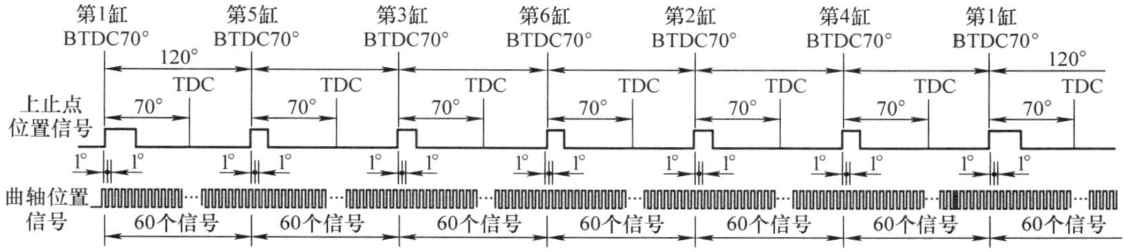

图 3-23　光电式曲轴与凸轮轴位置传感器输出波形

曲轴旋转两转，传感器轴带动信号盘旋转一圈。因此，G 信号传感器将产生 6 个脉冲信号，Ne 信号传感器将产生 360 个脉冲信号。因为 G 信号透光孔间隔弧度为 60°，曲轴每旋转 120°就产生一个脉冲信号，所以 G 信号又称为 120°信号。

设计安装保证 120°信号在上止点前 70°（BTDC70°）时产生，且长方形宽边稍长的透光孔产生的信号对应于发动机第 1 缸活塞上止点前 70°，以便 ECU 控制喷油提前角与点火提前角。因为 Ne 信号透光孔间隔弧度为 1°（透光孔占 0.5°，遮光部分占 0.5°），所以在每一个脉冲周期中，高、低电平各占 1°曲轴转角，360 个信号表示曲轴旋转 720°。如图所示，曲轴每旋转 120°，G 信号传感器产生一个信号，Ne 信号传感器产生 60 个信号。

当 ECU 接收到 G 信号发生器输入的宽脉冲信号时，便可确定第 1 缸活塞处于压缩上止点前 70°位置；ECU 接收到下一个 G 信号时，则判定第 5 缸活塞处于压缩上止点前 70°位置。ECU 接收到每一个上止点位置信号（G 信号）后，再根据曲轴转角信号（Ne 信号）控制喷油提前角和点火提前角。这种传感器可将喷油提前角和点火提前角的精度控制在 1°（曲轴转角）范围内。

（三）磁感应式曲轴位置传感器

1. *磁感应式传感器的基本结构与工作原理*

磁感应式传感器的基本结构与工作原理如图 3-24 所示。传感器主要由信号转子、传感线圈、永久磁铁和磁轭等组成。磁感线穿过的路径为：永久磁铁 N 极→磁铁与信号转子间的气隙→信号转子→转子凸齿与磁头间的气隙→磁头→磁轭→永久磁铁 S 极。当信号转子旋转时，磁路中的气隙就会周期性的发生变化，磁路的磁阻和穿过传感线圈（信号线圈）的磁通量随之发生周期性的变化。根据电磁感应原理可知，传感线圈中就会感应产生交变电动势。

当信号转子按顺时针方向旋转时，转子凸齿与磁轭磁头间的气隙减小，磁路磁阻减小，磁通量 Φ 增多，磁通变化率增大（$d\Phi/dt>0$），感应电动势 E 为正（即 $E>0$），如图 3-25 中曲线 abc 所示。在转子凸齿接近磁头边缘时，磁通量 Φ 急剧增多，磁通变化率最大 [$d\Phi/dt=(d\Phi/dt)_{max}$]，感应电动势 E 最大（$E=E_{max}$），如图 3-25 中曲线 b 点所示。转子转过曲线 b 点对应的位置后，虽然磁通量 Φ 仍在增多，但磁通变化率减小，因此感应电动势 E 降低。

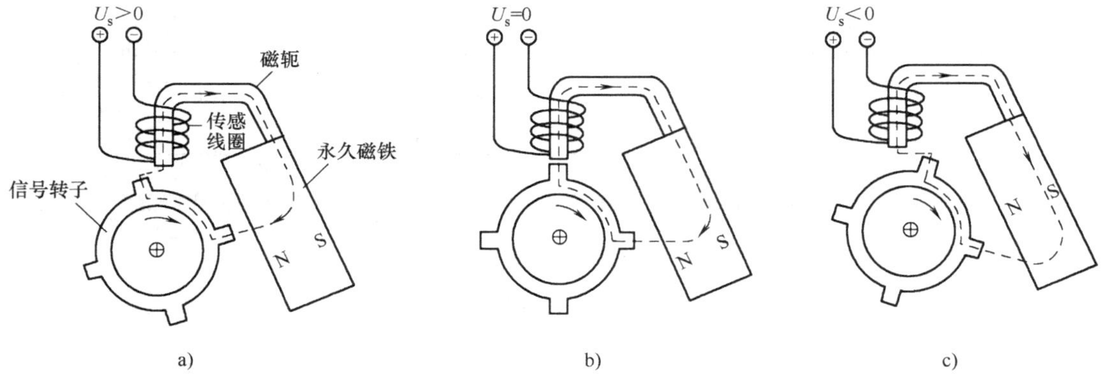

图 3-24　磁感应式传感器的基本结构与工作原理示意图

a）凸齿接近磁头，$E>0$　b）凸齿正对磁头，$E=0$　c）凸齿离开磁头，$E<0$

当信号转子旋转到凸齿的中心线与磁头的中心线对齐时，如图 3-24b 所示，虽然转子凸齿与磁头间的气隙最小，磁路的磁阻最小，磁通量 Φ 最大。但是，由于磁通量不可能继续增加，磁通变化率为零，因此感应电动势 E 为零（即 $E=0$），如图 3-25 中曲线 c 点所示。

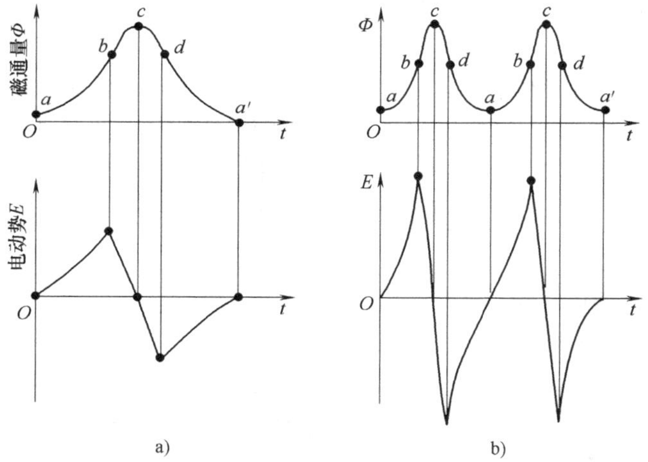

图 3-25　传感线圈中的磁通 Φ 和电动势 E 波形

a）低速时输出波形　b）高速时输出波形

当转子沿顺时针方向继续旋转，凸齿离开磁头时，如图 3-24c 所示，凸齿与磁头间的气隙增大，磁路磁阻增大，磁通量 Φ 减少（$\mathrm{d}\Phi/\mathrm{d}t<0$），所以感应电动势 E 为负值（即 $E<0$），如图 3-25 中曲线 cda' 所示。当凸齿即将离开磁头边缘时，磁通量 Φ 急剧减少，磁通变化率达到负向最大值［$\mathrm{d}\Phi/\mathrm{d}t=-(\mathrm{d}\Phi/\mathrm{d}t)_{max}$］，感应电动势 E 也达到负向最大值（$E=-E_{max}$），如图 3-25 中曲线上 d 点所示。

由此可见，信号转子每转过一个凸齿，就会在传感线圈中产生一个周期的交变电动势，即电动势出现一次最大值和一次最小值，传感线圈输出端相应地输出一个交变电压信号。

磁感应式传感器的突出优点是不需要外加电源，永久磁铁起着将机械能变换为电能的作用，其磁能不会损失。当发动机转速变化时，转子凸齿转动的速度将发生变化，铁心中的磁通变化率也将随之发生变化。转速越高，磁通变化率就越大，传感线圈中的感应电动势幅值也就越大，如图 3-25b 所示。

2. *磁感应式曲轴位置传感器的结构特点*

大众轿车用磁感应式曲轴位置传感器由信号发生器和信号转子组成。信号发生器用螺钉固定在曲轴箱内靠近离合器一侧的发动机缸体上，信号转子安装在曲轴上，如图 3-26 所示。安装时，传感器磁头与信号转子必需对正。由于转子凸齿与磁头间的气隙直接影响磁路的磁阻和传感线圈输出电压的高低，因此在使用中，转子凸齿与磁头间的气隙不能随意变动。该气隙为 0.2 ~ 0.4mm，如有变化则必须进行调整。

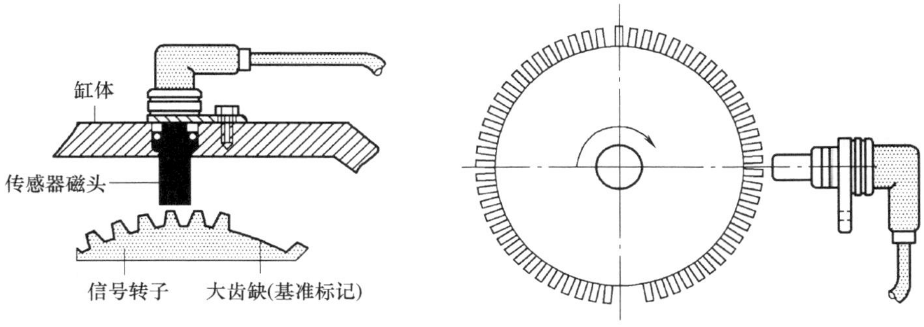

图 3-26 曲轴位置传感器的结构与安装位置
a）安装位置 b）结构示意图

信号发生器由传感器磁头、传感线圈（信号线圈）、永久磁铁和磁轭等组成。

信号转子为齿盘式转子，在其圆周上间隔均匀地制做有 58 个凸齿、57 个小齿缺和 1 个大齿缺。大齿缺所占的弧度相当于两个凸齿和 3 个小齿缺所占的弧度。因为信号转子随曲轴一同旋转，曲轴旋转一圈（360°），信号转子也旋转一圈（360°），所以信号转子圆周上的凸齿和齿缺所占的曲轴转角也为 360°。因此，每个凸齿和小齿缺所占的曲轴转角均为 3°($58 \times 3° + 57 \times 3° = 345°$)，大齿缺所占的曲轴转角为 15°($2 \times 3° + 3 \times 3° = 15°$)。信号转子设置大齿缺的目的是：将转子转过磁头时在信号发生器中产生的信号上升沿作为计数控制的起始信号。

3. *曲轴转速与转角信号的产生*

当曲轴位置传感器信号转子随曲轴旋转时，由磁感应式传感器工作原理可知，信号转子每转过一个凸齿，传感线圈中就会产生一个周期的交变电动势，相应地输出一个交变电压信号。因为信号转子上设置有一个产生基准信号的大齿缺，所以当大齿缺转过磁头时，其输出信号所占时间较长，即输出信号为一宽脉冲信号，经整形和放大处理后输出的波形如图 3-27 所示，该信号的上升沿对应于 1 缸或 4 缸压缩上止点 81°。ECU 接收到宽脉冲信号时，便可知道 1 缸或 4 缸活塞即将到达上止点，至于即将到达的是 1 缸还是 4 缸活塞，则需根据凸轮轴位置传感器输入的信号来确定。因为信号转子上设置有 58 个凸齿，所以转子每转一转（即发动机曲轴每转一圈），传感线圈就会产生 58 个交变电压信号并输入 ECU。

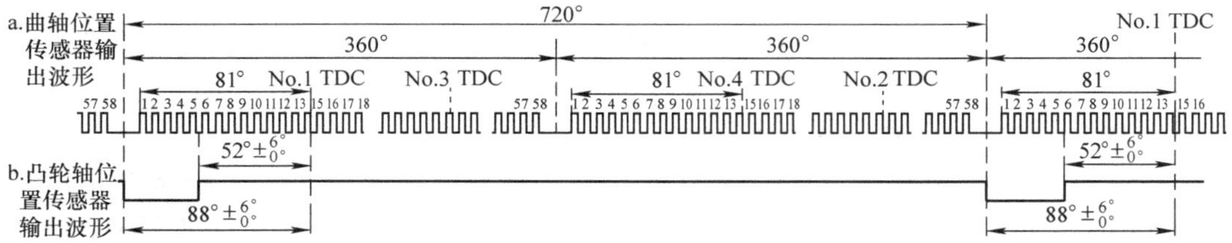

图 3-27　曲轴和凸轮轴位置传感器输出信号

每当曲轴位置传感器的信号转子随发动机曲轴转动一圈，传感线圈就会向 ECU 输入 58 个脉冲信号。因此，ECU 每接收到 58 个信号，就可知道发动机曲轴旋转了一转。如果在一分钟内，ECU 接收到曲轴位置传感器 116000 个信号，ECU 便可计算出曲轴转速 n 为 2000（$n=116000/58=2000$）r/min；如果 ECU 每分钟接收到曲轴位置传感器 290000 个信号，ECU 便可计算出曲轴转速为 5000（$n=290000/58=5000$）r/min。依此类推，ECU 根据单位时间内接收曲轴位置传感器脉冲信号的数量，便能计算出发动机曲轴的转速。

在发动机电控喷油系统和微机控制点火系统中，磁感应式曲轴位置传感器信号转子上大齿缺对应产生的信号为基准信号，ECU 控制喷油时间和点火时间是以大齿缺产生的信号进行控制。当 ECU 接收到大齿缺产生的信号（宽脉冲）后，再根据小齿缺产生的信号来控制喷油提前角、点火提前角以及点火线圈初级电流的接通时间（导通角）。为了保证系统的控制精度达到 1°，小齿缺产生的信号还须由 ECU 内部电路将其转换为 1°信号。

发动机转速信号和进气流量信号是汽车电控系统最重要、也是最基本的信号，ECU 根据这两个信号就能计算确定基本喷油提前角（喷油时间）、点火提前角（点火时间）和点火导通角（点火线圈初级电流接通时间）三个基本控制参数。

（四）霍尔式凸轮轴位置传感器

霍尔式传感器是根据霍尔效应制成的传感器。汽车电控系统广泛采用霍尔式传感器的原因是其具有两个突出优点：一是输出电压信号近似于方波信号；二是输出电压高低与被测物体的转速无关。霍尔式传感器与磁感应式传感器不同的是需要外加电源。

1. 霍尔式传感器的基本结构与工作原理

霍尔式传感器的基本结构如图 3-28 所示，主要由触发叶轮、霍尔集成电路、导磁钢片（磁轭）与永久磁铁等组成。

触发叶轮安装在转子轴上，叶轮上制有叶片（在霍尔式点火系统中，叶片数与发动机气缸数相等）。当触发叶轮随转子轴一同转动时，叶片便在霍尔集成电路与永久磁铁之间转动。霍尔集成电路由霍尔元件、放大电路、稳压电路、温度补偿电路、信号变换电路和输出电路等组成。

当传感器轴转动时，触发叶轮的叶片便从霍尔集成电路与永久磁铁之间的气隙中转过。当叶片进入气隙时，如图 3-28a 所示，霍尔集成电路的磁场被叶片旁路，霍尔电压 U_H 为零，霍尔集成电路输出级的三极管截止，信号发生器输出的信号电压 U_o 为高电平（实测表明：当电源电压 $U_{cc}=14.4V$ 时，信号电压 $U_o=9.8V$；当电源电压 $U_{cc}=5V$ 时，信号电压 $U_o=4.8V$）。

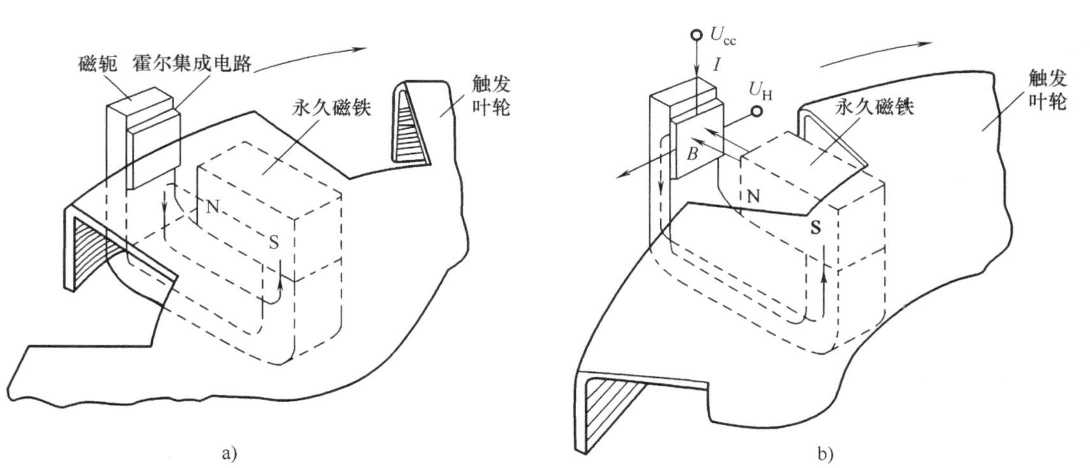

图 3-28　霍尔式传感器的基本结构与工作原理

a）叶片进入气隙，磁场被叶片旁路　b）叶片离开气隙，磁场饱和

当叶片离开气隙时，如图 3-28b 所示，永久磁铁的磁通便经霍尔集成电路和导磁钢片构成回路，霍尔元件产生电压（$U_H=1.9\sim2.0V$），霍尔集成电路输出级的三极管导通，传感器输出的信号电压 U_o 为低电平（实测表明：当电源电压 $U_{cc}=14.4V$ 或 5V 时，信号电压均为 $U_o=0.1\sim0.3V$）。

2. 霍尔式凸轮轴位置传感器的结构特点

大众轿车用霍尔式凸轮轴位置传感器的结构与连接电路如图 3-29 所示，主要由霍尔信号发生器和信号转子组成。

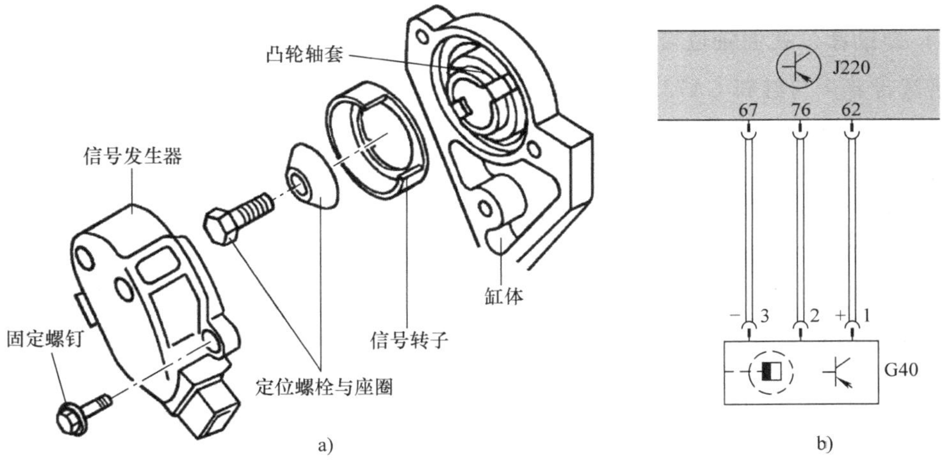

图 3-29　霍尔式凸轮轴位置传感器的结构与连接线路

a）结构图　b）连接线路

霍尔信号发生器由霍尔集成电路、永久磁铁和磁轭等组成。信号转子又称为触发叶轮，安装在配气凸轮轴的一端，用定位螺栓和座圈定位固定。信号转子的隔板又称为叶片，在隔板上制有一个窗口，窗口对应产生的信号为低电平信号，隔板（叶片）对应产生的信号为

高电平信号。当信号转子随配气凸轮轴一同转动时，隔板和窗口便从霍尔集成电路与永久磁铁之间的气隙中转过。霍尔传感器的气隙（即霍尔信号发生器的霍尔集成电路与永久磁铁之间的气隙）为2~4mm。

传感器接线插座上有三个引线端子，端子“1”为传感器电源正极端子，与电控单元62端子连接；端子2为传感器信号输出端子，与电控单元76端子连接；端子3为传感器电源负极端子，与电控单元67端子连接。

3. 霍尔式凸轮轴位置传感器输出信号的产生

当信号转子随配气凸轮轴一同转动时，隔板和窗口便从霍尔集成电路与永久磁铁之间的气隙中转过。由霍尔式传感器工作原理可知，当隔板（叶片）进入气隙（即在气隙内）时，霍尔元件不产生电压，传感器输出高电平（5V）信号；当隔板（叶片）离开气隙（即窗口进入气隙）时，霍尔元件产生电压，传感器输出低电平信号（0.1V）。凸轮轴位置传感器输出的信号与曲轴位置传感器输出的信号之间的关系如图3-27所示。发动机曲轴每转两转（720°），霍尔传感器信号转子就转一圈（360°），对应产生一个低电平信号和一个高电平信号，其中低电平信号下降沿对应于1缸压缩上止点前约88°。

发动机工作时，磁感应式曲轴位置传感器（CPS）和霍尔式凸轮轴位置传感器（CIS）产生的信号电压不断输入ECU。当ECU同时接收到曲轴位置传感器大齿缺对应的低电平（15°）信号和凸轮轴位置传感器窗口对应的低电平信号时，便可识别出此时为1缸活塞处于压缩行程、4缸活塞处于排气行程，从而进行顺序喷油控制和各缸点火时刻控制，并可根据曲轴位置传感器小齿缺对应输出的信号控制点火提前角和喷油提前角。ECU根据CIS信号判别出第1缸活塞位置之后，再根据CPS信号，即可按照四缸发动机1－3－4－2（六缸发动机1－5－3－6－2－4）的工作顺序，对各缸喷油器进行喷油提前控制和对各缸火花塞进行点火提前控制。

（五）差动霍尔式曲轴位置传感器

切诺基吉普车与红旗CA7220E型轿车采用了差动霍尔式曲轴位置传感器，其凸轮轴位置传感器则为普通霍尔式传感器。

1. 差动霍尔式传感器的结构原理

差动霍尔式传感器又称为双霍尔式传感器，其结构与磁感应式传感器相似，主要由带凸齿的信号转子和两个霍尔信号发生器组成，如图3-30a所示。

差动霍尔式传感器的工作原理与普通霍尔式传感器相同。当信号转子上的齿缺与凸齿转过差动霍尔电路的两个探头（信号发生器）时，齿缺或凸齿与霍尔探头之间的气隙就会发生变化，磁通量随之变化，在传感器的霍尔元件中就会产生交变电压信号，如图3-30b所示，其输出电压由两个霍尔信号电压叠加而成，所以，转子凸齿与信号发生器之间的气隙可以增大（一般增大到0.5~1.5mm，而外形结构与其相同的磁感应式传感器仅为0.2~0.4mm），从而可将信号转子设置成像磁感应式传感器转子一样的齿盘式结构，其突出优点是转子便于安装。在汽车上，一般将凸齿转子设置在发动机曲轴上或将发动机飞轮作为传感器的信号转子。

2. 差动霍尔式曲轴位置传感器的结构特点

切诺基吉普车2.5L（四缸）和4.0L（六缸）燃油喷射式发动机用差动霍尔式曲轴位置

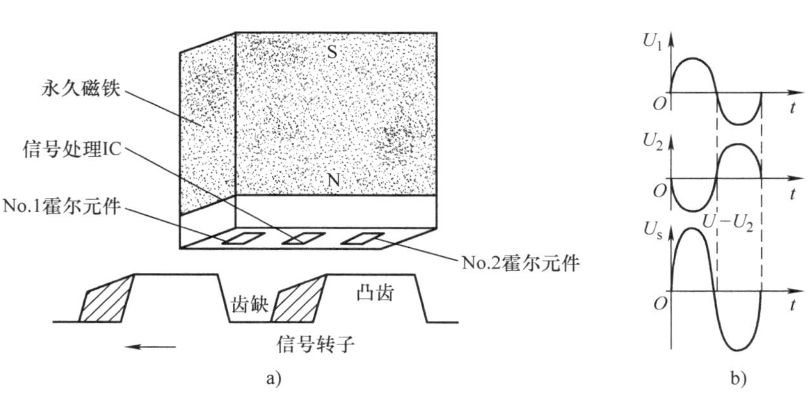

图 3-30 差动霍尔式传感器结构原理

a）基本结构 b）输出波形

传感器安装在变速器壳体上，向 ECU 提供发动机转速与曲轴转角信号，作为计算喷油时间（喷油量）和点火时间（点火提前角）的重要依据。

传感器的信号转子安装在曲轴上，并与发动机飞轮紧贴在一起。2.5L 四缸电喷发动机的飞轮上制有 8 个齿缺，如图 3-31a 所示。8 个齿缺分成两组，每 4 个齿缺为一组，两组之间相隔角度为 180°，同一组中相邻两个齿缺之间间隔角度为 20°。4.0L 六缸电喷发动机的飞轮上制有 12 个齿缺，如图 3-31b 所示。12 个齿缺分成三组，每 4 个齿缺为一组，相邻两组齿缺之间相隔角度为 120°，同一组中相邻两个齿缺之间间隔角度也为 20°。

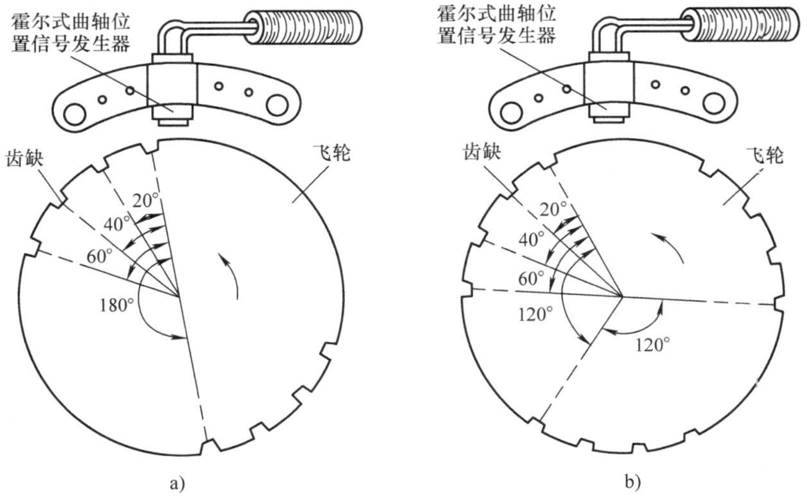

图 3-31 切诺基吉普车曲轴位置传感器的结构

a）2.5L 发动机 b）4.0L 发动机

3. 差动霍尔式曲轴位置传感器信号的产生

当信号转子的每一组齿缺转过霍尔信号发生器时，传感器就产生一组共 4 个脉冲信号。其中，四缸发动机每转一圈产生两组共 8 个脉冲信号，如图 3-32 所示；六缸发动机每转一圈产生三组共 12 个脉冲信号。对于四缸发动机，ECU 每接收到 8 个信号，即可知道曲轴旋转了一转，再根据接收 8 个信号所占用的时间，就可计算出曲轴转速。对于六缸发动机，ECU 每接收到 12 个信号，即可知道曲轴旋转了一转，再根据接收 12 个信号所占用的时间，就可计算出曲轴转速。

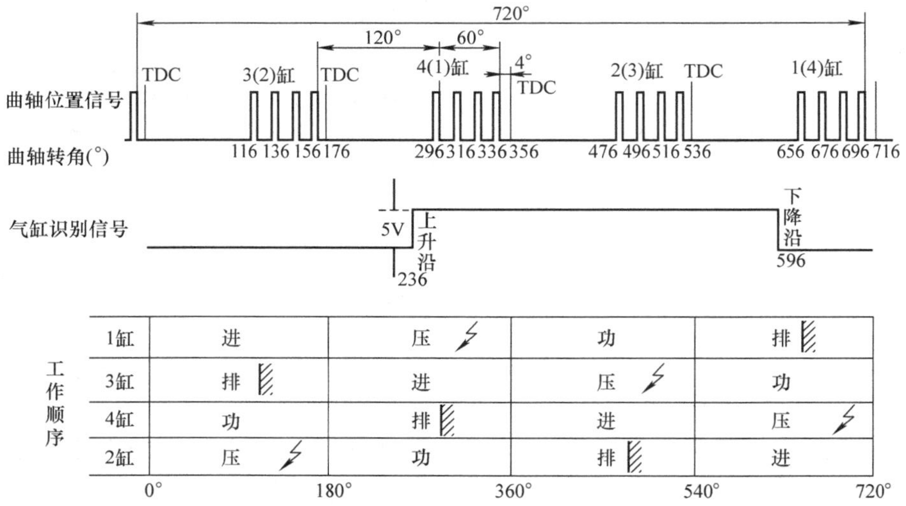

图 3-32　切诺基吉普车曲轴位置信号与正时关系

在电控系统控制喷油和点火时，都有一定的提前角。因此，需要知道活塞接近上止点的位置。切诺基吉普车在每组信号输入 ECU 时，可以知道有两个气缸的活塞即将到达上止点位置。在四缸发动机电控系统中，ECU 利用一组信号可知第 1 和第 4 缸活塞接近上止点；利用另一组信号，可知第 2 和第 3 缸活塞接近上止点。因为第 4 个齿缺产生的脉冲下降沿对应于第 1 缸压缩（第 4 缸排气）上止点前 4°（BTDC 4°），所以第 1 个齿缺产生的脉冲信号下降沿对应于第 1 缸压缩（第 4 缸排气）上止点前 64°（BTDC 64°）。

当第 1 与第 4 缸对应的第 1 个脉冲信号下降沿到来时，ECU 即可知道此时第 1 缸活塞位于压缩上止点前 64°（BTDC 64°）、第 4 缸活塞位于排气上止点前 64°（BTDC 64°），从而对第 1 缸进行点火提前角控制、对第 4 缸进行喷油提前角控制。

四、节气门位置传感器

节气门位置传感器（TPS，Throttle Position Sensor）安装在节气门轴的一端，其功用是将节气门开度（即发动机负荷）大小转变为电信号输入发动机 ECU，以便 ECU 判别发动机工况，如怠速工况、加速工况、减速工况、小负荷工况和大负荷工况等，并根据发动机不同工况对混合气浓度的需求来控制喷油时间（喷油量）和点火时间（点火提前角）。在装备电控自动变速器的汽车上，TPS 信号还要输入变速器电控单元（ECT ECU），作为确定自动变速器换档时机和液力变矩器锁止时机的主要信号。

（一）节气门位置传感器的分类

按结构不同，TPS 分为触点式、可变电阻式、触点与可变电阻组合式 3 种。按输出信号的类型不同，TPS 分为线性（模拟）信号输出型和开关（数字）信号输出型两种。

（二）触点式节气门位置传感器

1. 触点式 TPS 的结构特点

触点式 TPS 的结构如图 3-33a 和图 3-33b 所示，主要由怠速触点 IDL、凸轮、功率触点（大负荷触点）PSW 和接线插座组成。凸轮随节气门轴转动，节气门轴随节气门开度（发动机负荷）的大小变化而变化。

2. 触点式 TPS 的输出特性

触点式节 TPS 的输出特性如图 3-33c 所示。当节气门关闭时，怠速触点 IDL 闭合，功率触点 PSW 断开，怠速触点 IDL 输出端子输出的信号为低电平“0”，功率触点 PSW 输出的信号为高电平“1”。当 ECU 接收到 TPS 输入的这两个信号时，如果车速传感器输入 ECU 的信号表示车速为零，则 ECU 判定发动机处于怠速状态，并控制喷油器增加喷油量，保证发动机怠速转速稳定而不致熄火。如果车速传感器输入 ECU 的信号表示车速不为零，则 ECU 判定发动机处于减速状态运行，并控制喷油器停止喷油，以减少排放和提高经济性。

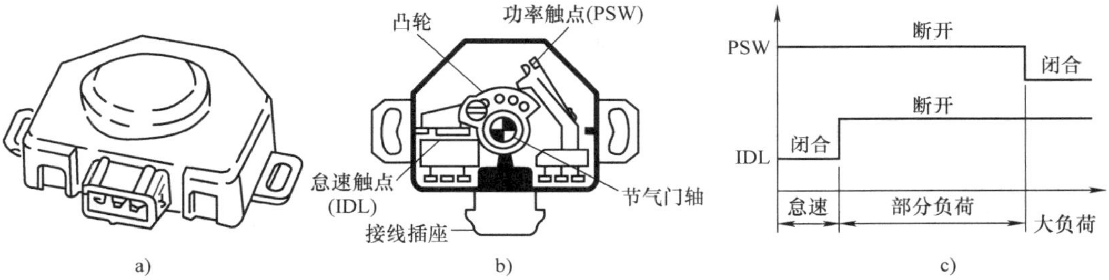

图 3-33　触点式 TPS 的结构与输出特性

a）外形图　b）内部结构　c）输出特性

当节气门开度增大时，凸轮随节气门轴转动并将怠速触点 IDL 顶开，如果功率触点 PSW 保持断开状态，那么，IDL 端子和 PSW 端子都将输出高电平“1”。ECU 接收到这两个高电平信号时，将判定发动机处于部分负荷状态，此时 ECU 将根据空气流量传感器信号和曲轴转速信号计算确定喷油量，保证发动机的经济性和排放性能。

当节气门接近全部开启（80% 以上负荷）时，凸轮转动使功率触点 PSW 闭合，PSW 端子输出低电平“0”，IDL 端子保持断开而输出为高电平“1”。ECU 接收到这两个信号时，将判定发动机处于大负荷状态运行，并控制喷油器增加喷油量，保证发动机输出足够的功率，故大负荷触点称为功率触点。在此状态下，控制系统将进入开环控制模式，ECU 将不采用氧传感器信号。如果此时空调器系统仍在工作，那么，ECU 将使空调主继电器信号中断约 15s，以便切断空调电磁离合器线圈电流，使空调压缩机停止工作，增大发动机的输出功率，提高汽车的动力性。

（三）组合式节气门位置传感器

1. 组合式 TPS 的结构特点

组合式 TPS 的基本结构与原理电路如图 3-34 所示，主要由可变电阻滑动触点、绝缘部件、怠速触点和壳体组成。可变电阻为镀膜电阻，制作在传感器底板上，可变电阻滑动触点的滑臂随节气门轴一同转动，并与输出端子 VTA 连接。

2. 组合式 TPS 的输出特性

组合式 TPS 的输出特性如图 3-35 所示。当节气门关闭或开度小于 1.2°时，怠速触点闭

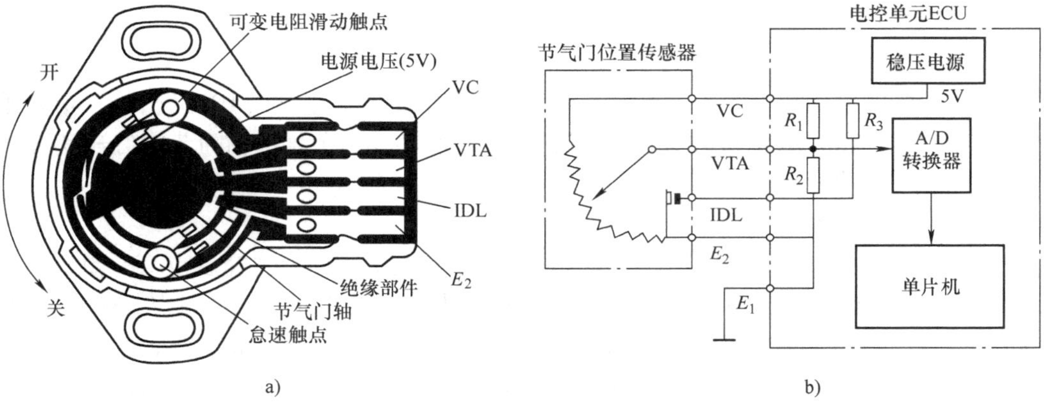

图 3-34 组合式 TPS 的结构与电路连接

a) 内部结构 b) 原理电路

合，其输出端 IDL 输出低电平（0V），如图 3-35a 所示；当节气门开度大于 1.2°时，怠速触点断开，其输出端 IDL 输出高电平（5V）。

当节气门开度变化时，可变电阻滑动触点的滑臂便随节气门轴转动，滑臂上的触点便在镀膜电阻上滑动，传感器的输出端子 VTA 与搭铁端子 E_2之间的信号电压随之发生变化，如图 3-35b 所示。节气门开度越大，输出电压越高。传感器输出的线性信号经过模/数（A/D）转换器转换成数字信号后再输入 ECU。

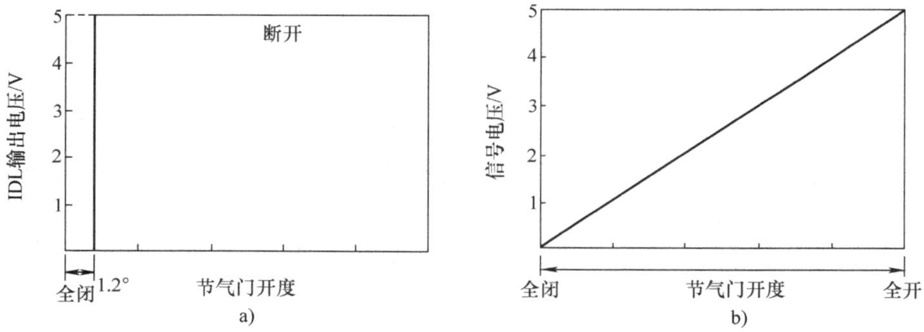

图 3-35 组合式 TPS 的输出特性

a) 怠速触点输出信号 b) 滑动触点输出信号

五、温度传感器

温度是反映汽车零部件、吸入空气和各种油液热负荷状态的重要参数。温度传感器的功用就是将被测对象的温度信号转变为电信号输入 ECU，以便 ECU 修正控制参数或判断被测对象的热负荷状态。测量对象不同，传感器信号反映的热负荷状态也不相同。安装在发动机冷却液管道上的冷却液温度传感器（CTS）的功用是：将发动机冷却液温度变换为电信号输入发动机 ECU，以便修正喷油时间和点火时间；安装在进气管道中的进气温度传感器（IATS）的功用是：将进气温度信号变换为电信号输入发动机 ECU，以便 ECU 修正进气量。

（一）温度传感器的分类

温度传感器种类繁多、形式各异，目前尚无统一的分类方法，常用分类方法有以下两种。

1）按检测对象分类。检测对象为冷却液温度、进气温度、排气温度、燃油温度、空调温度，则将传感器相应的称为冷却液温度传感器、进气温度传感器、排气温度传感器、燃油温度传感器、空调温度传感器（或空调温控开关）。这种分类方法简单实用，根据检测对象即可方便地选择所需传感器。

2）按结构与物理性能分类。汽车上采用的温度传感器按结构与物理性能不同，可分为热敏电阻式、热敏铁氧体式、双金属片式、石蜡式等。双金属片式和石蜡式温度传感器属于结构型传感器，热敏电阻式和热敏铁氧体式温度传感器属于物性（物理性能）型传感器。其中，热敏电阻式温度传感器结构简单、成本低廉、灵敏度高、工作可靠，汽车普遍采用。

（二）热敏电阻式温度传感器

热敏电阻可分为正温度系数型、负温度系数型、临界温度型和线性热敏电阻。汽车普遍采用负温度系数（NTC，Negative Temperature Coefficient）型热敏电阻式传感器，如冷却液温度传感器（CTS）、进气温度传感器（IATS）、排气温度传感器（EATS，Exhaust Air Temperature Sensor）和燃油温度传感器（FTS，Fuel Temperature Sensor）等。

1. 热敏电阻式温度传感器的结构特点

热敏电阻式温度传感器的结构形式如图 3-36 所示，主要由热敏电阻、金属引线、接线插座和壳体等组成。热敏电阻是温度传感器的核心部件，一般都制成珍珠形、圆盘形（药片形）、垫圈形、厚膜形和梳状芯片形等形状，将其放置在金属管壳内，并引出一个或两个电极到传感器插座上。

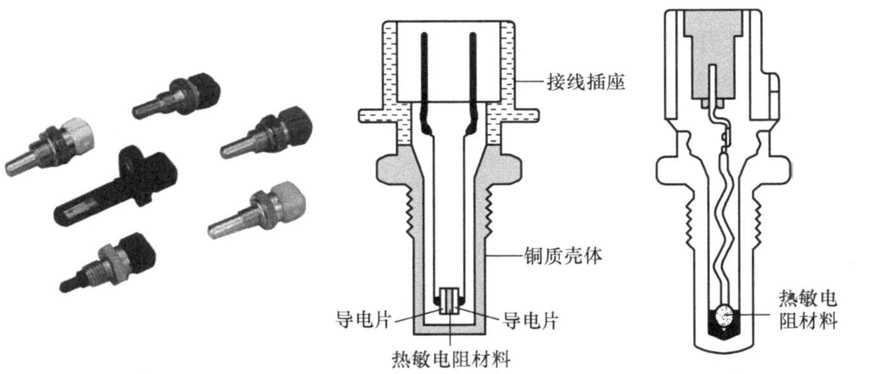

图 3-36 热敏电阻式温度传感器的结构
a）外形 b）两端子式 c）单端子式

车用温度传感器的热敏电阻是在陶瓷半导体材料中掺入适量金属氧化物，并在 1000℃以上的高温条件下烧结而成。控制掺入氧化物的比例和烧结温度，即可得到不同特性的热敏电阻，从而满足使用要求。如果测量发动机冷却液温度，则热敏电阻的工作温度为 −30 ~ 130℃；如果测量发动机的排气温度，热敏电阻的工作温度则为 600 ~ 1000℃。

传感器壳体上制有螺纹，以便安装与拆卸。接线插座分为单端子式和两端子式两种，两端子式用于电控燃油喷射系统，以便可靠传递数据，单端子式用于汽车信息显示系统。

2. 车用温度传感器的特性与电路

负温度系数 NTC 型热敏电阻具有温度升高阻值减小，温度降低阻值增大的特性，而且呈明显的非线性关系。对于结构一定的 NTC 型传感器，其阻值与温度的关系如图 3-37 所示。

在汽车控制电路中，温度传感器的工作电路如图 3-38 所示，传感器的两个电极用导线与 ECU 插座连接。ECU 内部串联一只分压电阻，ECU 向热敏电阻和分压电阻组成的分压电路提供一个稳定的电压（一般为 5V），传感器输入 ECU 的信号电压等于热敏电阻上的分压值。

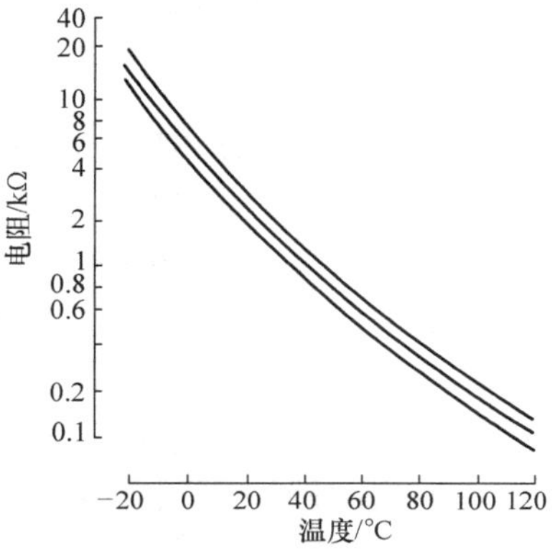

图 3-37　NTC 型温度传感器特性

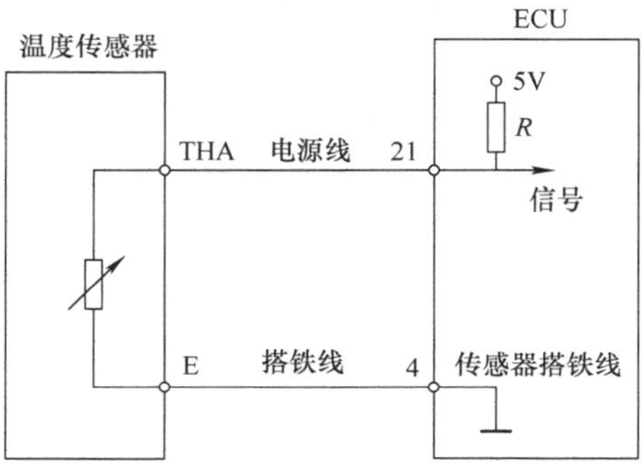

图 3-38　温度传感器工作电路

当被测对象的温度升高时，传感器阻值减小，热敏电阻上的分压值降低；反之，当被测对象的温度降低时，传感器阻值增大，热敏电阻上的分压值升高。ECU 根据接收到的信号电压值，便可计算求得对应的温度值。

六、开关信号

开关信号是反映开关状态的信号，是电控系统实现各种控制功能必不可少的信号。电控喷油系统常用的有蓄电池电压信号、点火开关信号、起动信号、空档安全开关信号和空调信号等。

1. 蓄电池电压信号 U_{BAT}

蓄电池电压信号 U_{BAT}表示电源电压高低。在各型汽车上，蓄电池正极都直接与 ECU 连接，不受任何开关控制，如图 3-39a 所示。图中数字 3 和 9 是 ECU 的接线端子代号。蓄电池既是整车电气设备的电源，也是各种电控单元（ECU）的电源。蓄电池电压信号输入 ECU 的主要目的包括以下几个方面。

1）当蓄电池电压变化时，ECU 将对喷油持续时间进行修正。电压升高时，缩短喷油时间；电压降低时，延长喷油时间。

2）当蓄电池电压变化时，ECU 将对点火线圈初级电路接通时间进行修正。电压升高

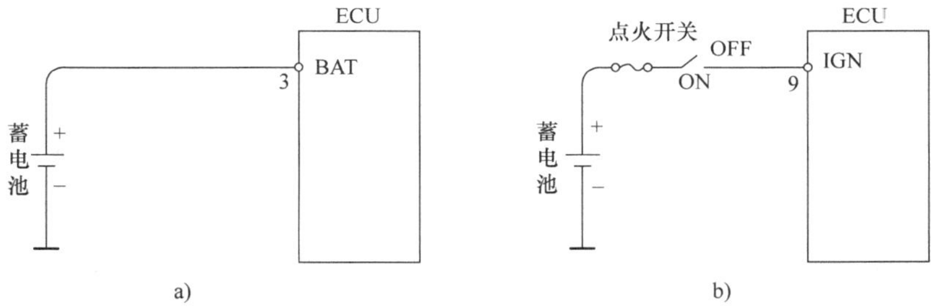

图 3-39 蓄电池电压信号与点火开关信号电路
a）蓄电池电压信号电路 b）点火开关信号电路

时，缩短接通时间；电压降低时，延长接通时间。

3）保存存储器中的故障码。在汽车上，各种电控系统的故障码都存储在随机存储器（RAM，Random Access Memory）中，因为一旦 RAM 断电，其内部存储的信息就会丢失，所以需要蓄电池持续供电。发动机停机时，RAM 消耗电流很小，为 5～20mA。

2. 点火开关信号 IGN

点火开关信号是表示点火开关接通的信号。在控制线路中，点火开关与 ECU 的连接关系如图 3-39b 所示。当点火钥匙旋转到 ON（接通）位置时，ECU 的电源（12V）接通，此时 ECU 将控制执行以下动作。

1）控制怠速控制步进电动机进入预先设定位置。

2）根据曲轴位置和节气门位置传感器信号，判定发动机是否处于起动状态。

3）根据冷却液温度传感器信号，确定冷起动时的基本喷油量。

4）监测节气门位置传感器信号。

5）接通燃油泵电路使燃油泵运转。如果不起动发动机（即 ECU 未接收到起动信号 STA），那么 ECU 控制燃油泵运转 1～2s 后再断开燃油泵电路。

6）接通氧传感器加热元件电路，对传感元件进行加热。

7）在装备自动变速器的汽车上，控制升档指示灯发亮显示档位转换开关位置。

3. 起动信号 STA

起动信号 STA（START）是向 ECU 提供起动机电路接通工作的信号。起动信号来自起动继电器或点火起动开关（无起动继电器的电器系统）。

起动信号电路如图 3-40a 中实线箭头方向所示。当起动开关接通时，起动信号从起动继电器触点输入 ECU，ECU 接收到起动信号 STA 后，控制执行以下动作。

（1）除了监视点火开关接通时输入的信号之外，开始监测曲轴位置传感器和凸轮轴位置传感器的输入信号，并根据这些信号确定点火时刻和喷油时刻。首先判定即将到达上止点的是哪一气缸，然后输出喷油和点火控制信号。如果在发动机转动 3s 内未接收到曲轴位置传感器信号，ECU 将切断燃油喷射系统电路，同时将曲轴位置传感器故障码存入随机存储器中，以便维修检测时调用。

（2）控制燃油泵继电器接通燃油泵电路使燃油泵运转。

（3）如果节气门处于全开状态，ECU 将中断燃油喷射（即进入清除溢流状态）。

部分电控系统已经取消专用起动信号线，由 ECU 根据发动机转速信号确定起动状态。

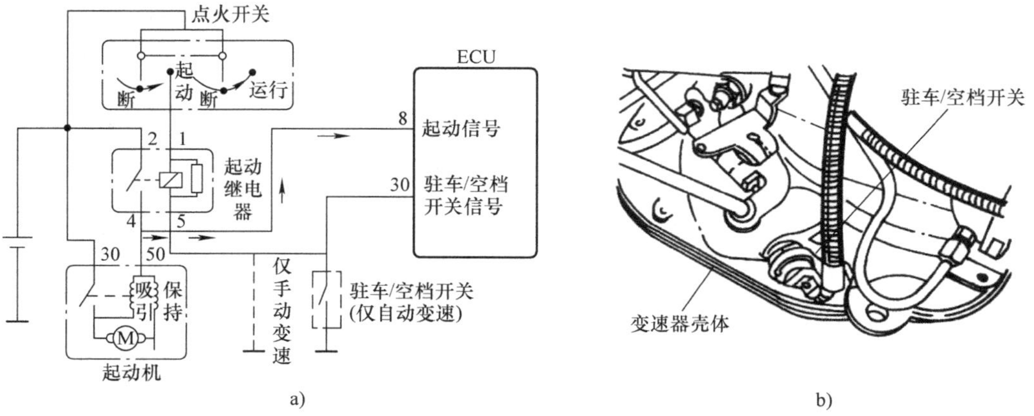

图3-40　起动信号与空档安全开关信号电路

a）起动与空档安全信号电路（1、2、4、5、8、30、50－端子代号）　b）空档安全开关安装位置

4. 空档安全开关信号 NSW

空档安全开关信号 NSW（Neutral Safe Switch）是表示自动变速器档位选择开关所处位置的信号，又称为空档起动开关信号或驻车/空档开关信号。空档开关安装在变速器壳体上，如图3-40b所示，是一个由自动变速器的变速杆（选档手柄）控制的多位多功能开关。NSW信号用来区别自动变速器的变速杆是处于P位（驻车档）或N位（空档）位置，还是处于行驶位置D、2、L、R。

当自动变速器的变速杆处于P位或N位时，驻车/空档开关接通，如图3-40a所示，此时起动继电器线圈电路才能接通，并向ECU输入一个低电平（0V）信号。仅在此时，发动机才能起动。

当变速杆处于D、2、L、R位置时，驻车/空档开关断开，即使点火开关拨到起动位置，起动继电器线圈电路也不能接通，ECU的“驻车/空档开关信号”端子将接收到一个高电平（12V）信号，此时发动机不能起动。

5. 空调信号 A/C

空调信号A/C包括空调选择与请求信号，电路如图3-41所示。

（1）空调选择信号

空调选择信号是通知ECU空调被选用而预告发动机负荷增加的信号。在发动机怠速运转的情况下接通空调开关时，如空调系统的低压开关闭合，电源电压（12V）便经空调开关、低压开关加到ECU的空调选择端子上。ECU接收到空调选择信号（高电平信号）后，就会控制怠速控制阀或步进电动机动作，提高发动机转速，防止发动机负荷增大而熄火。

（2）空调请求信号

空调请求信号表示空调接通时，蒸发器温度在允许范围内。当空调接通后，如蒸发器开关接通，电源电压（12V）便经空调开关、低压开关和蒸发器开关加到ECU的空调请求端子。ECU接收到空调请求信号（高电平信号）后，就会接通空调继电器线圈电路，使电磁离合器线圈电路接通，使空调压缩机投入工作。

当空调系统制冷剂不足时，低压开关就会断开，输入ECU空调请求端子的电压为0V，

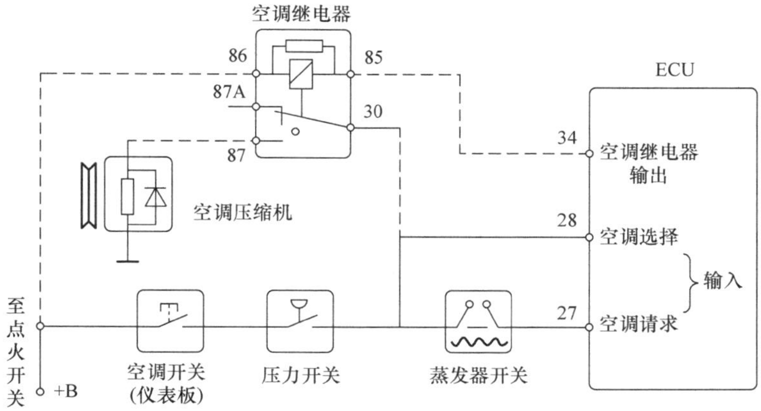

图 3-41　空调信号 A/C 电路（27、28、30 等数字为端子代号）

此时 ECU 将切断空调继电器线圈电路，使空调压缩机停止工作。

当蒸发器温度过高时，蒸发器开关断开，输入 ECU 空调请求端子的电压也为 0V，此时 ECU 将切断空调继电器线圈电路，使空调压缩机停止工作，防止蒸发器温度过高而损坏。

第五节　汽车电控单元的结构组成

汽车电子控制单元（ECU，Electronic Control Unit），简称电控单元，又称为电子控制器或电子控制组件，俗称“汽车电脑”，是以单片微型计算机为核心，具有强大的数学运算、逻辑判断、数据处理与数据管理等功能的电子控制装置。ECU 是电控系统的控制中心，其功用是分析处理传感器采集的各种信息，并向受控装置（执行器）发出控制指令。

汽车电控系统各种 ECU 的组成大同小异，都是由硬件、软件、壳体和线束插座四部分组成。虽然各种控制系统的 ECU 电路不尽相同，但其都是由输入回路、输出回路和单片微型计算机（单片机或微机）三部分组成，如图 3-42a 所示。

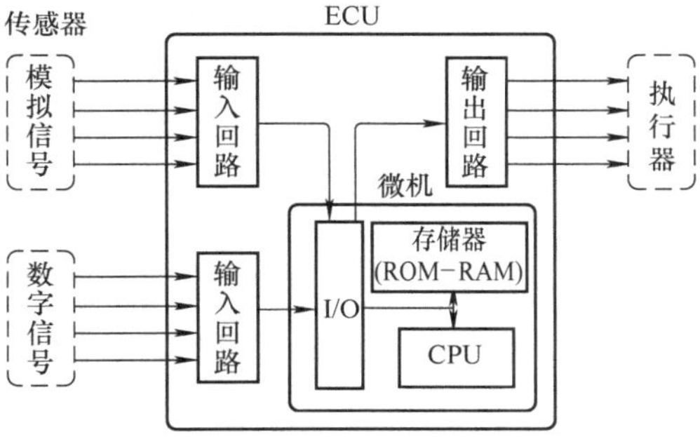

a)

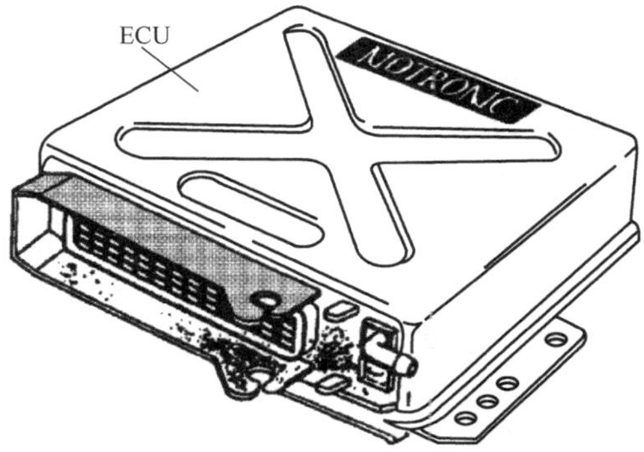

b)

图 3-42　汽车电控系统组成框图与 ECU 外形结构

a）ECU 组成框图　b）ECU 外形结构

汽车 ECU 的硬件一般都封装在铝质金属壳体内，并通过线束插座与整车电器线路连接，外形如图 3-42b 所示。ECU 安装在车内不易受到碰撞的部位，如仪表板下面、行李舱内部或座椅下面等，具体安装位置依车而异。

汽车 ECU 的硬件都是由不同种类的专用集成电路、电阻器、电容器、二极管、稳压管、晶体管等电子元件和印制电路板构成，内部电路结构框图如图 3-43 所示。

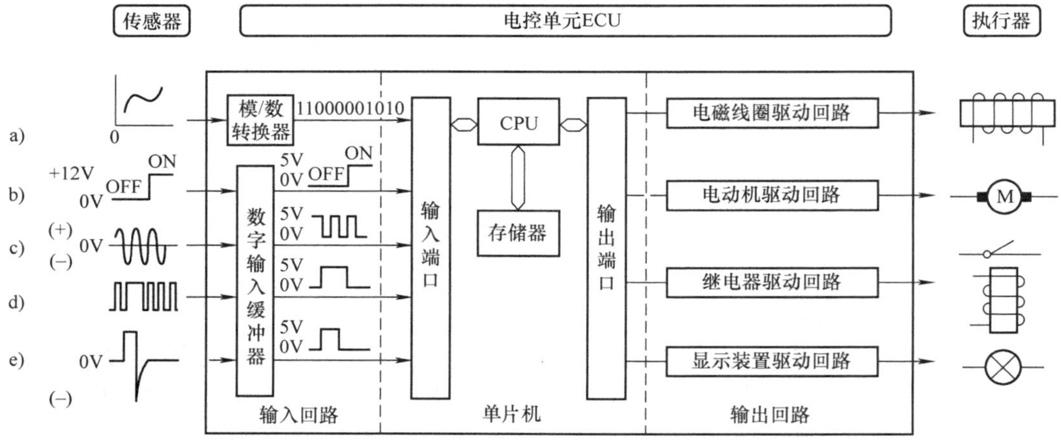

图 3-43　电控单元 ECU 内部结构框图

一、输入回路

输入回路又称为输入接口，其功用是将传感器输入信号和各种开关信号变换成单片机能够识别与处理的数字信号。输入回路主要由模/数转换器和数字输入缓冲器组成。

1. A/D 转换器

模拟（Analog）/数字（Digital）转换器简写为 A/D 转换器，其功用是将模拟信号转换为数字信号，如图 3-43a 所示，或将数字信号转换为模拟信号。

各种传感器采集的信号可分为模拟信号和数字信号两大类。信号电压（或电流）随时间变化而连续变化的信号，称为模拟信号。在汽车电控系统中，如翼片式、热丝式和热膜式空气流量传感器信号、进气歧管压力与大气压力传感器信号、热敏电阻式进气温度和冷却液温度传感器信号、发动机爆燃传感器信号、线性输出型节气门位置传感器信号等均为模拟信号。这些信号需要经过 A/D 转换器转换成数字量，单片机才能进行运算处理。

信号电压（或电流）随时间变化而非连续变化的信号，称为数字信号。在汽车电控系统中，涡流式空气流量传感器信号、霍尔式与磁感应式传感器（发动机转速、活塞上止点位置、车速、轮速）信号、光电式传感器（曲轴位置、凸轮轴位置、转向盘位置、减速度）信号、触点式节气门位置传感器信号、热敏铁氧体式温度传感器信号、笛簧开关式车速传感器信号、水银式减速度传感器信号、氧传感器信号以及各种控制开关（空调开关、起动开关、空档安全起动开关等）信号均为脉冲信号或数字信号（高电平或低电平），因此需要通过输入回路的数字缓冲器进行限幅、整形处理后，才能传输到单片机进行运算处理。

2. 缓冲器

缓冲器电路主要由整形电路、波形变换电路、限幅电路和滤波电路等组成。某些传感器的输出信号虽为数字信号，但在输入单片机之前必须进行波形变换或滤波处理之后单片机才能接收。数字输入缓冲器的功用是对单片机不能接收的数字信号进行预处理，以便单片机能够接收和运算处理。例如，点火开关、空档安全开关等输出的开关信号均为电源电压（12～14）V 信号，如图 3-43b 所示，而单片机能够接收的信号电压为 0V 或 5V，因此需要缓冲器的限幅电路将高于 5V 的电压信号转换成 5V 信号；磁感应式传感器输出的信号为正弦波信号，如图 3-43c 所示，单片机不能直接处理，必须经过缓冲器的波形变换电路转换成数字信号之后才能输入单片机；触点开关式传感器或继电器输出的数字信号含有干扰信号，如图 3-43d 所示。此外，汽车上设有各种控制开关，在电器系统工作过程中，当控制开关接通或断开、电器负载电流变化、电压变化或磁场变化时，都可能产生高频干扰信号，如图 3-43e所示，这些干扰信号必须经缓冲器的滤波电路将干扰消除之后单片机才能接收，否则控制系统就不能正常工作。

二、单片机

单片机是指将中央处理器（CPU）、存储器（Memory）、定时器/计数器、输入/输出（I/O）接口电路等计算机主要部件集成在一块芯片上的微型计算机。虽然单片机只是一块芯片，但其“麻雀虽小，五脏俱全”，不仅具有微型计算机的组成部分，而且具有微型计算机的功能，故称之为单片微型计算机，简称单片机或微机。20 世纪 80 年代以后，汽车电控系统都已普遍采用数字式单片机。

1. 中央处理器（CPU）

中央处理器 CPU 又称为微处理器，是具有译码指令和数据处理能力的电子部件，是汽车电控单元的核心，主要由运算器 CLU、寄存器和控制器组成。

运算器是计算机的运算部件，用于实现数学运算和逻辑运算。各种电控系统（如电控燃油喷射系统 EFI、防抱死制动系统 ABS、安全气囊系统 SRS、电控自动变速系统 ECT）ECU 内部的数据运算与逻辑判断都在这里进行。寄存器用于暂时存储数据或程序指令。控制器是计算机的指挥控制部件，其功用是按照监控程序和应用程序使计算机各部分电路协调工作。

2. 存储器（Memory）

在单片机中，存储器是用来存储程序指令和数据的部件。存储器有多种分类方法，按读写操作原理可分为：只读存储器和随机存取存储器。按功能可分为程序存储器和数据存储器。按构成材料可分为半导体存储器和磁质存储器。

1）只读存储器（ROM）。ROM 是一种一旦信息写入就不可更改，而只能读出的存储器。实质上，ROM 是一次性写入、可随机读出的存储器。在汽车电控系统中，ROM 主要用于存储制造厂家编制的控制程序和原始试验数据，即使点火开关断开切断电源，ROM 中存储的这些信息也不会丢失。

2）随机存储器（RAM）。RAM 与 ROM 相比有两点不同：一是 RAM 中的信息既可随时写入或读出，也可随时改写，改写时不必先擦除原有内容；二是半导体 RAM 中的信息会因突然断电而丢失。在汽车上，RAM 通常用来存储单片机工作时暂时需要存储的数据（如输入/输出数据、单片机运算得出的结果、故障码、空燃比修正数据等），这些数据根据需要可随时调用或被新的数据改写。可见，RAM 起到一个寄存器的作用。为了保证故障码、空燃比修正数据等能够较长时间保存，汽车电控系统都将 RAM 的电源与专用的后备电源电路或蓄电池直接连接，不受点火开关控制。但是，当后备电源电路中断、蓄电池正极或负极端子断开时，存入 RAM 中的数据仍会丢失。因此在检修或更换蓄电池之前，必须事先调取故障码或采取必要的防断电措施。

三、输出回路

输出回路是单片机与执行器之间的中继站，其功用是根据单片微型计算机发出的指令，驱动执行器完成具体的控制任务。

单片机对采样信号进行数学计算和逻辑判断后，由预定程序形成控制指令发给执行器。由于微机只能输出电压为 4.5 ~ 4.8V 的弱电信号，不能直接驱动执行器动作。因此，必须通过输出回路对控制指令进行功率放大、译码或 D/A 转换，变成可以驱动各种执行器动作的强电信号。

当执行器（如 EFI 的旁通电磁阀、ECT 的锁止继动阀、ECT 的蓄压器背压调节阀等）需要线性电流驱动时，单片机将发出占空比（图 3-44）指令来控制输出回路导通与截止，使流过执行器电磁线圈的平均电流逐渐增大或减小。因为占空比频率较高（一般为 1kHz），所以流过执行器电磁线圈的平均电流不会脉动变化。

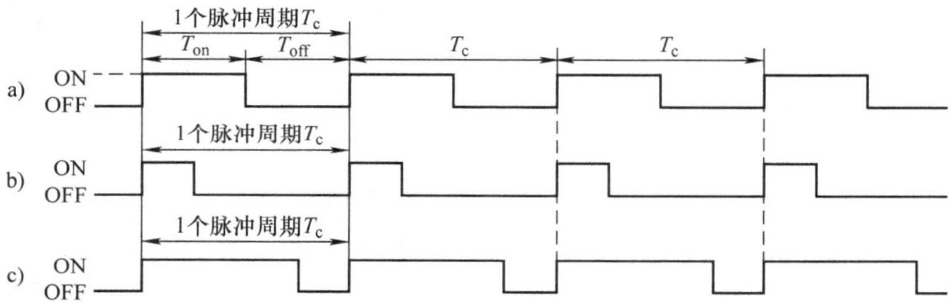

图 3-44　占空比示意图

a）占空比等于 50%　b）占空比小于 50%　c）占空比大于 50%

占空比 R_c是指在一个信号周期 T_c内，高电平时间 t_{on}所占的比率，如图 3-44a 所示，图中 t_{off}为低电平所占时间。占空比 R_c的表达式为

$$R_c = \frac{t_{on}}{T} = \frac{t_{on}}{t_{on} + t_{off}} \times 100\% \qquad (3\text{-}5)$$

第六节　电控喷油系统执行器的结构原理

执行器是电控系统的执行机构，其功用是根据 ECU 的控制指令，完成具体的执行动作。汽油发动机电控燃油喷射系统采用的执行器主要有电动燃油泵、电磁喷油器和油压调节器等。

一、电动燃油泵

在电控燃油喷射系统中，电动燃油泵的功用是向电磁喷油器提供油压高于进气歧管压力 250 ~ 300kPa 的燃油。因为燃油是从油箱内泵出，经压缩或动量转换将油压提高后，再经输油管送到喷油器，所以油泵的最高输出油压需要 470kPa 左右，其供油量比发动机最大耗油量大得多，多余的汽油将从回油管流回油箱。燃油泵设计供油量大于发动机耗油量有两个目的：一是防止发动机供油不足；二是燃油流量增大可以散发供油系统的热量，从而防止油路产生气阻。

（一）电动燃油泵的分类

按油泵结构不同，电动燃油泵可分为滚柱式、叶片式、齿轮式、涡轮式和侧槽式。目前常用的有滚柱式、叶片式和齿轮式。

按油泵安装方式不同，电动燃油泵可分为外装式和内装式。外装式安装在燃油箱外的输油管路中，内装式安装在燃油箱内。目前，大多数汽车都采用内装式燃油泵。与外装式油泵相比，内装式油泵不易产生气阻和泄漏，有利于燃油输送和电动机冷却，且噪声较小。

（二）电动燃油泵的结构特点

电动燃油泵的外形与内部结构如图 3-45 所示，主要由永磁式直流电动机、油泵、限压阀、止回阀和泵壳等组成。直流电动机由永久磁铁、电枢、换向器和电刷等组成。油泵由泵转子和泵体组成。泵转子固定在电动机轴上，随电动机转动而转动。

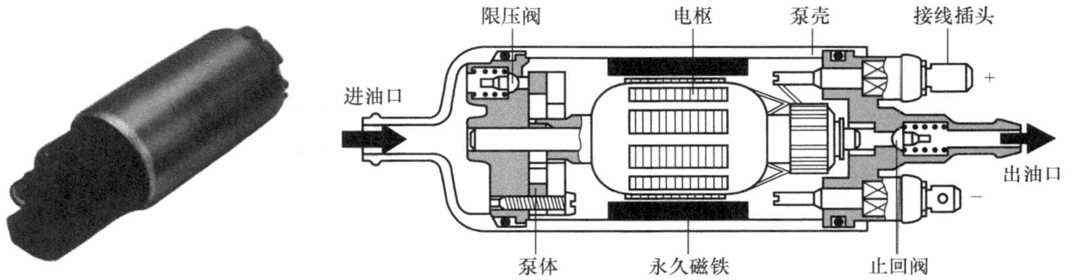

a)　　　　b)

图 3-45　电动燃油泵的结构

a）油泵外形　b）内部结构

当点火开关接通时，直流电动机电路接通，电枢受电磁力的作用而开始转动，泵转子便随电动机一同转动，将燃油从油箱经输油管和进油口泵入燃油泵。当油泵内油压超过止回阀处弹簧弹力时，燃油便从出油口经输油管泵入燃油分配管，然后再分配给每只喷油器。

当油泵停止工作时，在油泵出口处止回阀的弹簧弹力作用下，止回阀将阻止汽油回流，使供油系统中保存的燃油具有一定压力，以便于发动机再次起动。

当油泵中的燃油压力超过规定值（一般为 320kPa）时，油压克服泵体上限压阀弹簧的弹力将限压阀顶开，部分汽油返回到进油口一侧，使油压不致过高而损坏油泵。

点火开关一旦接通，电动燃油泵就会工作 1～2s。此时，如果发动机转速高于 30r/min，电动燃油泵才连续运转；如果发动机转速低于 30r/min，即使点火开关接通，电动燃油泵也会停止运转。

二、电磁喷油器

电磁喷油器简称喷油器，俗称喷油嘴，安装在燃油分配管上，其功用是计量燃油喷射系统的喷油量。喷油器是电控燃油喷射系统的关键部件之一，是一种加工精度极高的精密器件。为了满足燃油喷射系统控制精度的要求，喷油器必须具有抗堵塞性能好、燃油雾化好和动态流量范围大等优点。

1. 电磁喷油器的分类

按总体结构不同，喷油器可分为轴针式、球阀式和片阀式三种。按喷油器电磁线圈阻值大小，喷油器可分为高阻型（13～18Ω）和低阻型（1～3Ω）两种。

2. 电磁喷油器的结构特点

（1）球阀式喷油器

球阀式喷油器的结构如图 3-46 所示。主要由球阀阀体、带喷孔的阀座、O 形密封圈、带线束插座的喷油器壳体、电磁线圈和复位弹簧等组成。

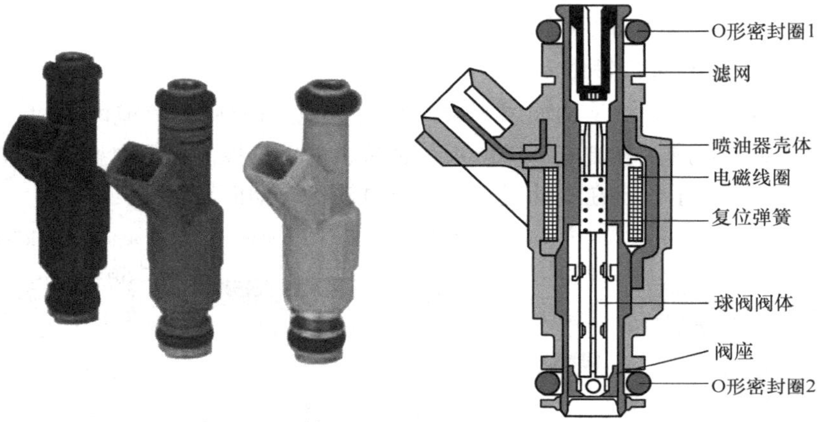

a)　　　　b)

图 3-46　球阀式喷油器的结构

a）外形　b）内部结构

阀体由钢球、导杆和弹簧座组成。导杆为空心结构，其上端安装一根螺旋弹簧，下端焊接钢球球阀。当喷油器停止工作时，弹簧弹力使阀体复位，球阀关闭，钢球压靠在阀座上起到密封作用，防止燃油泄漏。因为球阀具有自动定心的作用，所以导杆较短、质量较小，且密封性好。O 形密封圈起到密封作用，密封圈 1 防止燃油泄漏，密封圈 2 防止漏气。滤网用于过滤燃油中的杂质。在燃油分配管上，设有安放喷油器的支座，支座为橡胶成型件，起到隔热作用，防止喷油器中的燃油产生气泡，有助于提高发动机的热起动性能。

（2）轴针式喷油器

轴针式喷油器的结构如图 3-47 所示，主要由针阀阀座、针阀阀体、电磁线圈、O 形密封圈、复位弹簧和线束插座等组成。轴针式喷油器的结构与球阀式喷油器基本相同，主要区别在于阀体结构不同，如图 3-48 所示。轴针式喷油器阀体采用的是针阀，针阀制作在阀体上。为了保证阀体轴向移动时不发生偏移和阀门密封良好，必须具有较长的导杆，并制成实心结构，因此质量较大。

3. 电磁喷油器的工作原理

当喷油器的电磁线圈接通电流时，线圈中就会产生电磁吸力吸引阀体。当电磁吸力大于复位弹簧的弹力时，阀体压缩弹簧而向上移动（升程很小，一般为 0.1～0.2mm）。阀体上移时，球阀或针阀随阀体一同上移并离开阀座使阀门打开，阀座内燃油便从喷孔喷出。因为阀座上设置有螺旋油道和 2 ~4 个喷孔，所以，当具有一定压力的燃油沿螺旋油道喷出时，形状呈小于35°的圆锥雾状，并与空气混合形成雾化良好的可燃混合气。

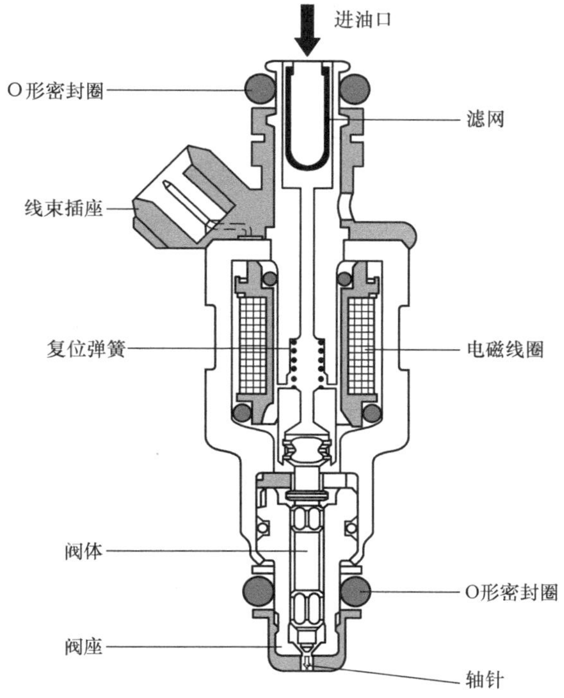

图 3-47　轴针式喷油器的结构

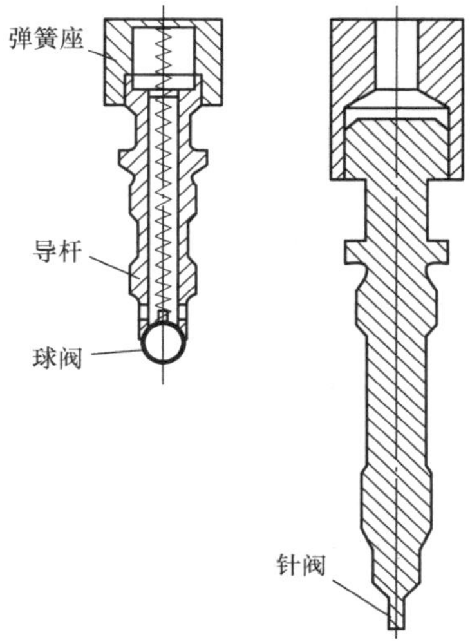

图 3-48　阀体结构比较

当喷油器电磁线圈的电流切断时，电磁吸力消失，阀体在复位弹簧的弹力作用下复位，球阀或针阀回落到阀座上将阀门关闭而停止喷油。

电喷发动机通常每个气缸有 4 个或 5 个气门。其中，进气门 2 ~3 个，排气门 2 个。进气门增多的目的是增大进气量，提高发动机的动力性。排气门增多的目的是减小排气阻力，从而减少功率损失。

三、油压调节器

油压调节器是供油系统的执行器，一般都安装在燃油分配管的一端，其功用有两项：一是调节供油系统的燃油压力，使喷油器进口与出口之间的压差保持恒定，即使系统油压 P_f 与进气歧管压力 P_i 之差 ΔP 保持恒定（该压差由调压弹簧的预紧力决定，一般设定为：$\Delta P = P_s = P_f - P_i = 300\text{kPa}$，其中 P_i 为负值，P_s 为弹簧弹力）；二是缓冲喷汩器断续喷油和燃油泵供油引起的压力波动。

1. 油压调节器的结构特点

油压调节器主要由调压弹簧，球阀体、阀座和金属壳体组成，结构如图 3-49 所示。阀体固定在金属膜片上，膜片卷压封装在壳体上，并将壳体分成空气腔（上腔室）和燃油腔（下腔室）两个腔室。阀体与阀座之间设置有一个钢球球阀，球阀焊接在阀体上或用弹片托起，再用一根弹力较小的弹簧支撑球阀，如图 3-49b 所示。系统不工作时，球阀与阀座保持接触。

在铝合金壳体上，设有油管和真空管接口。进油口接头与燃油分配管连接，回油口接头连接回油管并与油箱相通，气管压力接口与进气歧管之间用橡胶软管（真空管）连接，从而将歧管压力引入油压调节器的空气腔（真空室）。

2. 油压调节原理

油压调节器实际上是一个膜片式溢流阀。当电动燃油泵运转时，燃油不断泵入燃油分配管，并从油压调节器进油口进入调节器燃油腔。燃油压力 P_f 作用到金属膜片上，并随泵油量的增加而增大。

当燃油压力 P_f 与歧管压力（负压）P_i 的合力大于调压弹簧预紧力 P_s 时，膜片向上拱曲，并带动球阀上移将阀门打开，部分燃油从回油口和回油管流回油箱，燃油压力随之降低。

当燃油压力降低到燃油压力 P_f 与歧管压力 P_i 的合力小于弹簧预紧力 P_s 时，膜片复位，并带动球阀将阀门关闭，燃油压力随泵油量增加而增大。

当油压再次升高到燃油压力 P_f 与歧管压力 P_i 的合力大于弹簧预紧力 P_s 时，调节器重复上述工作过程，从而将燃油压力 P_f 与歧管压力 P_i 的合力调节为弹簧预紧力 P_s 值（300kPa）。

3. 油压调节器的输出特性

油压调节器的输出特性如图 3-50 所示。由于进气歧管的压力始终低于大气压力，因此，当进气歧管的压力随节气门开度变化而变化时，进气压力将对调节器膜片产生一个吸力，从而使燃油压力发生改变。

a)

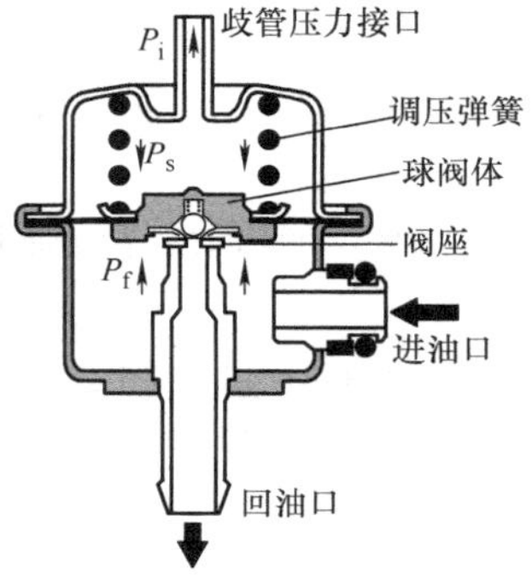

b)

图 3-49 油压调节器外形与内部结构

a）外形图 b）内部结构

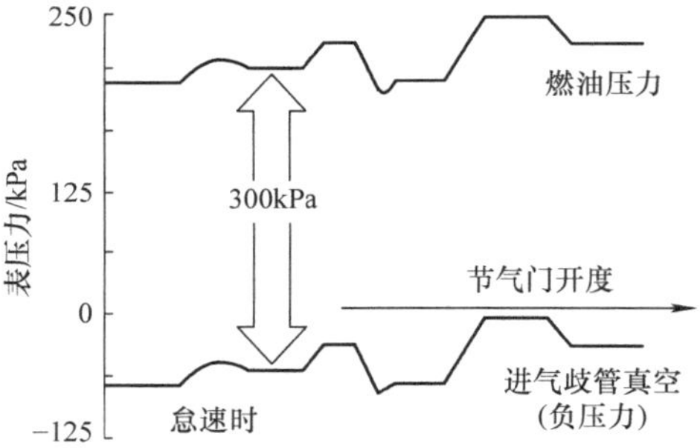

图 3-50 油压调节器的输出特性

当发动机怠速运转时，进气歧管的压力 P_i 约为 −54kPa，燃油压力 P_f 为：

$$P_f = P_s + P_i = 300 + (-54) = 246\text{kPa}$$

当发动机全负荷运转时，进气歧管的压力 P_i 约为 −5kPa，燃油压力 P_f 为：

$$P_f = P_s + P_i = 300 + (-5) = 295\text{kPa}$$

由此可见，由于进气歧管负压的作用，当发动机怠速运转，燃油压力达到 246kPa 时，油压调节器的球阀就会打开泄压；当发动机全负荷运转，燃油压力达到 295kPa 时，球阀才打开泄压。利用燃油压力和进气负压的变化，使燃油分配管中的燃油压力（即喷油器进油口油压）与进气歧管中的空气压力（即喷油器阀门出口气压）之差保持 300kPa 不变，其目的是保证电控喷油系统控制喷油器喷油量的大小仅与喷油阀门的开启时间有关，而与系统油压值和进气歧管的负压值无关。

第七节　汽油发动机电控喷油系统的控制

汽车发动机燃油喷射系统的控制包括喷油器的控制、喷油正时的控制和喷油量的控制，其中，喷油量的控制又分为发动机起动时喷油量的控制和发动机起动后喷油量的控制两种情况。燃油喷射电控系统通过精确控制喷油量，减小燃油消耗量和有害气体排放量，从而达到提高汽车经济性和排放性的目的。

一、燃油喷射控制原理

汽车发动机各种燃油喷射电控系统采用传感器和执行器的数量与形式各有不同，但其燃油喷射的控制原理大同小异，空气流量型（即 L 型）燃油喷射系统的控制原理如图 3-51 所示。

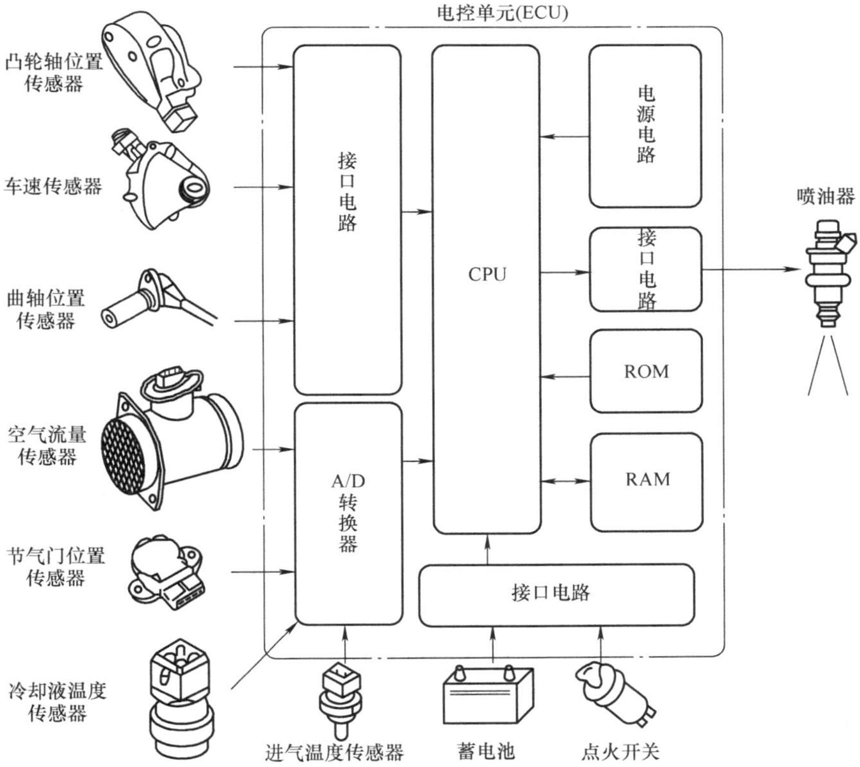

图 3-51　L 型燃油喷射系统控制原理简图

在发动机工作过程中，当各种传感器和开关信号输入 ECU 后，首先，由输入接口电路（即输入回路）进行信号处理，将其变换成中央处理器（CPU）能够识别和处理的数字信号；然后 CPU 利用 ROM 中的控制软件对输入信号进行数学计算和逻辑判断，并确定出具体的控制量（如喷油开始时刻、喷油持续时间等）；最后，CPU 通过输出接口电路（即输出回路）向执行器（即喷油器）发出喷油控制指令，控制信号经输出电路进行功率放大后，再驱动喷油器喷油；与此同时，CPU 还要控制喷油开始时刻、喷油持续时间等，从而实现发动机不同工况时的喷油实时控制。在控制过程中，各种传感器的工作情况如下。

凸轮轴位置传感器（CIS）向 ECU 提供反映活塞上止点位置的信号，以便计算确定和控制喷油提前角（即提前时间）。

车速传感器（VSS）向 ECU 提供反映汽车车速的信号，以便判断发动机运行在怠速状态（节气门关闭、车速为零）还是运行在减速状态（节气门关闭、车速不为零）等。如果运行在怠速状态，就由怠速控制系统进行怠速转速控制；如果运行在减速状态，就由断油控制系统确定是否停止供油。

曲轴位置传感器（CPS）向 ECU 提供反映发动机曲轴转速和转角的信号，空气流量传感器（AFS）或歧管压力传感器（MAP）向 ECU 提供进气量信号，ECU 根据这两种信号计算基本喷油量（即喷油持续时间），并根据曲轴转角信号控制喷油提前角等。

节气门位置传感器（TPS）向 ECU 提供反映发动机负荷大小的信号，ECU 根据 TPS 信号确定增加或减少喷油量。

冷却液温度传感器（CTS）向 ECU 提供发动机冷却液温度信号，以便计算确定喷油修正量、判断是否为冷机起动等。如为冷机起动，则直接运行冷起动程序，并根据温度值增大喷油量，保证发动机可靠起动。

进气温度传感器（IATS）提供吸入进气歧管空气的温度信号，以便计算确定喷油修正量。因为空气质量的大小与其密度有关，空气密度与其温度有关（温度越高，密度越小），所以，对于采用压力传感器和体积流量型传感器的燃油喷射系统，其进气量必须用温度信号进行修正。对于采用热丝式或热膜式空气流量传感器的燃油喷射系统而言，虽然进气量信号可以不进行修正，但是利用计算机根据进气温度传感器信号进行修正后，能使喷油量控制更加精确，可以得到更好的燃油经济性。

点火起动开关信号包括点火开关接通信号 IGN 和起动开关接通信号 STA，用于 ECU 判定发动机工作在起动状态还是正常工作状态，并控制运行相应的控制程序。当点火开关接通点火（ON）档时，ECU 的 IGN 端子将从点火开关接收到一个高电平信号，此时 ECU 将自动接通电动燃油泵电路使油泵工作 1 ~ 2s，以便发动机起动时油路中具有足够的燃油；当点火开关接通起动（START）档时，ECU 的 STA 端子将从点火开关接收到一个高电平信号，此时 ECU 将控制运行起动程序，增大喷油量以便起动发动机。

蓄电池电压信号即电源电压信号，蓄电池正极柱经导线直接与 ECU 电源端子连接，不受点火开关和其他开关控制。当电源电压变化时，ECU 将改变喷油脉冲宽度，修正喷油器喷油持续时间。当发动机停止工作时，蓄电池将向存储器等提供 5 ~ 20mA 电流，以便存储器保存故障码等信息而不致丢失。在点火开关断开时，对于配置步进电动机的控制系统，ECU 还将控制燃油喷射主继电器继续接通 2s，使步进电动机恢复到初始位置。

二、喷油正时控制原理

喷油正时是指喷油器何时开始喷油。发动机燃油喷射系统有单点燃油喷射系统（SPFI

或 SPI）和多点燃油喷射系统（MPFI 或 MPI）。单点喷射系统只有一只或两只喷油器，喷油器安装在节气门体上，一旦发动机工作就连续喷油。多点燃油喷射系统每一个气缸都配有一只喷油器，喷油器安装在燃油分配管上，根据燃油喷射时序不同，控制喷油正时的方式分为同时喷射、分组喷射和顺序喷射。

多点燃油顺序喷油是指各缸喷油器按照一定的顺序进行喷油。因为各缸喷油器独立喷油，所以又称为独立喷射，控制电路如图 3-52a 所示。

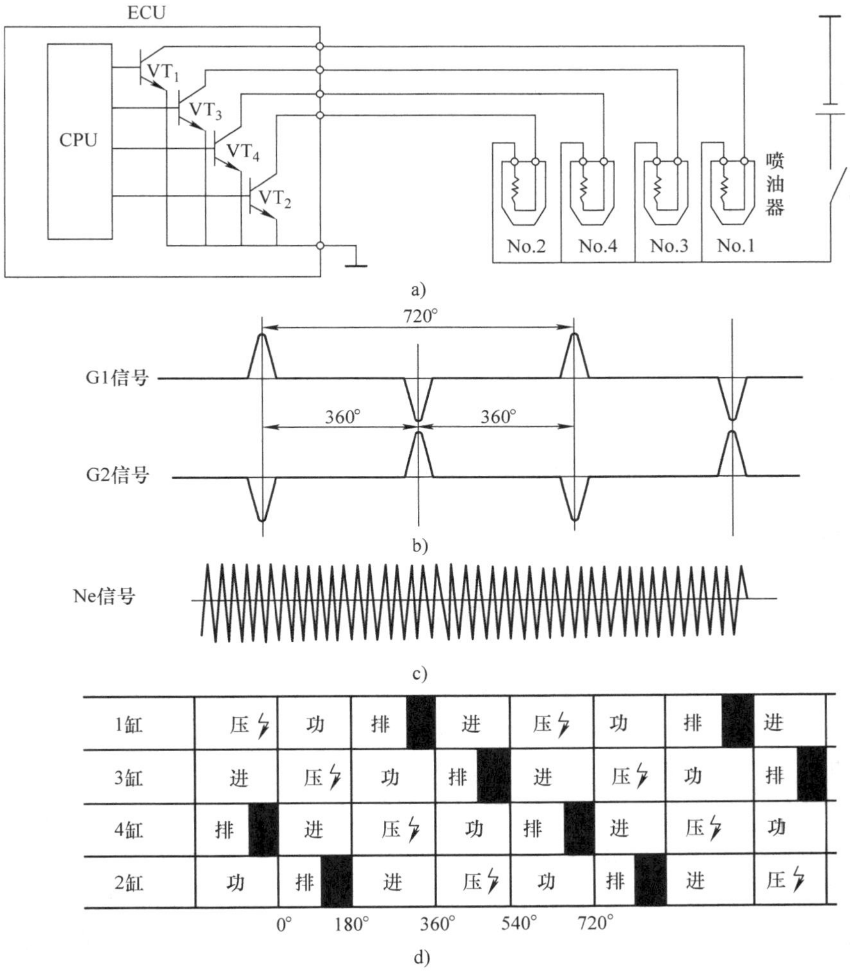

图 3-52　多点燃油顺序喷射控制电路与正时关系

a）控制电路　b）气缸判别信号　c）曲轴转速与转角信号　d）正时关系

在顺序喷射系统中，发动机工作一个循环（曲轴转两转 720°），各缸喷油器轮流喷油一次，就像火花塞按照一定的气缸顺序跳火一样，各缸喷油器按照一定的顺序依次喷射燃油，喷油正时关系如图 3-52d 所示。

实现顺序喷射的关键在于需要知道即将到达排气上止点的是哪一缸的活塞。为此，在顺序喷射系统中，ECU 需要一个气缸判别信号（判缸信号），即需要配装一只凸轮轴位置传感器。根据凸轮轴位置传感器信号，ECU 即可判定是哪一个气缸的活塞即将运行至排气上止点，再根据曲轴位置传感器提供的曲轴转角信号，ECU 就可计算出该活塞位于排气上止点前的具体角度，并适时发出喷油控制指令，使各缸喷油器适时开始喷油。

凸轮轴位置传感器输入 ECU 的判缸信号一般在某一缸或每一缸的排气上止点前 60°～90°（即 BTDC 60°～BTDC 90°）时产生。如日产公爵王（Cedric）六缸发动机轿车用光电式凸轮轴位置传感器的判缸信号是在每一缸的排气上止点前 70°（BTDC 70°）时产生；大众轿车用霍尔式凸轮轴位置传感器的判缸信号是在第 4 缸的排气上止点前 88°（BTDC 88°）时产生。

顺序喷射的优点是各缸喷油时刻均可设计在最佳时刻，燃油雾化质量好，有利于提高燃油经济性和减小有害气体的排放量，缺点是控制电路和控制软件比较复杂。然而，对现代汽车电子技术来说，实现顺序喷射控制十分容易，目前普遍采用。

在多点顺序喷射系统中，喷油顺序与点火顺序同步，点火时刻在压缩上止点前开始，喷油时刻在排气上止点前开始。四缸电喷发动机的点火顺序为 1－3－4－2，喷油顺序也为 1－3－4－2；六缸电喷发动机的点火顺序为 1－5－3－6－2－4，喷油顺序也为 1－5－3－6－2－4。各缸喷油器分别由微机进行控制，驱动回路数与气缸数相等。当发动机转动时，ECU 便按喷油器 1－3－4－2（四缸发动机）或 1－5－3－6－2－4（六缸发动机）的顺序控制功率晶体管导通与截止。当功率晶体管导通时，喷油器电磁线圈电路接通，喷油器阀门开启喷油。

三、发动机起动时喷油量控制

发动机工况不同，对混合气浓度的要求也不相同。特别是冷起动、怠速、急加速或急减速等特殊工况，对混合气浓度都有特殊要求。因此，喷油量的控制大致可分为发动机起动时喷油量的控制和发动机起动后喷油量的控制两种情况。

1. 起动时喷油量的控制方式

当起动机驱动发动机运转时，发动机转速很低（汽油机为 30～50r/min，柴油机为 150～200r/min）且波动较大，导致反映进气量的空气流量或进气压力信号误差较大。因此在起动发动机时，ECU 并不按空气流量或进气压力信号来计算喷油量，而是按照存储器中预先编制的起动程序和预先设定的空燃比来控制喷油量，控制方式为开环控制。

2. 起动时喷油量的控制过程

发动机起动时喷油量的控制过程如图 3-53 所示。ECU 首先根据曲轴位置传感器、点火开关和节气门位置传感器提供的信号，判定发动机是否处于起动状态，以便决定是否按起动程序控制喷油；然后，ECU 再根据冷却液温度传感器信号确定基本喷油量。

当点火起动开关接通“起动”档位时，ECU 的起动信号 STA 端便接收到一个高电平信号，此时 ECU 再根据曲轴位置传感器和节气门位置传感器信号判定是否处于起动状态。如果曲轴位置传感器信号表明发动机转速低于 300r/min，且节气门位置传感器信号表明节气门处于关闭状态，ECU 则判定发动机处于起动状态，并运行起动程序控制喷油。

当冷车起动时，发动机温度很低，燃油不易蒸发，吸入气缸内的可燃混合气浓度相对减小。因此，为了保证发动机起动时具有足够浓度的可燃混合气，ECU 还要根据冷却液温度传感器信号反映的发动机温度高低来控制喷油器的喷油量，以使冷态发动机顺利起动。冷却液温度与喷油量的关系如图 3-54 所示，温度越低，喷油时间越长，喷油量则越大；反之，

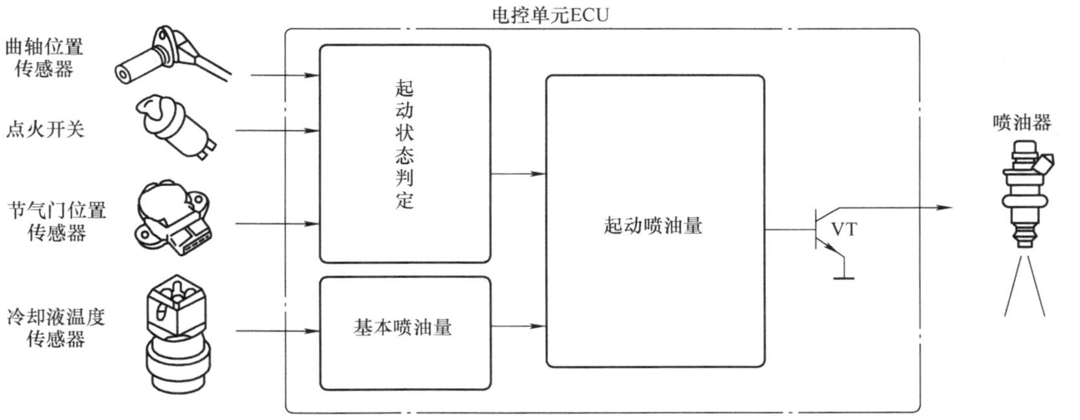

图 3-53　发动机起动时喷油量控制示意图

温度越高，喷油时间越短，喷油量则越小。

四、发动机起动后喷油量控制

在发动机起动后的运转过程中，喷油器实际的喷油总量是由基本喷油量、喷油修正量和喷油增量三部分决定，如图 3-55 所示。

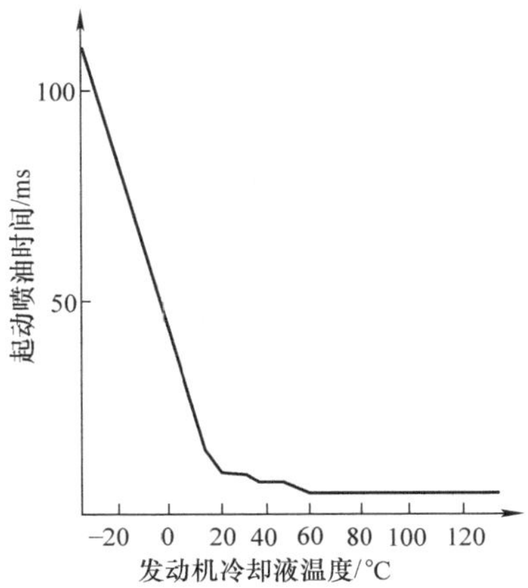

图 3-54　冷起动时的喷油量

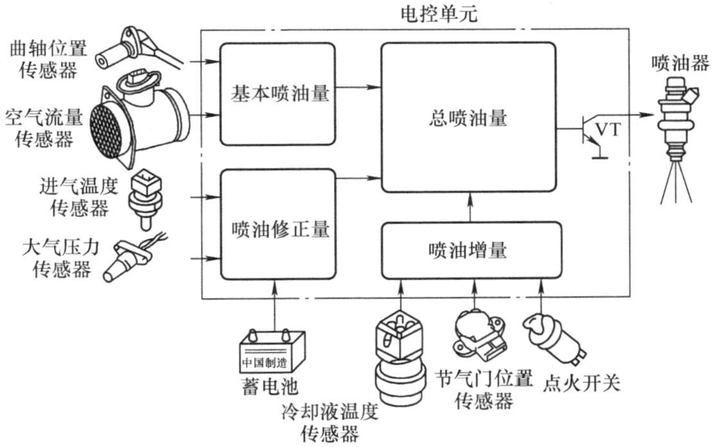

图 3-55　发动机起动后喷油量控制示意图

基本喷油量由空气流量传感器或歧管压力传感器提供的空气量信号、由轴位置传感器提供的发动机转速信号以及试验设定的空燃比（即目标空燃比）确定。

喷油修正量由与进气量有关的进气温度传感器（IATS）信号、大气压力传感器（APS）信号、氧传感器（EGO）信号和蓄电池电压（U_{BAT}）信号计算确定。

喷油增量由反映发动机工况的节气门位置传感器（TPS）信号、冷却液温度传感器（CTS）信号和点火开关信号（IGN）等计算确定。

（一）喷油量的控制方式

众所周知，影响发动机动力性、经济性和排放性能的参数很多，且发动机的工况随时都有可能发生变化，用数学推导方式难以建立电控燃油喷射的数学模型。为此，当今汽车电控燃油喷射系统的基本喷油量、喷油提前角和怠速控制步进电动机的步进角等参数普遍采用数据 MAP（又称数据曼谱图、数据图谱或“数字地图”）的形式预先存储在 ROM 中，利用 ECU 的查询功能进行控制。其控制方式既有开环控制，也有闭环控制。汽油机的点火提前角，柴油机的喷油压力、基本喷油量和喷油提前角等参数也都普遍采用数据 MAP 的形式进行控制。

所谓数据 MAP，就是在控制系统设计制造完成之后，通过对控制对象（如发动机、变速器等）进行若干次台架试验，测定控制对象在不同工况下各种传感器和执行器的有关数据，再分析确定出最佳控制参数，并将这些参数以两维或三维图表的形式存储在 ROM 中的数据图谱。福特（Ford）轿车某型发动机在不同转速和不同负荷条件下，空燃比（λ）的三维数据图谱（即数据 MAP）如图 3-56 所示。

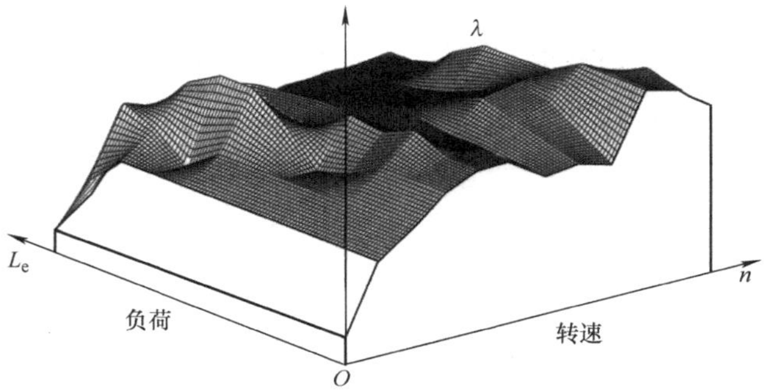

图 3-56　不同转速和负荷时的空燃比三维数据 MAP

（二）喷油量的控制过程

当发动机工作时，ECU 首先根据曲轴位置传感器（CPS）提供的发动机转速（n）信号和节气门位置传感器（TPS）提供的发动机负荷（L_e）信号，在 ROM 存储的三维数据图谱中查寻得到空燃比（λ），并由空燃比（λ）和空气流量传感器（AFS）或歧管压力传感器等信号计算确定基本喷油量（基本喷油时间T_B）；然后根据进气温度和大气压力传感器信号以及电源电压信号确定喷油修正量，根据冷却液温度和节气门位置传感器信号以及点火开关信号确定喷油增量，经过数学计算和逻辑判断确定总喷油量和喷油时刻之后，再向喷油器输出接口电路发出控制指令，通过控制喷油器阀门的开启时刻和喷油器电磁线圈持续通电时间将喷油量控制在最佳值。

（三）喷油量的确定

1. 喷油量 Q 与喷油时间 T 的关系

喷油器的喷油量 Q 主要取决于喷油器喷孔流量 Q_i、喷孔面积 A_i、燃油密度 ρ、燃油压力 p_f、进气压力 p_i 和喷油时间 T（即喷油器电磁线圈通电时间或阀门开启时间）。喷油量的大小可用下述经验公式进行计算

$$Q = Q_i A_i \sqrt{2g\rho(p_f - p_i)} \times T \tag{3-5}$$

式中　g——重力加速度，m/s^2；

T——喷油时间，ms。

在汽油发动机电控喷油系统中，油压调节器调节的燃油压力为系统油压与进气压力之差。所以，对油压调节器结构一定的控制系统来说，系统油压 P_f 与进气压力 P_i 之差 ΔP 为一定值（即由调压弹簧弹力 P_s 决定的数值，一般设定 $\Delta P = P_s = P_f - P_i = 300kPa$）。对喷油器结构一定的控制系统来说，喷孔流量及其面积是固定不变的（磨损微小，可以不考虑）。

由此可见，喷油量仅取决于喷油器阀门开启时间（即取决于 ECU 控制喷油器电磁线圈的占空比信号高电平的宽度）。占空比越大，喷油持续时间越长，喷油量就越大；反之，喷油量越小。汽油机电控燃油喷射系统的喷油时间一般为 2～10ms（实测值为 1.5～12.6ms）。喷油时间 T 可用下述经验公式进行计算：

$$T = T_B \lambda K_{FC} K_{AF} (1 + K_{PT} + K_{AS} + K_{CT} + K_{AC}) + K_{BAT} \quad (3\text{-}6)$$

式中 T_B——基本喷油时间，ms；

λ——空燃比；

K_{FC}——断油修正系数（由断油控制系统控制，断油时 $K_{FC}=0$；不断油时 $K_{FC}=1$）；

K_{AF}——空燃比反馈修正系数（由空燃比反馈控制系统控制，开环控制时 $K_{AF}=1$）；

K_{PT}——进气压力与进气温度修正系数；

K_{AS}——起动后喷油增量修正系数；

K_{CT}——冷却液温度修正系数；

K_{AC}——加速时喷油增量修正系数；

K_{BAT}——电源电压修正系数。

2. 基本喷油时间 T_B（基本喷油量 Q_b）的确定

基本喷油时间 T_B（或基本喷油量）是在标准大气状态（温度为 20℃，压力为 101kPa）下，根据发动机每个工作循环的进气量、发动机转速 n 和试验设定的空燃比（即目标空燃比）确定。

（1）空燃比的确定

发动机在不同转速和负荷时的最佳空燃比数值是在发动机设计完毕后，预先经过台架试验测试获得，并以三维数据 MAP 形式存储在 ROM 中。福特轿车某型电喷发动机在各种工况下的空燃比范围见表 3-3。为了提高汽车的动力性、经济性和排放性能，发动机工况不同，其空燃比也不相同。发动机工作时，ECU 根据曲轴位置传感器输入的发动机转速信号以及空气流量传感器和节气门位置传感器输入的发动机负荷信号，从空燃比数据 MAP 中查询出最佳的空燃比数值进行控制。

表 3-3 福特轿车电喷发动机不同工况时的空燃比 λ 范围

发动机工况	空燃比	发动机温度	氧传感器状态
起动	2:1～12:1	由冷变凉	无信号
暖机	2:1～15:1	逐渐变热	无信号，直到发动机温度正常
开环控制	2:1～15:1	冷或热	有信号但 ECU 不采用
闭环控制	14.7:1	热	有信号且 ECU 采用
急加速	取决于驾驶人操作	热	有信号但 ECU 不采用
减速	稀混合气	热	有信号但 ECU 不采用
怠速	取决于怠速控制系统	热	有信号，怠速控制系统不工作时 ECU 采用

当汽油机在部分负荷工况下工作时，其喷油量是按经济空燃比供给混合气，即电控喷油系统按理论空燃比（$\lambda=14.7$）或大于理论空燃比控制喷油量，控制发动机燃烧稀薄混合气，以提高经济性和降低有害物质的排放量。

当发动机在高速、大负荷或全负荷工况下运行时，为了获得良好的动力性，要求发动机输出最大功率。因此，需要供给浓混合气，ECU将根据节气门位置传感器信号，判定发动机是否处于大负荷以上工况运行。当节气门开度大于70°（80%负荷）以上时，ECU将控制运行功率空燃比程序增大喷油量，满足发动机输出最大功率的要求。

（2）涡流式流量传感器系统基本喷油时间 T_B 计算

采用卡尔曼涡流式空气流量传感器时，基本喷油时间 T_B 可用下述经验公式计算

$$T_B=\frac{Q_A/n}{K_0\lambda}\frac{273+20}{T_{IAT}}\frac{P_{atm}}{101}=K\frac{f}{n}\frac{293}{T_{IAT}}\frac{P_{atm}}{101} \tag{3-7}$$

式中　Q_A/n——发动机每转一转进入气缸的空气量，m^3/r；

n——发动机转速，r/s；

K_0——由喷油器尺寸、喷射方式及气缸数决定的常数；

λ——目标空燃比；

T_{IAT}——空气流量传感器处的进气温度，K；

P_{atm}——大气压力，kPa；

K——常数；

f——涡流频率，Hz。

当进气量增大时，传感器信号频率升高，所以基本喷油时间 T_B（即基本喷油量 Q_b）与涡流频率成正比。进气量越大，传感器信号频率就越高，基本喷油时间就越长。

（3）热丝式与热膜式流量传感器系统基本喷油时间 T_B 计算

采用热丝式与热膜式空气流量传感器时，因为测得空气流量为质量流量，进气温度与大气压力不必修正，所以基本喷油时间 T_B 可用式（3-8）计算

$$T_B=\frac{Q_m/n}{K_0\cdot\lambda} \tag{3-8}$$

式中　Q_m——空气的质量流量，g/s；

n——发动机转速，r/s；

Q_m/n——发动机每转一转进入气缸的空气量，g/r；

K_0——由喷油器尺寸、喷射方式以及气缸数决定的常数；

λ——目标空燃比。

基本喷油时间 T_B（即基本喷油量）与发动机每转一转的进气量（Q_m/n）成正比。当转速 n 升高时，因为发动机在一个工作循环内所占用的时间缩短，其进气量将减少，所以基本喷油时间 T_B 随转速升高而缩短。

由此可见，检测发动机进气量的空气流量或歧管压力传感器、检测发动机转速的曲轴位置传感器以及检测发动机负荷的节气门位置传感器，是计算确定喷油时间的关键传感器，其精度高低将直接影响喷油时间的计算精度，从而影响发动机的经济性和排放性能。

3. 喷油修正量的确定（修正系数 K_{PT} 和 K_{BAT} 的确定）

喷油修正量由与进气量有关的信号决定。因为喷油量与进气量密切相关，所以，凡是影响进气量的信号都必须进行修正。主要包括进气温度传感器（IATS）信号、大气压力传感器（APS）信号和电源电压（U_{BAT}）信号等。

1）进气温度与大气压力的修正（修正系数 K_{PT} 的确定）。当进气温度和大气压力变化

时，空气密度就会发生变化，进气量随之变化。为此，需要ECU根据空气温度和大气压力等信号，对喷油量（喷油时间）进行修正，使发动机在各种运行条件下，都能获得最佳的喷油量。进气温度和大气压力修正系数 K_{PT} 可用式（3-9）表示

$$K_{PT}=\sqrt{\frac{273+20}{T_{IAT}}\sqrt{\frac{P_{atm}}{101}}}=\sqrt{\frac{293}{273+t}\sqrt{\frac{P_{atm}}{101}}} \tag{3-9}$$

式中　P_{atm}——大气压力传感器检测的压力，kPa；

T_{IAT}——进气温度传感器检测的温度，K；

t——进气温度，℃。

当温度升高时，空气密度将减小。在体积相同的情况下，热空气的质量要小于冷空气的质量。因此，对于采用进气压力传感器和体积流量型传感器的喷油系统，在传感器信号相同的情况下，进入发动机的空气质量将随空气温度升高而减小。因为基本喷油量（基本喷油时间）是以标准大气状态（温度293K（20℃）、压力101kPa）为基准进行计算的，所以当进气温度高于20℃时，ECU将确定修正系数小于1，适当减少喷油量（缩短喷油时间）进行修正；反之，当进气温度低于20℃时，ECU将确定修正系数大于1，增加喷油量进行修正。

当汽车在高原地区行驶时，海拔高度增加，大气压力降低，空气密度减小，在发动机进气量体积相同的情况下，空气质量就会减小。为此，ECU将根据大气压力传感器输入的信号，对喷油量（喷油时间）进行适当修正。当大气压力低于101kPa时，ECU将减小修正系数，使喷油量减少（缩短喷油时间）进行修正，避免混合气过浓和油耗过高。反之，当大气压力高于101kPa时，ECU将适当增加喷油量（延长喷油时间）进行修正。大气压力传感器通常采用压敏电阻式并安装在ECU内部，其结构原理与歧管压力传感器相同。

在电控喷油系统中，修正系数 K_{PT} 与进气温度 t 和大气压力 P_{atm} 之间的数据MAP如图3-57所示。数据MAP预先存储在ROM中，当发动机工作时，ECU根据进气温度传感器和大气压力传感器信号由数据MAP即可确定出修正系数的大小。

2）电源电压的修正（修正系数 K_{BAT} 的确定）。喷油器的电磁线圈为感性负载，其电流按指数规律变化，因此，当喷油脉冲到来时，喷油器阀门开启和关闭都将滞后一定时间。电源电压的高低对喷油器开启滞后时间影响较大，电压越低，开启滞后时间越长，在控制脉冲占空比相同的情况下，实际喷油量就会减小，为此必须进行修正。修正喷油量时，ECU以14V电压为基准，当输入ECU的电源电压低于14V时，ECU将增大喷油脉冲的占空比，即增大修正系数，如图3-58所示，使喷油器的喷油时间增长，增大喷油量；反之，当电源电压升高时，ECU将减小修正系数，减小喷油量。

4. 喷油增量的确定（修正系数 K_{AS}、K_{CT} 和 K_{AC} 的确定）

喷油增量是在冷机起动后或汽车加速等特殊工况时，增大喷油量来满足使用要求。主要由反映发动机工况的冷却液温度传感器（CTS）信号、节气门位置传感器（TPS）信号和点火开关信号IGN等确定喷油增量。

1）起动后喷油增量的修正（修正系数 K_{AS} 的确定）。发动机冷机起动后，由于低温混合气雾化不良，燃油会在进气歧管和气缸壁上沉积而导致混合气变稀。为此，在起动后的短时间内，必须增加喷油量，使混合气加浓，保证发动机稳定运转而不致熄火。

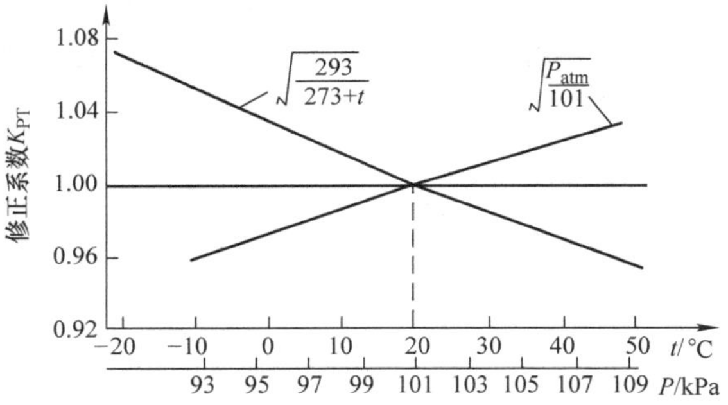

图 3-57　进气温度与大气压力修正系数

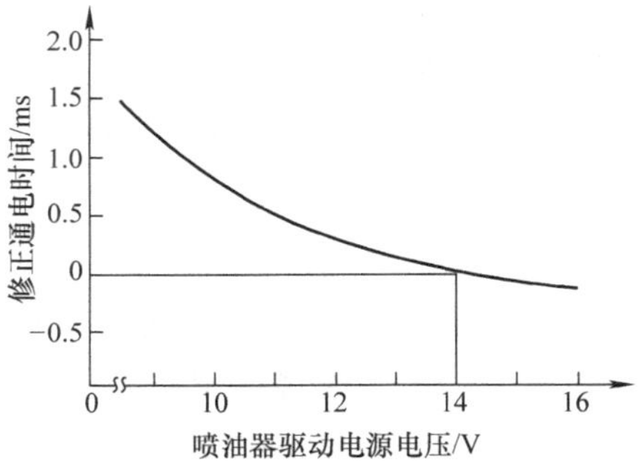

图 3-58　电源电压的修正系数

发动机冷机起动后（起动开关断开 OFF 后）喷油增量比例的大小取决于起动时发动机的温度，并随起动后时间的增长而逐渐减小至 1，如图 3-59 所示。

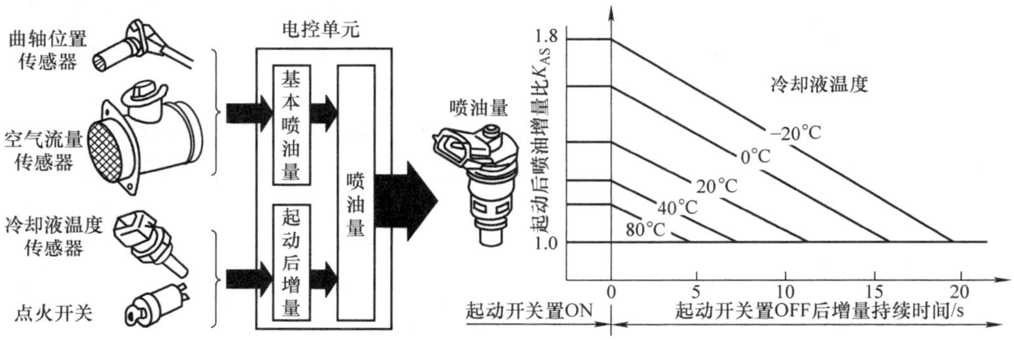

图 3-59　起动后喷油增量的修正

2）暖机时喷油增量的修正（修正系数 K_{CT} 的确定）。在冷机起动结束后的暖机过程中，发动机温度较低，燃油雾化较差，部分燃油凝结在进气歧管和气缸壁上，会使混合气变稀，燃烧不稳定。因此在暖机过程中，必须增加喷油量，其燃油增量的比例取决于冷却液温度传感器测定的发动机温度，并随发动机温度升高而逐渐减小，直到发动机温度超过 60℃ 才停止加浓，喷油增量比例逐渐减小至 1，如图 3-60 所示。

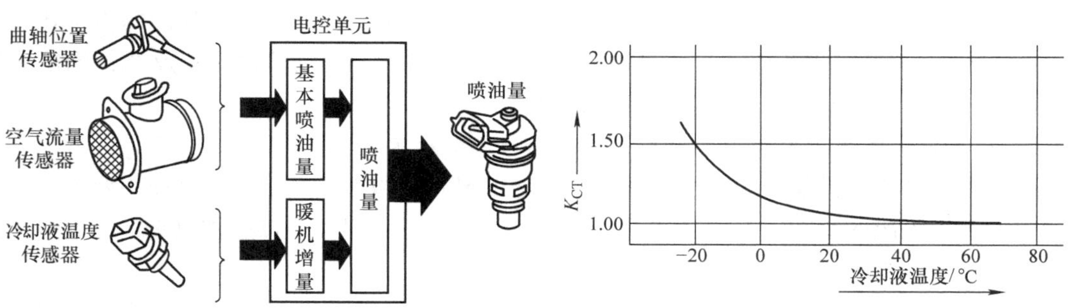

图 3-60　暖机时喷油增量的修正

3）加速时喷油增量的修正（修正系数 K_{AC} 的确定）。当汽车加速时，为了保证发动机能够输出足够的驱动力矩，改善加速性能，必须增大喷油量。加速喷油增量比例大小和混合气加浓时间，取决于加速时发动机冷却液的温度。冷却液温度越低，燃油增量比例越大，加浓持续时间越长，如图 3-61 所示。

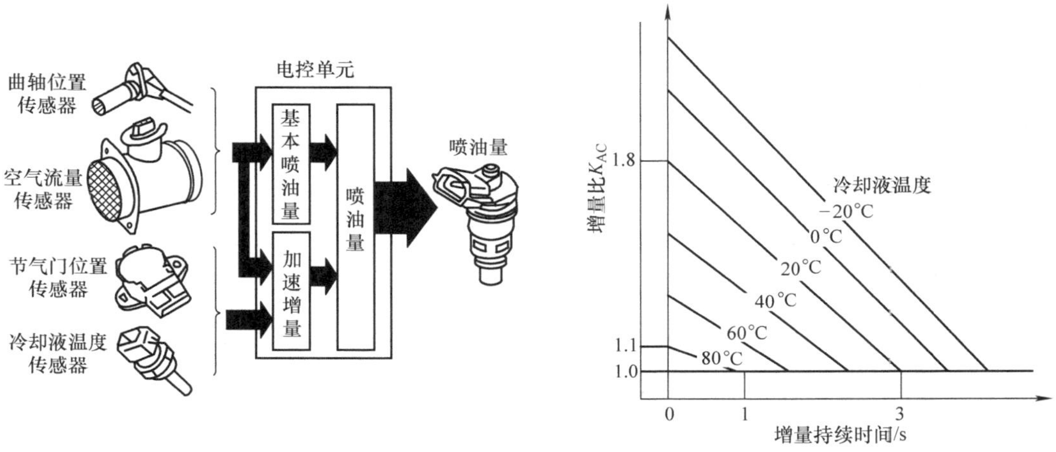

图 3-61　加速喷油增量的修正

在发动机运转过程中，ECU 将根据节气门位置传感器信号和进气量传感器信号的变化速率，判定发动机是否处于加速工况。汽车加速时，节气门开度迅速增大，节气门位置传感器信号的变化速率增大，与此同时，空气流量突然增大，空气流量传感器信号电压突然升高，ECU 接收到这些信号后，立即发出控制指令增大喷油量，使混合气加浓。

五、喷油提前角与喷油持续时间的控制过程

喷油提前角与喷油持续时间控制需要综合运用发动机工作循环、曲轴位置与凸轮轴位置传感器的有关知识进行分析。下面以大众轿车四缸发动机喷油提前角与喷油持续时间的控制为例说明。设发动机 1000r/min 时，喷油提前角为 6°（BTDC 6°），喷油持续时间为 2ms，其控制时序与波形如图 3-62 所示。

（一）喷油提前角的控制过程

喷油提前角是指从喷油开始至活塞运行到排气上止点 TDC 的时间内，发动机曲轴转过的角度。由四缸发动机工作循环可知：当第 1 缸活塞运行到压缩上止点 TDC 时，第 4 缸活塞位于排气 TDC 位置；当第 4 缸活塞运行到压缩上止点时，第 1 缸活塞位于排气 TDC 位置。如图 3-27 所示大众轿车凸轮轴和曲轴位置传感器输出信号波形可知：

1）发动机每旋转两转（720°），霍尔式凸轮轴位置传感器 CIS 产生一个判缸信号，且信号下降沿在第 1 缸活塞压缩（第 4 缸排气）上止点前 88°（BTDC 88°）时产生。

2）发动机每旋转一转（360°），曲轴位置传感器 CPS 产生 58 个脉冲信号，每个凸齿和小齿缺均占 3°曲轴转角，大齿缺占 15°曲轴转角。

3）曲轴位置传感器大齿缺信号后的首个凸齿信号如果是在判缸信号后产生，则该凸齿信号上升沿对应于第 1 缸压缩（第 4 缸排气）上止点前 81°（BTDC 81°）；如果不是在判缸信号

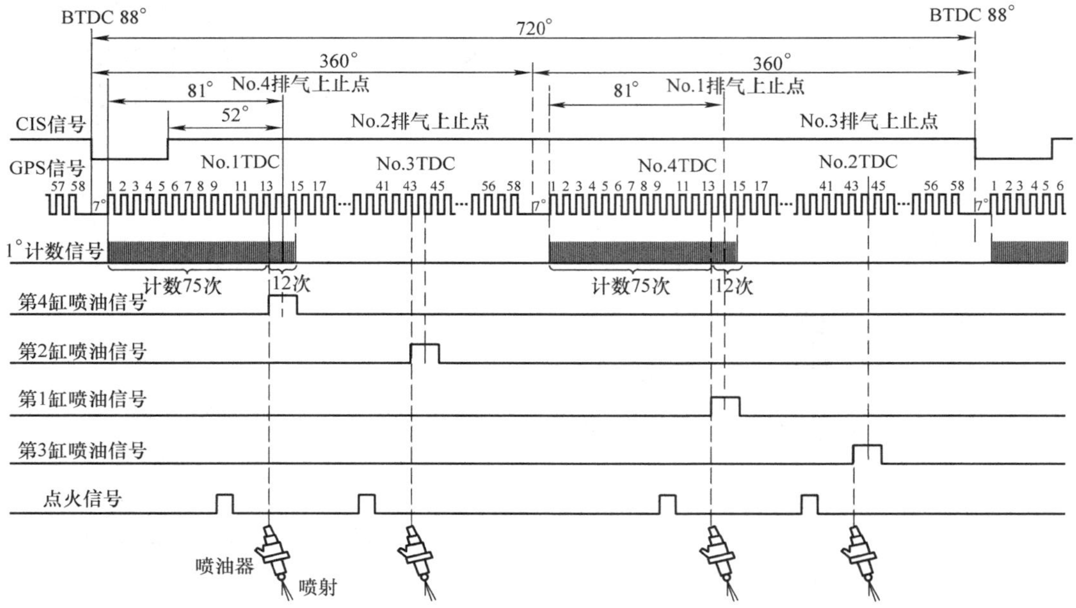

图 3-62　喷油提前角与喷油持续时间的控制时序与波形

后产生，则该凸齿信号上升沿对应于第 4 缸压缩（第 1 缸排气）上止点前 81°（BTDC 81°）。

发动机运转时，曲轴和凸轮轴分别驱动曲轴位置传感器 CPS 和凸轮轴位置传感器 CIS 一同转动，传感器 CPS 和 CIS 产生的信号不断输入 ECU，经过输入接口电路进行信号处理后，再由 CPU 进行数学计算和逻辑判断。

当 ECU 接收到凸轮轴位置传感器 CIS 信号下降沿时，立即判定第 1 缸活塞位于压缩上止点前 88°、第 4 缸活塞位于排气上止点前 88°，并控制其内部的 1°计数电路准备对曲轴位置传感器信号进行计数。

当曲轴位置传感器 CPS 大齿缺信号后的首个凸齿信号上升沿输入 ECU 时，1°计数电路立即开始对 CPS 信号进行计数。当计数 75 次（即 ECU 接收到 CPS 第 13 个凸齿信号的下降沿，相当于曲轴转角 13 个凸齿 ×3° +12 个小齿缺 ×3° =75°）时，第 4 缸活塞正好位于排气上止点前 6°（BTDC6° =81° −75°），此时 ECU 立即向第 4 缸喷油器驱动电路（晶体管）发出高电平控制信号，使第 4 缸喷油器的电磁线圈电路接通，喷油器阀门开启喷油，从而将喷油提前角控制在上止点前 6°（BTDC6°）。

为了控制下一缸（即第 2 缸）喷油，计数电路从 CPS 第 13 个凸齿信号的下降沿开始计数，当计数 180 次（即计数到 CPS 第 43 个凸齿信号下降沿，相当于曲轴转角 30 个凸齿 ×3° +30 个小齿缺 ×3° =180°）时，向第 2 缸喷油器驱动电路的晶体管发出喷油脉冲，使第 2 缸喷油器开始喷油，从而将喷油提前角控制在排气上止点前 6°。

在发动机转速不变的情况下，其他气缸的喷油提前角控制方法依此类推。当转速变化时，ECU 根据上述控制方法，即可将喷油提前角精确控制在相应角度。

（二）喷油持续时间的控制过程

在喷油器开始喷油后，ECU 将控制喷油脉冲保持高电平不变，并根据内部晶振周期控制喷油时间。当喷油脉冲高电平宽度达到 2ms 时，立即将喷油脉冲转变为低电平，使晶体管截止，切断喷油器电磁线圈电流而停止喷油。因为发动机 1000r/min 时，喷油持续时间 2ms 相当于曲轴转角 12°$\left(\frac{1000\times360°\times2\text{ms}}{60\times1000\text{ms}}=12°\right)$，所以，喷油结束时刻对应于曲轴位置传感器 CPS 大齿缺信号后的第 15 个凸齿信号下降沿。在发动机转速不变的情况下，其他气缸喷油持续时间的控制方法依此类推。

第八节　汽油发动机怠速控制技术

所谓怠速，是指发动机无负荷（不踩加速踏板）状态工作，而汽车不行驶的状态。在汽车有效使用期内，发动机机件老化、气缸积炭、火花塞间隙变化和温度变化等都会导致怠速转速发生改变。当发动机怠速运转时，由于空调压缩机、动力转向助力泵、发电机等负载的变化也会引起怠速转速发生波动。为此，电喷发动机都配置了怠速控制系统进行调整。

一、怠速控制系统组成

怠速控制系统的功用是调节怠速时的进气量，使发动机怠速负荷变化时能稳定运转。设置旁通空气道的怠速控制系统如图 3-63 所示，由各种传感器、控制开关、ECU 和怠速控制阀等组成。

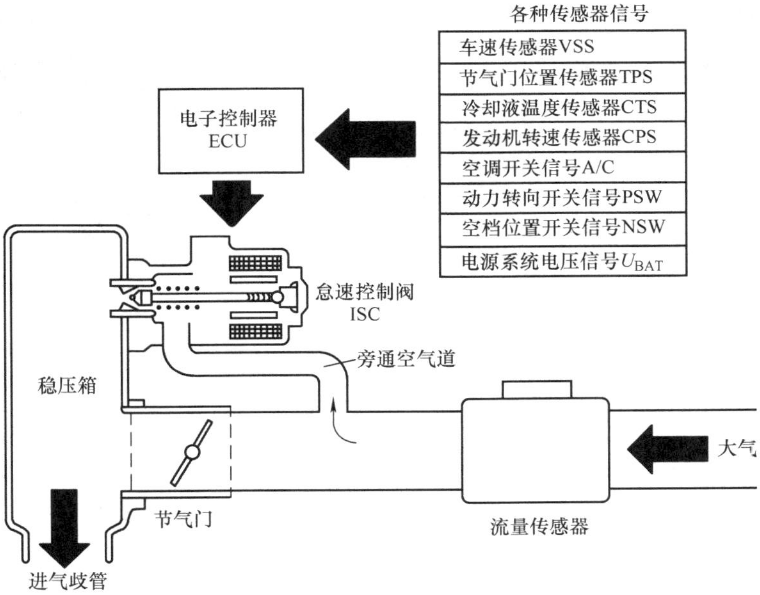

图 3-63　电喷发动机怠速控制系统组成

空调开关信号 A/C、动力转向开关信号 PSW、空档开关信号 NSW 和电源电压信号 U_{BAT} 等向 ECU 提供发动机负荷变化的状态信息。怠速控制阀（ISCV，Idle Speed Control Vavle）是怠速控制系统的执行器。在 ROM 中，存储有不同负荷状况下对应的最佳怠速转速。

二、怠速控制阀的功用与类型

怠速控制阀的功用是：通过调节发动机怠速时的进气量来调节怠速转速。怠速进气量的控制方式有节气门直接控制式和节气门旁通空气道控制式两种，前者是直接操纵节气门来调节进气量，简称节气门直动式；后者是通过控制节气门旁通空气道的开度来调节进气量，简称旁通空气式。

怠速控制阀安装在发动机节气门体上或节气门体附近，各型汽车采用的怠速控制阀各有不同，常用的怠速控制阀分为步进电动机式、脉冲电磁阀式、旋转滑阀式和真空阀式四种。

三、步进电动机式怠速控制阀

步进电动机是一种利用电磁铁作用原理，将电脉冲信号转换为线位移或角位移的电动机。

（一）步进电动机式 ISCV 的结构特点

步进电动机式怠速控制阀由步进电动机、螺旋机构、阀芯、阀座等组成，如图 3-64 所示。步进电动机与其他永磁式电动机一样，也是由永磁转子、定子绕组等组成，其功用是产生驱动力矩。

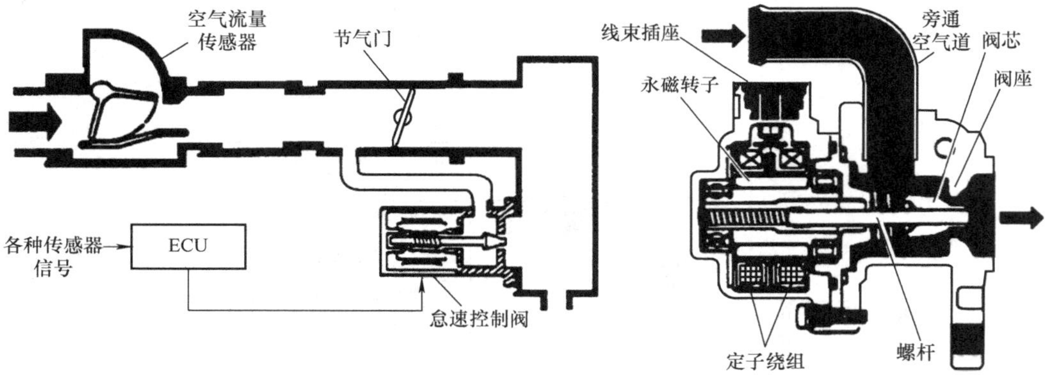

图 3-64　步进电动机式怠速控制阀 ISCV 的结构

螺旋机构的作用是将步进电动机的旋转运动变换为往复运动，由螺杆（俗称丝杠）和螺母组成。螺母与步进电动机的转子制成一体，螺杆的一端制有螺纹，另一端固定有阀芯，螺杆与阀体之间为滑动花键连接，只能沿轴向做直线移动，不能做旋转运动。

当步进电动机的转子转动时，螺母将带动螺杆做轴向移动。转子转动一圈，螺杆移动一个螺距。因为阀芯与螺杆固定连接，所以螺杆将带动阀芯开大或关小阀门开度。ECU 通过控制步进电动机的转动方向和转动角度来控制螺杆的移动方向和移动距离，从而达到控制怠速阀开度，调整怠速转速之目的。

（二）步进电动机的控制原理

步进电动机的工作方式在电工学中均有介绍，故不赘叙。步进电动机式怠速控制阀

ISCV 的控制脉冲如图 3-65 所示。当依次按 B_1-B、$A-A_1$、$B-B_1$、A_1-A 的顺序向电动机的定子绕组输入 4 个脉冲信号时，如图 3-65a 所示，电动机就会沿逆时针方向转动一圈。同理，依次按 B_1-B、A_1-A、$B-B_1$、$A-A_1$ 的顺序向电动机的定子绕组输入 4 个脉冲信号，如图 3-65b 所示，电动机就会沿顺时针方向转动一圈。

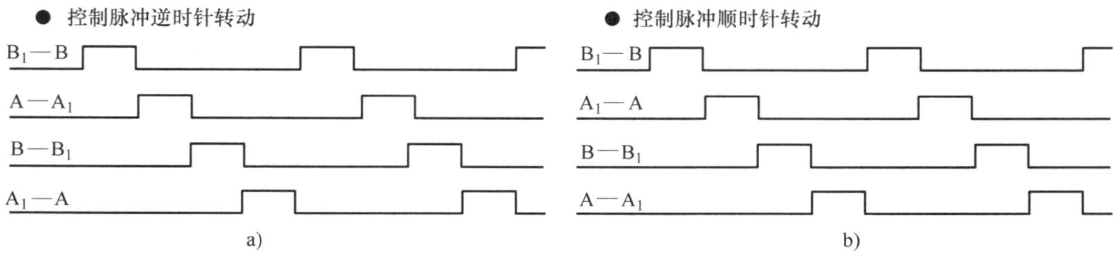

图 3-65　步进电动机控制脉冲

a）逆时针转动步进控制脉冲　b）顺时针转动步进转动控制脉冲

对应于每一个脉冲信号，电动机转子转过的角度（角位移）θ，称为步进电动机的步进角或步距角。以转子齿数为 50 个齿的电动机为例，当以四拍运行时的步进角为 $\theta=360°/(50\times4)=1.8°$（俗称整步），当以八拍运行时的步进角为 $\theta=360°/(50\times8)=0.9°$（俗称半步）。常用的步进角有 30°、15°、11.25°、7.5°、3.75°、2.5°、1.8°等。如丰田皇冠 3.0 型轿车 2JZ－GE 发动机采用的永磁式步进电动机，其转子设有 8 对磁极，定子设有 32 个爪极，转子转动一圈前进 32 步，步进角为 11.25°，该步进电动机的工作范围为 0～125 步（大约转动 4 圈）。

步进电动机定子爪极越多，步进角越小，转角的控制精度就越高。步进电动机的转速取决于控制脉冲的频率，并与频率同步。频率越高，转速越快。

四、怠速转速的控制原理与控制过程

怠速控制的实质是控制发动机怠速时的进气量（充气量）。怠速时的喷油量则由 ECU 根据预先试验设定的怠速空燃比和实际充气量计算确定。

（一）怠速转速的控制原理

电控汽油发动机怠速转速的控制原理是在发动机怠速负荷变化时，控制其进气量（充气量）。当发动机怠速负荷增大（如接通空调压缩机或动力转向助力泵）时，ECU 控制怠速控制阀（或电动机）使进气量增大，从而使怠速转速提高，防止发动机运转不稳或熄火；当发动机怠速负荷减小（如断开空调压缩机或动力转向助力泵）时，ECU 控制怠速控制阀（或电动机）使进气量减少，从而使怠速转速降低，以免怠速转速过高。

（二）怠速转速的控制过程

怠速转速控制过程如图 3-66 所示。当发动机工作时，ECU 首先根据节气门位置传感器的节气门开度信号（IDL 信号）和车速传感器的车速信号 VSS，判断发动机是否处于怠速状态。

当判定为怠速工况（即怠速触点 IDL 闭合、车速为零）时，再根据发动机冷却液温度传感器信号、空调开关信号、动力转向开关信号等，从存储器存储的怠速转速数据中查询相应的目标转速 n_g，然后将目标转速与曲轴位置传感器检测的发动机实际转速 n 进行比较。

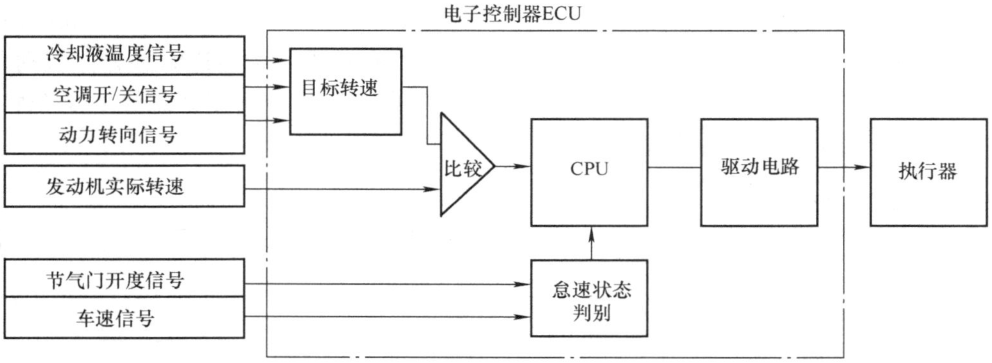

图 3-66　电喷发动机怠速转速的控制过程

当发动机负荷增大，需要发动机快怠速运转，目标转速高于实际转速（$n_g > n$）时，ECU 将控制怠速控制阀（增大比例电磁阀式怠速控制阀的占空比，或增加步进电动机步进的步数）增大旁通进气量来实现快怠速；反之，当发动机负荷减小，目标转速低于实际转速时，ECU 将控制怠速控制阀减小旁通进气量来调节怠速转速。例如，当接通空调（发动机负荷增大）时，需要发动机快怠速运转（目标转速 = 快怠速转速），ECU 就使怠速控制阀的阀门开大，增大旁通进气量。当旁通进气量增大时，因为怠速空燃比已由试验确定为一定值（一般为 12∶1），所以 ECU 将控制喷油器增大喷油量，发动机转速随之增高到快怠速转速运转。

当接通空调或动力转向泵时，其快怠速转速约为（1000 ±50）r/min。快怠速时，转速升高 200r/min 左右。同理，当断开空调（发动机负荷减小），需要降低发动机转速，即目标转速低于实际转速（$n_g < n$）时，ECU 将使怠速控制阀的阀门关小，减小旁通进气量进行调节。

五、步进电动机式 ISCV 的控制过程

步进电动机式怠速控制阀控制怠速的方式包括初始位置确定、起动控制和暖机控制，控制电路如图 3-67 所示。

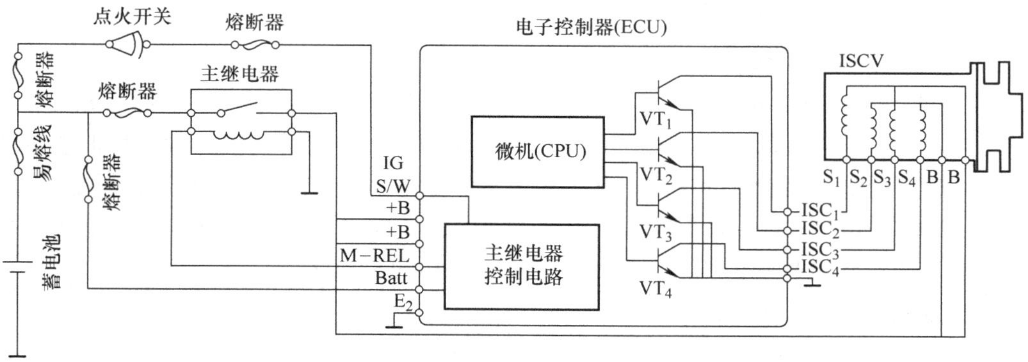

图 3-67　步进电动机式怠速控制阀控制电路

当发动机怠速负荷变化时，在怠速转速变化之前，ECU 将按照一定顺序，控制驱动电路中的晶体管 VT_1、VT_2、VT_3、VT_4适时导通，分别接通步进电动机定子绕组电流，使电动

机转子旋转，带动控制阀的阀芯移动，从而调节进气量，使发动机怠速转速达到目标转速。

1）初始位置确定。为了改善发动机的再次起动性能，在点火开关断开时，ECU 将控制怠速控制阀处于全开状态，为再次起动做好准备。当 ECU 内部主继电器控制电路接收到点火开关拨到 OFF（断开）位置的信号时，ECU 将利用备用电源输入端（Batt 端子）提供的电压控制主继电器（燃油喷射继电器）线圈继续供电 2s，使步进电动机的控制阀退回到初始位置，以便下次起动时具有较大的进气量。

2）起动控制。起动控制特性如图 3-68a 所示。起动发动机时，因为怠速控制阀预先设定在全开位置，所以进气量较大，发动机容易起动。发动机一旦被起动，如果阀门保持在全开位置，怠速转速就会升得过高。因此，在起动时或起动后，当发动机转速达到规定值（该值由冷却液温度确定）时，ECU 就会控制步进电动机步进的步数，使控制阀阀门关小到由冷却液温度确定的阀芯位置，使怠速转速稳定。如果发动机冷却液温度在起动时为 20℃，当转速达到 500r/min 时，ECU 将控制步进电动机从全开位置 *A* 点（125 步）步进到达 *B* 点（55 步）位置，使阀门关小，防止转速过高。

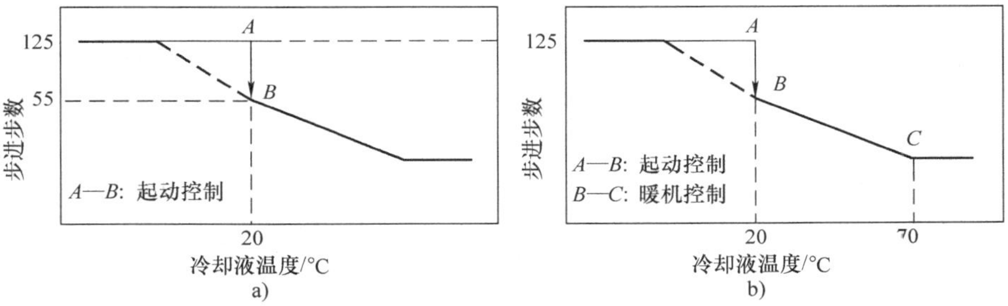

图 3-68　步进电动机式 ISCV 的起动与暖机控制特性

a）步进起动控制特性　b）步进暖机控制特性

3）暖机控制。暖机控制特性如图 3-68b 所示。在发动机暖机过程中，ECU 将根据冷却液温度传感器信号确定步进电动机步进的位置。随着转速升高和发动机温度升高，控制阀阀门将逐渐关小，步进电动机步进的步数逐渐减少。

当冷却液温度达到 70℃时，暖机控制结束，步进电动机及其阀芯位置保持不变。

本章小结

本章主要介绍了汽油发动机电控系统的组成，电控喷油系统的组成与分类方法，各种传感器和执行器的功能、分类方法、结构组成、工作原理与工作特性，汽车电控单元的结构组成，电控喷油系统和怠速控制系统的控制原理与控制过程等。本章重点内容如下：

1. 汽油发动机电控系统的组成和电控喷油系统的组成与分类方法。
2. 涡流式、热丝式与热模式空气流量传感器的功能、结构组成、检测原理与工作特性。
3. 压力传感器的分类与应用，压阻效应式歧管压力传感器的功能、结构组成与检测原理。
4. 光电式、磁感应式、霍尔式曲轴与凸轮轴位置传感器的功能、结构组成与检测原理。
5. 节气门位置传感器和热敏电阻式温度传感器的功能、分类方法、结构组成与检测原理。
6. 汽车电控单元的结构组成与功能。
7. 电动燃油泵、电磁喷油器和油压调节器的结构组成与工作原理。

8. 汽油发动机电控喷油系统燃油喷射和喷油正时的控制原理。

9. 汽油发动机起动时和起动后喷油量的控制方式与控制原理。

10. 汽油发动机电控喷油系统基本喷油量、喷油修正量和喷油增量的计算方法。

11. 汽油机电控喷油系统喷油提前角与喷油持续时间的控制过程。

12. 电控发动机怠速控制系统的组成、控制原理与控制过程。

思考题

一、单选题

1. 在大众 M 型发动机电控系统中，检测空气流量的传感器是（　　）。

A. 翼片式　　B. 涡流式　　C. 热丝式　　D. 热膜式

2. 在大众 M 型发动机电控系统中，检测发动机转速与转角的曲轴位置传感器是（　　）。

A. 光电式　　B. 霍尔式　　C. 磁感应式　　D. 差动霍尔式

3. 在大众 M 型发动机电控系统中，检测节气门位置的传感器有（　　）。

A. 4 只　　B. 3 只　　C. 2 只　　D. 1 只

4. 在汽车发动机电控系统中，氧传感器应当安装在发动机排气管上，其安装位置距离排气歧管应不超过（　　）。

A. 1m　　B. 2m　　C. 3m　　D. 4m

5. 在大众 M 型发动机电控系统中，检测发动机爆燃的传感器有（　　）。

A. 4 只　　B. 3 只　　C. 2 只　　D. 1 只

6. 汽车发动机电控系统具有多种控制功能，其主要功能是控制（　　）。

A. 怠速转速　　B. 喷油与点火　　C. 空燃比　　D. 爆燃

7. 汽车发动机电子控制燃油喷射系统控制的喷油时间为（　　）。

A. 1～2ms　　B. 2～12ms　　C. 12～20ms　　D. 20～50ms

8. 汽车电控发动机缸内喷射的燃油压力一般为（　　）。

A. 10MPa　　B. 100MPa　　C. 160MPa　　D. 200MPa

9. 在发动机电控喷油系统中，涡流式空气流量传感器输出的信号是（　　）。

A. 正弦波信号　　B. 方波信号　　C. 脉冲波信号　　D. 锯齿波信号

10. 实测表明，当发动机转速为 6000r/min 时，光电检测涡流式空气流量传感器输出涡流信号的频率约为（　　）。

A. 30Hz　　B. 75Hz　　C. 220Hz　　D. 430Hz

11. 在热丝式与热膜式空气流量传感器中，恒温差控制电路 A 控制发热元件与温度补偿电阻的温度之差为（　　）。

A. 80℃　　B. 120℃　　C. 300℃　　D. 600℃

12. 热膜式空气流量传感器输出电压与空气流量之间的关系是（　　）。

A. 4 次方根　　B. 4 次方　　C. 2 次方　　D. 2 次方根

13. 发动机怠速运转时，大众 M 型轿车发动机直接供气系统的标准进气量为（　　）。

A. 50～100g/s　　B. 10～50g/s　　C. 5.0～10g/s　　D. 2.0～5.0g/s

14. 磁感应式传感器转子凸齿与信号发生器之间的气隙一般为（　　）。

A. 0.1～0.2mm　　B. 0.2～0.4mm　　C. 0.5～1.5mm　　D. 2～4mm

15. 差动霍尔式传感器转子凸齿与信号发生器之间的气隙一般为（　　）。

A. 0.1～0.2mm　　B. 0.2～0.4mm　　C. 0.5～1.5mm　　D. 2～4mm

16. 当发动机停止工作时，随机存储器 RAM 消耗的电流约为（　　）。

A. 1～2mA　　B. 2～5mA　　C. 5～20mA　　D. 1～2A

17. 在电控汽油喷射系统中，电磁喷油器球阀或针阀的升程约为（　　）。

A. 0.1～0.2mm　　B. 0.2～0.4mm　　C. 0.5～1.5mm　　D. 2mm

18. 在电控汽油喷射系统中，高阻型电磁喷油器的线圈阻值为（　　）。

A. 1～3Ω　　B. 13～18Ω　　C. 1～3kΩ　　D. 13～18kΩ

19. 油压调节器调节的汽油压力与进气歧管的气压之差为（　　）。

A. 300kPa　　B. 100kPa　　C. 100MPa　　D. 300MPa

20. 当空调开关接通时，电控发动机快怠速运转，此时发动机转速升高约（　　）。

A. 1000r/min　　B. 800r/min　　C. 80r/min　　D. 200r/min

二、多选题

1. 汽车发动机电子控制系统能够提高汽车的（　　）。

A. 动力性　　B. 经济性　　C. 安全性　　D. 排放性

2. 汽油发动机电控燃油喷射系统 EFI 是由以下几个子系统组成（　　）。

A. 供气系统　　B. 供油系统　　C. 电控系统　　D. 安全系统

3. 在汽油发动机电控燃油喷射系统 EFI 的空气供给子系统中，设置的传感器有（　　）。

A. 空气流量传感器　　B. 进气温度传感器

C. 怠速控制阀　　D. 节气门位置传感器

4. 将发动机燃油喷射电子控制系统的传感器和执行器进行不同组合，即可组成（　　）。

A. 喷油控制系统　　B. 断油控制系统

C. 爆燃控制系统　　D. 空燃比反馈控制系统

5. 根据电控发动机喷油器的喷射时序不同，多点燃油间歇喷射系统可分为（　　）。

A. 同时喷射　　B. 进气管喷射

C. 分组喷射　　D. 顺序喷射

6. 在发动机电控喷油系统中，压阻效应式歧管压力传感器的组成部件主要有（　　）。

A. 发热元件　　B. 硅膜片　　C. 真空室　　D. 混合 IC

7. 汽车发动机电控系统采用的曲轴位置传感器有以下几种形式（　　）。

A. 触点式　　B. 磁感应式　　C. 光电式　　D. 霍尔式

8. 在发动机电控喷油系统采用的电动燃油泵中，按油泵结构不同可分为（　　）。

A. 滚柱泵　　B. 膜片泵　　C. 叶片泵　　D. 齿轮泵

9. 在汽油发动机电控喷油系统采用的电磁喷油器中，按总体结构不同可分为（　　）。

A. 轴针式　　B. 压电式　　C. 球阀式　　D. 片阀式

10. 电控发动机常用的怠速控制阀有以下几种形式（　　）。

A. 步进电动机式　　B. 脉冲电磁阀式

C. 旋转滑阀式　　D. 真空阀式

三、判断题

1. 汽车电控汽油发动机的进气道较长，其目的是提高发动机的动力性。（　　）
2. 在涡流式空气流量传感器中，发动机的进气量与涡流的频率成反比。（　　）
3. 压阻效应式歧管压力传感器的输出电压 U_0与歧管压力 p 成正比。（　　）
4. 点火开关一旦接通，电动燃油泵就会运转 1 ~ 2s。（　　）
5. 在电控汽油喷射系统中，油压调节器调节的压差取决于进气压力的高低。（　　）
6. 当冷车起动发动机时，冷却液温度越低，则喷油时间越长，喷油量则越大。（　　）
7. 在发动机起动后的运转过程中，其总喷油量由喷油修正量和喷油增量决定。（　　）
8. 在电控汽油喷射系统中，发动机的基本喷油时间随转速升高而增长。（　　）
9. 在电控汽油喷射系统中，当大气压力降低时，基本喷油时间缩短。（　　）
10. 汽车电控发动机怠速控制的实质是控制发动机怠速时的喷油量。（　　）

四、问答题

1. 汽油发动机电控系统采用的传感器有哪些？
2. 在汽油发动机电控系统中，控制燃油喷射与点火时刻最重要的传感器有哪些？
3. 汽油发动机电控系统采用的执行器有哪些？
4. 汽油发动机燃油喷射电子控制系统采用的传感器有哪些？
5. 为何汽油发动机喷油系统需要设置空气流量传感器？采集进气量信号的传感器有哪些？
6. 分析说明汽油发动机电控喷油系统中，膜片式油压调节器的调压原理。
7. 分析说明汽油发动机电控喷油系统燃油喷射的控制原理。
8. 分析说明汽油发动机起动后喷油量的控制过程。
9. 简述电控汽油发动机怠速转速的控制原理。
10. 分析说明电控汽油发动机怠速转速的控制过程。

第四章　汽油发动机排放与点火控制技术

汽车造福人类的同时，也带来了大气污染问题，因此必须采取措施进行控制。汽车排放的有害物质主要有碳氢化合物（HC）、一氧化碳（CO）、氮氧化物（NO_x）、光化学烟雾和炭烟等。

第一节　发动机断油控制技术

发动机断油控制是指在特殊工况下，暂时中断喷油，以满足发动机运行的特殊要求。断油控制系统的组成如图 4-1 所示，控制部件主要有曲轴位置传感器、节气门位置传感器、冷却液温度传感器、点火开关、电控单元和喷油器等。

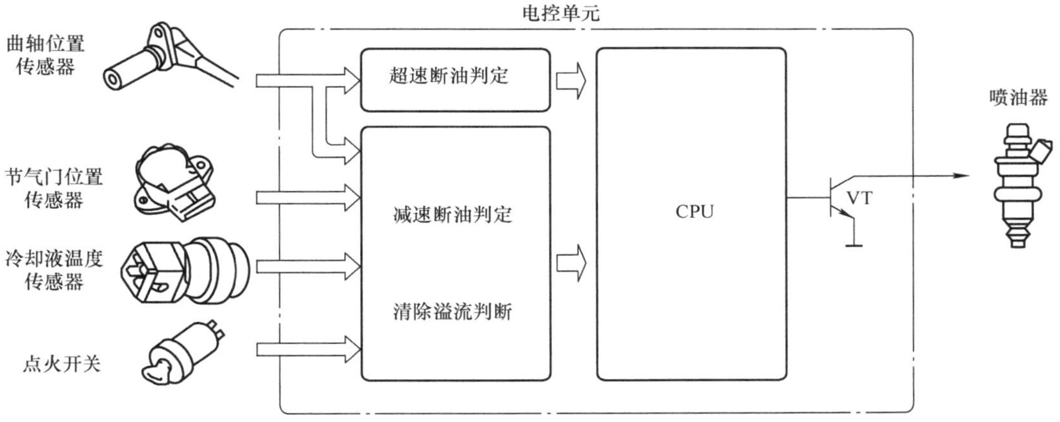

图 4-1　超速断油与减速断油控制过程

根据断油的条件不同，断油控制分为超速断油控制、减速断油控制和清除溢流控制等。

一、超速断油控制

超速断油控制是指当发动机转速超过允许的极限转速时，ECU 立即控制喷油器中断喷油的控制。发动机工作时，转速越高，曲柄连杆机构的离心力就越大。当离心力过大时，发动机就有“飞车”而损坏的危险。因此，每台发动机都设置有一个极限转速值，一般为 6000～7000r/min。超速断油控制的目的就是防止发动机超速运转而损坏机件。

在发动机运行过程中，ECU 随时都将曲轴位置传感器测得的发动机实际转速与存储器中预先存储的极限转速值进行比较。当实际转速超过极限转速 80r/min 时，ECU 就会发出停止喷油指令，控制喷油器停止喷油，限制发动机转速进一步升高，超速断油控制曲线如图 4-2 所示。喷油器停止喷油后，发动机转速将迅速下降。当发动机转速下降至低于极限转速 80r/min 时，ECU 将控制喷油器恢复喷油。由此可见，极限转速值实际上是一个平均转速 n_0 值。

二、减速断油控制

减速断油控制是指发动机在高速运转过程中突然减速时，ECU 自动控制喷油器中断燃油喷射。当高速行驶的汽车突然松开加速踏板减速时，发动机将在汽车惯性力的作用下高速旋转，由于节气门已经关闭，进入气缸的空气很少。因此，如果不停止喷油，混合气将会很浓而导致燃烧不完全，有害气体的排放量将急剧增加。减速断油控制的目的就是减小有害气体的排放量并节约燃油。

减速断油控制时，ECU 根据节气门位置、发动机转速和冷却液温度等传感器信号，判断是否满足以下三个减速断油条件。

1）节气门位置传感器信号表示节气门关闭。

2）发动机冷却液达到正常工作温度（80℃）。

3）发动机转速高于燃油停供转速。

当以上三个条件全都满足时，ECU 立即发出停止喷油指令，控制喷油器停止喷油。当喷油停止、发动机转速降低到燃油复供转速或节气门开启（怠速触点断开）时，ECU 再发出指令控制喷油器恢复喷油，控制曲线如图 4-3 所示。如 8A－FE 型三缸电喷发动机在 2500r/min 正常运行时，如果节气门关闭，喷油器就会停止喷油。当发动机转速下降到燃油复供转速1400r/min时，喷油器又会恢复喷油。

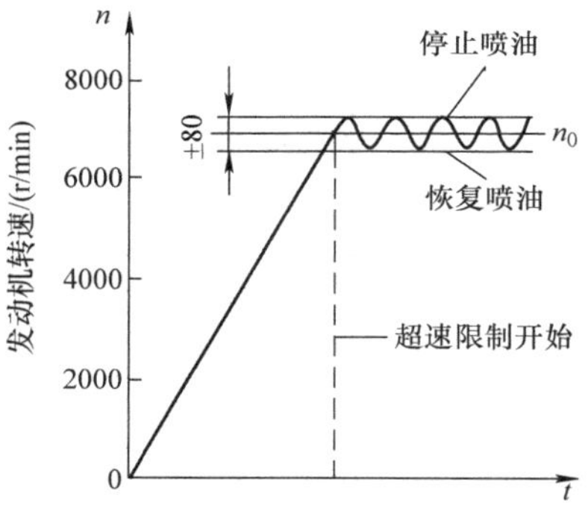

图 4-2 超速断油控制曲线

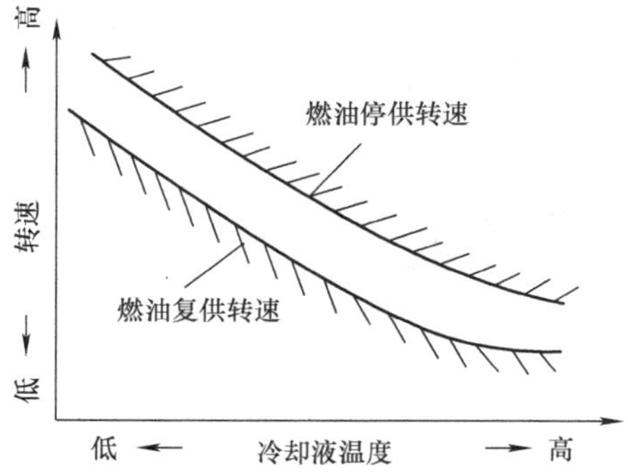

图 4-3 减速断油控制曲线

燃油停供转速和复供转速与冷却液温度和发动机负荷有关，由 ECU 根据发动机温度、负荷等参数确定。冷却液温度越低，发动机负荷越大（如汽车爬坡、接通空调），燃油停供转速和复供转速就越高。

三、清除溢流控制

在起动电喷汽油发动机时，燃油喷射系统将向发动机供给较浓的可燃混合气，以便顺利起动。如果多次起动未能成功，那么淤积在气缸内的浓混合气就会浸湿火花塞（火花塞被混合气浸湿的现象称为“溢流”或“淹缸”），使其不能跳火而导致发动机不能起动。清除溢流控制的目的就是保证火花塞能够正常跳火点燃混合气使发动机顺利起动。

清除溢流是指当加速踏板踩到底，同时又接通起动开关起动发动机时，ECU 自动控制喷油器中断燃油喷射，以便排出气缸内的燃油蒸气，使火花塞干燥以便能够跳火，清除溢流控制具有以下三个条件，只有三个条件同时满足时，断油控制系统才能进入清除溢流状态工作。

1）点火开关处于起动位置。

2）节气门全开。

3）发动机转速低于 300r/min。

由此可见，在起动电喷发动机时，不必踩下加速踏板，直接接通起动开关即可起动。否则，断油控制系统可能进入清除溢流状态而使发动机无法起动。同理，当接通起动开关起动机运转而发动机难以起动时，可利用其清除溢流功能，先将溢流清除，再进行起动。

第二节　空燃比反馈控制技术

在控制系统中，凡是系统的输出端与输入端之间存在反馈回路，即输出量对控制作用有直接影响的系统，称为闭环控制系统或反馈控制系统。“闭环”的含意是应用反馈调节作用来减小系统的误差。空燃比反馈控制就是调节电控发动机空燃比的误差。

一、空燃比反馈控制系统的组成

试验证明：当发动机混合气的空燃比（A/F）控制在理论空燃比（14.7）附近时，三元（HC、CO、NO_x）催化转化器才能使 HC、CO、氢气 H_2 的还原作用和 NO_x、O_2的氧化作用同时进行，并将排气中的三种有害气体（HC、CO、NO_x）转化为二氧化碳 CO_2 和水 H_2O 等无害物质，净化率曲线如图 4-4 所示。电喷发动机是用空气流量传感器和发动机转速传感器等信号来计算确定喷油量，很难将空燃比控制在理论空燃比（14.7）附近。

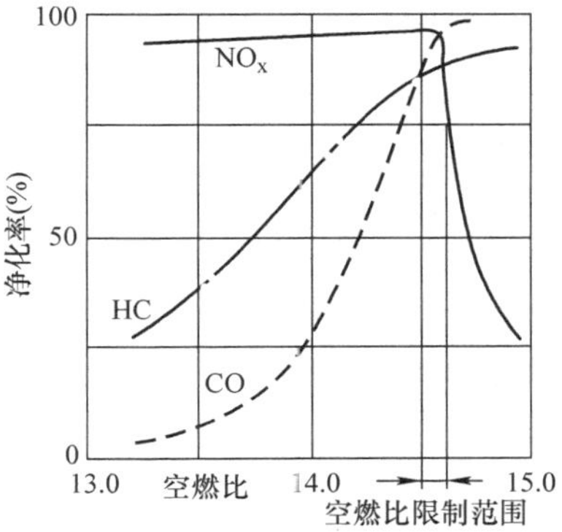

图 4-4　排气净化率曲线

空燃比反馈控制系统（AFC，Air Fuel Ratio Feedback Control）的功用是，利用氧传感器信号对空燃比进行反馈控制，将空燃比控制在理论空燃比（14.7）附近，再利用三元催化转化器将排气中的三种主要有害物质转化为无害成分，从而节约燃油和净化排气，满足油耗法规和排放法规的要求。

空燃比反馈控制系统是在燃油喷射系统的基础上增设氧传感器而构成，如图4-5所示。氧传感器是实现空燃比反馈控制的

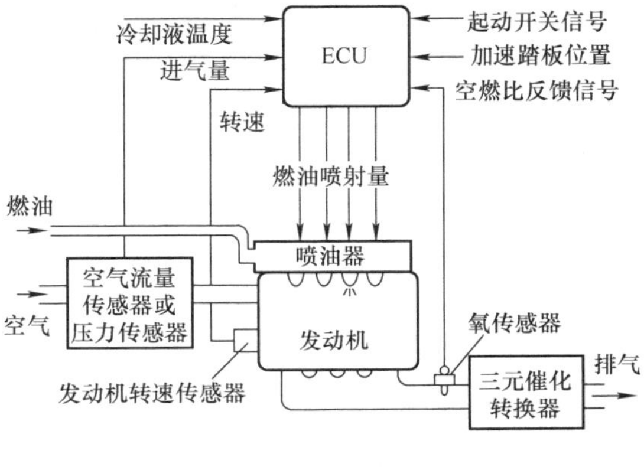

图 4-5　空燃比反馈控制系统组成

关键部件，安装在排气门至三元催化转换器之间，一般距离排气歧管不超过 1m 的发动机排气管上。通过检测排气管排出废气中氧离子的含量来反映发动机空燃比的大小，以便修正喷油量并实现空燃比闭环控制。如果在同一根排气管上安装两只氧传感器（如雷克萨斯 LS400 型和皇冠 3.0 型轿车），则在三元催化转换器的前、后端各安装一只氧传感器，两次反馈能够实现精确控制。

氧传感器是排气氧传感器（EGO，Exhaust Gas Oxygen Sensor）的简称，其功用是通过监测排气中氧离子的含量来获得混合气的空燃比信号，并将空燃比信号转变为电信号输入发动机 ECU。ECU 根据氧传感器信号对喷油量（喷油时间）进行修正，实现空燃比反馈控制（闭环控制），即将空燃比控制在 14.7 左右，使发动机得到最佳浓度的混合气，从而达到减小有害气体的排放量和燃油消耗量之目的。

汽车电控发动机采用的氧传感器分为氧化锆式和氧化钛式两种类型，氧化锆式氧传感器又分为加热型与非加热型氧传感器两种，氧化钛式一般都为加热型传感器。因为氧化钛式氧传感器价格便宜，且不易受到硅离子的腐蚀，所以当今汽车普遍采用。

二、氧化锆式氧传感器的结构原理

空气中的氧离子在某些固体电解质中容易扩散，已经发现的具有多孔性的固体电解质材料有二氧化锆（ZrO_2）、氧化钍（ThO_2）、氧化铋（Bi_2O_3）、氧化铈（CeO_2）等。当这些电解质的表面与内部之间氧气的浓度不同（即存在浓度差）时，氧气浓度高处的氧离子就会向浓度低的一侧扩散，以求达到平衡状态。当固体电解质表面设置集中用多孔电极之后，在其两个表面之间就可得到电动势，因此，将其称为“氧浓差电池”。氧化锆式氧传感器就是根据这一原理制成的氧离子浓度传感器，又称为“电压型”氧离子浓度传感器。

1. 氧化锆式氧传感器的结构组成

氧化锆式氧传感器的结构如图 4-6 所示，主要由钢质护管、钢质壳体、锆管、加热元件、电极引线、防水护套和线束插头等组成。

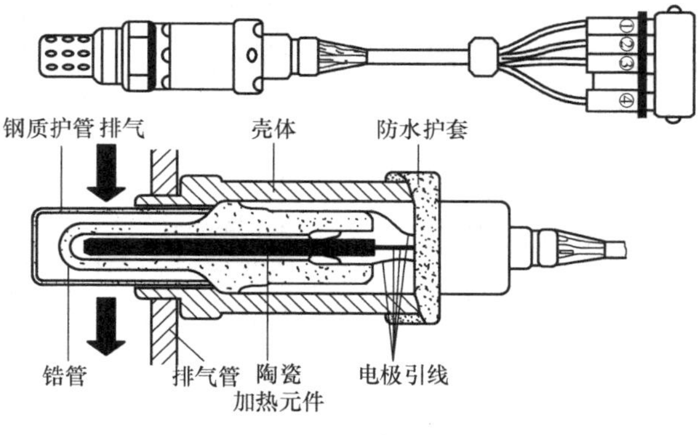

图 4-6 氧化锆式 EGO 的结构

锆管是在二氧化锆（ZrO_2）固体电解质粉末中添加少量的添加剂压制成形后，再烧结而成的陶瓷管，其加工工艺与火花塞绝缘体的成形工艺完全相同。二氧化锆晶体的体积变化量为 4% 左右，其体积变化容易导致晶体老化而失效（阻止氧离子扩散），加入添加剂的目的就是防止二氧化锆晶体老化。目前常用的添加剂是氧化钇（Y_2O_3）。锆管制做成试管形状，以便氧离子能均匀扩散与渗透。锆管内表面通大气，外表面通排气。为了防止发动机排出的废气腐蚀外层铂电极，在外层铂电极表面还涂敷有陶瓷保护层。

在锆管的内、外表面都涂覆有一层金属铂（催化剂）作为电极，并用金属线与传感器信号输出端子连接。金属铂除了起到电极作用将信号电压引出传感器之外，另一个更重要的作用是催化作用。在催化剂铂的作用下，当发动机排气中的一氧化碳（CO）有害气体与氧气（O_2）接触时，就会生成二氧化碳（CO_2）无害气体。氧化锆陶瓷管的强度很低，而且安装在排气管上承受排气压力冲击。为了防止锆管受排气压力冲击而造成陶瓷管破碎，因此将锆管封装在钢质护管内。护管上制作有若干个小孔，以便于排气流通。在钢质壳体上制作有六角螺边和螺纹，以便安装（拧紧力矩为 40～60N · m）和拆卸传感器。

氧化锆式氧传感器有加热型与非加热型两种。非加热型氧传感器的线束插头只有一个或两个接线端子。中高档轿车大都采用加热型氧传感器，其线束插头有三个或四个接线端子。

2. 氧化锆式氧传感器的工作原理

氧化锆式氧传感器的固体电解质普遍使用二氧化锆，其工作原理如图 4-7 所示。因为锆管内侧与氧离子浓度高的大气相通，外侧与氧离子浓度低的排气相通，且锆管外侧的氧离子随可燃混合气浓度变化而变化，所以当氧离子在锆管中扩散时，锆管内、外表面之间的电位差将随可燃混合气浓度变化而变化，即锆管相当于一个氧浓差电池，传感器的信号源相当于一个可变电源。

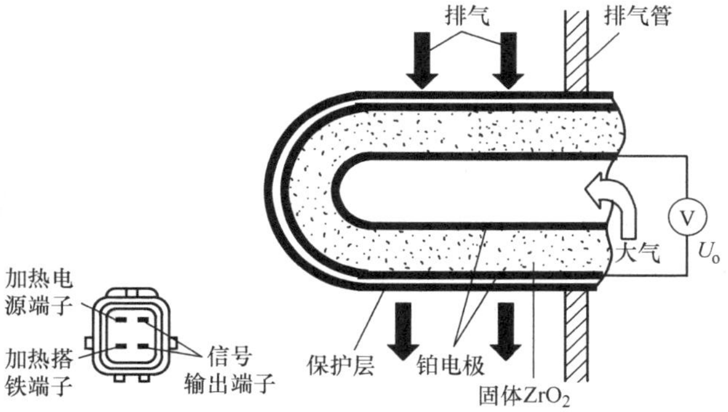

图 4-7 氧化锆式 EGO 工作原理

氧传感器的输出特性如图 4-8 所示。当供给发动机的可燃混合气较浓（即空燃比 <14.7 或过量空气系数 $\alpha<1$）时，排气中氧离子含量较少、一氧化碳（CO）浓度较大。在锆管外表面催化剂铂的催化作用下，氧离子几乎全部都与 CO 发生氧化反应生成二氧化碳气体，使外表面上氧离子浓度为 0。由于锆管内表面与大气相通，氧离子浓度很大，因此锆管内、外表面之间的氧离子浓度差较大，两个铂电极之间的电位差较高，约 0.9V。

当供给发动机的可燃混合气较稀（即空燃比 >14.7 或过量空气系数 $\alpha>1$）时，排气中氧离子含量较多、CO 浓度较小，即使 CO 全部都与氧离子产生化学反应，锆管外表面上还是有多余的氧离子存在。因此，锆管内、外表面之间氧离子的浓度差较小，两个铂电极之间的电位差较低，约 0.1V。

当空燃比接近于理论空燃比 14.7（过量空气系数 α 接近于 1）时，排气中的氧离子和 CO 含量都很少。在催化剂铂的作用下，氧离子与 CO 的化学反应从缺氧状态（CO 过剩、氧

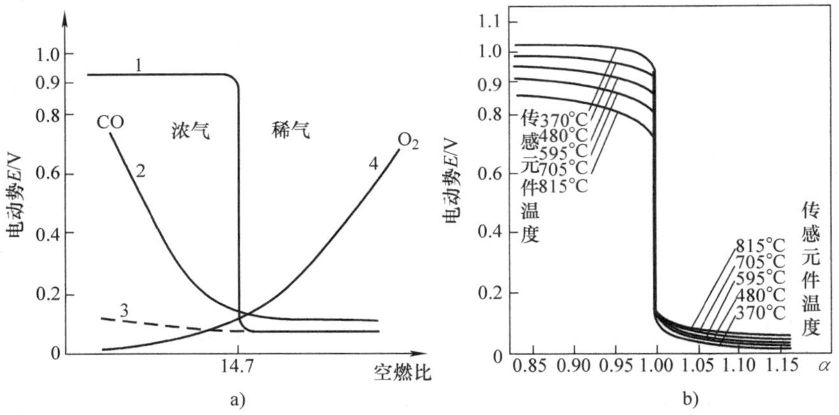

图 4-8　氧化锆式氧传感器输出特性

a）气体浓度与电压的关系　b）传感元件温度与电压的关系

1—传感器的电动势　2——一氧化碳 CO 浓度　3—无铂电极时的电动势　4—氧离子浓度

离子浓度接近于0）急剧变化为富氧状态（CO 接近于0、氧离子过剩）。由于氧离子浓度差急剧变化，因此，铂电极之间的电位差急剧变化，使传感器输出电压从 0.9V 急剧变化为0.1V。

如图 4-8a 所示，当可燃混合气浓时，如果没有催化剂铂的催化作用使氧离子浓度急剧减小到接近于0，那么在混合气由浓变稀时，固体电解质两侧氧离子的浓度差将连续变化，传感器的电动势将按曲线 3 所示连续变化，即电动势不会出现跃变现象。

在使用过程中，铂在催化反应过程中自身会有消耗，故氧化锆式氧传感器是一种消耗型传感器。此外，汽油和机油硫化产生的硅酮等颗粒物质附着在铂电极表面上会导致铂电极逐渐失效，传感器内部端子处用于防水的硅橡胶也会逐渐污染内侧电极。因此，氧化锆式氧传感器必须定期更换。目前规定，汽车每行驶 16 万 km 必须更换新品。

3. 氧化锆式氧传感器的工作条件

氧化锆式氧传感器必须满足以下三个条件，才能正常调节混合气浓度：一是发动机温度高于 60℃；二是氧传感器自身温度高于 300℃；三是发动机工作在怠速工况或部分负荷工况。

三、氧化钛式氧传感器的结构原理

二氧化钛（TiO_2）属于 N 型半导体材料，其阻值大小取决于材料温度以及周围环境中氧离子的浓度。因此可用来检测排气中的氧离子浓度。氧化钛式氧传感器又称为“电阻型”氧离子浓度传感器。

1. 氧化钛式氧传感器的结构组成

氧化钛式氧传感器的外形与氧化锆式氧传感器相似，结构如图 4-9 所示，主要由二氧化钛传感元件、钢质壳体、加热元件和电极引线等组成。

钢质壳体上制有螺纹，以便于传感器安装。与氧化锆式氧传感器不同的是，氧化钛式氧传感器不需要与大气压进行比较，因此传感元件的密封与防水十分方便，利用二氧化硅或滑

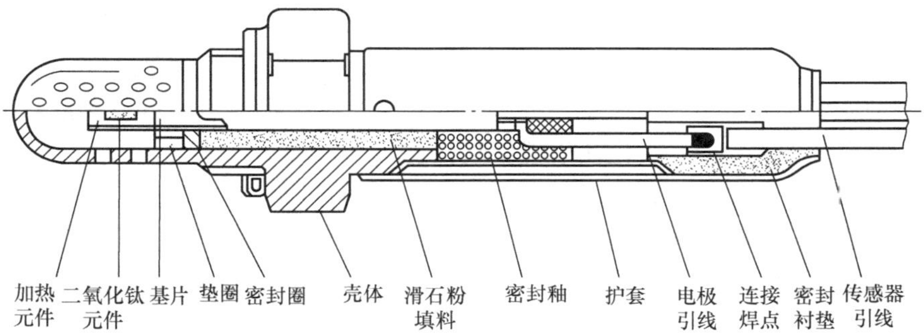

图 4-9　氧化钛式氧传感器结构

石粉等密封即可达到使用要求。此外，在电极引线与护套之间设置一个硅橡胶密封衬垫，可以防止水汽浸入传感器内部而腐蚀电极。

氧化钛传感元件有芯片式和厚膜式两种，如图 4-10 所示。芯片式将铂金属线埋入二氧化钛芯片中，金属铂兼作催化剂。厚膜式采用半导体封装工艺中的氧化铝层压板工艺制成，从而使成本降低、可靠性提高。

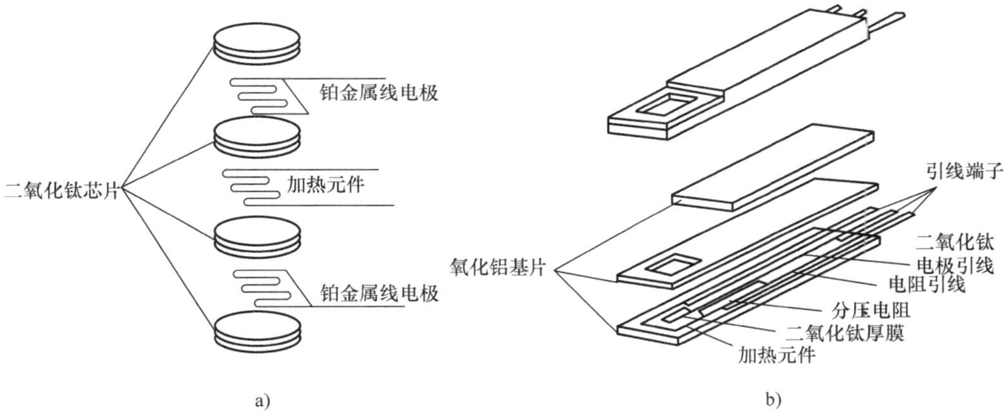

图 4-10　氧化钛式氧传感器传感元件结构

a）芯片式传感元件　b）厚膜式传感元件

加热元件用钨丝或陶瓷材料制成，加热的目的是使传感元件二氧化钛温度保持恒定，从而使传感器的输出特性不受温度影响。因为二氧化钛是一种多孔性的陶瓷材料，利用热传导方式对氧化钛芯片或厚膜可以直接进行加热，所以加热效率高，达到激活温度（规定温度为 600℃）需要的时间很短，这对减小发动机刚刚起动后碳氢化合物（HC）的排放十分有利。

2. 氧化钛式氧传感器的工作原理

二氧化钛半导体材料的电阻具有随氧离子浓度变化而变化的特性。因此，氧化钛式氧传感器的信号源相当于一个可变电阻，其电阻值与过量空气系数的关系如图 4-11 所示。

当发动机的可燃混合气浓（过量空气系数小于 1）时，由于燃烧不完全，排气中会剩余少量氧气，传感元件周围的氧离子很少，二氧化钛呈现高阻状态。与此同时，在催化剂铂的催化作用下，使剩余氧离子与排气中的一氧化碳（CO）产生化学反应，生成二氧化碳（CO_2），将排气中的氧离子进一步消耗掉，从而大大提高了传感器的灵敏度。

当发动机的可燃混合气稀（过量空气系数大于1）时，排气中氧离子含量较多，传感元件周围的氧离子浓度较大，二氧化钛呈现低阻状态。

由上可见，氧化钛式氧传感器的电阻将在混合气的过量空气系数约为1（空燃比约为14.7）时产生突变。当给氧传感器施加稳定的电压时，电路如图4-12所示，在其输出端便可得到一个交替变化的信号。该稳定电压一般由ECU内部的稳压电源提供。

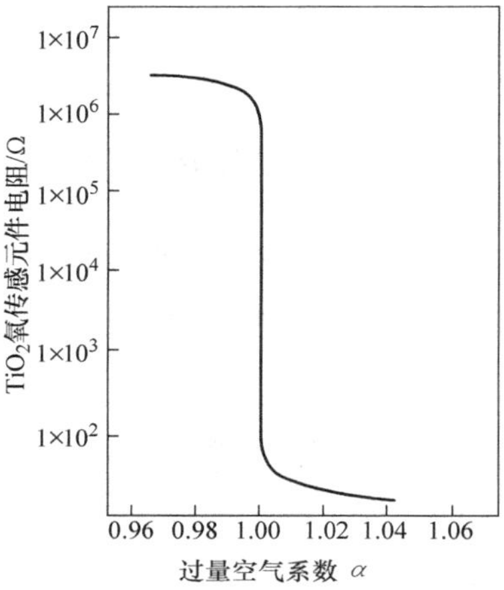

图4-11　氧化钛式氧传感器（EGO）的特性

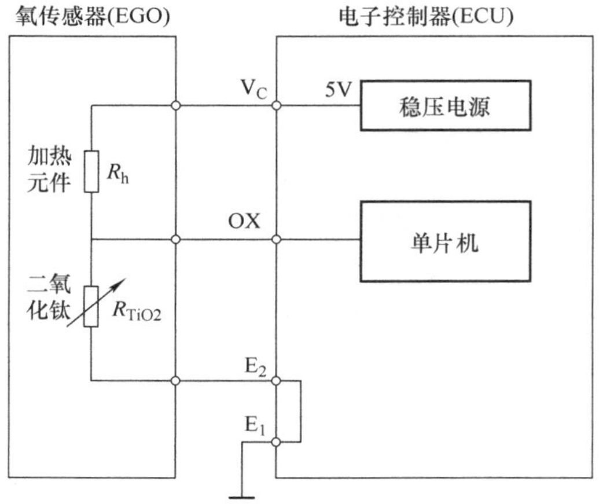

图4-12　氧化钛式氧传感器（EGO）工作电路

3. 氧化钛式氧传感器的工作条件

氧化钛式氧传感器必须满足三个条件，才能正常调节混合气浓度：一是发动机温度高于60℃；二是氧传感器自身温度高于600℃；三是发动机工作在怠速工况或部分负荷工况。

四、空燃比反馈控制过程

电喷发动机空燃比的反馈控制过程如图4-13所示。氧传感器输出电压的平均值称为限制电平。当ECU接收到氧传感器的信号电压高于限制电平（0.5V）时，表明混合气偏浓，空燃比偏小，ECU首先发出控制指令使空燃比反馈修正系数K_{AF}骤然下降一个P_R值，使喷油时间T_B缩短，喷油量减少，然后逐渐减小修正系数，使混合气逐渐变稀，空燃比逐渐增大。

当ECU接收到氧传感器的信号电压低于限制电平（0.5V）时，表明混合气偏稀，空燃比偏大，ECU首先发出控制指令使空燃比反馈修正系数K_{AF}急剧上升一个P_L值，使喷油时间增长，喷油量增大，然后逐渐增大修正系数，使喷油量逐渐增加，混合气逐渐变浓，空燃比逐渐减小。

在空燃比反馈控制过程中，由于发动机工作循环需要一定的时间（即从喷油器喷油开始到氧传感器检测出氧离子浓度为止，发动机要经过进气、压缩、做功和排气等行程）。因此，要使空燃比收敛于理论空燃比值是不可能的。实际反馈控制只能将空燃比控制在理论空燃比附近，如图4-13a所示。

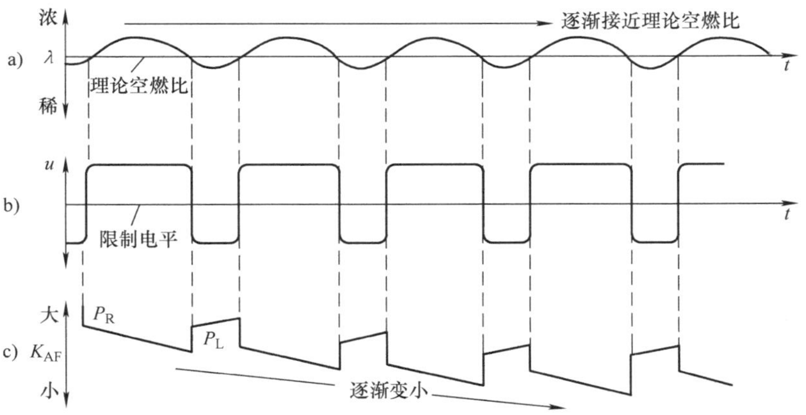

图4-13　空燃比反馈控制特性曲线示意图

a）实际空燃比　b）氧传感器信号电压　c）空燃比反馈修正系数K_{AF}

氧传感器输入ECU的信号电压在低电平（0.1～0.3V）与高电平（0.7～0.9V）之间变化的频率为10次/min以上。如果ECU接收到的氧传感器信号电压变化过慢（低于10次/min）或保持不变（保持高电平或低电平不变），就会判定为氧传感器故障，并对空燃比实施开环控制。由于开环控制不能将空燃比控制在理论空燃比附近，因此，发动机燃油消耗量和有害气体排放量都将大大增加。

五、空燃比反馈控制条件

为了保证发动机具有良好的动力性、经济性和排放性，空燃比并不是在发动机所有工况都进行反馈控制。发动机ECU对空燃比实施反馈（闭环）控制的条件是：

1）发动机冷却液温度达到正常工作温度（80℃）。

2）发动机运行在怠速工况或部分负荷工况。

3）氧传感器温度达到正常工作温度。

4）氧传感器输入ECU的信号电压变化频率不低于10次/min。

在下述情况下，发动机ECU将对空燃比实施开环控制：

1）发动机起动工况。起动需要浓混合气，以便起动发动机。

2）发动机暖机工况。发动机刚起动的温度低于正常工作温度（80℃），需要迅速升温。

3）发动机大负荷工况。大负荷时需要加浓混合气，使发动机输出较大转矩。

4）加速工况。加速时需要发动机输出较大转矩，以便提高车速。

5）减速工况。减速时需要停止喷油，使发动机转速迅速降低。

6）氧传感器温度低于正常工作温度。氧化锆式氧传感器温度达到300℃、氧化钛式氧传感器温度达到600℃时才能输出信号。

7）氧传感器输入ECU的信号电压持续10s以上时间保持不变时。信号电压持续10s以上时间不变说明氧传感器失效，ECU将自动进入开环控制状态。

第三节 废气再循环控制技术

发动机废气再循环又称为排气再循环（EGR，Exhaust Gas Recirculation），是指将发动机排气管中的部分废气引入进气管与新鲜空气混合之后，再吸入气缸参与工作循环。

一、废气再循环率（EGR 率）

在内燃机中，当燃油在高温（高于 1370℃）条件下燃烧时，氮与氧气化合就会生成有毒并带恶臭气味的氮氧化物 NO_x 气体。在其他条件相同的情况下，发动机燃烧温度越高，产生氮氧化物也就越多。废气再循环 EGR 的目的是：利用废气中所含二氧化碳不能燃烧、却能吸热的特性来降低燃烧温度，从而减小氮氧化物 NO_x 的排放量。

二氧化碳具有吸收热量的特性。废气再循环量越大，发动机最高温度就越低，抑制氮氧化物的效果也越好。但是，废气再循环量过大，会导致混合气着火性能变差，不仅会使发动机动力性降低、油耗增加，而且还会增大碳氢化合物 HC 的排放量。因此，必须对废气再循环量进行合理控制，在保证发动机正常工作的前提下，最大程度地减少氮氧化物的排放。

发动机废气参与再循环的量，通常用废气再循环率（即 EGR 率）表示，即

$$\text{EGR 率} = \frac{\text{EGR 气体量}}{\text{吸入空气量} + \text{EGR 气体量}} \times 100\% \tag{4-1}$$

EGR 的控制方式分为机械控制式和电子控制式两种类型。机械控制式 EGR 系统的控制部件为膜片阀，利用进气歧管的真空度（负压）和排气压力来调节膜片阀阀门的开度，从而实现 EGR。机械控制式 EGR 系统控制的 EGR 率不可改变或变化范围较小（一般为 5%～15%），已很少采用。目前普遍利用 ECU 控制电磁阀，由电磁阀再控制 EGR 阀来调节 EGR 率。电子控制式 EGR 的控制精度较高，其控制的 EGR 率可达 25% 左右。

二、EGR 电控系统的结构组成

EGR 电控系统由各种传感器和控制开关、ECU、EGR 电磁阀和 EGR 阀组成，如图 4-14 所示。

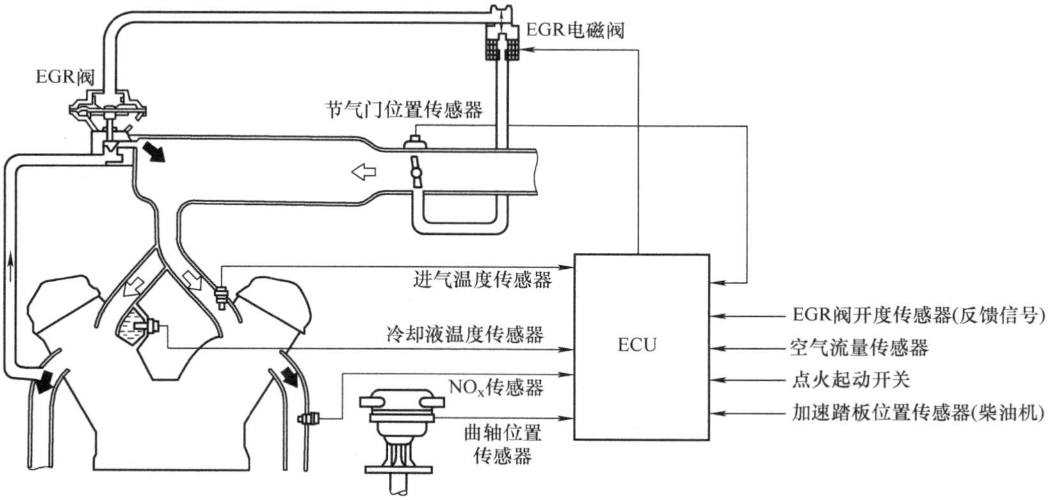

图 4-14 电控废气再循环 EGR 系统的组成

传感器和控制开关主要有：曲轴位置传感器、空气流量传感器、进气歧管压力传感器、节气门位置传感器或加速踏板位置传感器（柴油机）、冷却液温度传感器和点火起动开关等。曲轴位置传感器提供发动机转速信号，空气流量传感器（或进气歧管压力传感器）、节气门位置传感器或加速踏板位置传感器（柴油机）提供发动机负荷信号，发动机冷却液温度传感器提供发动机温度信号，点火起动开关提供反映发动机状态的信号。

执行器有 EGR 电磁阀和 EGR 阀（真空阀）。在部分汽车上，还配装有 NO_x 传感器或 EGR 阀开度传感器，用于 EGR 的反馈控制。有的 EGR 电控系统则取消了 EGR 阀，采用 EGR 线性电磁阀直接控制废气循环量。

EGR 线性电磁阀的结构如图 4-15 所示，其进气口与排气管相连，出气口与进气歧管相连。在这种电磁阀上，通常都配装有阀门开度传感器提供废气循环量的反馈控制信号。发动机工作时，废气循环电控单元（EGR ECU）根据发动机转速和负荷等信号，通过调节占空比的大小来直接控制线性电磁阀开度，从而控制废气循环量。

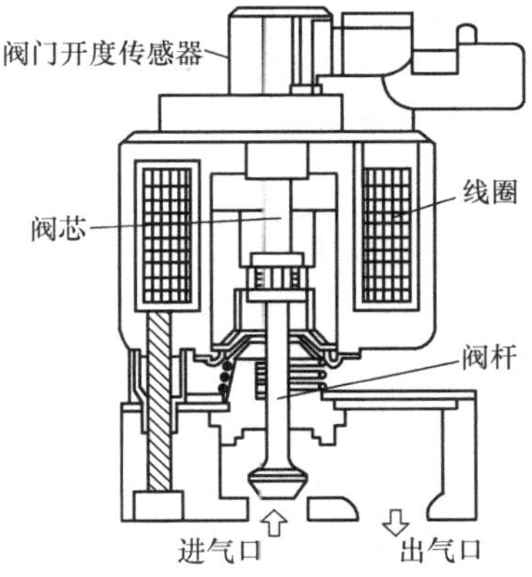

图 4-15　EGR 线性电磁阀

当占空比增大时，电磁阀线圈平均电流增大，阀芯产生的电磁吸力增大，克服复位弹簧预紧力向上位移量增大，并带动阀杆一同上移使阀门开度增大，废气循环量增大。同理，当占空比减小时，废气循环量减小。

当阀芯位移时，电磁阀阀门开度传感器内部的检测元件（电位计或位移量检测部件）将阀芯位移量转换为电信号，并输入 EGR ECU 作为废气循环量的反馈控制信号，从而实现废气循环量的闭环控制。因此，EGR 量的控制精度比真空阀高，且响应速度比真空阀快得多。目前，采用这种线性电磁阀的 EGR 系统应用越来越广。

三、EGR 电控系统的控制原理

设计 EGR 电控系统时，通过试验测定出各种工况下的最佳废气循环量值，并以 EGR 电磁阀对应的占空比数值用三维数据 MAP 的形式存储在 ROM 中，如图 4-16 所示。

当发动机运转时，EGR ECU 首先根据发动机转速与负荷（空气流量、进气压力、节气门开度或加速踏板位置）传感器信号，在占空比三维数据 MAP 中查寻确定最佳的 EGR 电磁阀占空比值，再向 EGR 电磁阀输出相应的占空比控制信号，将废气再循环量控制在最佳值，从而使 NO_x 排放量降低到规定标准。

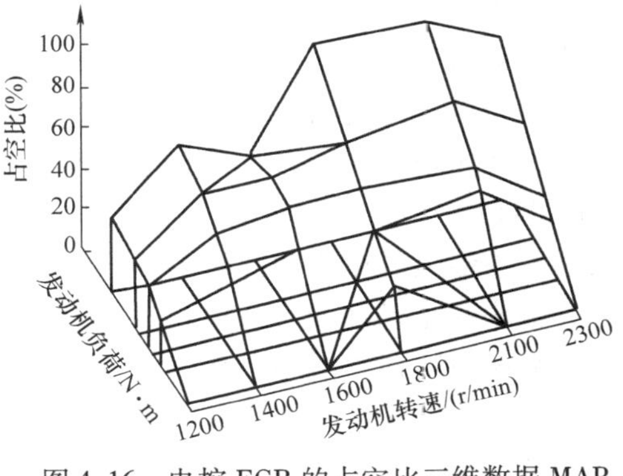

图 4-16　电控 EGR 的占空比三维数据 MAP

在设置 EGR 阀开度或 NO_x 传感器的控制系统中，EGR ECU 还要根据该传感器信号调整 EGR 电磁阀的占空比来调节 EGR 阀的开度，对排气再循环量实现反馈控制，使 NO_x 排放量进一步减小。

四、EGR 的实施条件

发动机 EGR 电控系统并非在所有工况下都能进行 EGR。在下述情况之一时，EGR ECU 将停止向 EGR 电磁阀发送控制指令，EGR 将停止，保证发动机正常工作。

(1) 发动机起动时。发动机起动时温度低，产生 NO_x 较少，也为了保证可靠起动。

(2) 发动机怠速时。发动机怠速时温度低，以保证迅速升温，防止怠速不稳定。

(3) 发动机转速低于 900r/min 或高于 3200r/min（上、下限值取决于发动机型号）时，转速低时进行 EGR 容易导致转速不稳，转速高时要保证发动机输出足够动力。

第四节　微机控制点火技术

汽油发动机汽车点火控制技术包括微机（微型计算机）控制点火技术和爆燃控制技术，其控制水平的高低，直接影响发动机的动力性、经济性和排放性能。

微机控制汽油发动机点火的实质是控制点火提前角。在汽油发动机气缸内，混合气从开始点着到完全燃烧需要一定的时间（2～5ms）。为使混合气在活塞压缩终了时能充分燃烧，以使汽油机发出最大功率，点火就不应在压缩终了进行，而应适当提前。点火时刻用点火提前角来表示。从火花塞开始跳火到活塞运行至上止点的时间内曲轴转过的角度，称为点火提前角，用字母 θ 表示。当负荷一定时，发动机发出功率最大和油耗最低时的点火提前角，称为最佳点火提前角。

一、微机控制点火系统的组成

微机控制点火系统（MCI，Microcomputer Controlled Ignition System）的组成如图 4-17 所示，主要由凸轮轴位置（上止点位置）传感器、曲轴位置（曲轴转速与转角）传感器、空气流量（负荷）传感器、节气门位置（负荷）传感器、冷却液温度传感器、进气温度传感器、各种控制开关、电控单元（ECU）、点火控制器、点火线圈以及火花塞等组成。

微机控制点火系统和发动机爆燃控制系统（EDC，Engine Detonation Control System）相互配合，能将点火提前角控制在最佳值，使可燃混合气燃烧后产生的温度和压力达到最大值，在显著提高发动机动力性的同时，还能提高燃油经济性和排放性能。

传感器用来检测与点火有关的发动机工作和状态信息，并将检测结果输入电控单元，作为计算和控制点火时机的依据。虽然各型汽车采用的传感器类型、数量、结构及安装位置不尽相同，但其作用大同小异，且与燃油喷射系统和其他电子控制系统共用。

在图 4-17 中，凸轮轴位置（上止点位置）传感器 G40 是确定曲轴基准位置和点火基准的传感器。该传感器在曲轴旋转至某一特定的位置（如第 1 缸压缩上止点前某一确定的角度）时，输出一个脉冲信号，电控单元（J220）将这一脉冲信号作为计算曲轴位置的基准信号，再利用曲轴转角信号计算出曲轴任一时刻所处的具体位置。

曲轴位置（转角与转速）传感器 G28 将发动机曲轴转过的角度变换为电信号输入 J220，曲轴每转过一定角度就发出一个脉冲信号，J220 通过不断地检测脉冲个数，即可计算出曲轴转过的角度。与此同时，电控单元 J220 根据单位时间内接收到的脉冲个数，即可计算出发动机的转速。

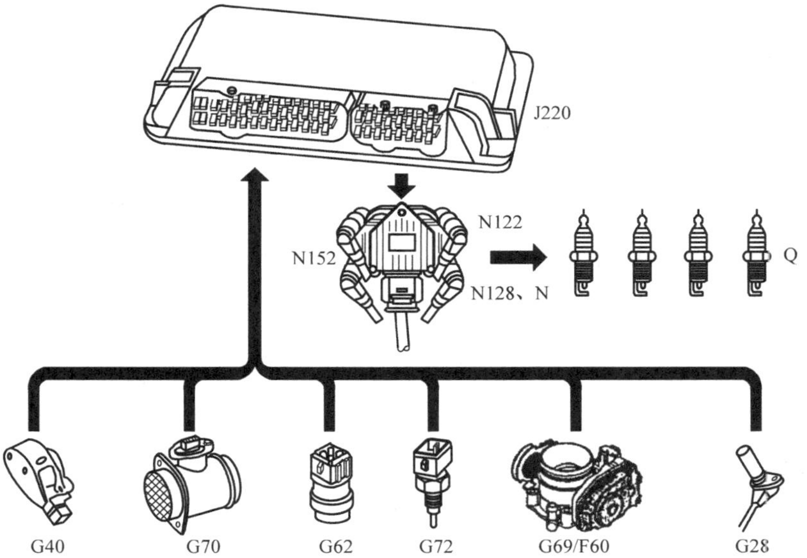

图 4-17 大众车系用微机控制直接点火系统的组成（部件代号为原厂代号）
G40—凸轮轴位置（上止点位置）传感器 G70—空气流量传感器 G62—冷却液温度传感器
G72—进气温度传感器 G69—节气门位置传感器 F60—怠速触点开关
G28—曲轴位置（曲轴转速与转角）传感器 J220—电控单元 N152—点火控制组件
N122—点火控制器 N128、N—点火线圈 Q—火花塞

在微机控制点火系统中，发动机曲轴转角信号用来计算具体的点火时刻，转速信号用来计算和读取基本点火提前角。凸轮轴位置和曲轴位置信号是保证电控单元 J220 控制电子点火系统正常工作最基本的信号。

空气流量传感器 G70 是确定进气量大小的传感器。空气流量信号输入电控单元 J220 后，除了用于计算基本喷油时间之外，还用作负荷信号来计算和确定基本点火提前角。

节气门位置传感器 G69 将反映发动机节气门开度大小的传感器，电控单元 J220 利用该信号和车速传感器信号来综合判断发动机的工况（怠速、中等负荷、大负荷、加速或减速），并对点火提前角进行修正。

进气温度传感器 G72 是反映发动机吸入空气温度高低的传感器。在微机控制电子点火系统中，电控单元 J220 利用该信号对基本点火提前角进行修正。

冷却液温度传感器 G62 是反映发动机工作温度高低的传感器。在微机控制点火系统中，电控单元 J220 利用该信号除了对基本点火提前角进行修正之外，还要利用该信号控制起动和发动机暖机期间的点火提前角。

由此可见，凸轮轴位置传感器、曲轴位置传感器、空气流量传感器和节气门位置传感器等传感器是微机控制点火系统必不可少的传感器。

二、微机控制点火的控制原理

微机控制点火系统实际上是一种特殊的电子点火系统，其控制点火的过程比一般电子点火系统要复杂得多，控制原理如图 4-18 所示。

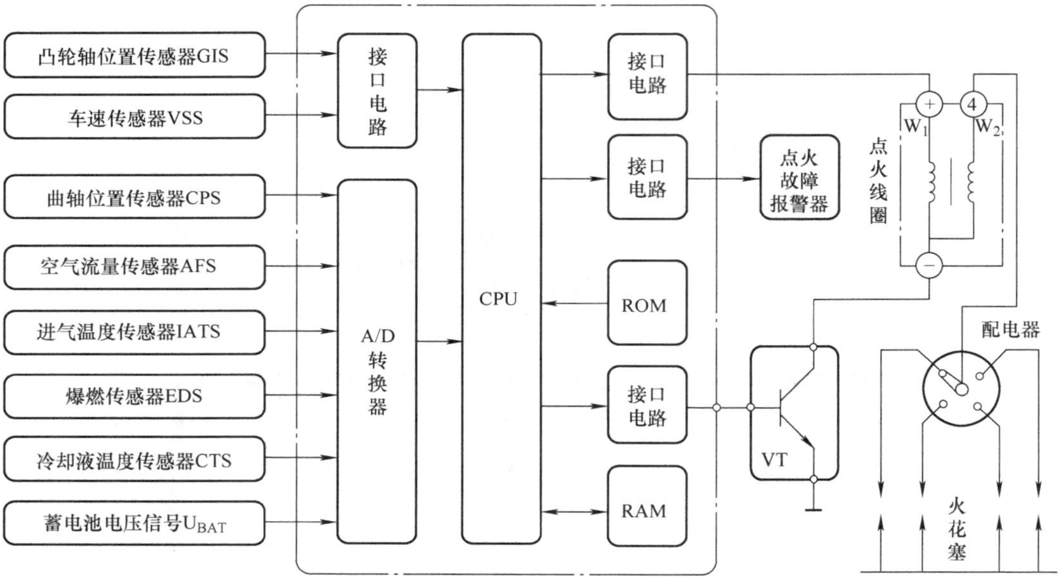

图 4-18　微机控制发动机点火的控制原理

当微机控制点火系统工作时，各种传感器输入 ECU 的信号首先经过输入接口电路或 A/D转换器等进行数据处理，然后存储在 RAM 之中备用。

当 ECU 根据曲轴位置传感器信号计数到曲轴转角等于最佳点火提前角时，CPU 立即向点火控制器发出控制指令，使其大功率晶体管 VT 截止，点火线圈初级电流切断，次级绕组中感应产生高压电，并按发动机的点火顺序分配到相应气缸的火花塞跳火点着可燃混合气。

上述控制过程是指发动机在正常状态下点火时刻的控制过程。当发动机起动、怠速或汽车减速滑行工况时，则由预先设定的控制程序进行控制。

三、微机控制点火提前角的确定

点火提前角的大小直接影响发动机的输出功率、油耗和排放。发动机工况不同，需要的最佳点火提前角也不相同，怠速时的最佳点火提前角是为了使怠速运转平稳；部分负荷时的最佳点火提前角是为了减小燃油消耗量和有害气体排放量，提高经济性和排放性能；大负荷时的最佳点火提前角是为了增大输出转矩，提高发动机的动力性。

微机控制的点火提前角 θ 由初始点火提前角 θ_i、基本点火提前角 θ_b 和修正点火提前角 θ_c 三部分组成，即

$$\theta = \theta_i + \theta_b + \theta_c \tag{4-2}$$

1. 初始点火提前角 θ_i

初始点火提前角又称为固定点火提前角，其值大小取决于发动机的结构形式，并由曲轴位置传感器的初始位置决定，一般设定为上止点前 10°左右。

当发动机起动时，或其转速低于 400r/min 时，或在检查初始点火提前角时，由于发动机转速变化大，空气流量不稳定，进气量传感器输出的流量信号就不稳定，点火提前角不能准确控制，所以采用固定的点火提前角进行控制，其实际点火提前角等于初始点火提前角。

2. 基本点火提前角 θ_b

基本点火提前角是设计微机控制点火系统时确定的点火提前角，也是发动机最主要的点火提前角。由于发动机本身的结构复杂，影响点火的因素较多，理论推导基本点火提前角的数学模型比较困难，而且很难适应发动机的运行状态。所以，国内外普遍采用台架试验方法，利用发动机最佳运行状态下的试验数据来确定基本点火提前角。

台架试验方法首先测试发动机转速与最佳点火提前角的特性曲线。试验时，节气门全开（排除真空度的影响），在每一转速下，逐渐增加点火提前角，直至得到最大功率为止，此时对应的点火提前角即为该转速下的最佳点火提前角；再用相同方法测出不同转速下的最佳点火提前角，即可绘出一组转速与最佳点火提前角的特性曲线。然后测试发动机负荷（真空度或节气门开度）与点火提前角的特性曲线。将发动机转速固定在某一数值，调节真空度或节气门开度的大小，在每一真空度或节气门开度下将点火提前角逐渐增加，直到测得最大功率为止。改变发动机转速，用同样方法测出不同真空度或节气门开度下的最佳点火提前角，即可绘出一组发动机负荷与最佳点火提前角的特性曲线。综合考虑发动机油耗、转矩、排放和爆燃等因素，对试验结果进行优化处理后，即可得到如图 4-19 所示的以转速和负荷为变量的点火提前角三维数据 MAP。

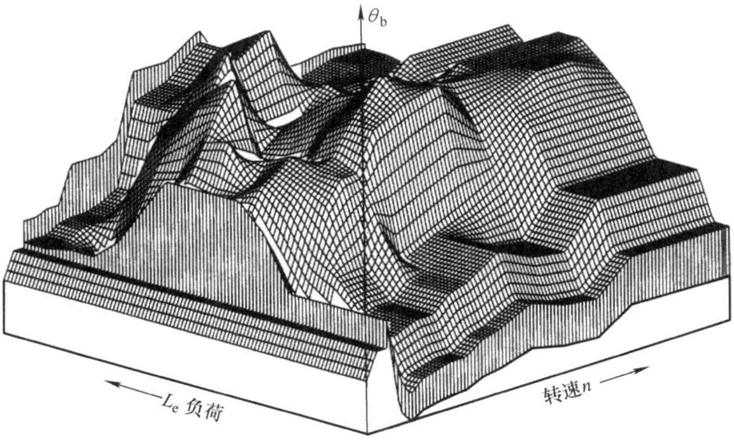

图 4-19 不同转速和负荷条件下的基本点火提前角三维数据 MAP

各型发动机的点火提前角三维数据 MAP 都以数据形式存储在 ECU 的 ROM 中。当发动机运行时，CPU 根据发动机转速信号（曲轴位置传感器提供）和负荷信号（空气流量和节气门位置传感器提供），从 ROM 中查询得到相应的基本点火提前角，从而对点火时刻进行控制。

3. 修正点火提前角 θ_c

为使实际点火提前角适应发动机的运行状况，以便得到良好的动力性、经济性和排放性能，必须根据相关因素（冷却液温度、进气温度、开关信号等）适当增大或减小点火提前角。修正点火提前角的项目主要有暖机修正和怠速修正。

1）暖机修正。暖机修正是指节气门位置传感器（TPS）的怠速触点 IDL（Idle）闭合、发动机冷却液温度变化时，对点火提前角进行的修正。当冷却液温度低时，应当增大点火提前角，以促使发动机尽快暖机；当冷却液温度升高后，点火提前角应相应减小。

2）怠速修正。怠速修正是为了保证怠速运转稳定而对点火提前角进行的修正。发动机怠速运转时，由于负荷变化，ECU 会将怠速转速调整到设定的目标转速。如动力转向开关或空调开关接通，发动机实际转速将低于规定的目标转速时，ECU将根据转速之差，相应地减小点火提前角，使怠速运转平稳，防止发动机怠速熄火。

发动机的实际点火提前角是上述三种点火提前角之和。发动机每转一转，ECU计算处理后就输出一个提前角信号。因此，当传感器检测到发动机转速、负荷、冷却液温度等发生变化时，ECU就会自动调整点火提前角。当ECU确定的点火提前角超过允许的最大提前角（或小于允许的最小提前角）时，发动机很难正常运行，此时ECU则将以最大（或最小）点火提前角允许值进行控制。

四、微机控制点火的控制过程

微机控制点火系统的控制过程分为点火提前角控制和点火导通角控制两个阶段。为了说明微机控制点火系统的控制过程，下面以大众轿车四缸发动机点火控制过程为例说明。

该发动机的气缸判别信号在第1缸压缩上止点前88°时产生，设曲轴转速2000r/min时最佳点火提前角为上止点前30°曲轴转角，其控制时序与波形如图4-20所示。

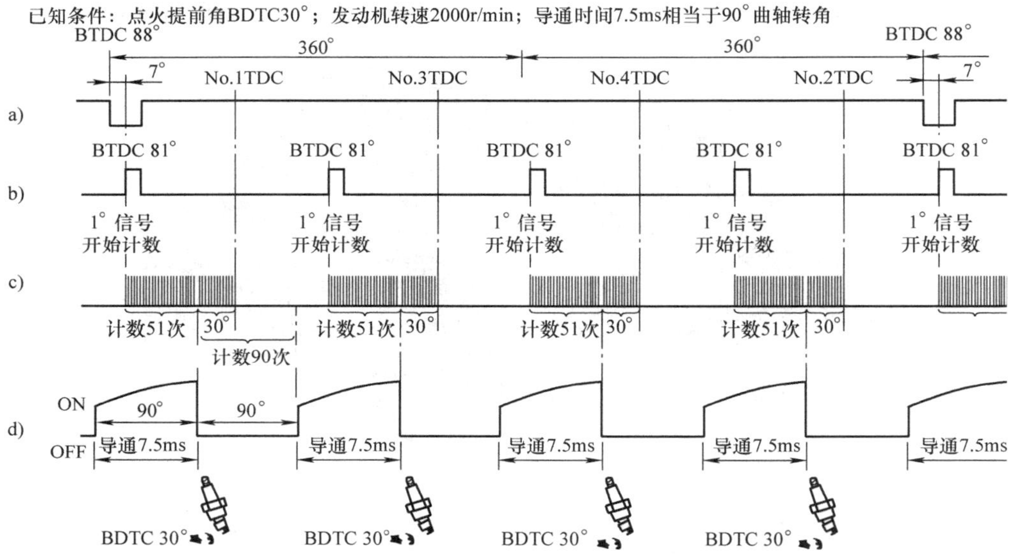

图4-20　点火提前角与导通角的控制时序与波形

a）CIS信号　b）基准信号　c）CPS信号（1°信号）　d）大功率管驱动信号

1. 点火提前角的控制

点火提前角的大小直接影响点火性能，提前角过大会导致发动机产生爆燃，提前角过小又会导致发动机过热，所以必须精确控制，一般精确到1°。由发动机电控系统凸轮轴位置传感器和曲轴位置传感器的结构原理可知，当凸轮轴位置传感器CIS产生的判缸信号下降沿输入ECU时，表明第1缸活塞处于压缩上止点前88°位置，如图4-20a所示。当ECU接收到判缸信号下降沿时，将对曲轴位置传感器CPS输入的转速与转角信号进行计数。

计数开始时的信号称为基准信号，由ECU内部电路控制，曲轴每旋转180°产生一个基准信号。因为曲轴位置传感器大齿缺后的第一个凸齿信号上升沿在判缸信号下降沿后7°时产生，所以基准信号对应于第1缸活塞压缩上止点前81°位置，如图4-20b所示。又因为点火提前角为上止点前30°，所以ECU计数到第51个1°信号（即从接收到CIS信号7°+51°=58°）后，在第52个1°信号时向点火控制器发出指令，使功率晶体管截止（OFF），如图4-20d所示，切断点火线圈的初级电流，次级绕组产生高压电并送到火花塞电极上跳火，从而将点火提前角控制在第1缸压缩上止点前30°。因为基准信号每180°产生一个，所以同理可按1－3－4－2的发动机气缸工作顺序将各缸点火提前角控制在压缩上止点前30°。当点火提前角改变时，其控制过程和方法与此相同。

2. 点火导通角的控制

点火导通角是指点火线圈初级电路的大功率晶体管导通期间发动机曲轴转过的角度。点火导通角的控制方法是：ECU首先根据电源电压高低，从预先试验并存储在存储器ROM中的导通时间数据MAP中查询得到导通时间，然后根据发动机转速确定点火导通角的大小。

设电源电压为14V时，导通时间为7.5ms。当发动机转速为2000r/min，7.5ms则相当于曲轴转角为$\left[7.5\text{ms}\times\frac{(2000\times 360^{\circ})}{60\times 1000\text{ms}}\right]=90^{\circ}$，即在上述发动机工作条件下，功率晶体管VT从开始导通至截止时刻经历的这段时间内，必须保证曲轴转过90°转角。因为四缸发动机跳火间隔角度为180°曲轴转角，所以在功率晶体管截止期间，需要曲轴转过的角度＝跳火间隔角度－导通角＝180°－90°＝90°。实际控制时，1°信号从ECU发出功率晶体管截止指令开始对曲轴位置传感器信号进行计数，当计数90次（180°－90°＝90°）后，在第91个1°信号上升沿到来时向点火控制器发出控制指令，使晶体管导通（ON），接通点火线圈初级电流，保证导通角具有90°，如图4-20d所示。

五、微机控制点火高压的分配方式

微机控制点火系统高压电的分配方式可分为机械配电方式和电子配电方式两种。

（一）机械配电方式

机械配电方式是指由分火头将高压电分配至配电器盖旁电极，再通过高压线输送到各缸火花塞上的传统配电方式。机械配电方式存在以下缺点：

1）分火头与配电器盖旁电极之间必须保留一定间隙才能进行高压电分配，因此，必然损失一部分火花能量，同时也是一个主要的无线电干扰源。

2）为了抑制无线电的干扰信号，高压线采用了高阻抗电缆，也要消耗一部分能量。

3）分火头、配电器盖或高压导线漏电时，会导致高压电火花减弱、缺火或断火。

4）曲轴位置传感器转子由分电器轴驱动，旋转机构磨损会影响点火时刻的控制精度。

5）分电器安装的位置和占据的空间，会给发动机的结构布置和汽车的外形设计造成一定的困难。

（二）电子配电方式

电子配电方式是指在ECU和点火控制器的控制下，点火线圈的高压电按照一定的点火顺序，直接加到火花塞上的直接点火方式。采用电子配电方式分配高压电的点火系统称为无分电器点火系统（DLI，Distributor－Less Ignition），由于机械配电方式存在上述缺点，因此，越来越多的汽车采用了电子配电方式来控制点火。常用电子配电方式分为双缸同时点火和各缸单独点火两种配电方式，如图4-21所示。

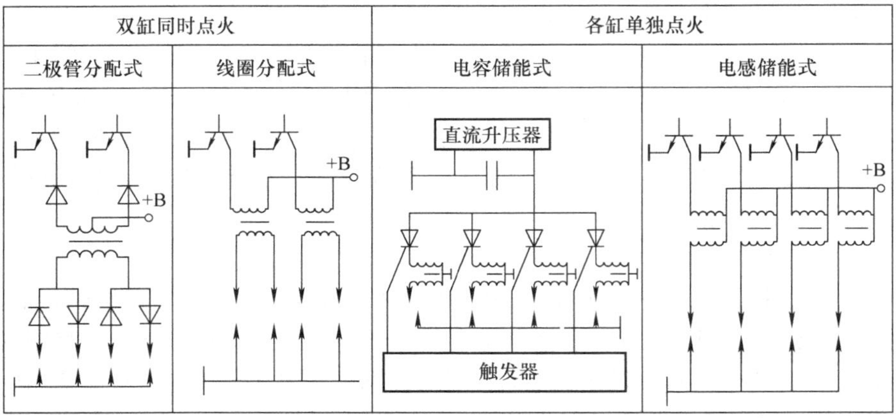

图 4-21　点火高压电子配电方式的类型

1．双缸同时点火的控制

双缸同时点火是指点火线圈每产生一次高压电，都使两个气缸的火花塞同时跳火。次级绕组产生的高压电将直接加在两个气缸（四缸发动机的 1、4 缸或 2、3 缸；六缸发动机的 1、6 缸，2、5 缸或 3、4 缸）的火花塞电极上跳火。

在双缸同时点火时，一个气缸处于压缩行程末期，是有效点火；另一个气缸处于排气行程末期，缸内温度较高而压力很低，火花塞电极间隙的击穿电压很低，对有效点火气缸火花塞的击穿电压和火花放电能量影响很小，是无效点火。曲轴旋转一周后，两缸所处行程恰好相反。双缸同时点火时，高压电的分配方式又分为二极管分配和点火线圈分配两种形式。

1）二极管分配式双缸同时点火的控制。利用二极管分配高压电的双缸同时点火电路原理如图 4-22 所示。点火线圈由两个初级绕组和一个次级绕组构成，次级绕组的两端通过 4 只高压二极管与火花塞构成回路。4 只二极管有内装式（安装在点火线圈内部）和外装式两种。对于点火顺序为 1－3－4－2 的发动机，1、4 缸为一组，2、3 缸为另一组。点火控制器中的两只功率晶体管分别控制一个初级绕组，两只功率晶体管由 ECU 按点火顺序交替控制其导通与截止。

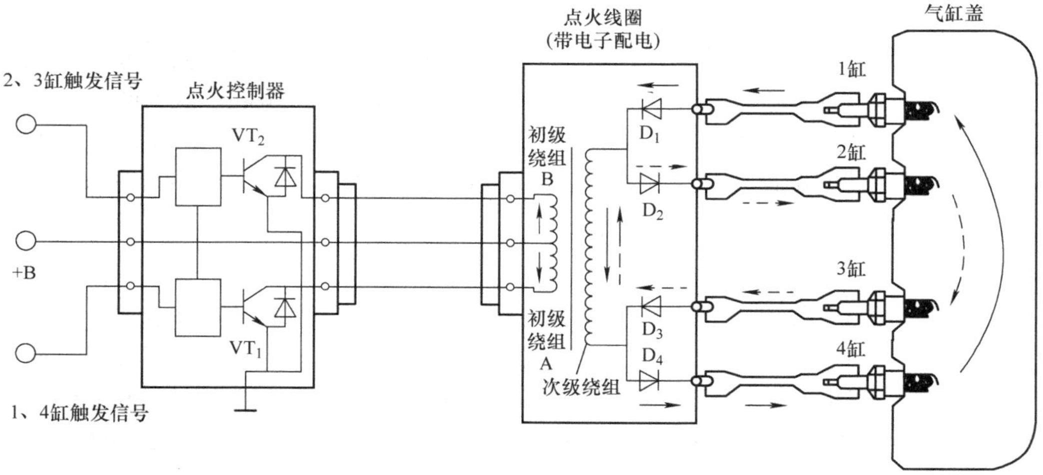

图 4-22　二极管分配高压电的双缸同时点火的电路原理

当 ECU 将 1、4 缸的点火触发信号输入点火控制器时，功率晶体管 VT_1 截止，初级绕组 A 中的电流切断，次级绕组中就会产生高压电动势，方向如图 4-22 中实线箭头方向所示。在该电动势的作用下，二极管 D_1、D_4 正向导通，1、4 缸火花塞电极上的电压迅速升高直至跳火，高压放电电流经图中实线箭头所指方向构成回路；D_2、D_3 反向截止，不能构成放电回路，因此 2、3 缸火花塞电极上无高压火花放电电流而不能跳火。

当 ECU 将 2、3 缸点火触发信号输入点火控制器时，晶体管 VT_2 截止，初级绕组 B 中的电流切断，次级绕组产生高压电动势，方向如图 4-22 中虚线箭头方向所示。此时二极管 D_1、D_4 反向截止，D_2、D_3 正向导通，因此，2、3 缸火花塞电极上的电压迅速升高直至跳火，高压放电电流经图 4-22 中虚线箭头所指方向构成回路。

2）点火线圈分配式双缸同时点火的控制。利用点火线圈直接分配高压的同时点火电路原理如图 4-23 所示。

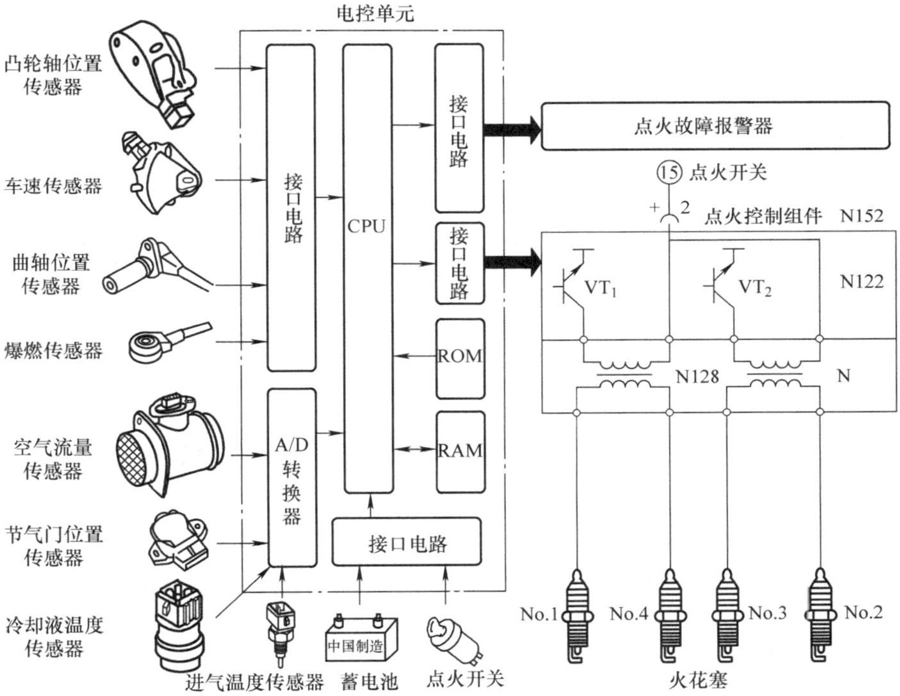

图 4-23　点火线圈直接分配高压的同时点火电路原理

点火线圈组件由两个（4 缸发动机）或三个（6 缸发动机）独立的点火线圈组成，每个点火线圈供给成对的两个火花塞工作（4 缸发动机的 1、4 缸和 2、3 缸分别共用一个点火线圈；6 缸发动机 1、6 缸，2、5 缸和 3、4 缸分别共用一个点火线圈）。点火控制组件中设置有与点火线圈数量相等的功率晶体管，分别控制一个点火线圈工作。点火控制器根据电控单元 ECU 输出的点火控制指令，按点火顺序轮流触发功率晶体管导通与截止，从而控制每个点火线圈轮流产生高压电，再通过高压线直接输送到成对的两缸火花塞电极间隙上跳火点着可燃混合气。

3）高压二极管的作用。在部分点火线圈分配高压电同时点火系统中，点火线圈次级回路中连接有一只高压二极管，如图4-24所示，该高压二极管的作用是：防止次级绕组在初级电流接通时产生的电压（约为1000V）加到火花塞电极上而导致误跳火。

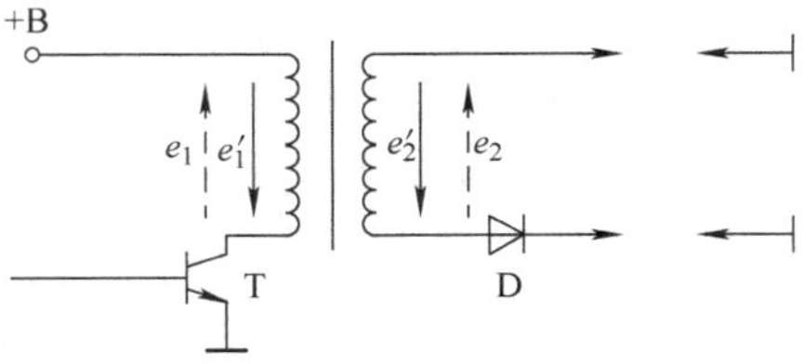

图4-24　高压二极管的作用

在初级绕组电流接通瞬间，次级绕组可产生1000V左右的感应电动势。在点火线圈分配高压电的直接点火系统中，除了火花塞电极间隙之外，没有其他附加间隙。因此，当初级电流接通时，次级绕组产生的1000V左右的电压就会直接加在火花塞电极间隙上。如果此时气缸处于进气行程接近终了时刻或压缩行程刚刚开始时刻，由于缸内压力低，又有可燃混合气体，1000V左右的电压可能击穿火花塞电极间隙而产生火花跳火。

上述非正常跳火现象称为误跳火，会影响发动机正常工作。为了避免这种误跳火，在点火线圈次级绕组回路中串接一只反向击穿电压较高的二极管，利用二极管的反向截止功能，使初级电流接通时次级产生的感应电动势不能形成放电回路，火花塞电极之间就不会有火花放电电流，因此就不可能引起误跳火。部分直接点火系统在点火线圈次级绕组与火花塞之间的高压回路中，设置有3～4mm的空气间隙，其作用与高压二极管相同。

2. 各缸单独点火的控制

点火系统采用单独点火方式时，每一个气缸都配有一个点火线圈，并安装在火花塞上方。在点火控制器中，设置有与点火线圈相同数目的大功率晶体管，分别控制每个线圈初级绕组电流的接通与切断，其工作原理与同时点火方式相同。单独点火的优点是省去了高压线，点火能量损耗进一步减少；此外，所有高压部件都可安装在发动机气缸盖上的金属屏蔽罩内，点火系统对无线电的干扰可大幅度减弱。

第五节　汽油发动机爆燃控制技术

汽油机获得最大功率和最佳燃油经济性的有效方法之一是增大点火提前角。但是，点火提前角过大又会引起发动机爆燃。爆燃是指气缸内的可燃混合气在火焰前锋尚未到达之前自行燃烧，导致压力急剧上升而引起缸体振动的现象。爆燃的主要危害：一是导致发动机输出功率降低；二是导致发动机使用寿命缩短甚至损坏。

理论与实践证明：剧烈的爆燃会使发动机的动力性和经济性严重恶化，而当发动机工作在爆燃的临界点时，发动机热效率最高，动力性和经济性最好。利用爆燃控制系统对点火提前角实施闭环控制，就能控制发动机工作在爆燃的临界状态。

一、爆燃控制系统的组成

汽油机爆燃控制系统是在点火控制系统的基础上，增设爆燃传感器、带通滤波电路、信号放大电路、整形滤波电路、基准电压形成电路、积分电路和提前角控制电路等组成的点火提前角闭环控制系统，如图4-25所示。

爆燃传感器用于检测发动机是否发生爆燃，每台发动机一般安装1～2只。带通滤波器只允许发动机爆燃信号（频率为6～9kHz的信号）或接近爆燃的信号输入ECU进行处理，其他频率的信号则被衰减。信号放大器的作用是对输入ECU的信号进行放大，以便整形滤

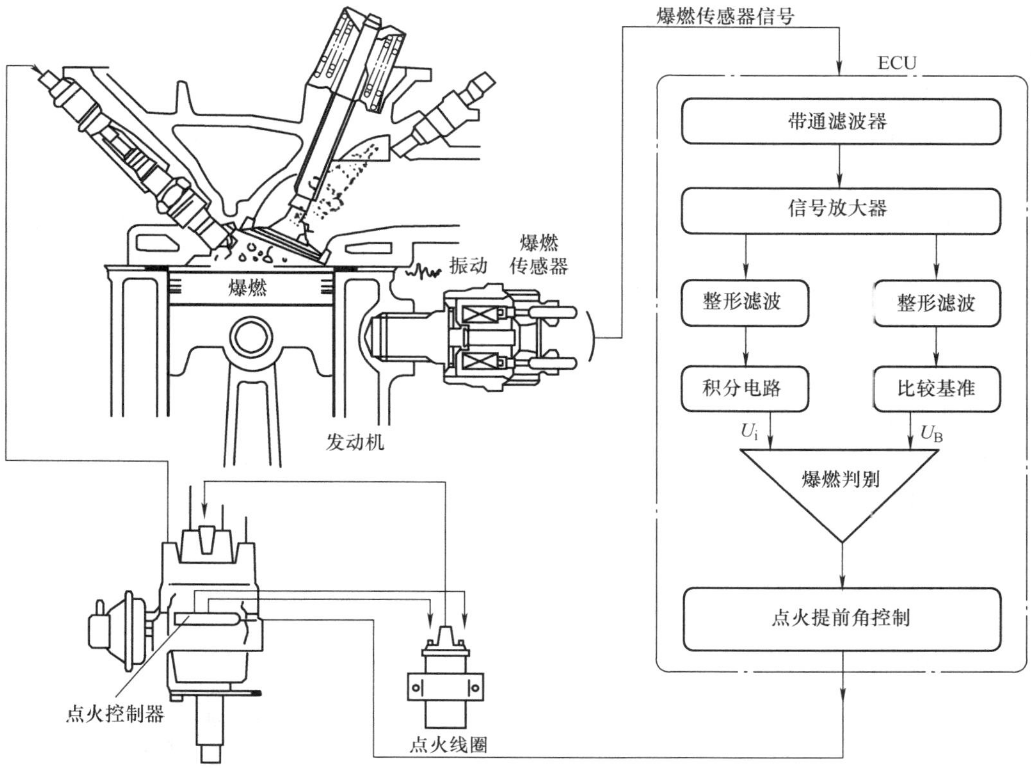

图 4-25　发动机爆燃控制系统的组成及爆燃控制过程

波电路进行处理。接近爆燃的信号经过整形滤波和比较基准电路处理后，形成判定是否发生爆燃的基准电压 U_B。爆燃信号经过整形滤波和积分电路处理后，形成的积分信号用于判定爆燃强度。

二、爆燃的检测方法

发动机爆燃的检测方法有三种：一是检测发动机缸体的振动频率；二是检测发动机燃烧室压力的变化；三是检测混合气燃烧的噪声。

检测混合气燃烧噪声为非接触式检测，其耐久性较好，但测量精度和灵敏度较低，实际应用很少。

直接检测燃烧室压力变化来检测发动机振动的测量精度较高，但传感器安装困难，且耐久性较差，一般用于测量仪器，实际应用的压力检测传感器均为间接检测式。

检测发动机缸体振动频率来检测爆燃的主要优点是测量精度较高、传感器安装方便（一般都安装在缸体侧面）且输出电压较高，因此被当今汽车广泛采用。

三、爆燃传感器的结构原理

发动机爆燃传感器是点火提前角闭环控制必不可少的传感器，其功用是将发动机爆燃信号转换为电信号输入发动机 ECU，以便 ECU 修正点火提前角来消除爆燃。

车用爆燃传感器是一种振动加速度传感器。按检测方式不同，可分为共振型与非共振型两种；按结构不同，可分为磁致伸缩式和压电式两种。

共振型爆燃传感器的显著特点是传感器的共振频率与发动机爆燃的固有频率相匹配，其内部设有共振体，并使共振体的共振频率与爆燃频率协调一致。其优点是输出电压高，不需要滤波器，信号处理比较方便。由于机械共振体的频率特性尖且频带窄，因此，无法响应发动机结构变化引起的爆燃频率变化。换句话说，共振型爆燃传感器只适用于特定的发动机，不能与其他发动机互换使用，装车自由度很小。美国通用和日本日产汽车采用的磁致伸缩式爆燃传感器就属于共振型爆燃传感器。

非共振型爆燃传感器的突出优点是适用于各种型号的发动机，装车自由度很大。但其输出电压较低，频率特性平坦且频带较宽，需要配用带通滤波器（即只允许特定频带的信号通过，对其他频率的信号进行衰减的滤波器。带通滤波器一般由线圈和电容器组合而成），信号处理比较复杂。中国、日本和欧洲汽车大都采用非共振型爆燃传感器。

（一）压电式爆燃传感器

压电式爆燃传感器利用1880年发现的压电效应制成。国内外轿车普遍采用了非共振型压电式爆燃传感器。

1）压电式爆燃传感器的结构特点。压电式爆燃传感器主要由套筒底座、压电元件、惯性配重、塑料壳体和接线插座等组成，其结构如图4-26所示。

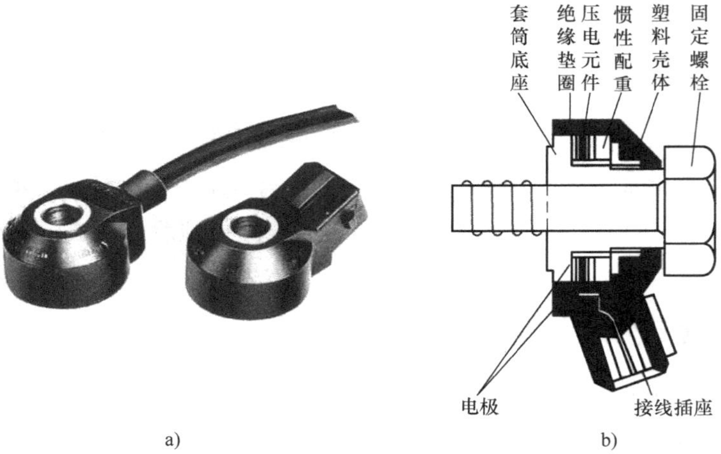

图4-26　压电式爆燃传感器的结构

a）传感器外形　b）内部结构

压电元件是爆燃传感器的主要部件，由压电材料制成垫圈形状，在其两个侧面上安放有金属垫圈作为电极，并用导线引到接线插座上。惯性配重与压电元件以及压电元件与传感器套筒之间安放有绝缘垫圈，套筒中心制作有螺孔，传感器用螺栓安装固定在发动机缸体上，调整螺栓的拧紧力矩便可调整传感器输出的信号电压。注意：传感器的输出特性出厂时已经调好，使用中拧紧力矩不得随意调整。

惯性配重用来传递发动机振动产生的惯性力。惯性配重与塑料壳体之间安装有盘形弹簧，借弹簧张力将惯性配重、压电元件和绝缘垫圈等部件压紧在一起。传感器插座上有三根引线，其中两根为信号线，一根为屏蔽线。

压电式爆燃传感器也可制成共振型爆燃传感器，其结构与非共振型基本相同，有所不同的是在壳体内设有一个共振体。

2）压电式爆燃传感器的工作原理。压电效应是指某些晶体（如石英、陶瓷、酒石酸盐等）薄片受到压力或机械振动之后产生电荷的现象。当晶体受到外力作用时，在晶体的某两个表面上就会产生电荷（输出电压）；当外力去掉时，晶体又恢复到不带电状态；晶体受力产生的电荷量与外力大小成正比。

当发动机缸体振动时，传感器套筒底座及惯性配重随之产生振动，套筒底座和配重的振动作用在压电元件上，由压电效应可知，压电元件的信号输出端就会输出与振动频率和振动强度有关的交变电压信号，如图 4-27 所示。试验证明：发动机爆燃产生的压力冲击波频率在 6 ~ 9kHz 时振动强度较大，所以信号电压较高。发动机转速越高，信号电压幅值越大。

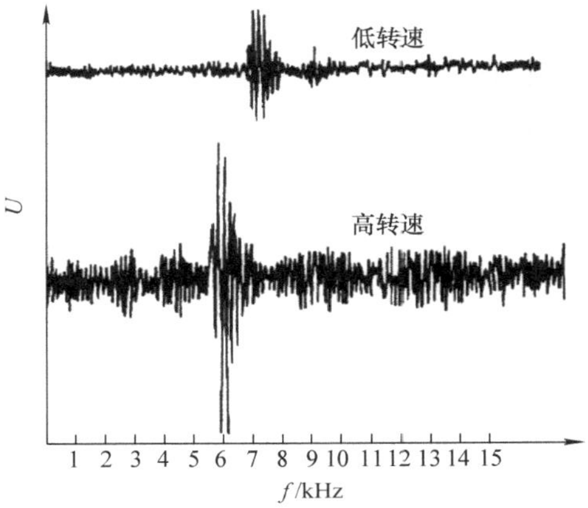

图 4-27　不同转速时压电式爆燃传感器输出波形

发动机爆燃是在活塞运行到压缩上止点附近产生的，此时缸体振动强度最大，所以爆燃传感器在活塞运行到压缩上止点前后产生的输出电压较高。爆燃传感器输出信号与曲轴转角的对应关系如图 4-28 所示，传感器的灵敏度约为 20mV/g（g = 9.8m/s^2）。

（二）磁致伸缩式爆燃传感器

磁致伸缩式爆燃传感器为共振型爆燃传感器。

1）磁致伸缩式爆燃传感器的结构特点。磁致伸缩式爆燃传感器的结构如图 4-29 所示，主要由弹性元件、传感线圈、伸缩杆、永久磁铁和壳体组成。伸缩杆用高镍合金制成，在其一端设置有永久磁铁，另一端安放在弹性元件上。传感线圈绕制在伸缩杆的周围，线圈两端引出电极与控制线路连接。

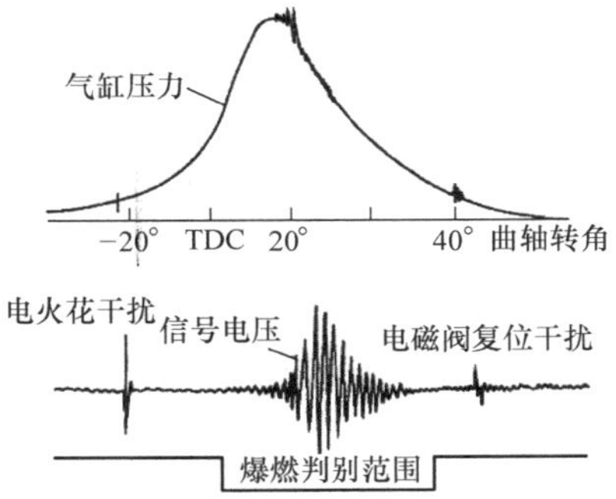

图 4-28　爆燃传感器输出信号的对应关系

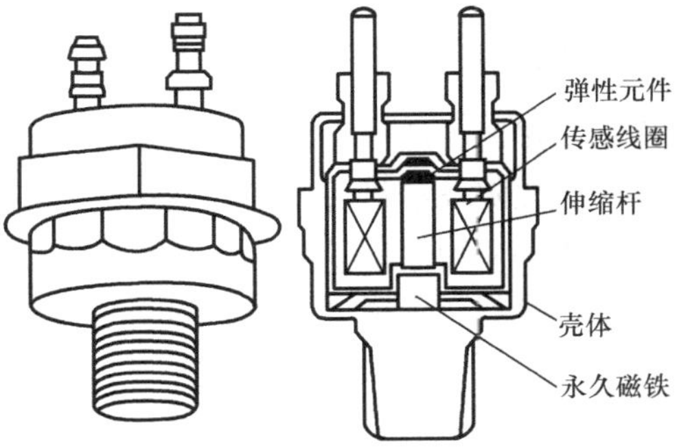

图 4-29　磁致伸缩式爆燃传感器的结构

磁致伸缩式爆燃传感器的外形结构与机油压力传感器相似，其不同之处在于爆燃传感器旋入发动机缸体部分为整体结构，而机油压力传感器则设计有进油孔。

2）磁致伸缩式爆燃传感器的工作原理。当发动机缸体振动时，传感器的伸缩杆就会随之产生振动，传感线圈中的磁通量就会发生变化。由电磁感应原理可知，线圈中就会感应产生交变电动势，即传感器就有信号电压输出，输出电压的高低取决于发动机的振动强度和振动频率。

当发动机缸体振动频率达到6～9kHz时，传感器产生共振，振动强度最大，传感线圈中产生的电压最高，如图4-30所示。

（三）压力检测式爆燃传感器

直接检测燃烧压力来检测发动机爆燃是测量精度最高的测量方法，但传感器安装困难且耐久性较差。汽车使用的是一种间接检测燃烧压力的方法，检测燃烧压力的传感器安装在火花塞垫圈下面，如图4-31所示。这种传感器称为垫圈式爆燃传感器，奥迪轿车已采用。

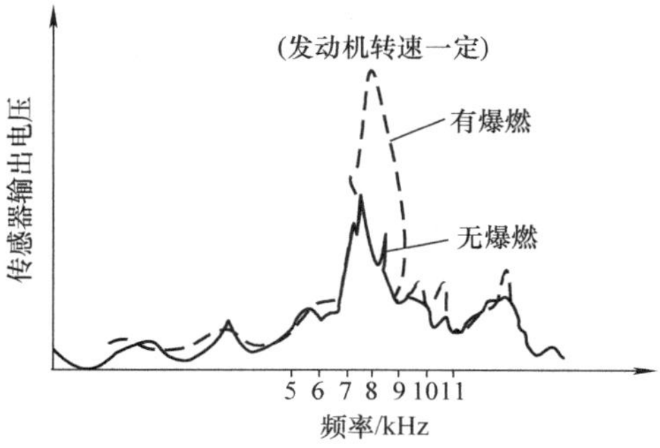

图4-30　共振型爆燃传感器信号波形

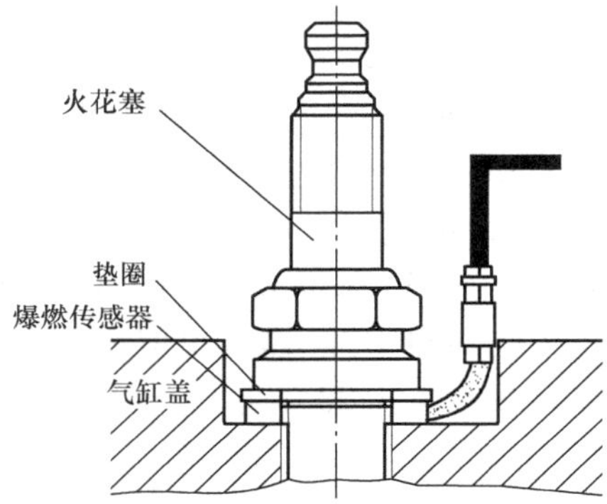

图4-31　垫圈式爆燃传感器安装位置

垫圈式爆燃传感器实际上是一种非共振型压电效应式传感器，结构原理与前述压电式爆燃传感器相同。传感器安装在火花塞垫圈与发动机气缸盖之间，燃烧压力作用到火花塞上，经过火花塞垫圈再传递给传感器。当作用力变化时，传感器信号电压随之变化，从而间接地测量燃烧压力。

四、爆燃的判别方法

发动机爆燃一般仅在大负荷、中低转速（小于3000r/min）时产生。由于爆燃传感器输出电压的振幅随发动机转速高低不同而有很大的变化，因此，判定发动机是否发生爆燃不能根据爆燃传感器输出信号电压的绝对值进行判别，常用方法是：将发动机无爆燃时传感器输出的电压信号与产生爆燃时输出的电压信号进行比较，从而做出判定结论。

1. 基准电压的确定

判定爆燃的基准电压通常利用发动机即将产生爆燃时的传感器输出信号电压来确定。最简单的方法如图4-32所示，首先对传感器输出的信号进行滤波和半波整流，利用平均电路求得信号电压的平均值，然后再乘以常数倍即可形成基准电压 U_B，平均值的倍数由设计制造时通过试验确定。因为发动机转速升高时，爆燃传感器输出电压的幅值增大，所以基准电压并不是一个固定值，而是随发动机转速升高而增大。

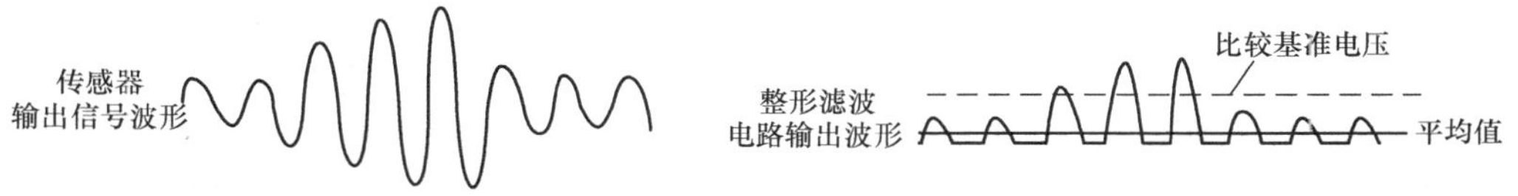

图 4-32　基准电压的确定方法

2. 爆燃强度的判别

发动机爆燃的强度取决于爆燃传感器输出信号电压的振幅和持续时间。爆燃信号电压值超过基准电压值的次数越多，爆燃强度越大；反之，超过基准电压值的次数越少，说明爆燃强度越小。确定爆燃强度常用的方法如图 4-33 所示。

首先利用基准电压值对传感器输出信号进行整形滤波处理，然后对整形后的波形进行积分处理，求得积分值 U_i。爆燃强度越大，积分值 U_i 越大；反之，爆燃强度越小，积分值 U_i 越小。当积分值 U_i 超过基准电压值 U_B 时，ECU 将判定发动机产生爆燃。

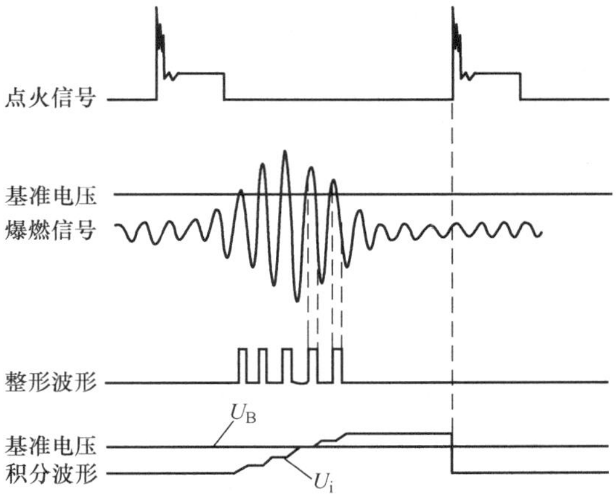

图 4-33　爆燃强度判定方法

五、爆燃的控制过程

爆燃控制系统是一个闭环控制系统。当发动机工作时，ECU 首先根据各传感器信号，从预先试验测得并存储在 ROM 中的点火提前角三维数据 MAP 中查寻得到点火提前角；然后根据凸轮轴位置传感器 CIS、曲轴位置传感器 CPS 以及其他传感器信号控制点火时刻，控制结果由爆燃传感器反馈到 ECU 输入端，再由 ECU 对点火提前角进行修正。爆燃控制系统控制的点火提前角曲线如图 4-34 所示。

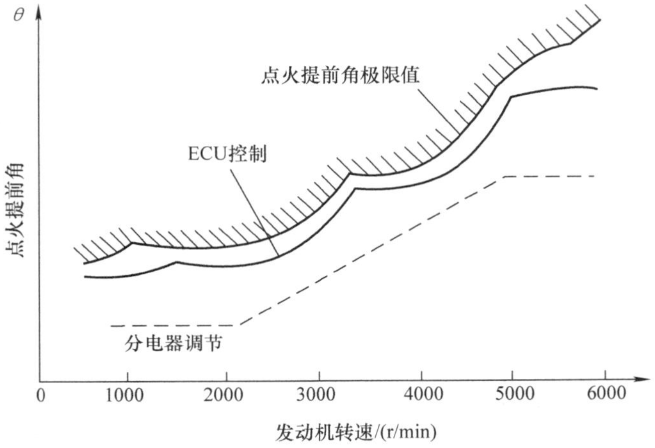

图 4-34　爆燃反馈控制的点火提前角曲线

爆燃传感器信号输入 ECU 后，ECU 便将积分值 U_i 与基准电压 U_B 进行比较。当积分值 U_i 高于基准电压 U_B 时，ECU 立即发出指令，控制点火时刻推迟（即减小点火提前角），每次推迟 0.5°～1.0°曲轴转角，修正速度为 0.7°/s 左右，直到爆燃消除为止。爆燃强度越大，点火时间推迟越多；爆燃强度越小，点火时间推迟越少。当积分值 U_i 低于基准电压 U_B 时，说明爆燃已经消除，ECU 又递增一定量的提前角控制点火，直到再次产生爆燃时，ECU 再重复上述控制过程。如此循环往复，便将发动机控制在爆燃的临界状态工作。

发动机工作时，缸体振动频繁剧烈，为使监测得到的爆燃信号准确无误，在监测爆燃过程中，并非随时都在进行，而是在发出点火信号后的一定范围内进行，这是因为发动机产生爆燃的最大可能性是在点火后的一段时间之内。

本章小结

本章主要介绍了汽油机断油控制、空燃比反馈控制、废气再循环控制、汽油机微机控制点火和爆燃控制系统的组成、控制原理与控制过程，各系统关键传感器的结构原理、点火高压的分配方式，爆燃的检测与判定方法等内容。本章重点内容如下：

1. 电控发动机超速与减速断油以及清除溢流的控制过程。
2. 电控发动机空燃比反馈控制系统的组成与控制原理。
3. 氧化锆式和氧化钛式氧传感器的结构原理。
4. 空燃比反馈控制过程以及实施反馈控制和开环控制的条件。
5. 电控 EGR 率、EGR 系统的结构组成与控制原理以及 EGR 的实施条件。
6. 汽油机微机控制点火与爆燃控制系统的组成，爆燃传感器的结构原理。
7. 微机控制点火的控制原理和点火提前角的确定。
8. 微机控制点火高压的分配方式。点火提前角和点火导通角的控制过程。
9. 发动机爆燃的检测方法、判别方法与控制过程。

思考题

一、单选题

1. 当发动机电控喷油系统实施超速断油控制时，说明其实际转速已超过极限转速（　　）。

A. 80r/min　　B. 200r/min　　C. 600r/min　　D. 1000r/min

2. 在发动机电控喷油系统实施“清除溢流”控制时，说明此时发动机处于（　　）。

A. 减速工况　　B. 加速工况　　C. 怠速工况　　D. 起动工况

3. 在发动机电控喷油系统实施“清除溢流”控制时，说明此时节气门开度为（　　）。

A. 100%　　B. 75%　　C. 50%　　D. 15%

4. 汽油发动机空燃比反馈控制系统控制的空燃比数值约为（　　）。

A. 15.7　　B. 1.0　　C. 14.3　　D. 14.7

5. 当混合气浓时，锆管内、外的氧离子浓度差大，氧传感器输出电压约为（　　）。

A. 0.1V　　B. 0.3V　　C. 0.5V　　D. 0.9V

6. 氧化锆式氧传感器正常输出信号电压时，其自身温度必需高于（　　）。
A. 80℃　　B. 300℃　　C. 600℃　　D. 800℃
7. 氧化钛式氧传感器正常输出信号电压时，其自身温度必需高于（　　）。
A. 80℃　　B. 300℃　　C. 600℃　　D. 800℃
8. 当氧传感器工作状态正常时，其输出信号电压的变化频率应不低于（　　）。
A. 1次/s　　B. 10次/s　　C. 1次/min　　D. 10次/min
9. 在汽油发动机电控系统中，空燃比反馈控制系统的控制方式是（　　）。
A. 学习控制　　B. 模糊控制　　C. 闭环控制　　D. 开环控制
10. 对发动机实施废气再循环EGR控制的目的是减少下列哪一种物质的排放量（　　）。
A. HC　　B. CO　　C. NO_x　　D. SO_2
11. 电控废气再循环EGR系统的控制精度较高，其控制的EGR率可达（　　）。
A. 15%　　B. 25%　　C. 35%　　D. 45%
12. 当电控汽油发动机的转速低于下述转速时，其实际点火提前角等于初始点火提前（　　）。
A. 400r/min　　B. 300r/min　　C. 50r/min　　D. 30r/min
13. 四缸电控汽油发动机采用双缸同时点火时，火花塞同时跳火的两个气缸是（　　）。
A. 1、2缸　　B. 1、4缸　　C. 1、3缸　　D. 2、4缸
14. 在微机控制点火系统初级绕组电流接通瞬间，次级绕组产生的感应电动势为（　　）。
A. 1000V　　B. 10kV　　C. 20kV　　D. 30kV
15. 汽油发动机爆燃产生的压力冲击波的频率一般为（　　）。
A. 1~3kHz　　B. 4~5kHz　　C. 6~9kHz　　D. 10~12kHz

二、多选题

1. 根据断油控制条件不同，电控发动机断油控制分为以下哪几种（　　）。
A. 定时断油　　B. 超速断油　　C. 减速断油　　D. 清除溢流
2. 发动机断油控制系统具有下述哪些功能（　　）。
A. 保护发动机　　B. 提高经济性　　C. 提高动力性　　D. 提高排放性
3. 实施空燃比反馈控制的目的是减少下列哪些有害物质的排放量（　　）。
A. HC　　B. CO　　C. NO_x　　D. SO_2
4. 氧化钛式氧传感器主要由下述哪些部件组成（　　）。
A. 二氧化钛　　B. 钢质壳体　　C. 锆管　　D. 加热元件
5. 微机控制点火和爆燃控制系统能够提高发动机的下述哪些性能（　　）。
A. 动力性　　B. 经济性　　C. 排放性　　D. 安全性

三、判断题

1. 汽车电控发动机的转速一旦超过6000r/min时，断油控制系统就会中断喷油。（　　）

2. 汽车发动机电控喷油系统实施减速断油控制的目的是提高发动机的动力性。(　　)
3. 发动机空燃比反馈控制的目的是减小有害物质一氧化碳 CO 的排放量。(　　)
4. 氧化锆式氧传感器是一种“电压型”氧离子浓度传感器。(　　)
5. 发动机废气再循环的目的是减小氮氧化物 NO_x 的排放量。(　　)
6. 汽油发动机微机控制点火的实质是控制点火电压。(　　)
7. 汽车电控发动机的初始点火提前角一般设定为上止点前 0°左右。(　　)
8. 发动机爆燃传感器是点火提前角闭环控制必不可少的传感器。(　　)
9. 在共振型压电式爆燃传感器的内部结构中，必需设置一个共振体。(　　)
10. 根据爆燃传感器输出信号电压的绝对值，就可判定发动机是否发生爆燃。(　　)

四、问答题

1. 发动机断油控制系统实施减速断油的条件是什么？
2. 发动机断油控制系统实施清除溢流控制的条件是什么？
3. 氧化锆式氧传感器正常输出信号的条件是什么？
4. 氧化钛式氧传感器能常输出信号的条件是什么？
5. 分析说明发动机空燃比反馈控制过程。
6. 发动机 ECU 对空燃比实施反馈控制的条件有哪些？
7. 微机控制的点火提前角由哪几部分组成？怎样确定基本点火提前角？
8. 爆燃传感器有哪些类型？压电式爆燃传感器怎样检测发动机爆燃？
9. 怎样判定爆燃的强度？
10. 分析说明汽油发动机爆燃的控制过程。

第五章 柴油发动机电控喷油技术

柴油发动机为压燃式发动机，电控柴油发动机的喷油压力高达160～200MPa。因此，研究柴油发动机电控喷油技术主要是研究喷油压力电控技术和燃油喷射电控技术。

第一节 柴油发动机喷油技术基础

柴油发动机电子控制燃油喷射系统又称为电子控制柴油发动机系统（ECD，Electronic Control Diesel Engine System，日本电装公司）、电子式柴油发动机控制系统（EDC，Electronic Diesel Engine Control System，德国博世公司）和计算机控制柴油喷射系统（CDI，Computed Diesel Injection System，奔驰公司）。为了区别于汽油发动机电控燃油喷射系统，通常称为柴油发动机电控喷油系统、电控柴油喷射系统或柴油发动机电控燃油喷射系统。

一、柴油发动机电控喷油系统的分类

柴油发动机燃油喷射系统可分为机械式燃油喷射系统和电子控制式燃油喷射系统两大类。由于柴油发动机产品的多样性（在机械控制时代就已开发应用直列泵、分配泵、单体泵和泵喷嘴等结构形式、适用范围和自身特点完全不同的燃油系统），因此，在其基础上开发研制的电控燃油喷射系统种类繁多、形式各异。准确分类十分困难，大致可按下述情况进行分类。

按控制方式不同，柴油发动机电控燃油喷射系统可分为位置控制式柴油喷射系统、时间控制式柴油喷射系统和共轨（公共油轨）式电控燃油喷射系统三种类型。

按控制对象不同，柴油发动机电控燃油喷射系统可分为电控喷油泵系统和共轨式电控燃油喷射系统两大类。电控单元ECU的控制对象前者是喷油泵，后者是分别且独立控制喷油器和共轨压力（即喷油压力）。

按喷油泵供油机构的结构形式不同，电控喷油泵系统可分为直列泵式、分配泵式、泵喷嘴式和单体泵式4种电控喷油系统。

共轨式喷油系统可分为高压共轨式和中压共轨式喷油系统两种类型。当今柴油发动机汽车已普遍采用高压共轨式喷油系统。

高压共轨式喷油系统的基本原理与汽油喷射技术相似，电动燃油泵（即输油泵）将燃油箱内的柴油输送到高压油泵，高压油泵在发动机驱动下将柴油加压到160～200MPa后供

入公共油轨（Common Rail，CR，俗称“共轨”，相当于电控汽油喷射系统的燃油分配管或燃油总管）内，在电控单元的控制下，高压燃油经电控喷油器喷射到相应的气缸内燃烧做功。

中压共轨式喷油系统的基本原理是：输油泵输出的燃油为中、低压燃油，压力为10～30MPa，中低压燃油由燃油泵输送到共轨后再送入喷油器。在中压共轨式喷油系统的喷油器中，设置有液压放大机构（即增压器或增压机构），中低压燃油的压力由液压放大机构增大到120MPa以上后再喷入气缸。因此，在中压共轨式喷油系统中，高压区域仅局限在喷油器中。

高压共轨式喷油系统的显著特点是：喷油压力和喷油量由电控单元分别进行独立控制。在高压共轨式喷油系统中，喷油压力是由ECU直接控制压力控制阀调节高压油泵的供油量来控制，燃油压力（喷油压力）的产生与柴油发动机的转速和负荷无关；喷油量则是由ECU控制电控喷油器进行控制。因此，高压共轨式喷油系统能够自由改变喷油压力、喷油量、喷油定时（即何时开始喷油）和喷油特性（即实现引导喷射、预喷射、主喷射、后喷射和次后喷射等多段喷射，目前已可实现一个工作循环内3次、5次或更多次喷射）。通过预喷射，可降低柴油发动机噪声；通过后喷射，可减小发动机氮氧化物（NO_x）和颗粒物（PM，Particulate Matter，即炭烟微粒或浮游微粒）的排放量。因此，采用高压共轨式电控喷油技术，能使柴油良好雾化，提高燃烧效率，从而达到降低燃油消耗与燃烧噪声、减少排放和减小振动之目的。

在上述电控柴油喷射系统中，只有高压共轨式电控喷油系统才是新型电控柴油喷射系统，其他系统都是在罗伯特·博世（Robert Bosch）公司1926年开发成功的喷油泵的基础上增设电子控制系统而构成，在技术上没有实质性的进步。

在柴油发动机喷油系统中，各种传感器的功用、组成及其结构原理与汽油发动机喷油系统使用的传感器基本相同。鉴于执行器是柴油发动机喷油系统的关键技术以及柴油发动机技术发展的必然趋势是采用高压共轨式柴油喷射技术，所以本书重点介绍高压共轨式柴油喷射系统的执行器技术、喷油压力控制技术和喷油量控制技术。

二、柴油发动机喷油系统的控制策略

20世纪70年代以来，在满足柴油发动机排放法规和提高燃油经济性等要求的背景下，柴油发动机电控喷油技术先后被各汽车生产厂家用来控制喷油量和喷油定时等控制参数，经历了位置控制、时间控制和高压共轨控制等三代控制技术的变化。典型控制系统的控制策略和主要技术特征见表5-1。

表5-1　柴油发动机电控燃油喷射系统的控制策略与技术特征

技术类别	控制策略	柴油喷射系统名称	控制项目				技术特征
			喷油量	喷油定时	喷油压力	喷油特性	
第一代	凸轮压油 + 位置控制	COVEC－F	●	●	○	○	喷油量由ECU控制油量调节齿杆或滑套的位移量进行控制；喷油定时由定时控制阀TCV通过控制液压提前器活塞高压腔与低压腔之间的压差来控制
		ECD－V1	●	●	○	○	
		TICS	●	●	○	○	

（续）

技术类别	控制策略	柴油喷射系统名称	控制项目				技术特征
			喷油量	喷油定时	喷油压力	喷油特性	
第二代	凸轮压油 + 电磁阀时间控制	ECD - V3	●	●	○	○	喷油量由 ECU 控制电磁阀进行控制；喷油定时控制方法与第一代相同，但反馈控制信号不同
		VP	●	●	○	○	
第三代	燃油蓄压 + 喷油器时间控制	ECD - U2 ECD - U2P UNIJET CRS	●	●	●	●	喷油量和喷油定时均由 ECU 通过控制各缸喷油器的电控机构来控制；喷油压力由 ECU 通过控制压力控制阀 PCV 来控制，燃油压力的产生与发动机转速和负荷无关

注：符号“●”表示具有该项控制功能；符号“○”表示没有该项控制功能。

三、柴油发动机喷油量的计算方法

喷油量是柴油发动机工作过程中最重要的参数之一。柴油发动机设计师们的最大理想就是根据柴油发动机的实际工况，自由控制每个循环的喷油量。随着高压共轨式电控柴油喷射技术的应用，设计师们的梦想得以现实。

柴油发动机每循环的基本喷油量可用下述公式进行计算

$$Q_j = \frac{98 p_e V_h g_e}{27 \gamma_m} = \frac{50 N_e g_e}{3 n_t \gamma_m} \tag{5-1}$$

式中 Q_j——基本（标定工况）喷油量，mm^3；

p_e——平均有效压力，kPa；

V_h——每缸排量，L；

g_e——比油耗，g/(kW · h)；

γ_m——燃油密度（轻质柴油：$\gamma_m = 0.82 \sim 0.89 g/cm^3$）；

N_e——每缸标定功率，kW；

n_t——标定工况凸轮转速，r/min。

标定工况的喷油量是柴油发动机工作过程中最基本的喷油量。上式说明，基本喷油量 Q_j 与凸轮转速 n_t 成反比。因为发动机转速 n_e 与凸轮转速 n_t 为一定比值关系，所以基本喷油量 Q_j 与发动机转速 n_e 也成反比关系。当转速升高时，发动机在一个工作循环内所占的时间缩短，其进气量将减小，所以基本喷油量 Q_j 减小。柴油发动机在各种工况下工作时，每循环喷油量的变化范围是（1.0 ~ 1.5）Q_j。其他工况下的喷油量与基本喷油量之间的关系如下

起动喷油量为

$$Q_q = (1.3 \sim 1.5) Q_j \tag{5-2}$$

怠速喷油量为

$$Q_d = (0.2 \sim 0.25) Q_j \tag{5-3}$$

上述公式都是经验公式，用其计算的喷油量具有一定的精度，曾广泛应用于机械式供油系统喷油量的计算。由于柴油发动机各具特点，因此需要在此基础上，根据具体发动机进行

试验修正后，才能得到较为理想实用的喷油量数据。

第二节　高压共轨式柴油喷射系统

高压共轨式柴油喷射技术是一种全新的电子控制柴油喷射技术，其基本原理与汽油喷射技术相似。输油泵（电动燃油泵）将柴油从燃油箱输送到高压泵（高压泵）内，高压泵在发动机的驱动下将柴油压缩成高压燃油（油压高达 160 ~ 200MPa）后供入共轨，在 ECU 控制下，共轨中的适量高压燃油经各缸喷油器直接喷射到气缸内燃烧做功。

一、高压共轨式柴油喷射系统的组成

高压共轨式柴油喷射系统（CRS，Common Rail System）的组成如图 5-1 所示，控制部件在四缸柴油发动机上的安装位置如图 5-2 所示。

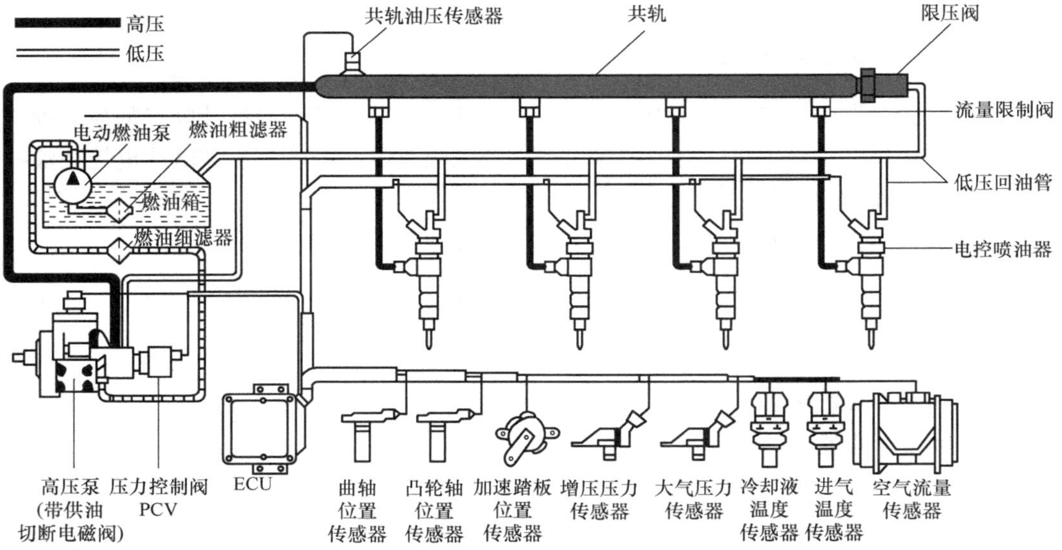

图 5-1　博世公司高压共轨式柴油喷射系统的组成

高压共轨式电控柴油喷射系统的组成与电控汽油喷射系统相同，也是由空气供给系统、燃油供给系统和电子控制系统三个子系统组成。因为高压共轨式柴油喷射系统的控制策略是：喷油量和喷油定时均由 ECU 通过控制各缸喷油器的电控机构进行控制；喷油压力（即共轨中的燃油压力）由 ECU 通过控制压力控制阀（PCV，Pressure Control Valve）进行控制。所以，其电子控制系统是由电子控制喷油系统和电子控制油压系统两个子系统组成。

空气供给系统（供气系统）的功用及组成与电控汽油喷射系统基本相同，主要是向发动机提供燃油燃烧所需空气并检测出进入气缸的空气量。供气系统配装的传感器主要有空气流量传感器（即空气流量计）、进气温度传感器、大气压力传感器和增压压力传感器。空气流量传感器安装在进气道上，用于检测增压器增压后的空气量。进气温度传感器一般都安装在空气流量传感器内，用于检测进入气缸的空气温度；大气压力传感器一般都安装在 ECU 内部的印制电路板上，用于检测海拔高度不同时的大气压力；增压压力传感器安装在进气道

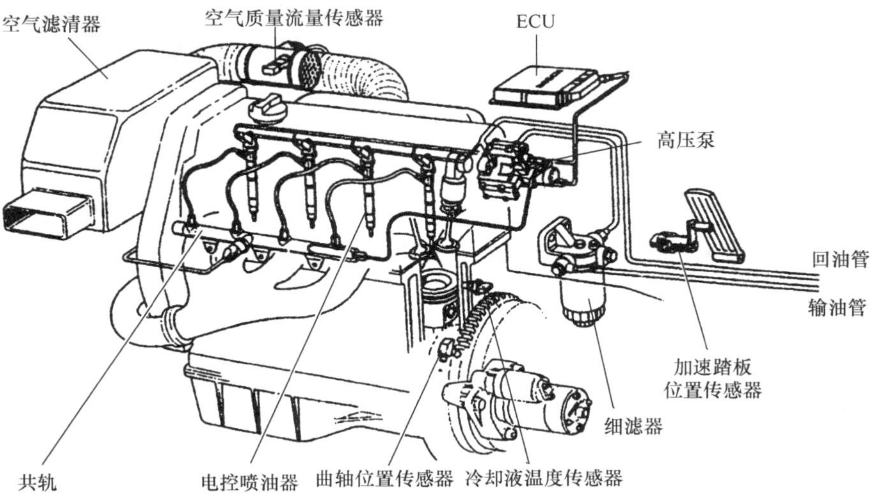

图 5-2 博世公司高压共轨式柴油喷射系统控制部件的安装位置

上，用于检测增压器增压后的空气压力。进气温度、大气压力和增压压力三种传感器信号都是用于对空气量进行修正计算，以便得到进入气缸空气量的精确数值。因为柴油发动机的理想空燃比为 14.3，所以 ECU 根据空气量的精确数值，即可在每个燃烧循环调整每只喷油器的喷油量，从而大大减小有害物质的排放量。

燃油供给系统的功用是向共轨供给压力足够高和油量足够大的燃油。最高油压可达 200MPa 甚至更高，供油量可达 $1600mm^3/r$。燃油供给系统分为低压通道与高压通道两个部分。低压通道部分由燃油箱、输油泵（电动燃油泵）、柴油滤清器（粗滤器和细滤器）、低压输油管以及低压回油管等部件组成。高压通道部分由高压泵（供油泵或高压油泵）、高压油管、共轨油压传感器（即喷油压力传感器）、共轨、限压阀、流量限制阀（流量限制器）和电控喷油器等部件组成。其中，限压阀和流量限制阀为安全控制装置。

电子控制油压系统又称为喷油压力电控系统或共轨压力电控系统，其功用是实时控制共轨中的燃油压力（即喷油压力），实现高压喷射，使柴油良好雾化，提高燃烧效率，从而达到降低油耗、减少排放、降低噪声和减小振动之目的。电子控制油压系统主要由共轨油压传感器（即喷油压力传感器）、电控单元 ECU 和共轨油压控制阀（即压力控制阀）PCV 等部件组成。压力控制阀是电控油压系统的执行器。

电子控制喷油系统的功用是根据各种传感器信号提供的柴油发动机转速、负荷等工况信息，自由改变喷油量、喷油定时和喷油特性（喷油量与喷油时间之间的关系）等参数，实现预喷射、主喷射、后喷射和多段喷射（已可实现 5 次或更多次喷射），提高柴油发动机的动力性、经济性和排放性能。电子控制喷油系统主要由曲轴位置传感器、凸轮轴位置传感器、加速踏板位置传感器、空气流量传感器、进气温度传感器、大气压力传感器、增压压力传感器、冷却液温度传感器、电控单元和电控喷油器等部件组成。电控喷油器是电控喷油系统的执行器。

在电控汽油喷射系统中，电动燃油泵供给到共轨（燃油总管）中的汽油压力较低（250 ~ 350kPa），燃油压力（即喷油压力）可用机械式油压调节器进行调节。在高压共轨式电控柴油喷射系统中，高压油泵供给到共轨中的柴油压力（即喷油压力）高达 160 ~ 200MPa，用机械式油压调节器难以进行调节，为此采用了电控单元直接控制压力控制阀来调节喷油压力，因此，同电控汽油喷射系统一样，燃油压力的产生与发动机转速和负荷无关。

二、高压共轨式柴油喷射系统的优点

高压共轨式柴油喷射技术是20世纪90年代中后期研究成功的柴油机电控技术。该技术的显著特点是：喷油压力与喷油过程由ECU分别独立进行控制，能够自由调节喷油压力、喷油量、喷油定时和喷油特性。实践证明，高压共轨式柴油喷射系统具有以下优点：

1）喷油压力高。喷油压力（即共轨压力）一般都维持在160MPa以上，最高可达200MPa，比一般直列泵的喷油压力（60～95MPa）高出1倍。由于喷油压力高、燃油雾化好、燃烧过程得以改善。因此，发动机的油耗、排放及噪声等性能得到明显改善，并可改善发动机转矩特性，提高发动机的动力性。

2）喷油压力自由调节。喷油压力的产生与发动机转速和负荷无关，电动燃油泵（即输油泵）将燃油箱内的柴油输送到高压泵之后，高压泵供入共轨管内的燃油压力（即喷油压力），由ECU控制压力控制阀PCV调节高压泵供入共轨管内的燃油量来调节喷油压力。喷油压力在20～200MPa范围内可以调节。

3）喷油量自由调节。喷油量和喷油定时的数据图谱在电控喷油系统设计完成后通过台架试验测试确定，并预先编程存储在ROM中，发动机ECU根据发动机转速和加速踏板位置等传感器信号，从数据图谱中查询得到最佳参数直接控制各缸喷油器的电控机构（电磁线圈或压电元件）实现精确控制。喷油量的大小由ECU控制喷油器电磁线圈或压电元件的通电时间决定。通电时间越长，喷油量越大；通电时间越短，喷油量越小。

4）喷油特性满足排放要求。在发动机的一个工作循环内，能够实现引导喷射、预喷射、主喷射、后喷射和次后喷射以及更多次喷油控制，柴油雾化良好、混合均匀，燃烧效率提高，能够减少氮氧化物（NO_x）和颗粒物（PM，炭烟或浮游微粒）排放、降低噪声和节约燃油。

5）适用于旧柴油机升级改造。应用实践证明，共轨式电控柴油喷射系统代表着柴油机燃油喷射技术的发展方向。与分配泵只能用于小型发动机，或泵喷嘴、单体泵需要改动发动机不同，共轨式电控柴油喷射系统既能与小型、中型和重型柴油机匹配使用，也适用于现有柴油机的升级改造。共轨沿发动机纵向布置，高压泵、共轨和喷油器各自的安装位置相互独立，便于在发动机上安装和布置。对旧柴油机进行改造时，对缸体和缸盖的改动很小。

三、高压共轨式柴油喷射的关键技术

在高压共轨式柴油喷射系统的燃油供给子系统中，燃油箱、粗滤器、细滤器、低压油管、低压回油管和高压油管等部件的结构原理及功用与机械式柴油系统基本相同，不同之处有：用高压泵取代了原来的喷油泵；新增了输油泵（电动燃油泵）以及储存高压燃油的共轨组件；用电控喷油器取代了原来的机械式喷油器；高压油管的直径略有加大。如电装公司的ECD－U2型电控高压共轨式系统各缸高压油管的外径由6.35mm增大至8mm，内径由2mm增大至4mm。

在高压共轨式柴油喷射系统的空气供给子系统和电子控制子系统子中，各种传感器和供气系统部件的功用、结构原理与汽油发动机燃油喷射系统基本相同，仅仅是柴油喷射压力高而技术性能要求更高而已，故不一一赘述。下面主要介绍输油泵（电动燃油泵）、高压泵、压力控制阀、共轨组件、限压阀、流量限制阀、共轨油压传感器（高压传感器）和电控喷油器等关键部件的功用、结构特点与工作原理。其中，输油泵、压力控制阀、共轨油压传感器和电控喷油器为电子控制部件，输油泵、压力控制阀和电控喷油器是发动机电子控制系统的执行器；高压泵以及安装在共轨上的限压阀和流量限制阀为纯机械控制部件，限压阀和流量限制阀为安全控制装置。

（一）输油泵

在高压共轨式电控柴油喷射系统中，输油泵为电动燃油泵，其结构原理与电控汽油喷射系统基本相同。在安装方式上，电动燃油泵既可安装在柴油箱内部，也可安装在柴油箱外面的低压油路上。安装在油箱内部易于散热，故普遍采用内装式。

输油泵的功用是向高压泵提供具有一定压力（一般为250kPa）和数量（最大供油量为3L/min）的燃油。输油泵受ECU控制，点火开关一旦接通，ECU便控制油泵继电器接通输油泵电路，输油泵就开始供油。如果在规定时间内（9s左右）仍未接通起动开关来起动发动机，ECU将自动切断输油泵电源电路，输油泵将停止运转。

（二）高压泵

高压泵又称为高压油泵，是燃油供给系统低压通道与高压通道之间的接口部件。高压泵的功用是：在柴油机各种工况下，将低压柴油加压压缩，向共轨管内供入压力足够高、油量足够大的高压燃油。

高压泵与普通喷油泵一样安装在柴油发动机缸体上，通过离合器、齿轮、链条或齿带由发动机驱动。但安装高压泵时，只需考虑供油功能，无需考虑定时功能。

（1）高压泵的结构特点

高压泵种类繁多、形式各异，结构原理大同小异，都是利用凸轮转子驱动柱塞运动将低压柴油加压压缩成为高压燃油。高压泵主要由偏心轮、柱塞组件、进油阀、出油阀、壳体和油道等组成，其轴向剖面结构如图5-3所示。

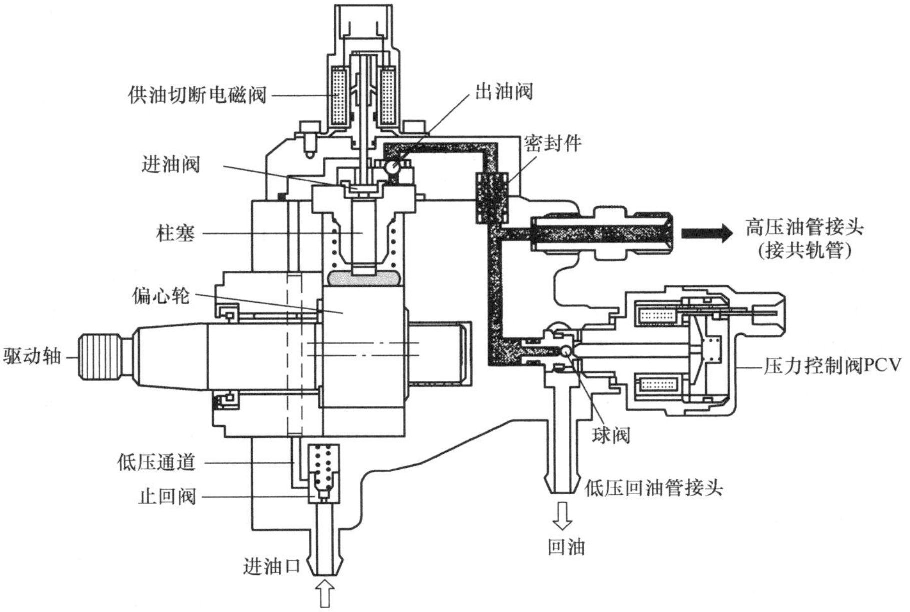

图5-3　博世高压共轨系统CP3系列高压泵的轴向结构

高压泵由偏心轮驱动，在泵内径向设有三套柱塞组件，柱塞相互间隔 120°排列，如图 5-4b所示。偏心轮驱动平面与柱塞垫块之间的接触形式为面接触，比传统的凸轮与滚轮之间为线接触形式的接触应力要小得多，有利于燃油升压和延长使用寿命。由于高压泵每旋转一转有三个供油行程，故驱动装置受载均匀，驱动峰值转矩小（博世高压泵为 16N · m），仅为分配泵驱动转矩的 1/9 左右。因此，高压共轨式燃油喷射系统对高压泵端驱动装置的要求远远低于机械式燃油系统。泵端驱动装置所需功率随共轨压力和高压泵转速的增加而成正比增加。

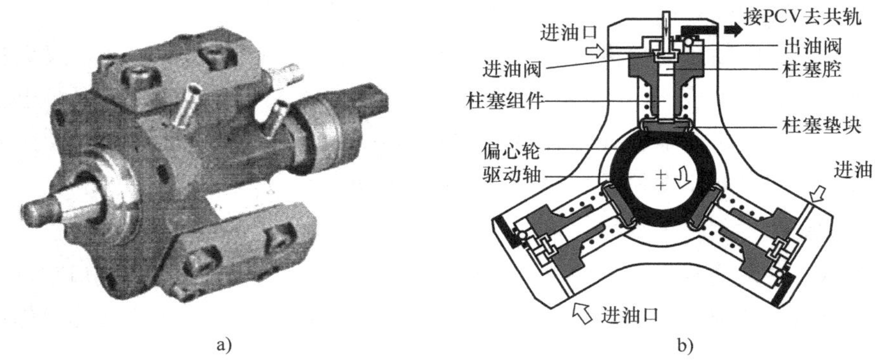

图 5-4 博世高压共轨系统 CP3 系列高压泵的结构

a）外形结构 b）径向结构

对一台排量为 2L 的发动机而言，当设定转速下的共轨压力为 135MPa 时，高压泵（机械效率约为 90%）消耗功率仅为 3.8kW。如果考虑喷油器的喷油量和低压回油量以及压力控制阀的回油量等因素，高压泵的消耗功率应更高一些。高压泵转速较高（最高转速为 3000 ~ 4000r/min），因此采用柴油润滑与散热。

（2）高压泵的工作原理

输油泵（电动燃油泵）运转时，将燃油箱内的柴油经低压油管、高压泵进油口、止回阀和低压通道输送到进油阀处。当柴油发动机转动时，高压泵按一定速比随曲轴一同旋转。高压泵转动时，偏心轮便使柱塞径向移动。当柱塞下行时，如图 5-4b 所示，柱塞腔容积增大，压力降低使进油阀打开，低压燃油由进油阀进入柱塞腔，对高压泵进行充油。

当柱塞上行时，柱塞腔容积减小，压力增大使进油阀阀门关闭，如图 5-3 所示，燃油被压缩而压力升高。当柱塞上行行程增大使柱塞腔内压力高于共轨中的燃油压力时，出油阀阀门打开，柱塞腔内的高压燃油便在压力控制阀的控制下，经高压油管供入共轨管中。

（3）供油切断电磁阀的功用

高压泵在柱塞腔上设有供油切断电磁阀，又称为断油电磁阀，如图 5-3 上部所示。该电磁阀的功用是当发动机怠速和部分负荷时通电切断高压供油，使供油量适应喷油量变化的需要，减少高压泵的功率消耗。

高压泵的供油量是按最大供油量进行设计。在发动机怠速和部分负荷时，柱塞压缩的燃油量将超过喷油器所需的喷油量，多余的燃油经压力控制阀和共轨管上的限压阀等流回燃油箱。由于已被压缩的燃油又流回到燃油箱并再次降压，不仅损失压缩能量，而且会使燃油升温。设置供油切断电磁阀后，当发动机怠速和部分负荷时，电磁阀适时通电使进油阀处于打开状态，使供油行程吸入的燃油不受压缩又流回低压通道，柱塞腔内不会建立高压。

当供油切断电磁阀工作时，柱塞不再连续压油，高压泵处于间歇供油状态，从而减少功率损失。可见，高压泵传动比的设计一方面要满足发动机全负荷工作时需要的燃油量，另一方面要使多余供油量不要太多。

高压泵的供油量与其转速成正比，高压泵的转速取决于发动机转速，高压泵与发动机之间可选取的传动比为2∶1或5∶2，具体数值视曲轴最高转速而定。

（4）止回阀的功用

在高压泵的低压通道上设有一只止回阀，如图5-3左下方所示。该止回阀的功用是在高压泵停止转动时，关闭燃油回流通道，使低压通道内保留一定压力的燃油（止回阀量孔直径约2.3mm，保持油压在50kPa以上），保证发动机再次起动时能可靠起动。

（三）压力控制阀

压力控制阀（PCV，Pressure Control Valve）又称为调压阀、共轨压力控制阀或供油泵控制阀PCV（Pump Control Valve），其功用是根据发动机转速和负荷变化，自动调节供入共轨管内的燃油压力（包括压力升高、降低或保持不变）。

（1）压力控制阀的结构特点

各型压力控制阀的结构原理大同小异，博世公司高压共轨系统CRS用压力控制阀的结构如图5-5所示，主要由电磁线圈（电阻值为3.2Ω）、衔铁、球阀和复位弹簧等组成。球阀焊接在衔铁一端，衔铁周围有燃油流过，保证衔铁润滑和电磁线圈散热。

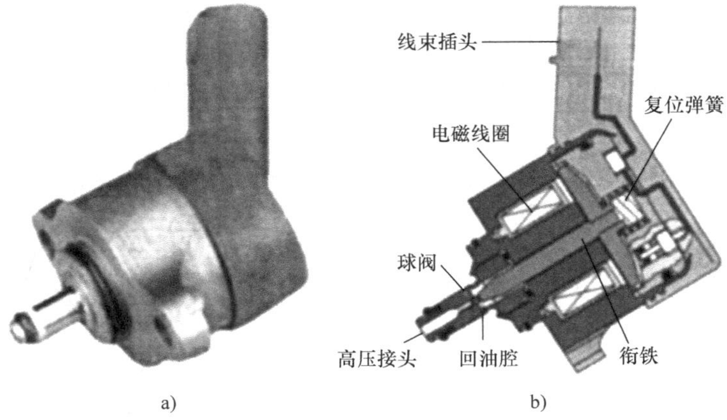

图5-5　博世压力控制阀PCV的结构

a）外形结构　b）内部结构

（2）压力控制阀的工作原理

压力控制阀的调压方式是调节高压泵供入共轨管内的燃油量。供油量越大，燃油压力越高；反之，供油量越小，燃油压力越低。如果不计高压管路的油压损失（实际压降也很小），则共轨管内的燃油压力以及喷油器的喷油压力就等于高压泵高压接头出口处的燃油压力。

在压力控制阀中，球阀是控制共轨燃油压力（即喷油压力）的关键部件。球阀一侧承受高压泵供给共轨的燃油压力，另一侧连接衔铁并与回油腔相通，回油腔与低压回油管连接。球阀受共轨的燃油压力、复位弹簧的预紧力以及电磁线圈在衔铁中产生的电磁力三个力的作用。

当电磁线圈断电时，复位弹簧的预紧力（张力）使球阀紧压在阀座上。当电磁线圈通电时，共轨燃油压力超过弹簧预紧力（弹簧设计负荷一般为10MPa）与衔铁电磁力之和时，球阀打开溢流，燃油从回油腔经低压回油管路流回燃油箱；反之，当共轨油压低于电磁力与弹簧力之和时，球阀关闭，燃油压力将随高压泵的供油量增大而升高。

对结构一定的PCV而言，其复位弹簧的预紧力是常量，所以，共轨燃油压力高低取决于电磁线圈产生的电磁力的大小。PCV的电磁线圈受ECU控制，线圈产生电磁力的大小与流过线圈平均电流的大小成正比，所以ECU通过控制占空比的大小，即可控制线圈平均电流的大小，从而控制共轨燃油压力（即喷油压力）的高低。

当占空比增大时，线圈平均电流增大，衔铁产生的电磁力增大使其一端的球阀对阀座的压力增大，共轨燃油压力随油量增大而升高。

当占空比减小时，线圈平均电流减小，衔铁产生的电磁力减小使球阀对阀座的压力减小，共轨燃油压力降低；

同理，当占空比不变时，共轨燃油压力则保持不变。试验证明：当占空比控制信号的频率为1kHz时，可以避免衔铁脉动和共轨管内的燃油压力波动。

（四）共轨组件

共轨是公共油轨的简称，相当于电控汽油喷射系统的燃油分配管、燃油总管或油架。在共轨上连接有高压燃油入口接头、高压传感器（共轨油压传感器）、限压阀和流量限制阀等，这些部件与公共油轨一起组成的总成称为共轨组件，如图5-6所示。其中，限压阀和流量限制阀为安全装置，防止供油系统部件发生故障导致共轨燃油压力过高而损坏机件或使高压燃油泄漏。

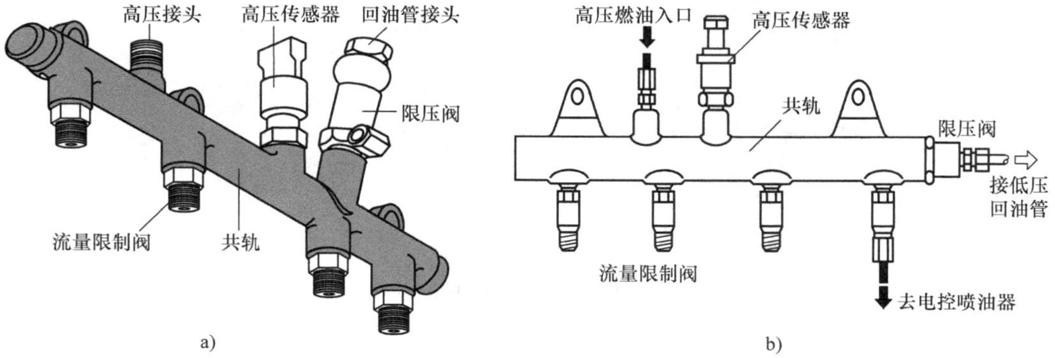

图5-6　共轨组件的结构

a）立体图　b）平面结构

共轨的功用是储存一定数量和一定压力的燃油，一方面保证柴油机起动和怠速时燃油迅速升压，满足起动和怠速工况对燃油压力的需求；另一方面是利用燃油液体的可压缩性，减小电控喷油器阀门开闭以及高压泵工作时引起的油压波动。

（五）限压阀

限压阀又称为压力限制阀或压力限制器。限压阀相当于一只安全阀，连接在共轨与低压回油管之间，其功用是限制共轨管内燃油的最高压力。当共轨中的燃油压力超过限压阀设定的最高压力值时，限压阀阀门打开溢流卸压，防止燃油供油系统损坏。博世公司限压阀的结构原理如图 5-7 所示，主要由阀体、锥形活塞、复位弹簧和限位套等组成。

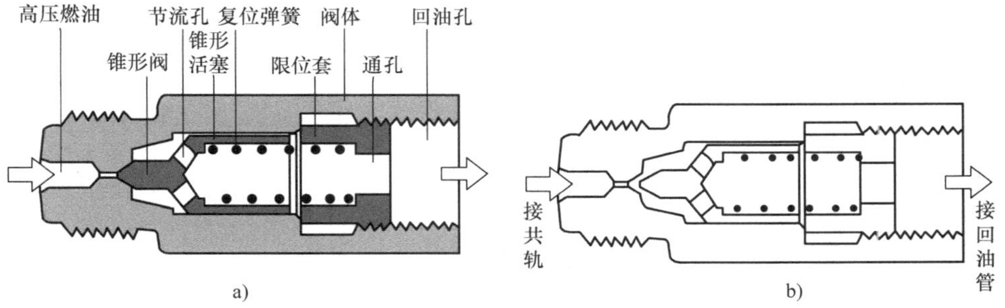

图 5-7　博世限压阀的结构原理

a）正常工作状态　b）锥形阀打开，节流卸压

限压阀阀体的一端设有外螺纹，用其将阀安装在共轨管上，另一端设有内螺纹，用以连接限位套和通往油箱的低压回油管接头。调节限位套拧入阀体的位置，即可调节复位弹簧的预紧力，从而调节限压阀限定的最高压力。

锥形活塞相当于阀芯，其头部设有锥形阀，锥面上设有节流孔。当锥形阀打开时，共轨中的高压燃油从该节流孔溢流卸压。

阀体通往共轨的连接端相当于阀座，阀座轴向中心设有一个节流小孔。在正常工作压力下，弹簧预紧力使锥形阀压在阀座上，节流小孔被关闭，如图 5-7a 所示。此时，共轨压力随供油压力升高而升高。

当共轨中的燃油压力超过规定的最高压力时，锥形活塞在高压燃油压力作用下压缩复位弹簧并向右移，如图 5-7b 所示，高压燃油从共轨中经节流小孔和锥面节流孔节流卸压后流回燃油箱，使共轨中的燃油压力降低，从而限定最高压力，防止供油系统部件或发动机损坏。燃油流经通道为：共轨→阀座节流小孔→活塞锥面节流孔→活塞内腔→限位套内腔→通孔→低压回油管接头→回油管→燃油箱。

（六）流量限制阀

流量限制阀又称为流量限制器，连接在共轨与喷油器高压油管之间，其功用是在喷油器及其高压油管泄漏燃油时，关闭高压油路、停止供油，防止燃油持续泄漏。

1）流量限制阀的结构特点。流量限制阀的结构原理如图 5-8 所示，主要由阀体（壳体）、阀芯（柱塞）和复位弹簧等组成。

阀体由金属壳体制成，两端制作有外螺纹，其中，一端拧在共轨上，另一端与各缸喷油器的高压油管连接。阀体内腔为中空结构，与共轨内腔和喷油器高压油管一起构成高压通道。阀体连接喷油器高压油管一端的内腔由于孔径较小而形成阀座。

阀芯是一个截面直径不同的活塞，密封安放在阀体腔内。阀芯轴向设有直径不同的内

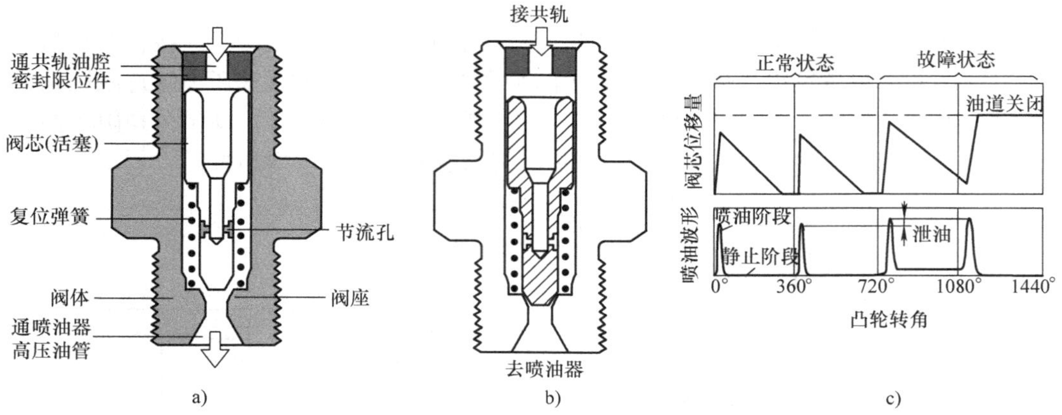

图 5-8　流量限制阀的结构与工作特性
a）正常工作状态　b）保护状态　c）工作特性

孔，孔径较大一端（图中上部）为进油孔，连接共轨内腔；孔径缩小一端（图中下部）的径向设有节流孔（出油孔）。在静止状态下，复位弹簧将阀芯压向共轨方向的密封限位件一端。

2）正常喷油时流量限制阀的工作原理。在正常工作状态下，阀芯（活塞）处于静止位置，上端靠在共轨方向的密封限位件上，高压燃油经节流孔（出油孔）流出。燃油通道为共轨油腔→流量限制阀进油口→阀芯内孔→节流孔→流量限制阀出油口→各缸高压油管→各缸喷油器。当喷油器喷射一次燃油后，流量限制阀出口油压略有下降，阀芯向喷油器方向略有位移，如图 5-8a 所示，阀芯（活塞）下移压出的容积等于喷油器喷出燃油的容积。此时，阀芯并未移到阀座上，燃油通道仍然畅通。

当喷油终了时，阀芯停止移动，复位弹簧将阀芯压回到静止位置，并保持到下一次喷油。

复位弹簧和节流孔尺寸的设计原则是：在最大喷油量（包括安全储备量）时，阀芯既不位移到阀座上关闭出油通道，还能复位到共轨端的密封限位体上。

3）高压燃油泄漏时流量限制阀的保护原理。当从共轨流向某只喷油器的燃油量超过最大流量时，流量限制阀将自动关闭流向该喷油器燃油通道，使该喷油器停止喷油，防止高压油管泄漏燃油而发生火灾。

当某只喷油器泄漏油量过大或其高压油管发生漏油故障、导致流过流量限制阀的燃油流量远远超过最大流量时，由于阀芯（活塞）下移量过大，因此，阀芯将从静止位置移动到出油端的阀座上关闭油道停止供油，如图 5-8b 所示，并一直保持到发动机停机为止。

当某只喷油器泄漏油量不大或其高压油管发生漏油故障、导致流过流量限制阀的燃油流量超过最大流量不多时，泄漏燃油使流量增大，阀芯位移量增大，如图 5-8c 所示。因此，阀芯不能复位到静止位置。经过几次喷油后，阀芯便移动到阀座上关闭出油通道停止供油，直到发动机停机时为止。

（七）共轨油压传感器

共轨油压传感器又称为共轨压力传感器、喷油压力传感器和高压传感器，该传感器安装在共轨上，其功用是检测共轨管内的燃油压力。因为电控喷油器内部的油压与共轨管内的油压相等，所以共轨油压传感器检测的燃油压力即为电控喷油器的喷油压力。

1）共轨油压传感器的结构特点。共轨油压传感器普遍采用电阻应变计式压力传感器。博世公司共轨油压传感器的结构如图5-9所示，主要由弹性传感元件、信号处理电路、线束插头和安装接头组成。弹性传感元件由金属膜片和电阻应变片组成。金属膜片焊接在安装接头上，并与高压燃油通道相通，直接承受共轨管内高压燃油的压力，电阻应变片紧贴在金属膜片上，并连接成惠斯顿电桥电路，然后再与信号处理电路连接。

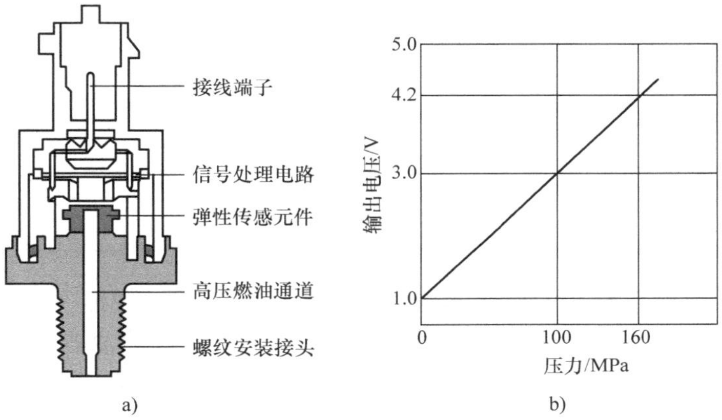

图5-9　博世共轨油压传感器的结构与特性
a）结构　b）工作特性

2）共轨油压传感器的工作原理。当共轨管内油压经传感器的高压燃油通道作用到传感元件时，传感元件的金属膜片和电阻应变片一同产生变形（油压150MPa时，变形量约1mm），应变片上的应变电阻阻值随之发生变化，电桥电路的电压改变（电源电压为5V时，电压在0～70mV变化，具体数值由压力决定），经信号处理电路放大处理后可得传感器的输出电压（0.5～4.5V），实测高压传感器的输出特性如图5-9b所示。当油压为0时，传感器输出电压为1.0V；当油压为100MPa时，输出电压为3.0V；当油压为160MPa时，输出电压为4.2V。

精确测量共轨管内的燃油压力是电控共轨系统正常工作的必要条件。为此，要求压力传感器测量压力的允许偏差很小，在柴油机工作范围内，测量精度约为最大值的2%。当共轨压力传感器失效时，PCV以固定的预设值控制油压，使发动机处于应急状态运行。

（八）电控喷油器

电控喷油器又称为电动喷油器，其功用是将燃油以雾状形式喷射到气缸内燃烧，并计量燃油喷射量。

在高压共轨式柴油喷射系统中，设计和工艺难度最大的部件就是电控喷油器。世界主要公司电控喷油器的基本参数见表5-2。虽然电控喷油器种类繁多、形式各异，但其结构原理基本相同，仅外形有所不同。

表 5-2　高压共轨式柴油喷射系统用电控喷油器的基本参数

生产公司名称		德国博世		日本电装		英国卢卡	西门子	TEMIC
电控机构形式		电磁线圈	压电晶体	电磁线圈	电磁线圈	电磁线圈	压电晶体	电磁线圈
喷油压力	最高喷油压力/MPa	180	160	160	200	160	150	180
	最低喷油压力/MPa	20	20	20	20	20	20	25
引导喷射	喷油量/(mm^3/行程)	1.0	1.0	1.5～2.5	1.5～2.5	0.6	0.6	4～6
	时间间隔/ms	0.3	0.2	0.4	0.4	0.3	0.1	0.4
允许喷油次数/次		5	5	3	5	–	–	–
电控机构外形尺寸	最大外径/mm	33	17	26.5	28.5	17	28	26
	高度/mm	45	45	45	68	45	35	70
喷油器外径/mm		17、18、19 三种规格		17、18、19 三种规格	18、19 两种规格	17	17	14、17 两种规格

电控喷油器是由电控机构、液压伺服机构和孔式喷油器（俗称喷油嘴）三部分组成。电控机构分为电磁控制机构和压电晶体两种结构。因此，电控喷油器可分为电磁控制式喷油器和压电控制式喷油器两种。液压伺服机构和孔式喷油器与柴油机用普通喷油器基本相同。

1. 电磁控制式喷油器

电磁控制式喷油器简称电磁喷油器，是电控柴油喷射系统使用的第一代喷油器。

（1）电磁控制式喷油器的结构特点

电磁控制式喷油器主要由电磁控制机构、液压伺服机构和孔式喷油器组成，如图 5-10 所示。值得注意的是，电控柴油喷射系统电磁喷油器的结构原理与汽油喷射系统电磁喷油器的结构原理大不相同，这是因为柴油喷射系统的燃油压力高、控制难度大，即电磁执行机构难以直接产生迅速打开针阀所需的电磁力，必须增设具有液力放大作用的液压伺服机构。

电磁控制机构实际上是一只高速电磁阀，该电磁阀安装在喷油器的顶部，主要由电磁线圈、铁心、复位弹簧和球阀等部件组成。球阀焊接在铁心下端，当电磁线圈无电流流过时，在复位弹簧张力作用下，铁心向下移动到极限位置，球阀处于关闭状态。

液压伺服机构由控制柱塞、柱塞控制腔、进油节流孔、回油节流孔、针阀锥面以及针阀复位弹簧组成。

孔式喷油器俗称喷油嘴，由针阀和阀体组成。

喷油器的高压接头为燃油入口，经高压油管与共轨连接。共轨管内的高压燃油经进油节流孔送入柱塞控制腔内，并经高压油道送入喷油器针阀锥面及阀座盛油槽内。控制腔经回油节流孔和球阀与回油口连接。回油口为低压燃油回流口，用低压油管与燃油箱连接。

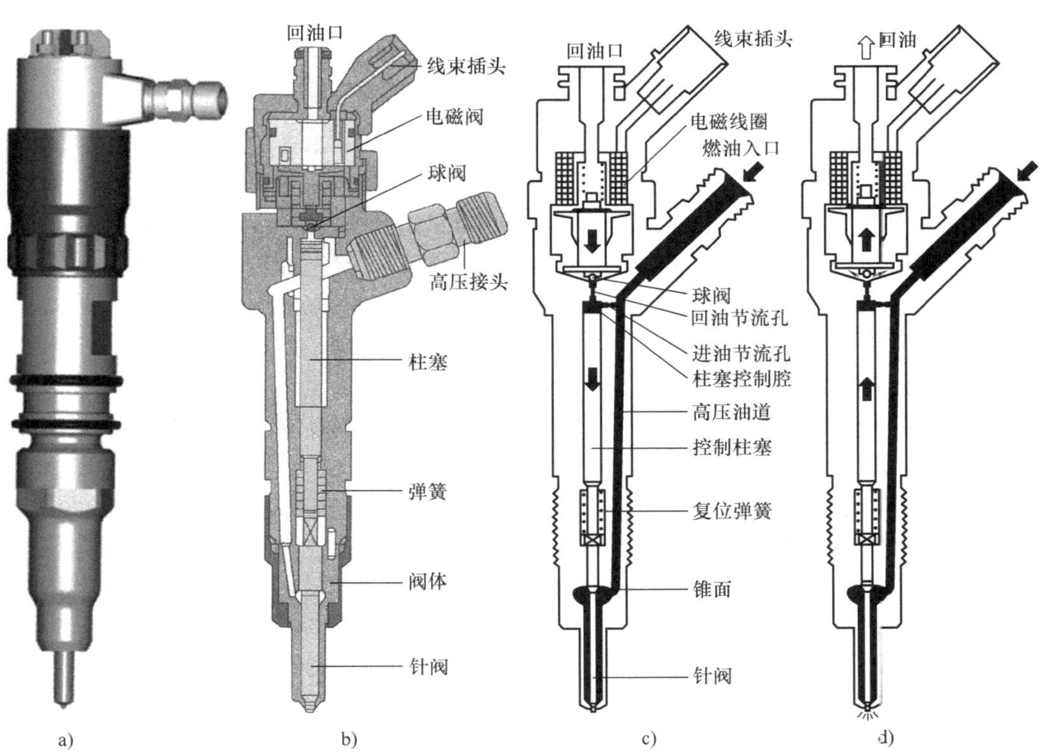

图 5-10 博世电磁控制式喷油器的结构原理

a）喷油器外形 b）内部结构 c）线圈断电，针阀关闭 d）线圈通电，针阀打开喷油

（2）电磁控制式喷油器的工作原理

电磁控制式喷油器的基本原理是：利用电磁阀控制针阀偶件的背压来间接控制针阀的开启。即高速电磁阀使球阀打开接通回油通道，燃油回流使柱塞控制腔压力降低，针阀锥面燃油压力使针阀上升将阀门打开喷油。

1）当电磁阀断电时，喷油器不喷油。当电磁阀线圈断电时，球阀在弹簧张力作用下紧压在阀座上，球阀阀门关闭使低压回油通道关闭，如图 5-10c 所示。此时，共轨管内的高压燃油经各缸高压油管、喷油器高压接头、进油节流孔、柱塞控制腔作用于柱塞顶部，使控制腔内建立起共轨高压，同样的共轨高压也作用于针阀盛油槽之中。柱塞顶部压力和针阀复位弹簧张力之和克服针阀盛油槽内高压燃油作用在针阀锥面（承压面）的向上分力，使柱塞和针阀向下移动到极限位置，针阀紧压在阀座上将阀门关闭，喷油器不喷油。

针阀关闭速度取决于进油节流孔的流量。进油节流孔流量越大，针阀关闭时间越短，关闭速度就越快；反之，流量越小，关闭速度就越慢。

2）当电磁阀通电时，喷油器喷射燃油。当电磁阀线圈通电时，铁心在极短时间（120μs）内产生电磁力并克服弹簧预紧力迅速向上移动，使球阀阀门立即打开将回油通道接通，部分高压燃油经回油通道流回燃油箱。回油通道为：共轨→高压油管→喷油器高压接头→进油节流孔→柱塞控制腔→回油节流孔→球阀→回油口→低压回油管→燃油箱。在球阀打开使高压燃油流回油箱时，柱塞控制腔压力随之下降。当作用在控制柱塞顶部的压力与针阀复位弹簧张力之和小于针阀盛油槽内高压燃油作用在针阀锥面（承压面）的向上分力时，柱塞与针阀迅速上移，针阀阀门立即打开，高压燃油从喷油孔喷入燃烧室，如图 5-10d 所示。

针阀开启速度取决于回油节流孔与进油节流孔之间的流量差。流量差越大，回油量越大，柱塞控制腔压力降低越快，针阀开启速度就越快；反之，流量差越小，针阀开启速度就越慢。当柱塞到达上限位置处于进、回油节流孔之间时，针阀全开，喷油压力接近于共轨压力，燃油得到良好雾化喷入燃烧室燃烧，有利于减少排放、提高经济性和动力性。

综上所述，电磁阀通电时间等于喷油持续时间，电磁阀断电时间等于停止喷油时间。当燃油压力一定时，通电时间越长，喷油量越大；通电时间越短，喷油量越小。控制电磁阀线圈通电时间的长短，即可控制喷油器喷油量的大小。

上述分析可见，由于电磁阀不能产生足够的电磁力来克服高压燃油作用力使针阀向上移动将阀门开启，因此，电磁控制式喷油器巧妙地采用了液力放大机构（控制柱塞、针阀承压面、复位弹簧、进油节流孔和回油节流孔等），利用电控机构（电磁阀）控制针阀偶件的背压来间接控制针阀的开启，即利用进油节流孔和回油节流孔使共轨燃油节流降压，通过电磁阀控制少量燃油回流，从而实现高压燃油喷射。尽管如此，电磁阀线圈的控制电流也高达 30A 左右。如博世公司 CRIN2 型电磁控制式喷油器的控制参数为：针阀开启电流为 30A，保持电流为 12A；针阀开启时间为 $(110 \pm 10)\mu s$，针阀关闭时间为 $(30 \pm 5)\mu s$；电磁阀线圈静态电阻值为 0.23Ω。

2. 压电控制式喷油器

压电是指由机械压力引起电介质晶体放电，或应用电压而使电介质晶体产生压力。

压电控制式喷油器又称为压电晶体（PZT，Piezoelectric Crystal）式喷油器或压电跃变（PZT，Piezoelectric Transition）式喷油器，是电控柴油喷射系统使用的第二代喷油器。

在压电晶体式喷油器（简称 PZT 喷油器）的研究方面，德国西门子公司和博世公司一直处于领先地位，分别于 1996 年和 2003 年开始批量生产。实际上电磁控制式喷油器是在柴油机用普通喷油器的基础上增设电磁控制机构（电磁阀）而制成，PZT 喷油器则是用压电晶体替代电磁阀而制成。三种喷油器的本质区别在于控制方式不同：普通喷油器由液压伺服机构控制，电磁式喷油器由电磁阀控制，PZT 喷油器则由压电晶体控制。

（1）PZT 喷油器结构特点

PZT 喷油器由压电控制机构、液压伺服机构和孔式喷油器组成。液压伺服机构和孔式喷油器的结构原理与电磁控制式喷油器相同。压电控制机构主要由压电晶体、大活塞、小活塞、球阀、止回阀和线束插头组成，如图 5-11 所示。

压电晶体采用多层陶瓷（每层厚度 $20 \sim 200\mu m$）烧结成压电晶体堆芯，结构如图 5-11b 所示，层与层之间设有电极，生产工艺与多层电容器相似。因为压电晶体具有受电压作用而伸长的特性，所以将其集成化制作成晶体堆芯作为喷油器的执行元件，是一种十分理想的结构。

汽车高压共轨式电控喷油系统对压电晶体的基本要求是环境温度在 $-40 \sim +150℃$、工作电压为 $100 \sim 200V$、压电晶体作用升程为其厚度的 1/1000、开关迅速（全升程动作时间约 $30\mu s$）、耐久性好（大于 10 亿次循环）和强度高等。

小活塞下端设有一根顶杆，用于顶开球阀，以便燃油回流。回油口为低压燃油回流口，

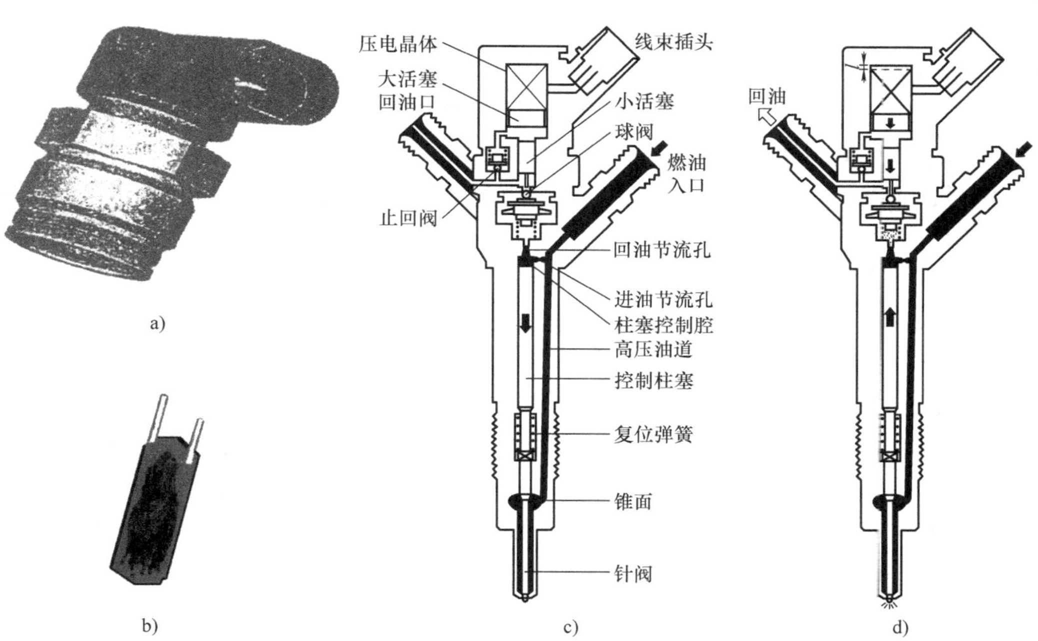

图 5-11　压电晶体式喷油器的结构原理

a）控制机构外形　b）压电晶体堆芯　c）堆芯断电针阀关闭　d）堆芯通电针阀打开喷油

用低压油管与燃油箱连接。

共轨管内的高压燃油进入喷油器后分成两路：一路经进油节流孔送入柱塞控制腔、回油节流孔和球阀腔室；另一路经高压油道送入喷油器针阀锥面及阀座盛油槽。

（2）PZT 喷油器工作原理

压电晶体式喷油器的基本原理是：利用压电晶体控制针阀偶件的背压来间接控制针阀的开启。压电晶体受电压作用而伸长，并推动大活塞向下移动使球阀打开接通回油通道，燃油回流使柱塞控制腔压力降低，针阀锥面燃油压力使针阀上升将其阀门打开喷油。可见，其原理与电磁控制式大同小异，仅仅是将球阀打开的控制方式不同。

1）当压电晶体断电时，喷油器不喷油。当压电晶体断电时，球阀在弹簧力作用下紧压在阀座上，球阀阀门关闭使低压回油通道关闭，如图 5-11c 所示。此时，共轨管内的高压燃油经各缸高压油管、喷油器高压接头、进油节流孔、柱塞控制腔作用于柱塞顶部，使控制腔内建立起共轨高压，相同的共轨油压也作用于针阀阀座盛油槽中。柱塞顶部压力和针阀复位弹簧张力之和克服针阀阀座盛油槽内高压燃油作用在针阀锥面的向上分力，使柱塞和针阀向下移动到极限位置，针阀紧压在阀座上将阀门关闭，喷油器不喷油。

2）当压电晶体通电时，喷油器喷射燃油。当压电晶体通电时，晶体堆芯伸长（图 5-11d 中 l 表示），推动大活塞压缩油腔中的燃油，再推动小活塞向下移动，小活塞顶杆将球阀（钢球）推离座面并接通回油通道，部分高压燃油流回燃油箱。回油通道为：共轨→高压油管→喷油器高压接头→进油节流孔→柱塞控制腔→回油节流孔→球阀→小活塞油腔→回油口→低压回油管→燃油箱。在球阀打开燃油流回油箱时，柱塞控制腔压力随之下降。当作用在控制柱塞顶部的压力与针阀复位弹簧张力之和小于针阀阀座盛油槽内高压燃油作用在针阀锥面的向上分力时，控制柱塞与针阀迅速上移，针阀阀门立即开启，高压燃油从喷油孔喷入燃烧室，如图 5-11d 所示。

止回阀用于补充大活塞压缩燃油时油腔中泄漏的燃油，保证喷油器可靠工作。

综上所述，压电晶体通电时间等于喷油持续时间，断电时间等于停止喷油时间。当燃油压力一定时，通电时间越长，喷油量越大；通电时间越短，喷油量越小。控制压电晶体通电时间的长短，即可控制喷油器喷油量的大小。

PZT 喷油器的显著优点是响应速度快（开关动作时间约 30μs）、喷油时间间隔小（喷油间隔角度越大，喷油控制越容易实现）、每行程喷油量小。喷射时间间隔与引导喷射喷油量：西门子 PZT 喷油器分别为 100μs 和 0.6mm^3/行程；博世 PZT 喷油器分别为 200μs 和 1.0mm^3/行程。因此，能够实现多段喷射（引导喷射、预喷射、主喷射、后喷射和次后喷射），从而减少有害物质的排放和降低燃烧噪声（引导喷射可通过预混合燃烧来减少颗粒物排放；预喷射可缩短主喷射的着火延迟时间，从而降低 NO_x 排放和燃烧噪声；后喷射可促进扩散燃烧来降低颗粒排放；次后喷射可使排气温度升高，增加催化剂的活性）。PZT 喷油器还有重复性好、消耗能量小和耐久性好等优点。因为喷油时间间隔小，所以控制脉冲周期短、各缸喷油始点和喷油量变动很小，重复控制精度高，发动机运转平稳。

第三节 高压共轨式柴油喷射系统的控制

高压共轨式柴油喷射系统的控制包括喷油量控制、喷油压力控制、多段喷射（引导喷射、预喷射、后喷射和次后喷射）控制和柴油机起动喷油量控制。

一、喷油量的控制

在高压共轨式柴油喷射系统中，喷油量主要由喷油器电控机构（电磁线圈或压电晶体）的通电时间和喷油压力（共轨压力）决定。因为喷油压力和喷油器都是由电控单元（ECU）独立进行控制，所以在喷油压力一定的情况下，喷油量取决于喷油器电磁线圈或压电晶体的通电时间。因此，高压共轨式电控柴油喷射系统又称为“时间－压力调节系统”。

（一）喷油量的控制原理

在高压共轨式电控柴油喷射系统中，电动燃油泵将燃油箱内的燃油输送到高压泵，发动机驱动高压泵将燃油加压后供入共轨管内，喷油器在 ECU 的独立控制下，将高压燃油直接喷射到相应的气缸内燃烧做功。喷油量的大小由 ECU 控制喷油器电磁线圈或压电晶体通电时间的长短决定，即喷油器喷油量的控制实际上是喷油时间的控制，控制原理如图 5-12 所示。

当柴油机工作时，电控单元根据加速踏板位置传感器信号（齿杆位置信号）A_c 和发动机转速传感器信号 n_e，从三维数据 MAP 中查寻得到相应的基本喷油量数值 Q_j；再根据冷却液温度信号 t_w、进气温度和电源电压等信号，计算确定喷油修正量、最佳喷油量以及预喷射、主喷射和后喷射的喷油量，再根据凸轮轴位置传感器提供的上止点 TDC 位置信号和曲轴位置传感器提供的发动机转速信号计算确定喷油定时，最终向执行器（电控喷油器）发出控制指令；喷油器在 ECU 输出回路的驱动下按最佳喷油量和喷油时刻喷射柴油，从而完

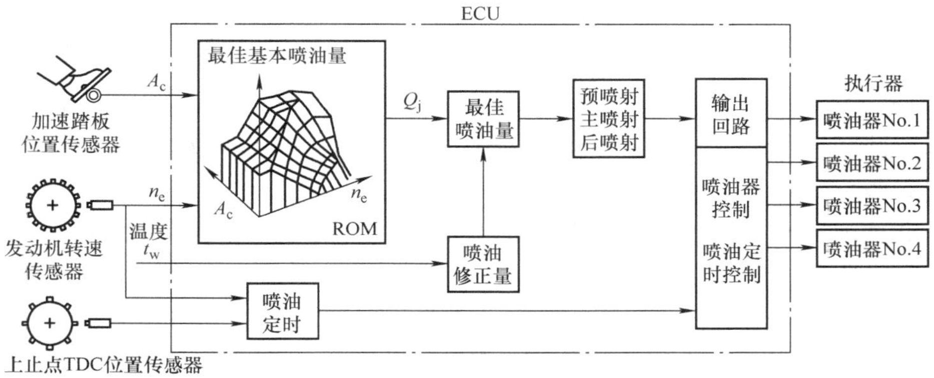

图 5-12　高压共轨式电控系统喷油量的控制原理

成一次喷油过程。

（二）喷油时间（喷油量）的控制过程

在高压共轨式电控柴油喷射系统中，喷油器电磁线圈或压电晶体通电时间的控制过程与电控汽油喷射系统喷油时间的控制过程完全相同，也是由 ECU 喷油脉冲控制信号（占空比信号）的高电平宽度决定（或低电平宽度决定，具体情况视喷油器驱动电路而定，因为喷油器一般都采用 NPN 型晶体管驱动，所以大都由高电平宽度决定）。因此，改变占空比信号高电平的宽度（即喷油脉宽或喷油时间），即可控制喷油量的大小，且由 ECU 中预先编制的软件程序进行控制。

当发动机转速一定时，喷油脉宽（即喷油时间）对应于曲轴转过的一定转角。因此，喷油时间（喷油量）的控制事实上转变为喷油角度的控制。当四缸发动机转速 $n=4000\text{r/min}$、喷油提前角 $\theta=18°$、喷油时间 $t=1\text{ms}$ ［对应的喷油角度 $\alpha=(4000\times360°)\times1\text{ms}\div60000\text{ms}=24°$］时，喷油时间 t（或喷油角度 α）的控制过程如图 5-13 所示。

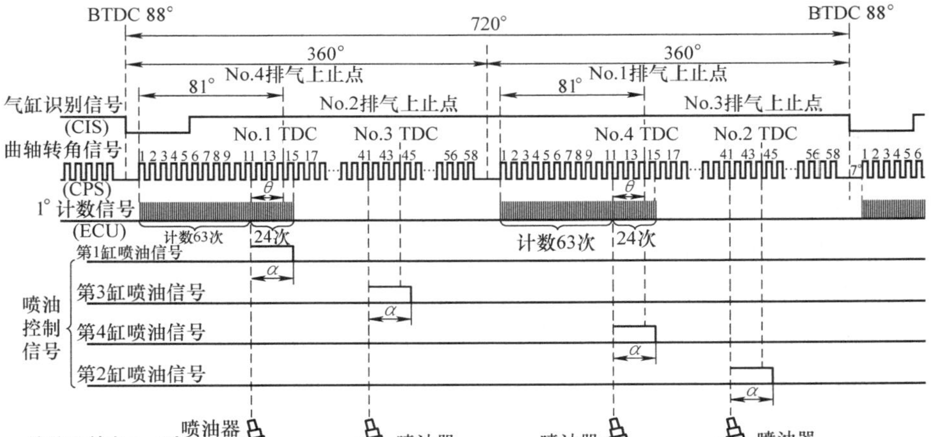

图 5-13　共轨式电控喷油系统喷油时间 1ms（喷油持续角度 $\alpha=24°$）的控制过程

图中，气缸识别信号由凸轮轴位置传感器 CIS 提供，曲轴转角信号由曲轴位置传感器 CPS 提供，1°计数信号由 ECU 内部晶振产生，用于对曲轴转角信号进行计数运算，以便控制喷油提前角 θ 和喷油角度 α。凸轮轴位置传感器 CIS 信号转子每转一转（相当于曲轴旋转 720°）提供一个低电平信号，该低电平信号的下降沿对应于第 1 缸活塞压缩上止点前 88°（即 BTDC 88°）；曲轴位置传感器 CPS 信号转子每转一转提供 58 个高电平信号（每个信号占曲轴转角均为 3°）、57 个低电平信号（每个信号占曲轴转角也为 3°）和一个较宽的低电平信号（占曲轴转角 15°，相当于 2 个高电平和 3 个低电平信号所占曲轴转角）。宽低电平信号后的第一个高电平信号对应于 1 缸或 4 缸活塞上止点前 81°。这些条件均为已知条件，由设计和安装保证，控制过程如下。

在发动机工作过程中，ECU 根据曲轴位置传感器 CPS、加速踏板位置传感器和其他传感器信号确定最佳喷油量的同时，还要从三维数据 MAP 中查寻确定最佳喷油提前角 θ（本例 $\theta=18°$）、根据油压控制系统控制的喷油压力和喷油器流量参数计算喷油持续时间 t（本例 $t=1\text{ms}$），再根据曲轴位置传感器 CPS 提供的转速信号计算喷油角度 α（本例 $\alpha=24°$）。

当 ECU 接收到凸轮轴位置传感器 CIS 输入的低电平信号下降沿时，说明 1 缸活塞即将到达压缩上止点（此时处于 BTDC 88°），ECU 开始监测曲轴位置传感器 CPS 提供的信号，当 CPS 输入宽低电平信号后的上升沿时，说明 1 缸活塞到达压缩上止点前 81°，此时 ECU 内部的 1°计数信号开始对 CPS 信号进行计数；因为喷油提前角 $\theta=18°$，所以计数到 63（$81°-18°=63°$）次结束，从第 64 次开始接通喷油器电路并对曲轴转角（喷油角度）进行计数，喷油器电路接通开始喷油；因为喷油角度 $\alpha=24°$，所以 ECU 计数到第 24 次时切断喷油器电路，喷油器停止喷油。

从 ECU 对第 1 缸喷油角度进行计数开始，到计数 180 次后，从第 181 次（即 CPS 第 41 个脉冲信号下降沿）开始接通下一缸（第 3 缸）喷油器电路，并对喷油角度进行计数控制，从而实现喷油角度 24°（喷油时间 1ms）、喷油提前角 18°的实时控制。

由此可见，高压共轨式柴油喷射系统喷油时间的控制方法与汽油机电控喷油系统喷油时间的控制方法完全相同，也是根据曲轴位置传感器和凸轮轴位置传感器等信号之间的相位关系进行控制。但是，由于柴油喷射还有引导喷射、预喷射、后喷射和次后喷射等，因此，喷油时间的控制过程比汽油喷油要更为复杂。

二、喷油压力控制

车用汽油和柴油主要都是炼油厂使用炼油塔将原油加热分馏得来的。车用轻柴油的沸点较高（300～365℃，而车用汽油较低，仅为 75～200℃），所以很难得到均匀的混合气。在燃油浓度高的区域（一般是低转速、大负荷工况），由于局部高温缺氧，燃油被裂解成碳原子，因此，柴油机会产生炭烟（俗称“冒黑烟”）。

（一）喷油压力控制的目的

控制柴油机喷油压力的目的是：使柴油良好雾化，提高燃烧效率、降低燃油消耗和减少有害物质（炭烟和颗粒物）的排放量，提高汽车的经济性和排放性能。

在实施排放法规之前，追求高喷油压力的目的是提高燃油的雾化质量。实施排放法规以后，追求高喷油压力的目的在于减少炭烟和颗粒物的排放量。炭烟和颗粒物的排放值与喷油压力之间的关系如图 5-14 所示。可见，喷油压力升高时，炭烟和颗粒物的排放值均可降低。

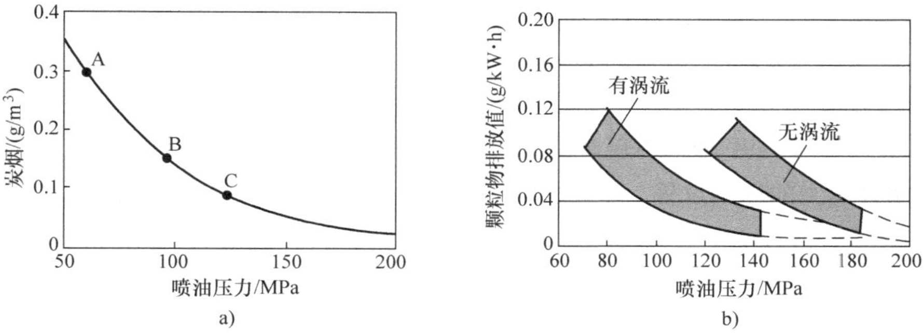

图 5-14　炭烟和颗粒物排放值与喷油压力之间的关系

a）炭烟排放值与喷油压力的关系　b）颗粒物排放值与喷油压力的关系

柴油机燃烧的技术关键就是使燃油均匀地雾化，在气缸内形成均匀的喷雾。也就是做到喷入气缸中的燃油一边不停地雾化，一边使之燃烧。这就要求燃油喷射装置始终具有足够高的喷油压力。随着柴油发动机排放要求的不断提高，改善缸内混合气的燃烧条件，提高混合气的燃烧质量，除了改进空气运动方式和燃烧室几何形状之外，提高喷油压力是改善柴油发动机排放性能的有效措施之一。

（二）喷油压力的控制过程

试验研究表明：当燃烧系统的结构一定时，最佳的喷油压力随柴油机工况不同而发生变化。因此，喷油压力应随柴油机的工况变化而实时进行调节。

在机械式燃油系统和电控喷油泵系统中，喷油压力随发动机转速变化而升高或降低。特别是在低转速、大负荷工况时，难以产生较高的喷油压力，这正是柴油发动机起动时柴油燃烧不完全而大量“冒黑烟”的根本原因。而过高的喷油压力又会导致氮氧化物 NO_x 的排放量增加。

高压共轨式电控喷油系统与电控喷油泵系统不同的是，燃油高压的产生和喷油量的控制是由 ECU 分别且独立进行。因此，可据发动机转速与负荷等不同工况，在一定油压（20 ~ 200MPa）范围内调节喷油压力，实现多段喷射（引导喷射、预喷射、主喷射、后喷射和次后喷射），从而提高燃烧效率，改善柴油机的经济性与排放性能。

在高压共轨式电控喷油系统中，配有共轨油压传感器和压力控制阀等组成的喷油压力独立控制系统，控制原理如图 5-15 所示。

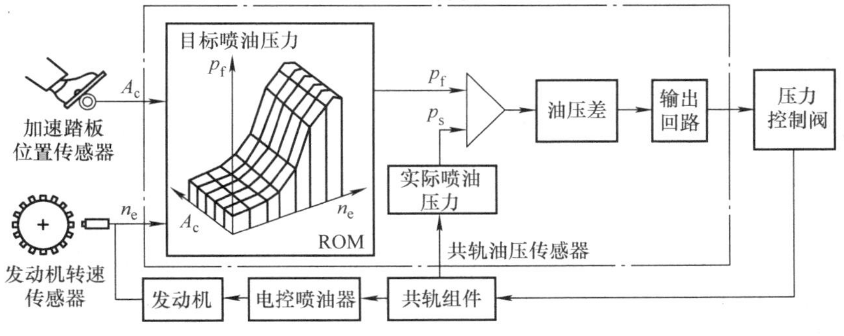

图 5-15　高压共轨式电控系统喷油压力的控制过程

当柴油机工作时，电控单元根据加速踏板位置传感器信号（齿杆位置信号）A_c和发动机转速传感器信号n_e，利用计算机的查询功能，从三维数据MAP中查询得到相应工况的目标喷油压力值p_f，再根据共轨油压传感器信号计算出共轨管内燃油的实际喷油压力值p_s；再将目标喷油压力值p_f与实际喷油压力值p_s进行比较运算并求出压力差值（油压差），然后向压力控制阀PCV的驱动电路发出控制信号，将实际喷油压力值p_s控制在目标喷油压力值p_f。

（三）喷油压力的控制过程

在高压共轨式电控喷油系统中，喷油压力的控制过程如下：

当实际喷油压力值p_s小于目标喷油压力值p_f时，ECU向压力控制阀PCV发出占空比增大的控制信号，使PCV电磁线圈的平均电流增大，共轨燃油压力随供油量增大而升高。当实际喷油压力值p_s升高到目标喷油压力值p_f时，ECU向压力控制阀PCV发出占空比保持不变的控制信号，从而使共轨燃油压力保持在目标喷油压力值p_f。

当实际喷油压力值p_s大于目标喷油压力值p_f时，ECU将向压力控制阀PCV发出占空比减小的控制信号，使PCV电磁线圈的平均电流减小，线圈的电磁力减小，当电磁力与复位弹簧张力之和小于燃油压力时，PCV球阀阀门打开泄油，使共轨燃油压力（喷油压力）降低。当实际喷油压力值p_s降低到目标喷油压力值p_f时，ECU再向PCV发出占空比保持不变的控制信号，使共轨燃油压力保持目标喷油压力值p_f。

综上所述，当柴油发动机转速和负荷变化时，ECU通过调节控制信号的占空比，改变压力控制阀PCV的开度和高压泵的供油量大小，从而实现喷油压力的控制。

三、多段喷油控制

在高压共轨式电控柴油喷射系统中，高压泵提供的高压燃油存储在共轨管内，共轨油压（喷油压力）与发动机转速和负荷无关，由ECU调节PCV阀门的开度进行控制；喷油量的大小由ECU调节喷油器电控机构（电磁阀或压电晶体）的通电与断电时间进行控制。因此，高压共轨式电控系统不仅能够独立地、自由地控制喷油压力和喷油量，而且具有良好的喷油特性。

喷油特性是指喷油量与喷油时间之间的关系。高压共轨式电控系统实现引导喷射、预喷射、主喷射、后喷射和次后喷射等多段喷油的喷油特性曲线如图5-16所示。

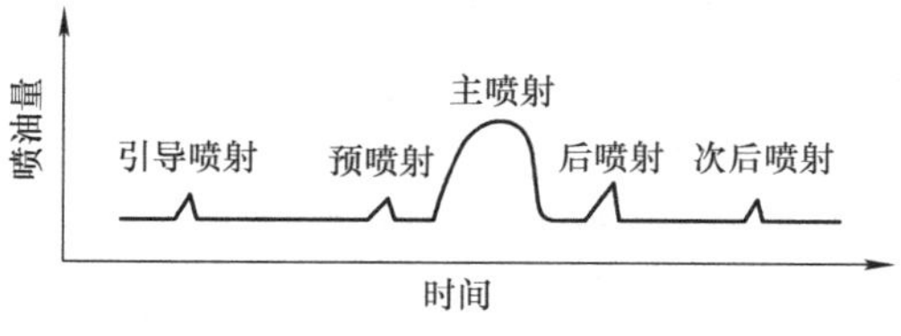

图5-16 五段喷油特性示意图

多段喷油又称为多段喷射，是指将一个工作循环中的喷油过程分成若干阶段进行喷射。多段喷油理论是1994年美国威斯康星大学瑞兹（Reiz）教授提出的，目的是提高燃烧速率，减小颗粒物PM和氮氧化物NO_x排放、降低燃烧噪声。

在多段喷油过程中，依次进行的引导喷射、预喷射、主喷射、后喷射和次后喷射等各个阶段是相互联系且又各自独立的喷油阶段，各段喷油的作用与目的各不相同。当发动机转速为100r/min、喷油压力为160MPa的条件下，喷油器在各阶段的驱动电流、针阀升程和喷油特性试验结果如图5-17所示。

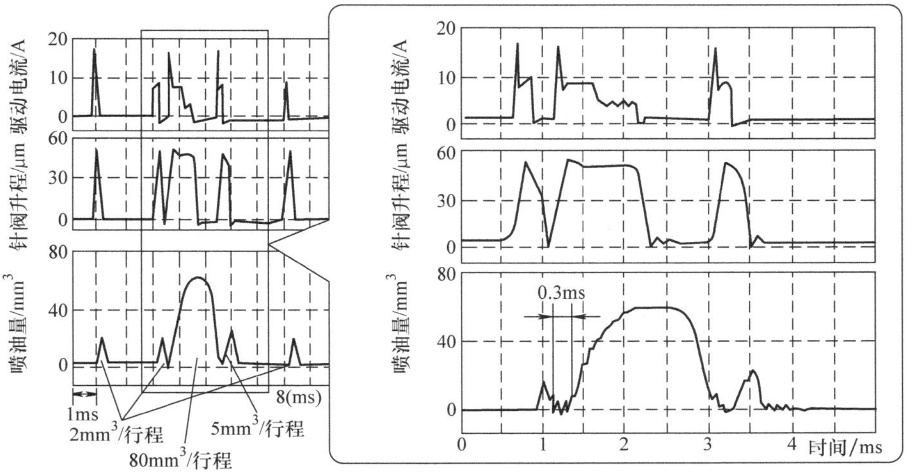

图 5-17 五段喷油特性试验结果

1）引导喷射。引导喷射是在主喷射开始之前，进行一次提前角度较大、喷油量较小的喷射。通过引导喷射使柴油预混合燃烧，能够明显减小颗粒物（PM）的排放量和降低燃烧噪声。引导喷射越提前，烟度和噪声越低。

2）预喷射。预喷射是在紧靠主喷射之前进行一次喷油量较小的喷射。通过预喷射来缩短主喷射的着火延迟期，当预喷射与主喷射之间的时间间隔约 1ms 时，能够明显减小氮氧化物（NO_x）的排放量和降低燃烧噪声，但颗粒物（PM）的排放量会有所增加。因此，应当尽可能缩短预喷射与主喷射之间的时间间隔（≤0.4ms），以便减小颗粒物（PM）的排放量。

3）主喷射。主喷射是紧接着预喷射后的一次喷射，其喷油量较大，目的是保证柴油机的动力性。

4）后喷射。后喷射是在紧靠主喷射之后进行一次喷油量稍大一点的喷射。后喷射的作用是加快扩散燃烧，减小颗粒物 PM 的排放量。在发动机中速、中等负荷时，当后喷射紧靠主喷射（时间间隔≤0.7ms）时，能够减小颗粒物（PM）的排放量，但是氮氧化物（NO_x）的排放量会稍有增加。

5）次后喷射。次后喷射是在后喷射之后进行一次喷油量较小的喷射。次后喷射可使排气温度升高，通过供给还原剂，则可增加催化剂的活性，有利于排气净化。次后喷射不能过迟，以免燃油附着在气缸壁上。后喷射与次后喷射之间的时间间隔一般控制在 2ms 左右。

四、起动喷油控制

无论电控汽油机汽车还是电控柴油机汽车，它们起动时的喷油量都是由 ECU 依据发动机冷却液温度等信号进行调节，因此起动困难的现象十分罕见。其喷油量控制过程如图 5-18 所示。

柴油机的起动过程由初始发火、完全发火、转速上升到起动完成等几个阶段组成。从开始起动到完全发火之间的时间越短，则起动性能越好。从发动机开始起动到速度开始上升经

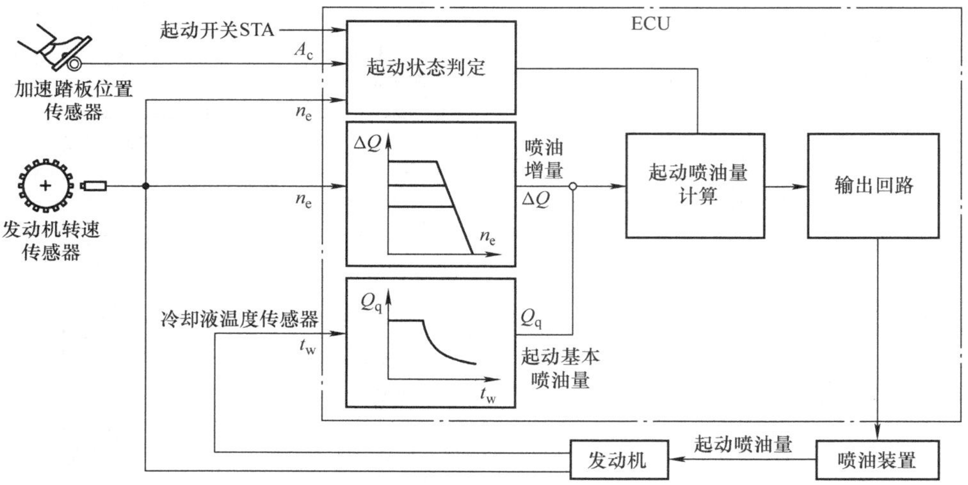

图 5-18　电控柴油机起动时喷油量的控制过程

历的时间越短，则起动响应特性越好，即反应速度越快。在低温起动时，由于发动机机件摩擦产生的阻力矩大，起动性能和响应特性都会变差。所以，起动时必须增大喷油量，使发动机产生的驱动转矩大于发动机自身的阻力转矩。

在柴油机电控喷油系统中，起动喷油量的控制过程与汽油机基本相同。ECU 首先根据起动开关信号、发动机转速传感器和加速踏板位置（齿杆位置）传感器等信号判断发动机是否处于起动状态。

当判定为起动状态时，ECU 首先根据冷却液温度传感器信号在数据 MAP 中查询得到起动基本喷油量 Q_q，然后根据发动机转速传感器信号在数据 MAP 中查询确定喷油增量（补偿油量）ΔQ，基本喷油量与喷油增量二者之和即为起动喷油量，最后向喷油器驱动回路发出控制指令。喷油器在 ECU 输出回路的驱动下，按起动喷油量进行喷油。因为起动喷油量相对较大（起动喷油量为基本喷油量的 1.3 ~ 1.5 倍），且以发动机温度为基准，并辅之以喷油增量进行控制，所以电控发动机都能顺利起动。

本章小结

本章主要介绍了柴油机电控喷油系统的分类、控制策略和喷油量的计算方法，高压共轨式柴油喷射系统的组成、特点、关键部件以及喷油量、喷油压力、多段喷射和起动喷油的控制原理与控制过程等。重点内容如下：

1. 柴油机电控喷油系统的分类、控制策略和喷油量计算方法。

2. 高压共轨式柴油喷射系统的组成与优点，输油泵、压力控制阀、共轨油压传感器和电控喷油器等电子控制部件以及高压泵、限压阀和流量限制阀等纯机械控制部件的功用与结构原理。

3. 高压共轨式柴油喷射系统喷油量、喷油压力、多段喷射和起动喷油的控制原理与控制过程。

思考题

一、单选题

1. 中压共轨式电控柴油喷射系统的喷油压力可达（　　）。

A. 300kPa　　B. 30MPa　　C. 120MPa　　D. 200MPa

2. 高压共轨式电控柴油喷射系统的喷油压力可达（　　）。

A. 300kPa　　B. 30MPa　　C. 120MPa　　D. 200MPa

3. 柴油发动机起动时的喷油量，是其每循环基本喷油量的（　　）。

A. 0.2~0.25 倍　　B. 1.0~1.5 倍　　C. 1.3~1.5 倍　　D. 2.0~2.5 倍

4. 在高压共轨式柴油喷射系统中，电控单元控制的柴油发动机的理想空燃比是（　　）。

A. 1.0　　B. 14.3　　C. 14.7　　D. 15.7

5. 在高压共轨式柴油喷射系统中，压力控制阀调节的喷油压力范围为（　　）。

A. 20~200MPa　　B. 160~200MPa　　C. 10~30MPa　　D. 250~350kPa

二、多选题

1. 高压共轨式电控柴油喷射系统包含下述子控制系统（　　）。

A. 供气系统　　B. 供油系统　　C. 电控喷油系统　　D. 电控油压系统

2. 在高压共轨式喷油系统中，其电子控制油压子系统的控制部件有（　　）。

A. 喷油压力传感器　　B. 电控单元

C. 压力控制阀　　D. 喷油器

3. 高压共轨式柴油喷射系统的关键部件有（　　）。

A. 油压调节器　　B. 压力控制阀

C. 电控喷油器　　D. 电动燃油泵

4. 高压共轨式电控柴油喷射系统采用的电控喷油器是由下述几部分组成（　　）。

A. 电控机构　　B. 单向阀　　C. 孔式喷油器　　D. 液压伺服机构

5. 高压共轨式电控柴油喷射系统的喷油控制采用多段喷油的目的是（　　）。

A. 提高燃烧效率　　B. 减少 PM　　C. 减少 NO_x　　D. 降低燃烧噪声

三、判断题

1. 高压共轨式柴油喷射系统喷油压力的产生与发动机转速和负荷无关。（　　）

2. 高压共轨式柴油喷射系统的喷油压力由 ECU 控制油压调节器进行调节。（　　）

3. 高压共轨式喷油系统的空气流量传感器安装在增压器增压之后的进气道上。（　　）

4. 在高压共轨式喷油系统中，其电子控制油压子系统的功用是控制喷油量。（　　）

5. 在高压共轨式喷油系统中，电子控制喷油子系统的执行器是压力控制阀。（　　）

6. 在高压共轨式喷油系统中，ECU 通过控制喷油持续时间来控制喷油量。（　　）

7. 在高压共轨式喷油系统中，限压阀用来限制输油泵的最高压力。（　　）

8. 当高压共轨式喷油系统的喷油器漏油时，流量限制阀能防止持续泄漏。（　　）

9. 喷油特性是指喷油量与喷油时间之间的关系。（　　）

10. 柴油发动机起动时“冒黑烟”的根本原因是喷油压力，局部高温缺氧。（　　）

四、问答题

1. 高压共轨式柴油喷射电子控制系统由哪些控制部件组成？
2. 高压共轨式电控柴油喷射系统具有哪些优点？
3. 压力控制阀的工作原理是什么？怎样调节喷油压力？
4. 简述高压共轨式柴油喷射系统电磁控制式喷油器的基本工作原理。
5. 分析说明高压共轨式柴油喷射系统喷油量的控制原理。
6. 分析说明高压共轨式柴油喷射系统喷油压力的控制原理。
7. 为什么高压共轨式电控柴油喷射系统要采用多段喷油？各段喷油的目的是什么？

第六章　汽车行驶安全电控技术

汽车安全系统可分为行驶安全控制系统和财产安全（中控门锁、汽车防盗）控制系统两大类。其中，行驶安全控制系统又可分为主动安全控制系统与被动安全控制系统两种类型。

汽车防抱死制动、制动力分配、制动辅助、驱动轮防滑转调节、车身稳定性控制、汽车自动紧急制动和行驶车道偏离预警等系统均为主动安全控制系统，其功用是避免发生交通事故。安全气囊和座椅安全带收紧等系统均为被动安全系统，其功用是减轻交通事故导致的伤害程度。

第一节　防抱死制动技术

汽车防抱死制动系统又称为防锁死制动系统，英文名称是 Anti－lock Braking System，英文缩写为 ABS。

一、防抱死制动系统的功用

在汽车制动过程中，当车轮制动器制动力（即轮胎周缘为了克服制动器摩擦力矩所需施加的力）小于或等于轮胎—道路附着力（即地面阻止车轮滑动所能提供的切向反作用力的极限值，通常简称为附着力，附着力取决于地面对轮胎的法向反作用力与轮胎—道路附着系数）时，车轮将滚动运动，如图 6-1a 所示。当制动器制动力大于附着力时，车轮就会抱死滑移，如图 6-1b 所示。

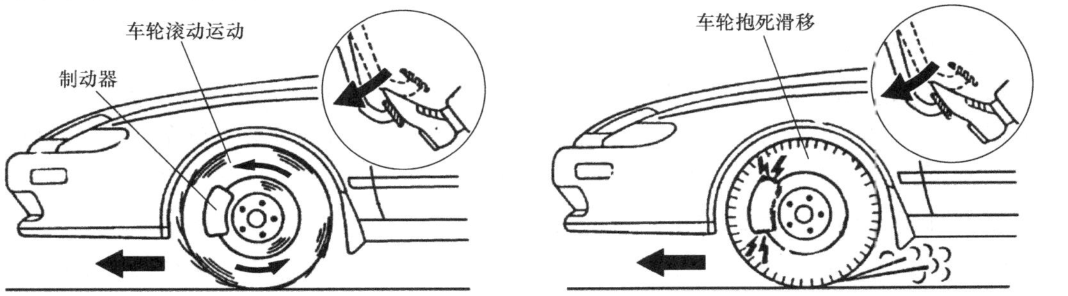

a)　　　　b)

图 6-1　制动车轮的运动状态

a）车轮滚动运动　b）车轮抱死滑移

当车轮抱死滑移时，汽车就会失去转向控制能力和行驶稳定性，其危害程度极大。因为如果前轮抱死，虽然汽车能沿直线向前行驶，但是失去转向控制能力。由于维持前轮转弯运动能力的横向附着力丧失，因此，汽车仍将按原行驶方向滑行，可能冲入其他车道与迎面车辆相撞或冲出路面与障碍物相撞而发生恶性交通事故。如果后轮抱死，汽车的制动稳定性就会变差，抵抗横向外力的能力很弱，后轮稍有外力（如侧向风力或地面障碍物阻力）作用就会发生侧滑（甩尾），甚至出现掉头（即出现180°转弯）等危险现象。

电子控制防抱死制动系统 ABS 的功用是：在汽车制动过程中，自动调节车轮的制动力，防止车轮抱死滑移，从而获得最佳制动性能（缩短制动距离、增强转向控制能力、提高行驶稳定性），减少交通事故。

二、防抱死制动的基本原理

当汽车匀速行驶时，实际车速 v（即车轮中心的纵向速度）与车轮速度 v_w（即车轮滚动的圆周速度）相等，车轮在路面上的运动为纯滚动运动。然而，在汽车实际运行过程中，当驾驶人踩下制动踏板后，在制动器摩擦力矩的作用下，车轮的角速度减小，实际车速与车轮速度之间就会产生一个速度差，轮胎与地面之间就会产生相对滑移。

（一）车轮滑移率 S

轮胎滑移的程度用滑移率 S 来表示。车轮滑移率是指：实际车速 v 与车轮速度 v_w 之差同实际车速 v 的比率，其表达式为

$$S = \left(\frac{v - v_w}{v}\right) \times 100\% = \left(1 - \frac{v_w}{v}\right) \times 100\% = \left(1 - \frac{r\omega}{v}\right) \times 100\% \tag{6-1}$$

式中 S——车轮滑移率。

v——车速（车轮中心纵向速度），m/s。

v_w——车轮速度（车轮瞬时圆周速度，$v_w = r\omega$），m/s。

r——车轮半径，m。

ω——车轮转动角速度（$\omega = 2\pi n$），rad/s。

n——车轮转速，r/min。

当 $v = v_w$ 时，滑移率 $S = 0$，车轮自由滚动；当 $v_w = 0$ 时，滑移率 $S = 100\%$，车轮完全抱死滑移；当 $v > v_w$ 时，滑移率 $0 < S < 100\%$，车轮既滚动又滑移。滑移率越大，车轮滑移程度越大。

（二）车轮滑移率 S 的影响因素

在汽车制动过程中，车轮抱死滑移的根本原因是制动器制动力大于轮胎附着力。因此，影响车轮滑移率的因素包括：汽车载客人数或载物量；前、后轴的载荷分布情况；轮胎种类及轮胎与道路的附着状况；路面种类和路面状况；制动力大小及其增长速率。

（三）车轮滑移率 S 与附着系数 φ 的关系

在汽车制动过程中，除车轮旋转平面的纵向附着力外，还有垂直于车轮旋转平面的横向附着力。纵向附着力决定汽车纵向运动，影响汽车的制动距离；横向附着力则决定汽车的横向运动，影响汽车的转向控制能力和行驶稳定性。

汽车纵向附着系数和侧向附着系数对滑移率有很大影响。试验证明，在地面附着条件差

（如在冰雪路面上制动）的情况下，由于道路附着力很小，使可以得到的最大地面制动力减小。因此，在制动踏板力（或制动轮缸压力）很小时，地面制动力就会达到最大附着力，车轮就会抱死滑移。在不同路面上附着系数与滑移率之间的关系如图 6-2a 所示（图中虚线与实线标注的上下顺序一一对应）。

1）附着系数取决于路面性质。一般说来，干燥路面附着系数大，潮湿路面附着系数小，冰雪路面附着系数更小。

2）在各种路面上，附着系数都随滑移率的变化而变化。

3）在各种路面上，当滑移率为 20% 左右时，纵向附着系数最大，制动效果最好。

纵向附着系数最大时的滑移率称为理想滑移率或最佳滑移率。当滑移率超过理想滑移率时，纵向附着系数减小，产生的地面制动力随之下降，制动距离将增长。滑移率大于理想滑移率后的区域称为非稳定制动区域或非稳定区，如图 6-2b 所示。

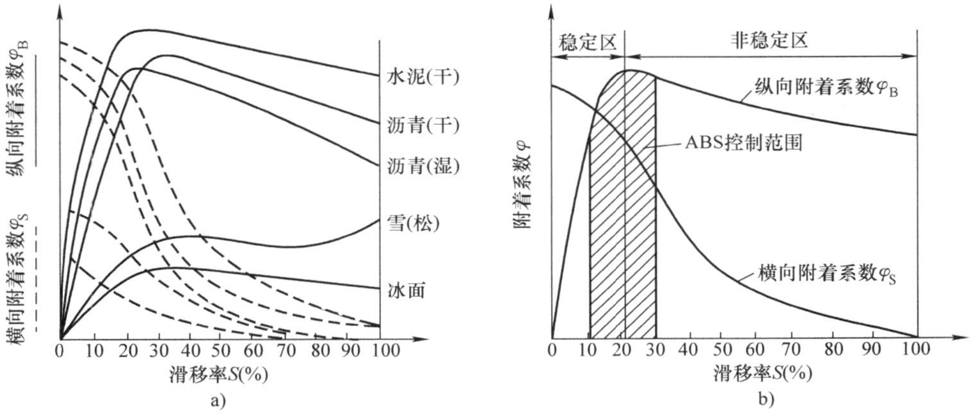

图 6-2　附着系数与滑移率的关系

a）不同路面时　b）干燥硬实路面时

横向附着系数是研究汽车行驶稳定性的重要指标之一。横向附着系数越大，汽车制动时的行驶稳定性和保持转向控制的能力越强。当滑移率为零时，横向附着系数最大；随着滑移率的增加，横向附着系数逐渐减小。

综上所述，为了获得最佳的制动性能，应将车轮滑移率控制在 10%～30% 范围内，采用电子控制防抱死制动系统即可达到这一目的。电子控制防抱死制动系统防止前轮抱死制动的效果如图 6-3 所示。在装备 ABS 的情况下，因为前轮不会抱死，所以汽车具有转向控制能力，能够躲避前方的障碍物。在无 ABS 的情况下，由于汽车失去转向控制能力，维持前轮转弯运动能力的横向附着力丧失，因此，汽车仍按原行驶方向滑行而将前方障碍物撞倒。

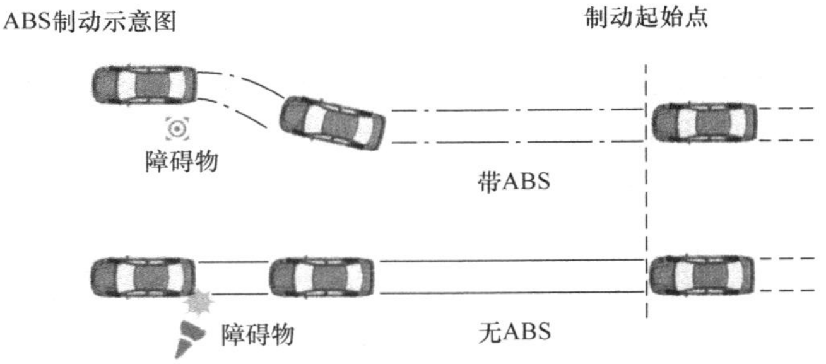

图 6-3　防抱死制动效果示意图

三、防抱死制动系统的组成

尽管各型汽车防抱死制动系统的结构形式各不相同，但都是在常规制动系统（液压制动系统或气压制动系统）的基础上，增设一套电子控制系统而构成。可见，防抱死制动系统是由压力调节系统和防抱死制动电子控制系统两个子系统组成，如图 6-4 所示。

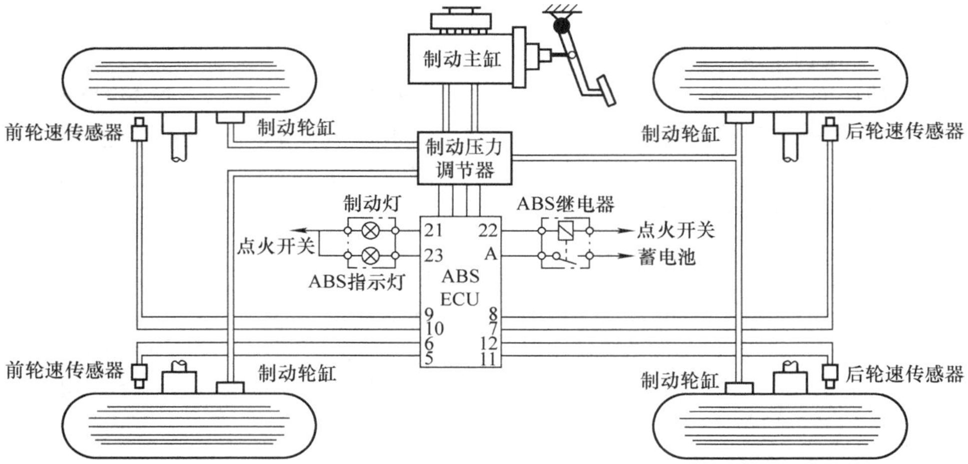

图 6-4　防抱死制动系统组成简图

1. 压力调节系统

压力调节系统由常规制动系统和制动压力调节器组成。常规制动系统主要由制动主缸、制动助力器、制动轮缸、制动管路和制动器（盘式或鼓式制动器）等组成。因为汽车制动动力源分为液压和气压两种，所以压力调节系统相应地有液压调节系统和气压调节系统。小轿车普遍采用液压调节系统，载货汽车普遍采用气压调节系统。本书仅介绍液压调节系统。在液压调节系统中，制动压力调节器又称为液压调节器，主要由电磁阀、储液器、止回阀和回液泵电动机等组成。

2. 防抱死制动电子控制系统

防抱死制动电子控制系统由轮速传感器、制动灯开关、防抱死制动电控单元（ABS ECU）、ABS 指示灯和制动压力调节器等构成，控制部件的安装位置如图 6-5 所示。其中，制动压力调节器既是电子控制系统的执行元件，也是压力调节系统的始控元件。

ABS 采用的传感器有车轮速度传感器和减速度传感器两种。车轮速度传感器又称为车轮转速传感器，简称轮速传感器。轮速传感器是 ABS 必需的传感器，其功用是检测车轮的运动状态，将车轮转速变换为电信号输入 ABS ECU，以便 ABS ECU 计算车轮速度。一个防抱死制动系统设有 2 ~4 只轮速传感器，轿车一般采用 4 只，载货汽车一般采用 2 只。减速度传感器仅在控制精度较高的 ABS 中采用，其功用是检测汽车车身的减速度，以供 ABS ECU 判别路面状况并采取相应的控制策略。减速度传感器又分为纵向和横向两种减速度传感器。

防抱死制动电控单元（ABS ECU）又称为防抱死制动电子控制器，主要功用是接收轮速传感器、减速度传感器和控制开关信号，计算汽车的轮速、车速、加减速度和滑移率，并输出控制指令控制制动压力调节器等执行元件工作。

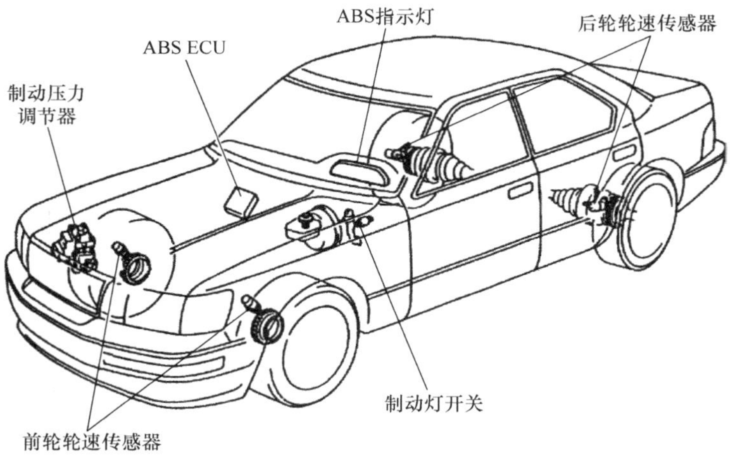

图 6-5　防抱死制动电子控制系统控制部件的安装位置

ABS ECU 具有失效保护和故障自诊断功能，一旦发现故障，ABS ECU 就会终止电子控制系统工作，恢复到常规制动状态。与此同时，还将控制 ABS 故障指示灯（或 Anti－Lock 故障指示灯）发亮指示，警告驾驶人系统发生故障。

制动压力调节器的功用是根据 ABS ECU 的控制指令，驱动电磁阀和回液泵电动机等液压控制部件工作，使制动压力“升高”“保持”和“降低”，从而实现防抱死制动。

3. 防抱死制动与常规制动的关系

防抱死制动系统是在常规制动系统的基础上增设一套电控系统而构成，控制过程也是在常规制动过程的基础上进行。在制动过程中，当车轮尚未抱死时，制动过程与常规制动完全相同。只有当车轮趋于抱死时，ABS 才对制动压力进行调节。因此，当防抱死制动系统发生故障时，如果常规制动装置正常，那么常规制动系统照样具有制动功能。但是，如果常规制动装置发生故障，那么防抱死制动系统 ABS 将随之失效。

4. 防抱死制动系统的优点

汽车在雨后、冰雪及泥泞等各种路面上制动时，防抱死制动系统 ABS 在车轮趋于抱死即滑移率进入非稳定区时能迅速调节制动压力，使滑移率恢复到靠近理想滑移率的稳定区域内。通过自动调节制动力，使车轮滑移率保持在理想滑移率附近的狭小范围内，每个车轮尽可能获得较大的地面制动力，防止车轮抱死滑移，从而获得最佳制动性能。ABS 优点如下：

1）缩短制动距离。

2）保持汽车制动时的转向控制能力。

3）保持汽车制动时的行驶稳定性。

4）减少汽车制动时轮胎的磨损。在制动过程中，ABS 能避免轮胎与地面剧烈摩擦而产生沉重的拖痕，从而延长轮胎的使用寿命。

5）减小驾驶人的疲劳强度，特别是制动时的紧张情绪。

四、防抱死制动系统的分类

ABS 分为机械式 ABS 和电子式 ABS 两大类。纯机械式 ABS 早已淘汰，目前主要采用机电一体化控制的电子控制式 ABS。电子控制式 ABS 的种类很多，分类方法大致如下。

1. 按结构形式分类

按 ABS 制动压力调节器与制动主缸的结构形式分为分离式和整体式两种。

分离式 ABS 的制动压力调节器为独立总成，通过制动管路与制动主缸和制动轮缸相连，其突出优点是零部件安装灵活，适合于 ABS 作为选装部件时采用。

整体式 ABS 的制动压力调节器与制动主缸以及制动助力器组合为一个整体，其优点是结构紧凑、节省安装空间，一般都作为汽车的标准装备配装汽车。整体式 ABS 结构复杂、成本较高，高级轿车采用较多。

2. 按车轮控制方式分类

按车轮控制方式不同，电子控制防抱死制动系统可分为“轮控式”与“轴控式”两种。轴控式又分为“低选控制（SL，Select Low）”和“高选控制（SH，Select High）”两种。

在制动系统中，制动压力能够独立进行调节的制动管路称为控制通道。每个车轮各占用一个控制通道的称为“轮控式”（又称为独立控制式或单轮控制式）；两个车轮占用同一个控制通道的称为同时控制。当同时控制的两个车轮在同一轴上时，则称为“轴控式”。

在采用“轴控式” ABS 的汽车上，当左、右车轮行驶在附着系数不同的路面上时，由于左、右车轮与路面之间的附着力不同，因此，左、右车轮在制动时抱死的时机就会不同，附着系数小的车轮先抱死，附着系数大的车轮后抱死。如果“以保证附着系数较小的车轮不发生抱死为原则来调节制动压力”，这两个车轮就是“按低选原则进行控制”，简称“低选控制（SL）”；如果“以保证附着系数较大的车轮不发生抱死为原则来调节制动压力”，这两个车轮就是“按高选原则进行控制”，简称“高选控制（SH）”。

目前，部分小轿车（如奥迪轿车）采用了三通道 ABS，即对两前轮采用“独立控制”，对两后轮采用“低选控制（SL）”。这是因为对两后轮采用“低选控制”可以保证汽车在各种条件下，左、右两个后轮的制动力相等。即使两侧车轮的附着力相差较大，两个车轮的制动力也能限制在附着力较小的水平，使两个后轮的制动力始终保持平衡，从而保证汽车在各种条件下制动时，都具有良好的行驶稳定性。虽然两后轮按低选原则控制存在后轮附着系数较大一侧的附着力不能充分利用、汽车的总制动力有所减小的问题，但是，在紧急制动时，由于汽车轴荷前移，在总制动力中，后轮的制动力所占比重较小，尤其是小轿车，前轮的附着力比后轮的附着力大得多，后轮制动力通常只占总制动力的 30% 左右。因此，后轮附着力未能充分利用对汽车的总制动力影响不大。

对两前轮进行独立控制，主要是考虑小轿车（特别是前轮驱动轿车）前轮的制动力占总制动力比例较大（可达 70% 左右），可以充分利用两前轮的附着力，一方面使汽车获得尽可能大的总制动力，有利于缩短制动距离；另一方面可使两前轮在制动过程中始终保持较大的横向附着力，使汽车保持良好的转向控制能力。尽管两前轮独立控制可能导致两前轮制动力不平衡，但是两前轮制动力不平衡对汽车的行驶稳定性影响相对较小，并可通过驾驶人操纵转向盘进行修正。

3. 按控制通道和传感器数量分类

根据控制通道和传感器数量不同，电子控制防抱死制动系统可分为图 6-6 所示的七种类型，即四通道四传感器 ABS（形式 1、2）、三通道四传感器 ABS（形式 3）、三通道三传感器 ABS（形式 4）、两通道三传感器 ABS（形式 5）、两通道两传感器 ABS（形式 6、7）、单通道一传感器 ABS（形式 8）和六通道六传感器 ABS（适用于带挂车的汽车，图中未画）。

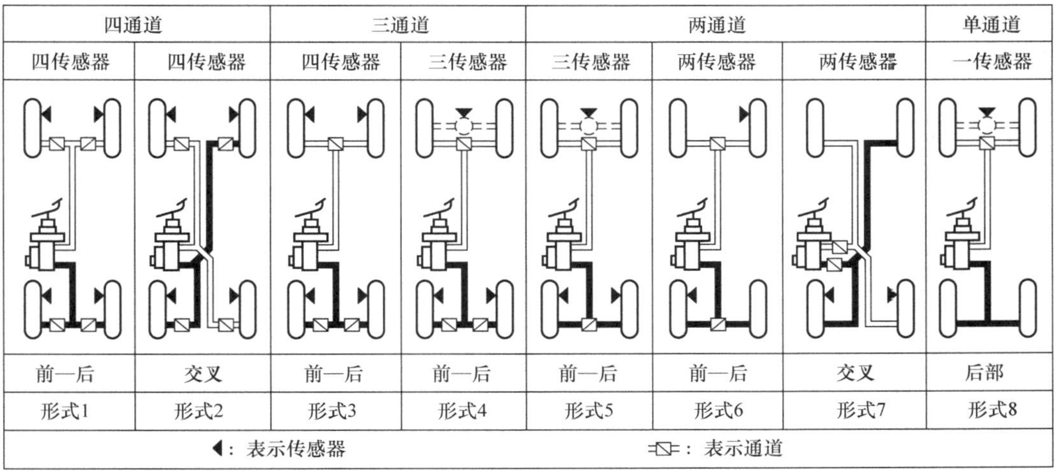

图 6-6　ABS 的类型与分布形式

4. 按控制车轮数量分类

按控制车轮的数量不同，可分为两轮 ABS 和四轮 ABS。两轮 ABS 只控制两个后轮，结构简单、价格低廉，适用于轻型载货汽车和客货两用汽车。四轮 ABS 又分为四通道 ABS 和三通道 ABS。四通道 ABS 的分布形式如图 6-6 中形式 1、2 所示，三通道 ABS 的分布形式如图 6-6 中形式 3、4 所示。

除此之外，按制动压力调节器的动力源可分为液压式和气压式；按制动压力调节器的调压方式可分为流通式和变容式等。

五、防抱死制动系统的结构原理

大众 MK20 – Ⅰ型 ABS 的控制电路如图 6-7 所示。其制动压力调节器称为 ABS/EBD 液压控制单元，由 8 只两位两通电磁阀和回液泵电动机组成，电子控制系统由 4 只轮速传感器、各种控制开关、ABS ECU（称为 ABS/EBD 电子控制单元）、制动压力调节器和 ABS 指示灯等组成。其中，制动压力调节器的电磁阀和回液泵电动机既是电子控制系统的执行元件，也是液压力调节系统的始控元件。

1. 车轮速度传感器

车轮速度传感器简称轮速传感器，其功用是检测车轮转速，并转换为电信号输入 ABS ECU，用以计算车轮速度。

轮速传感器有磁感应式和差动霍尔式两种。磁感应式轮速传感器由传感元件和信号转子组成。传感元件为静止部件，由永久磁铁、信号线圈和线束插头等组成，安装在车轮附近的静止部件（如转向节、半轴套管、悬架构件等）上，不随车轮转动。信号转子由铁磁材料制成带齿的圆环，又称为齿圈转子，安装在与车轮一同转动的部件（如轮毂、半轴等）上。

MK20 – Ⅰ型 ABS 用 4 只轮速传感器在信号转子的圆周上制有 43 个凸齿，安装位置如图 6-8 所示，前轮速度传感器的传感元件安装在转向节上，信号转子安装在传动轴上，随前轮传动轴转动而转动，如图 6-8a 所示。后轮速度传感器的传感元件安装在固定支架上，信号转子安装在与车轮一同转动的后轮毂上，如图 6-8b 所示。

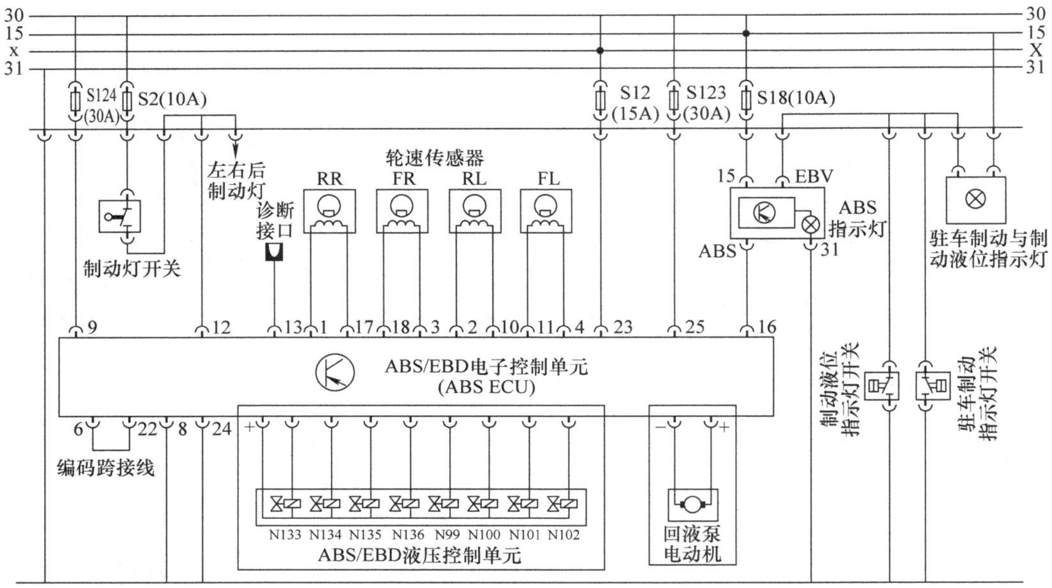

图 6-7　大众 MK20 - Ⅰ型 ABS 控制电路

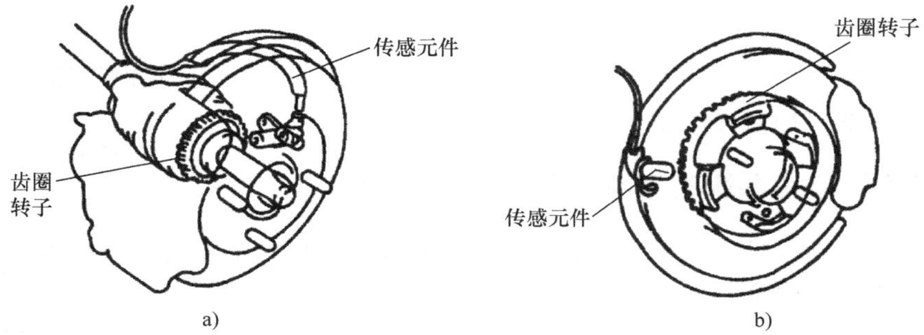

图 6-8　MK20 - Ⅰ型 ABS 轮速传感器安装位置

a）前轮轮速传感器　b）后轮轮速传感器

传感元件与信号转子之间留有一定的间隙，一般为 0.4 ~ 2.0mm。如 MK20 - Ⅰ型 ABS 前轮传感器间隙为 1.10 ~ 1.97mm，后轮传感器间隙为 0.42 ~ 0.80mm。传感器安装必须牢靠，否则就会影响传感器正常输出信号或在汽车行驶振动时受到损伤。为了避免灰尘和飞溅的水、泥等影响传感器工作，安装前应在传感器上涂敷防锈液。

2. 减速度传感器

减速度传感器又称为加速度传感器，其功用是：检测汽车的减速度大小，并转换为电信号输入 ABS ECU，以便 ABS ECU 判别路面状况并采取相应的控制措施。

汽车在高附着系数路面上制动时，减速度很大；在低附着系数路面上制动时，减速度很小，ABS ECU 根据减速度传感器信号即可判断路面状况。例如，当判定汽车是在附着系数很小的冰雪路面上行驶时，就会按照低附着系数路面的控制方式进行控制，以便提高制动性能。

减速度传感器按结构不同，可分为光电式、水银式、差动变压器式和半导体式等。按用途不同可分为纵向减速度传感器和横向减（加）速度传感器两种。横向加速度传感器在高级轿车和赛车上采用较多。减速度传感器的安装位置依车而异，有的安装在行李舱内（如丰田赛利卡和凯美瑞轿车），有的安装在发动机舱内。

光电式减速度传感器由两只发光二极管、两只光敏晶体管、一块透光板和信号处理电路等组成，结构如图 6-9a 所示。

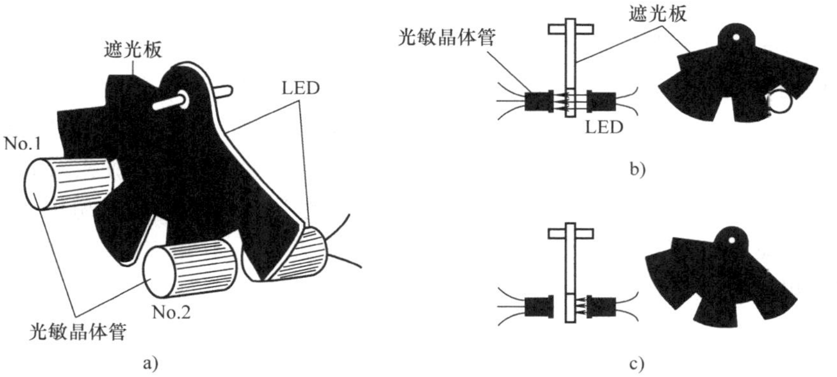

图 6-9　光电式减速度传感器结构原理

a）元件位置　b）透光时　c）遮光时

光电管是把光能变成电能的器件，内部装有能够产生光电效应的电极，受到光线照射就会向外发射电子。广泛用于无线电传真、自动控制和电影领域。光电效应是指某些物质因受到光的照射而发出电子的现象。光电管有光敏二极管和光敏晶体管两种。

光电式减速度传感器透光板的作用是透光或遮光。当透光板上的开口位于发光二极管与光敏晶体管之间时，发光二极管发出的光线能够照射到光敏晶体管上，使光敏晶体管导通，如图 6-9b 所示。当透光板上的齿扇位于发光二极管与光敏晶体管之间时，发光二极管发出的光线被透光板上的齿扇挡住而不能照射到光敏晶体管上，光敏晶体管处于截止状态，如图 6-9c 所示。

当汽车匀速行驶时，透光板静止不动，传感器无信号输出。当汽车减速时，透光板沿汽车纵向摆动，如图 6-10 所示。减速度大小不同，透光板摆动角度就不同，两只光敏晶体管"导通"与"截止"状态也就不相同。减速度越大，透光板摆动角度越大。根据两只光敏晶体管的输出信号，就可将汽车减速度区分为四个等级，见表 6-1。ABS ECU 接收到传感器信号后，就可判定出路面状况，从而采取相应的控制措施。

图 6-10　光电式减速度传感器工作情况

a）匀速运动　b）减速运动

表 6-1　减速度速率的等级

减速度速率等级	低减速率 1	低减速率 2	中等减速率	高减速率
№1 晶体管	导通	截止	截止	导通
№2 晶体管	导通	导通	截止	截止

3. 控制开关

1）制动灯开关。制动灯开关安装在制动踏板旁边。当驾驶人踩下制动踏板时，制动灯开关接通，将制动信号输入 ABS ECU，同时接通汽车尾部的制动灯电路。

2）制动液位指示灯开关。当制动液液面位置降低到一定时，制动液位指示灯开关接通，同时接通制动液位指示灯和 ABS 指示灯电路，指示灯发亮提醒驾驶人及时添加制动液。

3）驻车制动指示灯开关。当驾驶人拉紧驻车制动手柄时，驻车制动指示灯开关接通，同时接通驻车制动指示灯和 ABS 指示灯电路，指示灯发亮；当驻车制动手柄放松时，指示灯熄灭，ABS 可以投入工作。

4. 防抱死制动电子控制单元（ABS ECU）

防抱死制动电子控制单元 ABS ECU 的主要功用是接收轮速传感器、减速度传感器信号和各种控制开关信号，根据设定的控制逻辑，通过数学计算和逻辑判断发出控制指令，控制液压调节器调节制动轮缸的制动压力。

各种车型 ABS ECU 内部电路及控制程序各不相同，但其基本组成大致相同，如图 6-11 所示，主要由主控 CPU、辅控 CPU、稳压模块电路、电磁阀电源模块电路、电磁阀驱动模块电路、回液泵电动机驱动模块电路、信号处理模块电路和安全保护电路等组成。

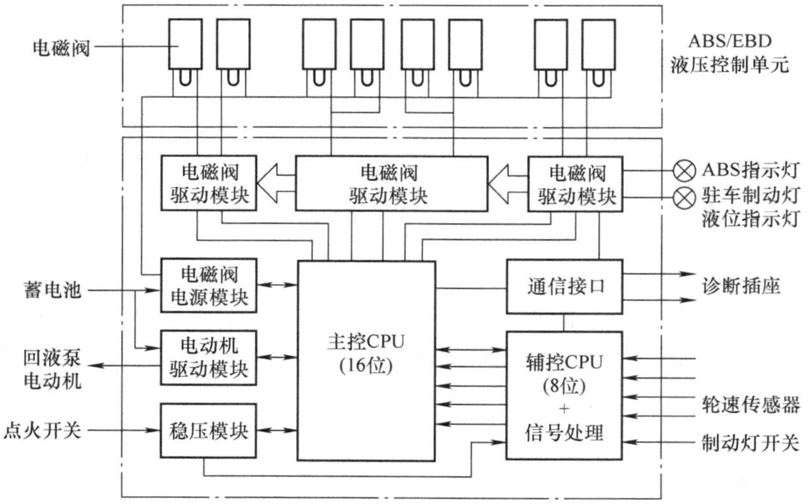

图 6-11　ABS ECU 电路组成框图

ABS ECU 的显著特点是采用了两个微处理器 CPU，其中一个为主控 CPU，另一个为辅控 CPU，主要目的是保证 ABS 的安全性。两个 CPU 接收同样的输入信号，在运算处理过程中，通过通讯对两个微处理器的处理结果进行比较。如果两个微处理器处理结果不一致，微处理器立即发出控制指令使 ABS 退出工作，防止系统发生逻辑错误。

1）信号处理电路。信号处理模块电路由低通滤波电路和整形放大电路等组成，其功用是对轮速传感器输入的交变电压信号进行处理，并传送给主控 CPU 和辅控 CPU。与此同时，信号处理电路还要接收点火开关、制动灯开关、液位开关等外部信号。

2）计算电路。计算电路是 ABS ECU 的核心，主要由微处理器构成。其功用是根据轮速传感器和控制开关信号，按照预先编制的程序进行数学计算和逻辑判断，形成相应的控制指令。计算电路按照设定的程序，根据轮速传感器输入的轮速信号，计算出车轮瞬时速度，然后得出加（减）速度、初始速度、参考车速和滑移率，最后根据加、减速度和滑移率形成相应的控制指令，再向电磁阀控制电路输出制动压力“降低”“保持”或“升高”的控制信号。计算电路不仅能够监测自己内部的工作过程，而且还能监测系统控制部件的工作状况，如轮速传感器、回液泵电动机工作电路，电磁阀工作电路等，当监测到电路工作不正常时，立即向安全保护电路输出指令，使 ABS 停止工作。

3）驱动电路。驱动模块电路的主要功用是将 CPU 输出的数字信号（如控制压力升高、保持、降低信号）进行功率放大并驱动执行元件（电磁阀、电动机）工作，实现制动压力“升高”“保持”或“降低”的调节功能。

4）安全保护电路。安全保护电路由电源监控、故障记忆和 ABS 指示灯驱动电路等组成。其主要功用是接收蓄电池（或发电机）的电压信号，监控电源电压是否在稳定范围内，同时将 12V 或 14V 电源电压变换为 ECU 工作需要的 5V 电压。

由于微处理器具有监测功能，该电路能根据微处理器输出的指令，对有关继电器电路、ABS 指示灯电路进行控制。当发现影响 ABS 工作的故障（如电源电压、轮速传感器信号、计算电路、电磁阀控制电路等出现异常）时，CPU 就会发出指令使 ABS 停止工作，恢复常规制动功能，起到失效保护作用。同时接通仪表板上的 ABS 指示灯电路使 ABS 指示灯发亮，提醒驾驶人及时检修。ABS ECU 具有故障记忆功能，当 ECU 监测到 ABS 出现故障时，除控制执行上述动作外，还要将故障信息编成故障码存储在存储器中，以备自诊断时读取故障码，供维修诊断参考。

5. 压力调节系统

压力调节系统由液压调节器和常规制动装置的制动主缸、制动轮缸、制动助力器、制动管路等组成，图 6-12 所示为 MK20 - Ⅰ型 ABS 液压控制系统原理图，液压调节器由电磁阀、储液器、电动机与回液泵（即电动回液泵）组成。

电磁阀是液压调节器的关键部件，通过电磁阀动作便可控制制动压力“升高”“保持”和“降低”。ABS 常用的电磁阀有两位两通电磁阀和三位三通电磁阀两种。

（1）两位两通电磁阀的结构特点

MK20 - Ⅰ型 ABS 的液压调节器具有 8 只两位两通电磁阀。在通向每一个制动轮缸的管路中，都设有一个进液阀和一个出液阀，4 只进液阀为常开电磁阀，4 只出液阀为常闭电磁阀。

两位两通常开电磁阀与常闭电磁阀的基本结构相同，如图 6-13 所示，主要由电磁铁机构、球阀、复位弹簧、顶杆、限压阀和阀体等组成。在电磁线圈未通电时，常开电磁阀的球阀与阀座处于分离状态，常闭电磁阀的球阀与阀座处于接触状态。

在常开电磁阀中，设有一根顶杆，顶杆和限位杆与活动铁心固定在一起，复位弹簧一端压在活动铁心上，另一端压在与阀体相连的弹簧座上。限压阀的功用是限制电磁阀的最高压力。当制动液压力过高时，限压阀打开泄压，以免压力过高损坏电磁阀。两位两通常闭电磁

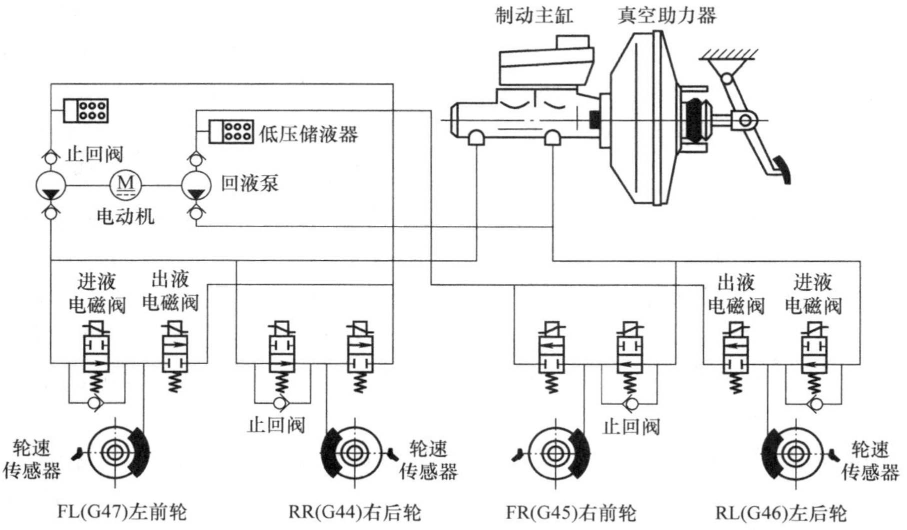

图 6-12　MK20－Ⅰ型 ABS 液压控制系统原理图

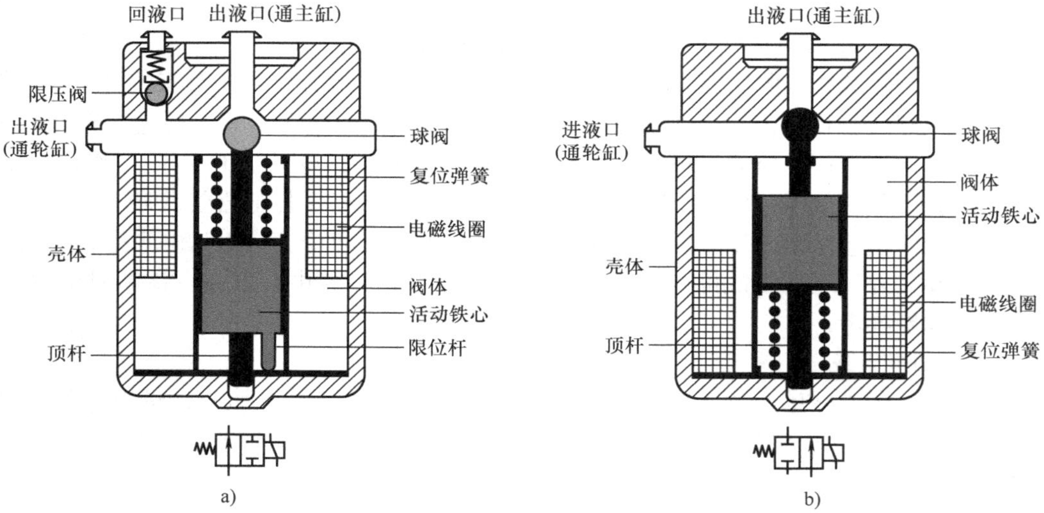

图 6-13　两位两通电磁阀的基本结构

a）常开电磁阀　b）常闭电磁阀

阀一般不设限压阀。

（2）两位两通电磁阀的工作原理

两位两通常开与常闭电磁阀的工作原理相同，下面以常开电磁阀为例说明其工作过程。

当电磁线圈未通电时，在复位弹簧弹力作用下，活动铁心带动顶杆和限位杆下移复位，直到限位杆与缓冲垫圈相抵为止。顶杆下移时，球阀随之下移，使电磁阀阀门处于开启状态，制动液从进液口经球阀阀门、出液口流出。

当电磁线圈有电流流过时，活动铁心产生电磁吸力，压缩复位弹簧并带动顶杆一起上移，顶杆将球阀压在阀座上，电磁阀阀门处于关闭状态，进液口与出液口之间的制动液通道关闭。

由上可见，该电磁阀是根据电磁线圈通电和断电，使球阀处于开启和关闭两个位置或两种状态，同时又有进液口与出液口两条通路，因此称为两位两通（二位二通）电磁阀。如球阀在电磁线圈未通电时处于开启状态，则称为两位两通常开电磁阀；如果电磁线圈未通电时，球阀处于关闭状态，那就称为常闭电磁阀。

（3）储液器与电动回液泵的结构原理

储液器分为低压储液器和高压储液器两种，分别与不同形式的液压调节器配用。低压储液器主要用于储存ABS减压过程中从制动轮缸流回的制动液，同时衰减回流制动液的压力波动。高压储液器通常称为蓄压器，用于储存制动时所需的高压制动液。高压储液器大多为黑色气囊，它是制动系统的能源，故又称为蓄能器。

电动回液泵由永磁式直流电动机与柱塞泵组成，简称电动泵或回液泵。电动机根据ABS ECU的控制指令，通过其轴上的凸轮驱动柱塞泵的柱塞在泵套内上下运动，如图6-14所示。低压储液器内设有活塞和弹簧。

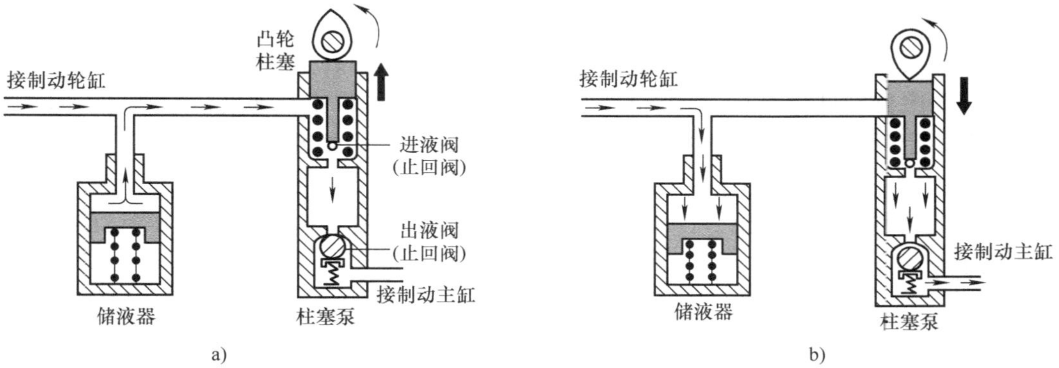

图6-14 低压储液器与柱塞泵

a）柱塞上行时储液 b）柱塞下行时回液

在ABS工作过程中，当需要制动压力降低时，液压调节器的回液阀打开，具有一定压力的制动液就会从制动轮缸经液压调节器的回液阀流入储液器和柱塞泵。与此同时，ABS ECU控制电动机转动，驱动柱塞泵上下运动。

当凸轮驱动柱塞上升时，柱塞泵的进液阀打开，泵腔内制动液压力降低，回液阀在弹簧弹力作用下关闭，制动轮缸和储液器内的制动液流入柱塞泵泵腔，如图6-14a所示。

当柱塞下行时，泵腔内制动液压力升高，克服出液阀弹簧弹力将出液阀打开，制动液压入制动主缸，如图6-14b所示。制动轮缸的制动液则流入储液器，并推动储液器活塞向下移动，使储液容积增大，暂时储存制动液，减小回流制动液的压力波动。因为电动机与柱塞泵的主要功用是将制动液泵回制动主缸，所以称为电动回液泵。

六、防抱死制动控制原理

汽车防抱死制动的控制原理是：根据车轮减速度和滑移率是否达到某一设定值，来判定车轮工作在附着系数—滑移率曲线（前述图6-2b）的稳定区域还是非稳定区域，并通过调节制动轮缸的压力，充分利用轮胎—道路附着力，将车轮滑移率控制在10%~30%的稳定区域范围内，从而获得最佳制动性能。

轮胎—道路接触面之间的附着系数和滑移率是影响制动效果的重要参数。现有 ABS 实用技术还不能直接测量轮胎—道路附着系数和滑移率，这是因为测量轮胎—道路附着系数需用五轮仪，测量汽车实际速度需用价格昂贵的多普勒雷达或加速度传感器。所以防抱死制动普遍采用自适应控制方式来实现近似理想的控制。控制方法是预先设定车轮加、减速度以及滑移率阈值，通过检测车轮的角速度来计算车轮速度和加、减速度，再利用车轮速度和存储器中制动开始时的汽车速度来计算车轮的参考滑移率。ABS 工作时，将这些控制参数与预先设定的阈值（又称为门限值）进行比较，根据比较结果控制电磁阀动作来改变制动压力的大小，同时存储前一控制周期（在制动过程中，从制动降压、保压到升压为一个控制周期）的各个控制参数，并将这些参数值作为下一个控制周期的控制条件。

在汽车行驶过程中，车轮速度传感器不断向 ABS ECU 输入车轮速度信号。ABS ECU 根据轮速信号计算车轮圆周速度，再对车轮圆周速度进行微分计算可得车轮加、减速度。

当踩下制动踏板时，制动灯开关接通，并向 ABS ECU 输入一个高电平（电源电压）信号，ABS 开始投入工作。因为在制动条件相同的情况下，轮胎—道路附着系数不同，制动效果也不相同，所以 ABS 一般都将制动控制过程分为高附着系数、低附着系数和附着系数由高到低三种情况分别进行控制。ABS 工作时，ABS ECU 首先根据减速度信号判定路面状况，减速度大于一定值为高附着系数路面，小于一定值为低附着系数路面，然后根据判定结果调用相应的控制程序，通过控制电磁阀打开与关闭，使其处于“降压”“保压”或“升压”状态来改变车轮制动轮缸的压力，从而实现防抱死制动。现以图 6-15 所示高附着系数路面的制动控制过程为例说明。

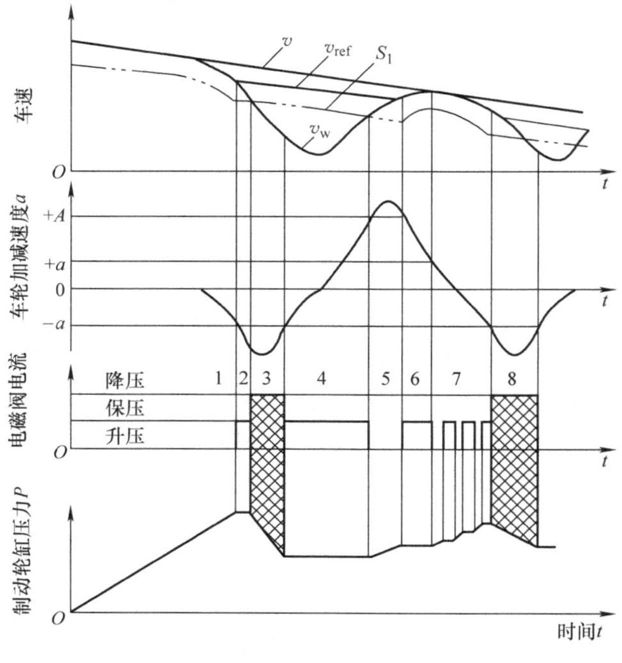

图 6-15　高附着系数路面的制动控制过程

v—车速　S_1—滑移率阈值　v_{ref}—参考车速　v_w—车轮圆周速度

$+A$、$+a$—车轮加速度阈值　$-a$—车轮减速度阈值在制动初始阶段，车轮制动轮缸的制动液压力随制动踏板力升高而升高，车轮滚动的圆周速度 v_w 降低、减速度增加，如图 6-15 中第 1 阶段曲线所示。

当减速度增加到设定阈值 $-a$ 时，ABS ECU 发出指令使相应的电磁阀转换到“保持压力”状态，控制过程进入第 2 阶段，此时制动轮缸压力保持不变。因为减速度刚刚超过设定阈值时，车轮还工作在 $\Phi_B - S$ 曲线的稳定区域，所以滑移率较小，且小于设定阈值（S_1）。滑移率利用参考车速 v_{ref} 计算求得，称为参考滑移率。参考车速由 ABS ECU 根据存储器中存储的制动开始时的车轮速度确定，并按设定的斜率（该斜率略大于纵向附着系数最大值所对应的汽车减速度值）下降。在制动过程中，任一时刻的参考滑移率可由参考车速计算求得。

在保压过程中，参考滑移率会增大，当参考滑移率大于滑移率阈值时，ABS ECU 发出指令使相应的电磁阀转换到“压力降低”状态，控制过程进入第 3 阶段。

制动压力降低后，在汽车惯性力作用下车轮减速度开始回升。当减速度回升到高于减速度阈值 $-a$ 时，ABS ECU 发出指令使相应的电磁阀转换到“压力保持”状态，控制过程进入第 4 阶段。在制动部件以及制动液的惯性作用下，车轮开始加速，减速度由负值迅速增大到正值，直到超过加速度阈值 $+a$。在压力保持过程中，加速度继续升高，当加速度超过阈值 $+A$ 时，ABS ECU 发出指令使相应的电磁阀转换到“压力升高”状态，控制过程进入第 5 阶段。

制动压力升高后，车轮加速度降低。当加速度降低到低于加速度阈值 $+A$ 时，ABS ECU 发出指令使相应的电磁阀转换到“压力保持”状态，控制过程进入第 6 阶段。因为此时车轮加速度高于设定阈值 $+a$，说明车轮工作在附着系数—滑移率曲线的稳定区域，且制动力不足，所以当加速度降低到加速度阈值 $+a$ 时，ABS ECU 将发出指令使相应的电磁阀在“压力升高”和“压力保持”状态之间交替转换，使车轮速度降低，加速度减小，控制过程进入第 7 阶段。

当加速度降低到减速度阈值 $-a$ 时，控制过程进入第 8 阶段，ABS 进入第二个控制周期，控制过程与上述相同。在车轮加速度从设定阈值 $+A$ 减小到 $-a$ 期间，即在第 6、7 控制阶段，因为制动压力已经降低，所以 ABS ECU 不再考虑滑移率的变化情况。

在防抱死制动过程中，ABS ECU 控制压力调节器以 2～10 次/s 的频率调节制动轮缸压力，将各车轮的滑移率控制在理想滑移率 20% 附近，从而获得最佳制动性能。

七、防抱死制动系统的控制过程

鉴于篇幅所限，下面以装备两位两通电磁阀式制动压力调节器的大众 MK20－Ⅰ型防抱死制动系统 ABS 为例说明。

当驾驶人在汽车行驶之前每次接通点火开关时，ABS 就会自动进入自检状态，并持续到汽车行驶过程中，因为某些已经存在的故障只有在行驶时才能被识别出来。在自检过程中，仪表板上的 ABS 指示灯发亮约 2s 后自动熄灭，同时能够听到继电器触点断开与闭合的响声以及回液泵电动机起动时的响声，在制动踏板上也能感觉到轻微的振动。

当 ABS 在汽车行驶过程中发生故障时，ABS 将自动关闭，同时控制仪表板上的 ABS 指示灯发亮，此时常规制动系统将继续保持正常工作状态。

当控制系统的电源电压低于允许的最低电压值（10.5V）时，ABS 将自动关闭，此时

ABS 指示灯将发亮指示。一旦电源电压恢复正常值时，控制系统将再次起动 ABS，指示灯自动熄灭。当驾驶人踩下制动踏板时，防抱死制动系统 ABS 将投入工作，制动压力调节器各执行元件的工作状态见表 6-2。

表 6-2　MK20 – I 型 ABS 制动压力调节器工作状态

执行元件名称	常规制动时	保压时	降压时	升压时
进液阀	打开	关闭	关闭	间歇开闭
出液阀	关闭	关闭	间歇开闭	关闭
回液泵电动机	不转动	运转	运转	运转

1. 常规制动（ABS 未投入工作）时制动系统工作情况

在汽车进行常规制动（ABS 未投入工作）时，制动系统的工作状态如图 6-16 所示。电子控制系统未投入工作，进液阀、出液阀和回液泵电动机均不通电，两位两通电磁阀在复位弹簧弹力作用下，进液阀阀门打开、出液阀阀门关闭。进液阀阀门打开将制动主缸与制动轮缸之间的油液管路构成通路；出液阀阀门关闭将制动轮缸与储液器之间的油液管路关闭。

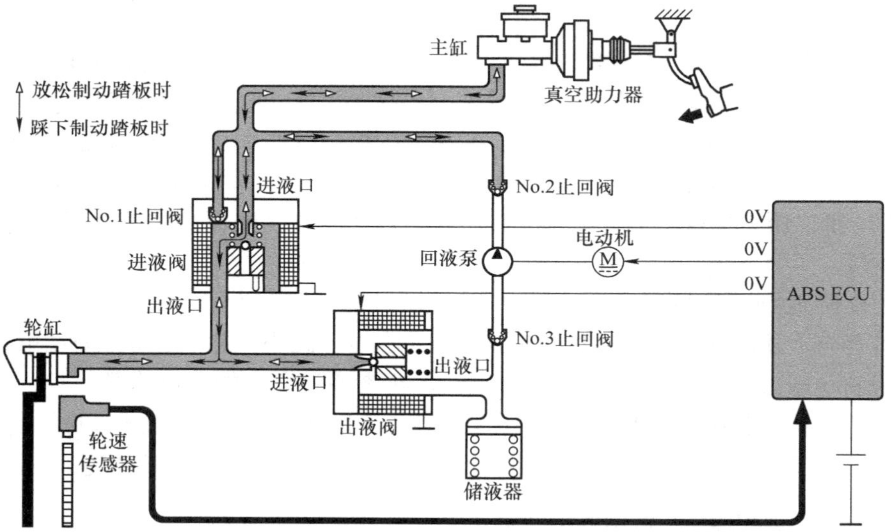

图 6-16　常规制动时 ABS 工作情况

当踩下制动踏板时，制动主缸中制动液压力升高，制动液从制动主缸直接流入制动轮缸，制动液通道为：制动主缸→两位两通进液阀进液口→电磁阀阀门→进液阀出液口→制动轮缸。制动轮缸制动液的压力随制动主缸制动液的压力升高而升高。

当放松制动踏板时，制动轮缸中具有一定压力的制动液通过两条通道流回制动主缸。一条通道是：制动轮缸→两位两通进液阀出液口→电磁阀阀门→进液口→制动主缸；另一条通道是：制动轮缸→两位两通进液阀出液口→电磁阀腔室→No. 1 止回阀→制动主缸。

在常规制动时，虽然 ABS 没有投入工作，其执行元件（制动压力调节器）处于初始状态（进液阀打开、出液阀关闭、回液泵不转动），但是 ABS 随时都在监测轮速传感器信号，判定是否进入防抱死制动状态。

2. 制动压力保持（“保压”）时制动系统工作情况

当四个车轮中的任意一个车轮趋于抱死时，制动压力调节器的电磁阀就会根据 ABS ECU 的控制指令，通过调节该车轮制动轮缸的制动液压力“保持（保压）”“降低（降压）”或“升高（升压）”，从而达到防抱死制动之目的。

当驾驶人踩下制动踏板的行程较大，使制动轮缸的制动力大于车轮与地面之间的附着力时，车轮就会抱死滑移，此时车轮减速度很大，并由轮速传感器将车轮即将抱死的信号输入电控单元 ABS ECU。当 ABS ECU 根据轮速传感器输入信号计算得到的车轮减速度达到设定阈值时，就会控制制动压力调节器进入“保压状态”，如图 6-17 所示。

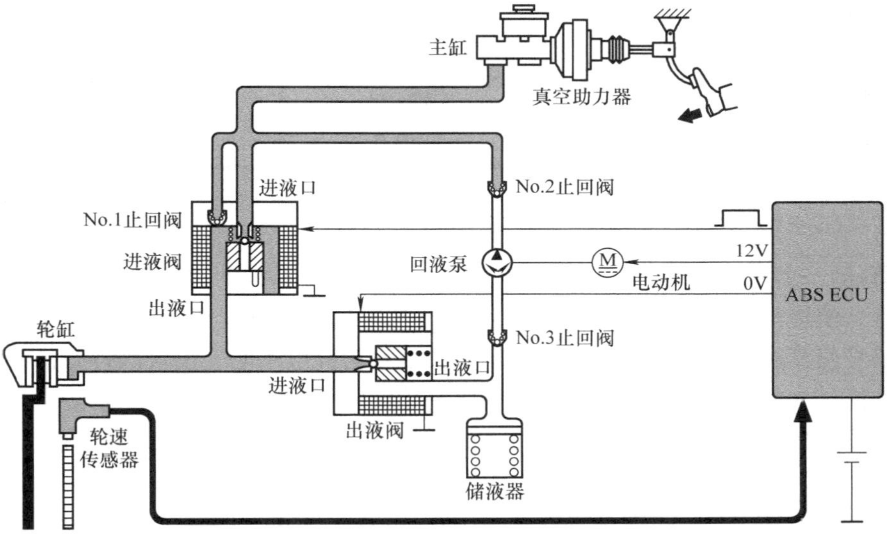

图 6-17 “保压”时 ABS 工作情况

控制“保压”时，ABS ECU 向进液阀和回液泵电动机的驱动模块电路发出高电平控制指令、向出液阀的驱动模块电路发出低电平控制指令。进液阀（常开电磁阀）驱动模块电路接收到高电平控制指令时，便接通进液阀电磁线圈电流，进液阀阀芯产生电磁吸力并克服复位弹簧弹力而移动将其阀门关闭，从而使制动主缸与制动轮缸之间的液压油路关闭。控制出液阀的低电平指令使其阀门保持常闭状态。由于进液阀和出液阀均处于关闭状态，制动液在管路中不能流动，因此制动压力处于“保持”状态。回液泵电动机驱动模块电路接收到 ABS ECU 发出的高电平控制指令时，将使电动机接通电源，电动机运转的目的是将储液器中剩余的制动液泵回制动主缸。“保压”时各执行元件的工作状态见表 6-2。

3. 制动压力降低（“降压”）时制动系统工作情况

在制动主缸与制动轮缸之间的液压油路关闭后，车轮滑移率将逐渐增大，并会超出 ABS 的控制范围（MK20－Ⅰ型 ABS 设定为 15%～30%），因此，需要降低制动轮缸内制动液的压力使滑移率减小。“降压”主要是通过将制动轮缸内的部分制动液泄流到低压储液器并利用电动回液泵将制动液泵回制动主缸来实现。

在 ABS 进入“保压”控制状态后，当 ABS ECU 根据轮速传感器输入信号计算得到的车轮滑移率达到设定阈值时，就会控制制动压力调节器进入“降压状态”，如图 6-18 所示。

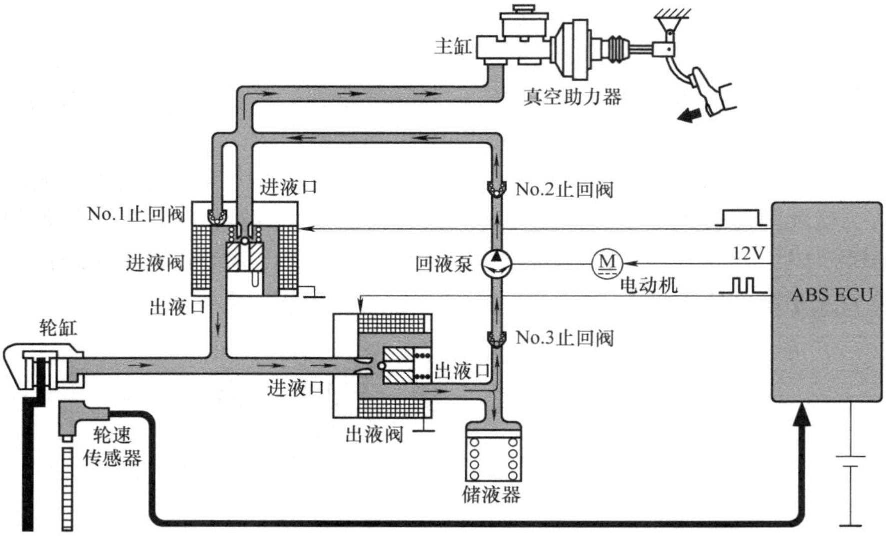

图 6-18　“降压”时 ABS 工作情况

在“降压”过程中，ABS ECU 继续向进液阀（常开电磁阀）的驱动模块电路发出高电平控制指令，使进液阀保持关闭。同时向出液阀（常闭电磁阀）驱动模块电路发出一系列脉冲控制信号使其阀门间歇打开与关闭，当脉冲信号为高电平时，出液阀打开使制动轮缸降压；当脉冲信号为低电平时，出液阀关闭使制动轮缸保压，从而使制动轮缸的制动液压力逐渐降低，车轮抱死滑移逐渐减少，控制特性曲线如图 6-19 中“降压”线段所示。

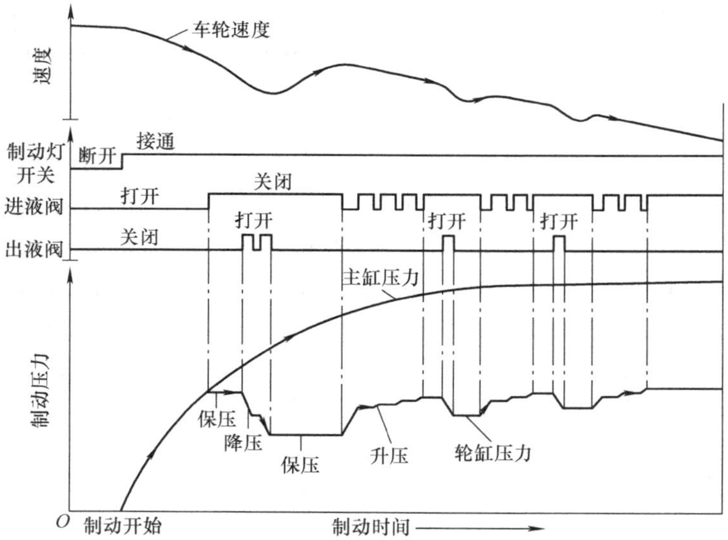

图 6-19　两位两通电磁阀式 ABS 控制特性曲线

当出液阀打开时，制动轮缸内的制动液便经出液阀泄流到低压储液器。与此同时，ABS ECU 还将向回液泵驱动模块电路发出高电平控制指令，使电动机接通电源运转。制动液流入储液器时，推动活塞并压缩弹簧向下移动，使储液器储液容积增大，暂时储存制动液，可以减小回流制动液的压力波动。

当储液器中的制动液达到一定量（储液器容量约为3.6mL）时，电动回液泵运转便将储液器中的制动液泵回制动主缸，回液通道为：制动轮缸→出液阀进液口→出液阀阀门→出液阀出液口→储液器→No.3止回阀→电动回液泵→No.2止回阀→制动主缸。随着制动轮缸中的制动液流回制动主缸，制动管路中制动液的压力随之降低，从而达到防止车轮抱死滑移之目的。降压时各执行元件的工作状态见表6-2。

4. 制动压力升高（“升压”）时制动系统工作情况

“降压”控制使制动轮缸内制动液压力降低后，车轮制动力越来越小，车轮加速度越来越大，为了得到最佳制动效果，需要ABS进入“升高压力（升压）”状态，如图6-20所示。

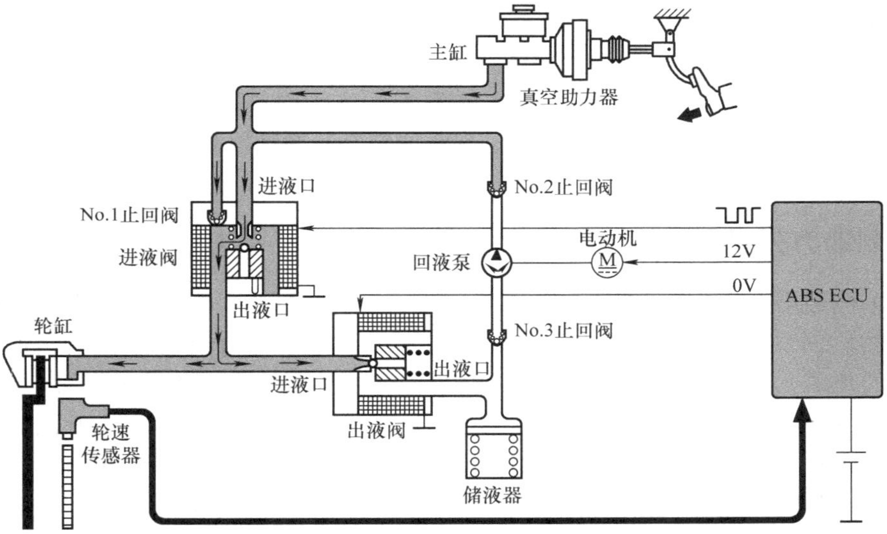

图6-20　“升压”时ABS工作情况

在“降压”控制后，当ABS ECU根据轮速传感器信号计算得到的车轮加速度达到设定阈值时，将向出液阀发出低电平控制指令使出液阀保持常闭状态，将制动轮缸与储液器之间的油液管路关闭。与此同时，ABS ECU向进液阀（常开电磁阀）驱动模块电路发出一系列脉冲控制信号使其阀门间歇打开与关闭，如图6-19中“升压”线段所示。当脉冲信号为低电平时，进液阀打开，将制动主缸与制动轮缸之间的管路构成通路，使制动轮缸的压力随制动主缸制动液压力升高而升高；当脉冲信号为高电平时，进液阀关闭，制动轮缸保压。制动轮缸内制动液压力将逐渐升高，以增强制动效果。

进液阀打开时制动液通道为：制动主缸→进液阀进液口→进液阀阀门→进液阀出液口→制动轮缸。此时回液泵电动机运转将储液器中剩余的制动液泵回进液管路。

当驾驶人踩下制动踏板后，ABS不断重复上述“保压”“降压”与“升压”过程，从而将车轮滑移率控制在设定阈值范围内，防止车轮抱死滑移，控制曲线如图6-19所示。

当制动液从制动主缸流入制动轮缸（升压）时，制动踏板将下沉；当制动液从制动轮缸泵回制动主缸（降压）时，制动踏板将回升，制动踏板振动作用在脚掌上会有抖动感觉，这种感觉在装备 MK20－Ⅰ型 ABS 的大众轿车上为 2～7 次/s。驾驶人可据此现象判断 ABS 工作是否正常。

第二节 制动力分配技术

缩短汽车制动距离的前提条件是具有足够的制动器制动力，同时地面又能提供较大的附着力。制动距离长短不仅与车轮制动力大小有关，而且还与制动力的分配比例有关。

一、制动力分配系统的功用

当汽车紧急制动时，整车轴荷前移，后轮制动力占总制动力的比重较小，特别是小轿车，其后轮制动力通常只占总制动力的30%左右。因此，后轮附着力未能充分利用。此外，当轴荷前移时，地面对前轮的法向反作用力增大，在道路附着系数不变的情况下，前轮附着力将增大。因此，也需要增大制动力来充分利用前轮的附着力。

电子控制制动力分配系统（EBD，Electronic Control Brakeforce Distribution System）的功用是：根据制动减速度和车轮载荷的变化，自动调节车轮制动器制动力的分配比例，从而提高制动性能。

二、制动力分配系统的组成

汽车电子控制制动力分配系统（EBD）由减速度传感器（制动减速度也可由轮速传感器提供的轮速变化率求得）、电控单元（EBD ECU）和制动压力调节器组成。因为 EBD 都是在 ABS 的基础上拓展开发的主动安全系统，其减速度传感器（或轮速传感器）、电控单元（EBD ECU）和制动压力调节器均可与 ABS 共用，所以在汽车已经装备 ABS 的基础上，无需增加任何硬件，只需增设制动力分配软件程序，就能实现制动力分配控制功能，所以又称为电子控制制动力分配程序（EBD，Electronic Control Brakeforce Distribution Programs），相应的电控单元称为防抱死制动与制动力分配电控单元（即 ABS/EBD ECU）。

三、制动力分配的控制

在汽车前、后轮制动器制动力固定比值的制动系统中，其制动力不可能按照轻载或承载时的理想分配曲线进行分配，如图 6-21 所示。因此，前轮可能因抱死而丧失转向控制能力，后轮也可能抱死而发生“甩尾”现象。

在汽车装备 EBD 的制动系统中，实际制动力按照兼顾制动稳定性和最短制动距离并优先考虑制动稳定性的原则进行分配，前、后车轮制动力的可调范围如图 6-21 中阴影范围所示。汽车不同制动减速度时的制动力数据由预先试验测得，并以制动力数据 MAP 形式存储在 ROM 之中。当汽车制动时，ABS/EBD ECU 首先根据制动减速度信号，从 ROM 存储的制动力数据 MAP 中查寻得到

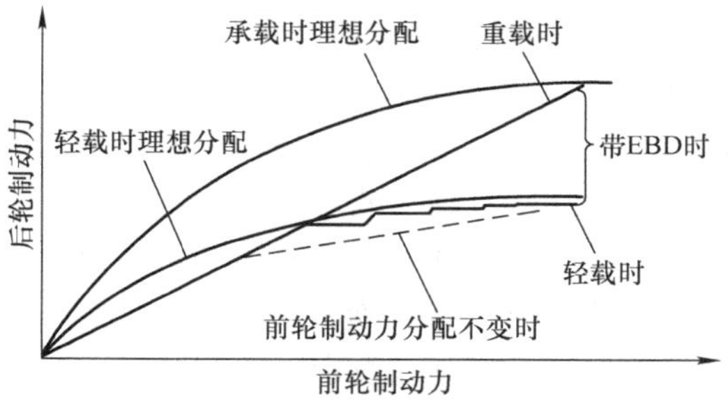

图 6-21 前后轮制动力数据 MAP

前、后车轮制动力的分配数值，然后向 ABS 的制动压力调节器（电磁阀）发出“升压”或“保压”控制指令，从而实现前、后车轮制动力的最佳分配。

EBD 和 ABS 等主动安全技术是一个控制过程相互融合、工作时机相互协调的有机整体。当 EBD 分配给车轮的制动力大于轮胎附着力时，车轮就会抱死滑移，此时防抱死制动系统 ABS 就会投入工作，通过调节（减小）车轮的制动力将滑移率控制在 10% ~30%，从而提高制动性能。

当汽车在弯道制动时，整车轴荷外移，内侧车轮轴荷减小，外侧车轮轴荷增大。因此，内侧车轮附着力减小，外侧车轮也需要增大制动力来充分利用其附着力。为此，增设一只转向盘转角传感器（也可与车身稳定性控制系统共用），用其检测转向盘的转向方向与转动角速度，ABS/EBD ECU 即可分配给外侧车轮较大的制动力和内侧车轮较小的制动力，从而保证汽车沿弯道稳定行驶。

第三节　制动辅助技术

研究表明：当汽车紧急制动时，驾驶人操作制动踏板使车轮制动器产生足够制动力的分布情况如图 6-22 所示，在需要紧急制动时，由于驾驶技术水平和精神紧张程度等原因，约有 42% 的驾驶人不能使车轮制动器产生足够的制动力，能使车轮制动器产生充足制动力的驾驶人比例为 53%，高度紧张而未踩制动踏板的比例为 5%。

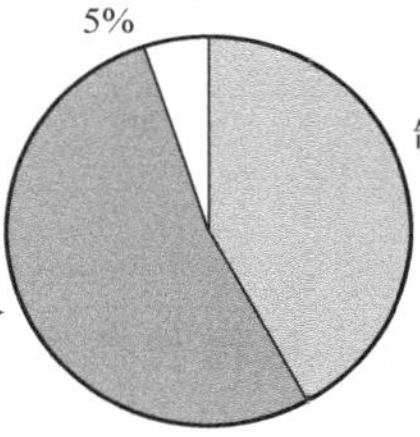

图 6-22　制动力充足程度分布

一、制动辅助系统的功用

电子控制制动辅助系统（EBA 或 BAS 或 BA，Electronic Control Brake Assist System），其功用是根据制动踏板行程传感器和制动压力传感器信号，判断驾驶人踩踏制动踏板的速度和力量，自动增大汽车紧急制动时的制动力，从而缩短制动距离。

二、制动辅助系统的组成

制动辅助系统是在 ABS 的基础上，增设一只制动踏板行程传感器和制动压力传感器，并在 ABS ECU（称为 ABS/EBA ECU）中增设相应的制动力调节软件程序而构成。

制动踏板行程传感器用于检测驾驶人操作制动踏板的速度，制动压力传感器用于检测制动主缸的制动液压力，ABS/EBA ECU 根据制动踏板速度和制动液压力信号，计算判断本次制动属于常规制动还是紧急制动，并向 ABS 液压调节器发出控制制动力大小的控制指令。

三、制动辅助的控制

装备 EBA 后，ABS/EBA ECU 根据制动踏板行程传感器信号的变化率和制动压力传感器信号，计算驾驶人踩下制动踏板的速度和力量，并判定本次制动是常规制动还是紧急制动。当判定为紧急制动时，即使驾驶人踩下制动踏板的力量不大，ABS/EBA ECU 也会自动控制制动压力调节器使车轮制动器产生较大的制动力，从而缩短制动距离，如图 6-23 所示。

当 EBA 调节的制动力大于轮胎附着力时，车轮会抱死滑移，此时 ABS 投入工作，通过减小制动力将滑移率控制在 10% ~30%。

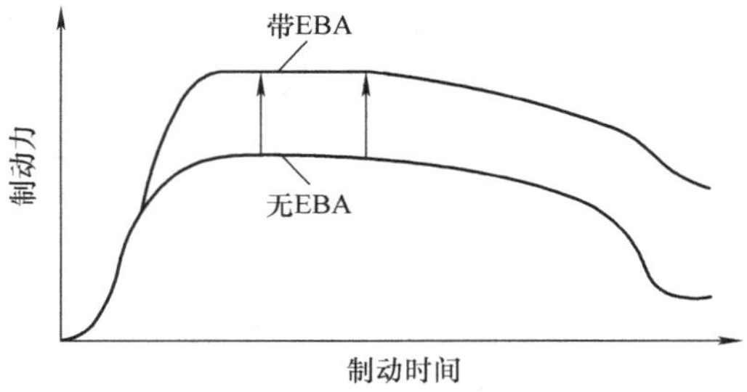

图 6-23 有、无 EBA 时制动力比较

四、制动辅助控制的效果

研究表明：以 50km/h 的制动初速度在干燥路面上紧急制动试验结果如图 6-24 所示。

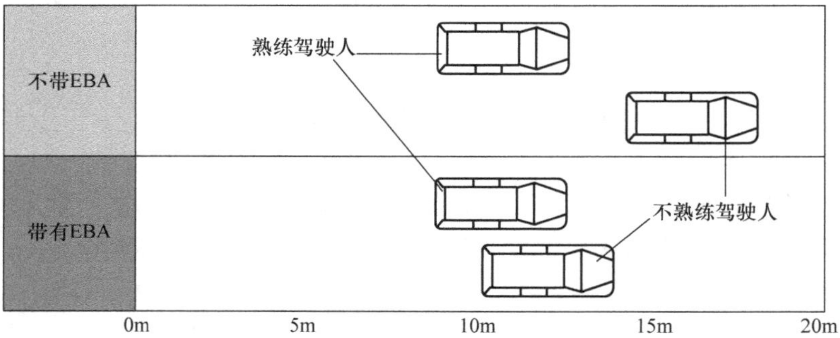

图 6-24 汽车紧急制动时制动距离对比

试验表明：对驾驶技术熟练的驾驶人而言，有、无制动辅助系统时的制动距离均为 12.5m 左右，EBA 的作用并不明显。但是，对驾驶技术不熟练的驾驶人而言，无 EBA 时的制动距离约为 18m，有 EBA 时的制动距离仅为 14m，EBA 可使行驶安全性大大提高。

第四节 驱动轮防滑转调节技术

汽车在起步、加速或冰雪路面上行驶时，容易出现打滑现象。这是因为汽车发动机传递给车轮的最大驱动力是由轮胎与路面之间的附着系数和地面作用在驱动轮上的法向反力的乘积（即附着力）决定的。当驱动力超过附着力时，车轮就会打滑空转（即滑转）。

当汽车在低附着系数路面（如泥泞路面、冰雪路面）上行驶时，由于地面对车轮施加的反作用转矩很小，因此在起步、加速时驱动轮很容易发生滑转现象。此外，当汽车在越野条件下行驶时，如果某个（或某些）驱动轮处在附着系数极低的路面（如冰雪路面或泥泞路面）上，那么地面对车轮施加的反作用转矩将很小，虽然另一个（或一些）车轮处在附着系数较高的路面上，但是根据差速器转矩等量分配特性，能够提供的驱动转矩只能与处在低附着系数路面上车轮的驱动转矩相等。因此，在驱动力不足的情况下，汽车将无法前进，发动机输出的功率大部分消耗在车轮的滑转上，不仅浪费燃油、加速轮胎磨损，而且降低车辆的通过性能和机动能力。电子控制防滑转调节系统可以有效避免或减轻车轮的滑转。

一、驱动轮防滑转调节系统的功用

汽车防滑转调节系统（ASR，Anti－Slip Regulation System）又称为加速滑移调节系统（Acceleration Slip Regulation System），因为防止驱动轮滑转能够通过调节驱动轮的驱动力（牵引力）来实现，故又称为牵引力控制系统（TCS 或 TRC，Traction Force Control System）。

驱动轮防滑转调节系统的功用是：在车轮开始滑转时，降低发动机的输出转矩来减小传递给驱动轮的驱动力，防止驱动力超过轮胎与路面之间的附着力（或通过增大滑转驱动轮的阻力来增大未滑转驱动轮的驱动力，使所有驱动轮的总驱动力增大），从而提高车辆的通过性。

ASR 与 ABS 密切相关，都是汽车的主动安全装置，两个系统通常同时采用。ABS 的作用是自动调节（增大或减小）制动力，防止车轮抱死滑移，提高汽车的制动性能；ASR 的作用是维持附着条件，增大总驱动力，防止车轮滑转，提高汽车的通过性。

二、驱动轮防滑转的基本原理

当发动机输出转矩增大时，驱动力随之增大。但是，驱动力的增大受到附着力的限制，驱动力的最大值只能等于轮胎与路面之间的附着力。当驱动力超过附着力时，驱动轮将在路面上滑转。在日常生活和影视警匪片中，经常看到驾驶人想使汽车快速起步而用力踩下加速踏板时，尽管车轮快速打滑转动，然而汽车却原地不动，其原因就是发动机传递给车轮的驱动力超过了轮胎与路面之间的附着力。

（一）滑转率

汽车车轮“打滑”分为两种情况，一是汽车制动时车轮抱死“滑移”，二是汽车驱动时车轮“滑转”。防抱死制动系统是防止车轮在制动时抱死而滑移，防滑转调节系统 ASR 则是防止驱动轮原地不动地滑转。驱动轮的滑转程度用滑转率 S_d表示，其表达式为

$$S_d = \frac{v_w - v}{v_w} \times 100\% \tag{6-2}$$

式中　v_w——车轮速度，即车轮瞬时圆周速度，$v_w = r\omega$，m/s。

r——车轮半径，m。

ω——车轮转动角速度，$\omega = 2\pi n$，rad/s。

n——车轮转速，r/min。

v——车速（车轮中心纵向速度），m/s。

当 $v_w = v$ 时，滑转率 $S_d = 0$，车轮自由滚动；当 $v = 0$ 时，滑转率 $S_d = 100\%$，车轮完全处于滑转状态；当 $v_w > v$ 时，滑转率 $0 < S_d < 100\%$，车轮既滚动又滑转。滑转率越大，车轮滑转程度也就越大。

（二）滑转率 S_d与附着系数的关系

车轮滑移率、滑转率与纵向附着系数的关系如图 6-25 所示，车轮制动时的滑移率分布在坐标系的第一象限，车轮滑转率分布在坐标系的第三象限。由图可见：

1）附着系数随路面性质的不同而发生较大幅度的变化。

2）在各种路面上，附着系数均随滑转率的变化而变化，且当滑转率为 20% 左右时，各

种路面上的附着系数达到最大值。若滑转率继续增大，则附着系数逐渐减小。

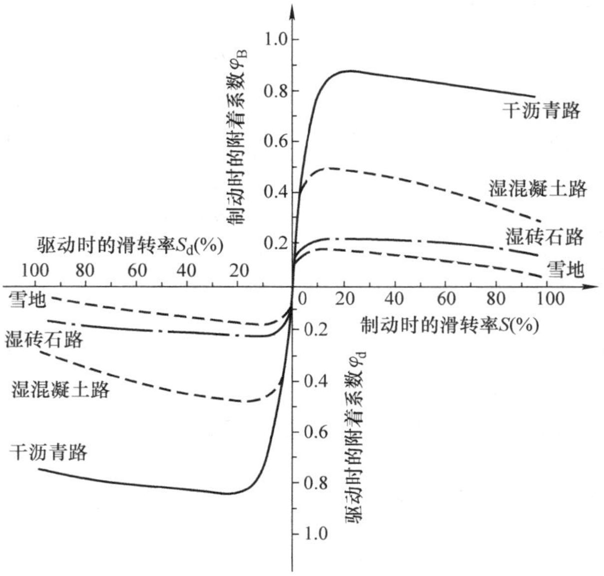

图 6-25　滑移率和滑转率与纵向附着系数的关系

防滑转调节系统的基本原理是：将滑转率控制在最佳滑转率（10% ~30%）范围内，从而获得较大的附着系数，使路面提供的附着力得到充分利用。

汽车装备 ASR 后，当起步、加速或在冰雪路面上行驶时，驾驶人踩加速踏板无须特别小心，因为 ASR 能根据路面状况将驱动轮的驱动力调节到最大值。

三、驱动轮防滑转控制方式

防止驱动轮滑转的控制方式主要有控制发动机的输出转矩、控制驱动轮的制动力以及控制防滑转差速器的锁止程度三种。这些控制方式的最终目的都是调节驱动轮的驱动力，并将驱动轮的滑转率控制在最佳滑转率范围内。

（一）控制发动机的输出转矩

通过调节发动机的输出转矩来调节驱动轮的驱动力是实现防滑转调节的方法之一。这种控制方法能够保证发动机输出转矩与地面提供的驱动转矩达到匹配，因此可以改善燃油经济性，减少轮胎磨损，使汽车具有良好的行驶稳定性和乘坐舒适性；对于前轮驱动汽车，能够得到良好的转向操作性。在装备电控燃油喷射系统 EFI 的汽车上，普遍采用了这种控制发动机输出转矩的方法来实现防滑转调节。

控制发动机输出转矩的方法有：控制点火时间、控制燃油供给量、控制节气门开度等。

1）控制点火时间。由内燃机原理可知：减小汽油机的点火提前角或切断个别气缸的点火电流，均可微量降低发动机的输出转矩。

在汽车行驶过程中，防滑转调节电控单元（ASR ECU）根据轮速传感器和车速传感器信号即可计算确定驱动轮滑转率的大小，通过减小点火提前角，即可微量降低发动机的输出转矩。当驱动轮滑转率较大，推迟点火时刻不能达到控制滑转率的目的时，则可中断个别气缸点火来进一步减小滑转率。

在中断个别气缸点火时，为了防止排放增加和三元催化转化器过热，中断点火必须同时中断燃油喷射。恢复点火时，点火时刻应缓慢提前，保证发动机输出转矩平稳增加。

2）控制燃油供给量。短时间中断供油也可微量调节发动机的输出转矩，但响应速度没有减小点火提前角迅速。这种控制方法适用于电控汽油发动机或电控柴油发动机汽车，通过调节汽油发动机或柴油发动机的供油量，即可调节发动机的输出转矩。

3）控制节气门开度。当今电控发动机汽车普遍采用了这种控制方法。控制节气门开度可以控制进入气缸的进气量，能够显著改变发动机的输出转矩。

在装备 EFI 的汽车上，ASR ECU 根据轮速传感器和车速传感器信号计算确定驱动轮滑转率的大小之后，通过控制节气门开度和燃油喷射量等即可调节发动机的输出转矩。当滑转率超出规定值范围时，ASR ECU 便向执行器发出控制指令，减小节气门的开度、缩短喷油时间或中断个别喷油器喷油，迅速降低发动机输出转矩，防止驱动力滑转。

为了便于调节发动机的输出转矩，有的汽车（如丰田车系）发动机设置有副节气门及其配套的副节气门位置传感器和副节气门位置调节器。副节气门也安装在节气门体上，与主节气门为串联关系，在 ASR 不起作用时处于全开状态。副节气门位置传感器用于检测副节气门的位置信号，结构原理与主节气门位置传感器相同。副节气门位置调节器一般采用步进电动机，与扇形齿轮配合对发动机副节气门的位置进行调节，称为副节气门位置调节步进电动机，安装在发动机节气门体旁边。当调节发动机输出转矩时，ASR ECU 首先向发动机 ECU 发送一个副节气门位置调节步进电动机即将动作使副节气门开度减小的指令，通知发动机 ECU 进气量需要选择主节气门和副节气门中开度较小者进行计算。然后，ASR ECU 控制副节气门位置调节步进电动机通电而步进转动，电动机轴一端的驱动齿轮便驱动副节气门轴上的扇形齿轮转动，使副节气门开度减小，减少发动机的进气量，使其输出转矩减小。因为副节气门与主节气门为串联关系，所以，即使主节气门开度不变，发动机的进气量也会因副节气门开度减小而减小，使发动机输出转矩和驱动轮的驱动力减小。

（二）控制驱动轮的制动力

控制驱动轮的制动力实际上是利用差速器的差速作用（差速效能）来获得较大的总驱动力，控制方法如图 6-26 所示。

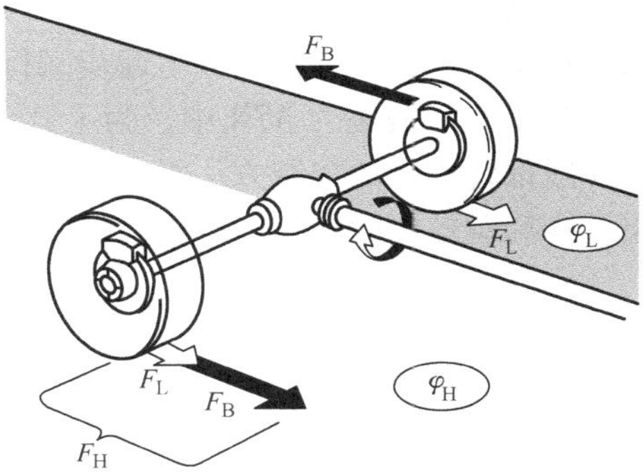

图 6-26　作用在驱动轮上的纵向力

右侧驱动轮处于高附着系数 φ_H 路面上，能够产生的驱动力为 F_H；左侧驱动轮处于低附着系数 φ_L 路面上，能够产生的驱动力为 F_L。根据差速器转矩等量分配特性，此时汽车的驱动力只取决于低附着系数路面上的驱动力 F_L。尽管右侧驱动轮能够产生的驱动力为 F_H，但是其获得的驱动力只能与左侧驱动轮能够产生的驱动力 F_L 相等（$F_H = F_L$），即两只驱动轮能够获得的驱动力为 $F_{DL} = F_H + F_L = 2F_L$。为了阻止低附着系数路面上行驶的左侧驱动轮产生滑转，对其施加一个制动力 F_B，通过差速器的差速作用，在右侧驱动轮上也会产生作用力 F_B（$F_H = F_L + F_B$），此时两只驱动轮能够获得的驱动

力就为 $F_{DH}=F_H+F_L=2F_L+F_B$，即驱动力增大了制动力 F_B值，发动机的输出转矩就可按增大后的驱动力进行调节。

控制驱动轮制动力是保持最佳滑转率且响应速度较快的控制方法，一般作为仅采用控制节气门开度来调节发动机输出转矩的补充控制。

驱动轮制动力控制又称为电子差速锁（EDL，Electronic Differential Lock）控制，大众轿车采用了这种控制方法。EDL 利用 ABS 的传感器来检测驱动轮的转速，根据左、右驱动轮的转速差进行控制。当车速达到 80km/h 左右时，若一侧车轮的路面比较光滑（附着系数低），导致左、右驱动轮之间产生的转速差约 100r/min 时，防抱死制动与电子差速锁电控单元（ABS/EDL ECU）就会通过对打滑车轮施加制动力，将大部分驱动力传递给另一侧车轮，使两侧车轮的转速达到平衡，从而增大两只驱动轮的总驱动力，便于汽车起步、加速和爬坡。

（三）控制差速器的锁止程度

控制差速器的锁止程度必须采用防滑转差速器进行控制。电控防滑转差速器是一种由电控单元控制的可锁止差速器，控制原理如图 6-27 所示。

在防滑转差速器向车轮输出驱动力的输出端设置有一个离合器。调节作用在离合片上的油液压力，即可调节差速器的锁止程度。油压逐渐降低时，差速器锁止程度逐渐减小，传递给驱动轮的驱动力就逐渐减小；反之油压升高时，驱动力将逐渐增大。油液压力来自储压器的高压油液，压力大小由防滑转调节系统的电控单元（ASR ECU）通过控制电磁阀使压力“升高”“保持”“降低”进行调节，并由压力传感器和驱动轮上的轮速传感器反馈给 ASR ECU，从而实现反馈控制。通过调节防滑转差速器的锁止程度，即可调节传递给驱动轮的驱动力。汽车在各种附着系数不同的路面上起步和行驶时，都具有较好的稳定性和通过性。

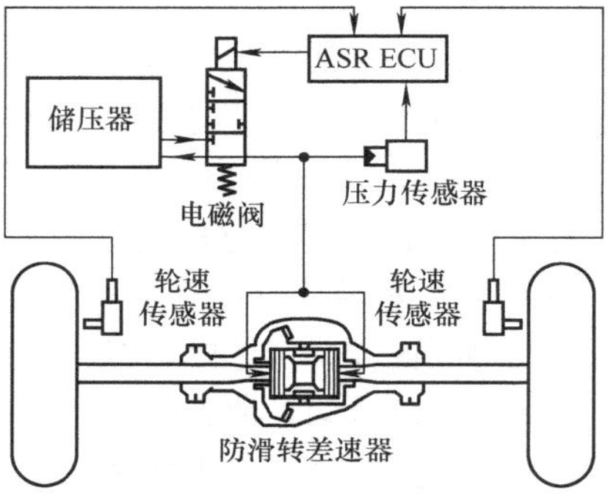

图 6-27　电控防滑转差速器锁止控制

在汽车实际装备的 ASR 中，为了充分发挥电控系统的控制功能并有效地防止驱动轮滑转，一般都将不同的控制方法组合在一起进行控制。常用的组合方式有：组合控制发动机的输出转矩和驱动轮的制动力、组合控制发动机的输出转矩和控制差速器的锁止程度。

第五节　车身稳定性控制技术

当汽车在湿滑路面上行驶时，如果前轮受到侧向力的作用而发生侧滑时，就会失去路径跟踪能力（又称为循迹能力）；如果后轮受到侧向力的作用而发生侧滑（如转动转向盘用力过猛即转向过度，后轮产生较大的侧偏角）时，后轮就会侧滑甩尾而失去稳定性。

一、车身稳定性控制系统的功用

车身稳定性控制系统（VSC，Vehicle Stability Control System）又称为车身动态稳定性控制系统（DSC，Dynamic Stability Control System），因为车身稳定性控制系统主要是在防抱死制动系统 ABS 和防滑转控制系统 ASR 的基础上，增设控制程序和个别传感器构成，所以又称为电子控制稳定性程序（ESP，Electronically Controlled Stability Program）。

车身稳定性控制系统的功用是：当汽车在湿滑路面上行驶，其前轮或后轮发生侧滑时，自动调节各车轮的驱动力和制动力，确保车辆稳定行驶。VSC 是在 ABS 和 ASR 的基础上拓展而来的主动安全控制系统。

二、车身稳定性控制系统的组成

车身稳定性控制系统也是由传感器、电控单元（VSC ECU）和执行器三部分组成。因为 VSC 是 ABS 和 ASR 的完善与补充，所以 VSC 的大部分控制部件都可与 ABS 和 ASR 共用，其组成与部件安装位置如图 6-28 所示。

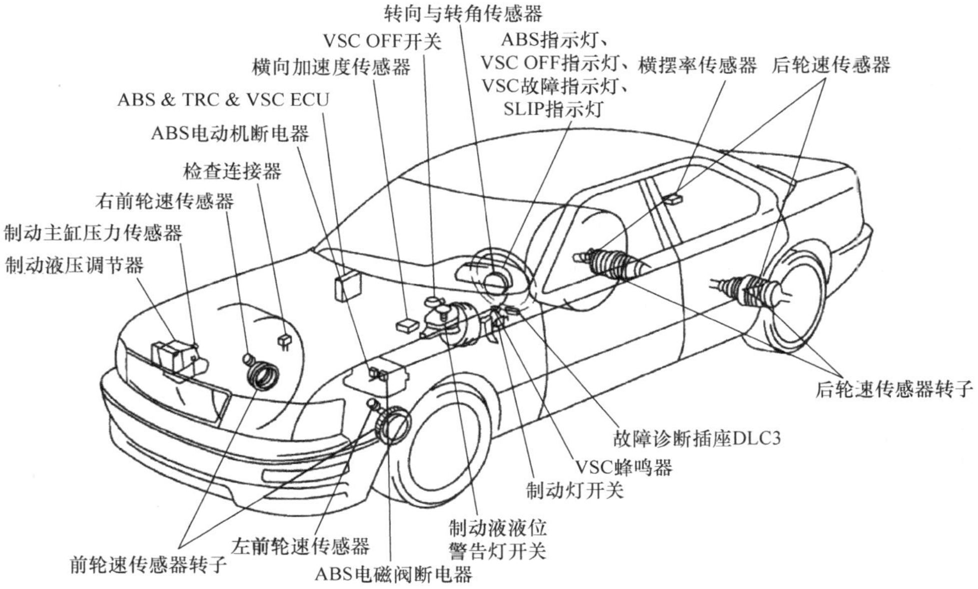

图 6-28　VSC 组成与控制部件安装位置

VSC 在 ABS 和 ASR 的基础上，传感器部分需要增设用于检测汽车状态的横摆率传感器、横向加速度传感器、转向盘转向与转角传感器以及检测制动主缸压力的制动液压力传感器。VSC ECU 需要增强运算能力、增加相应的信号处理电路、驱动放大电路和软件程序等。

VSC ECU 一般都与 ABS ECU 和 ASR ECU 组合为一体，称为 ABS/ASR/VSC ECU。

执行器部分既可像 ABS 或 ASR 那样单独设置压力调节器和发动机输出转矩调节装置（如设置副节气门及其配套的传感器和执行器），也可对液压通道进行适当改进、直接利用 ABS 和 ASR 已有调节装置对制动力和发动机输出转矩进行调节。除此之外，还需设置 VSC 故障指示灯、VSC 蜂鸣器等指示与报警装置。

（一）VSC 传感器

1）横摆率传感器又称为偏航率传感器，安装在汽车行李箱内、后轴上部中央位置，并与汽车车身中心垂直轴线平行，用于检测后轴绕车身中心垂直轴线旋转的角速度（横摆率）

信号。横摆率传感器是反映后轮是否产生侧滑的关键部件。当横摆率传感器有信号输入 VSC ECU 时，说明后轮有侧滑现象。如果后轮向右侧滑时的横摆率传感器信号为正，则横摆率传感器信号为负时表示后轮向左侧滑。

2）横向加速度传感器简称加速度传感器或 G 传感器，功能与横摆率传感器相同。安装在汽车重心前方、前轴上部中央位置的地板下面，用于检测前轴的横向加速度信号，供 ABS/ASR/VSC ECU 判断车身状态以及前轮是否产生侧滑。

3）转向盘转动方向与转动角度传感器简称转向与转角传感器，安装在转向轴上，用于检测转向盘（即转向轴）的转动方向与转动角度信号，供 ABS/ASR/VSC ECU 判断驾驶人操作转向盘的转向意图（向左转还是向右转）。

4）制动液压力传感器安装在 VSC 液压调节器的上部，用于检测制动主缸内制动液的压力，ABS/ASR/VSC ECU 根据制动液压力高低向液压调节器的电磁阀发出不同占空比的控制脉冲，以便控制车轮制动力的大小。

5）副节气门位置传感器安装在节气门体上，用于检测副节气门开度大小的信号。副节气门与主节气门为串联，ASR 和 VSC 不调节发动机输出转矩时，副节气门处于全开状态。

（二）VSC 执行器

1）制动液压调节器。一般都直接利用 ABS 液压调节器来调节制动力。丰田系列将 ABS 液压调节器和 ASR 液压调节器组合制成一体，称为制动液压调节器，安装在发动机舱内右前侧。当汽车制动减速使车轮发生滑移时，液压调节器执行 ABS 功能；当车轮发生滑转时，液压调节器执行 ASR 功能；当车身发生侧滑时，液压调节器执行 VSC 功能，通过调节各车轮的制动力，实现 ABS、ASR 和 VSC 功能。

2）副节气门位置调节器。一般采用步进电动机与扇形齿轮配合对发动机副节气门的位置进行调节，称为副节气门位置调节步进电动机，VSC 与 ASR 共用。当 VSC 调节发动机输出转矩时，VSC ECU 向步进电动机发出控制指令，步进电动机步进转动，电动机轴一端的驱动齿轮就驱动副节气门轴上的扇形齿轮转动，使副节气门开度减小（ASR 和 VSC 不起作用时，副节气门处于全开状态），减少发动机的进气量，使发动机输出转矩减小。

三、车身稳定性的控制

汽车前轮侧滑就会失去路径跟踪能力（即循迹能力），后轮侧滑就会发生甩尾或掉头现象。车身稳定性控制主要是指侧滑控制，控制内容包括两个方面：一是抑制前轮侧滑，保持汽车的路径跟踪能力；二是抑制后轮侧滑，防止车身出现甩尾或掉头现象，确保车辆稳定行驶。

（一）车身稳定性的控制原理

VSC 抑制车轮侧滑的原理是：利用左、右两侧车轮制动力之差产生的横摆力矩，使车身产生一个与侧滑方向相反的旋转运动，从而防止前轮侧滑失去路径跟踪能力以及防止后轮侧滑甩尾失去行驶稳定性。

在汽车行驶（特别是在湿滑的路面上转弯）过程中，前轮发生侧滑时就会产生较大的侧向（横向）加速度，后轮发生侧滑时就会产生较大的侧偏角，横向加速度传感器和横摆率传感器分别将这两种侧滑产生的信号输入 ABS/ASR/VSC ECU 后，ABS/ASR/VSC ECU 就会向发动机输出转矩的调节装置（即副节气门位置调节步进电动机）发出控制指令，使发动机的输出转矩减小来降低车速。与此同时，ABS/ASR/VSC ECU 还要根据制动液压力高低向液压调节器的电磁阀发出不同占空比的控制脉冲，控制相应车轮的制动力，使车身产生一个与侧滑方向相反的旋转运动，从而防止前轮侧滑而失去路径跟踪能力，或防止后轮侧滑甩尾而失去行驶稳定性，减少交通事故。

（二）前轮侧滑的控制过程

当前轮向右侧滑时，控制过程如图 6-29a 所示。ABS/ASR/VSC ECU 首先向发动机 ECU 发送一个副节气门位置调节步进电动机即将动作使副节气门开度减小的指令，通知发动机 ECU 进气量需要选择主节气门和副节气门中开度较小者进行计算。然后向副节气门位置调节步进电动机发出控制指令，步进电动机通电而步进转动，电动机轴一端的驱动齿轮便驱动副节气门轴上的扇形齿轮转动，使副节气门开度减小，减少发动机的进气量，使发动机输出转矩减小来降低车速。与此同时，ABS/ASR/VSC ECU 向制动液压调节器中左后轮液压通道的电磁阀发出占空比控制脉冲，向左后轮施加一个制动力，产生一个沿逆时针方向旋转的力矩使车身向内旋转微小角度，再对两前轮施加制动力，使车速降低并沿图 6-29a 中左下方曲线所示路径行驶，从而保持路径跟踪能力。如不进行调节，则车辆将按图 6-29a 中右上方曲线所示路径行驶将路锥撞倒。

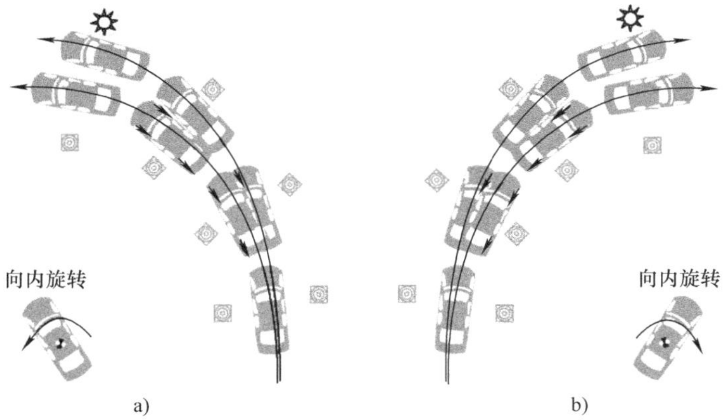

图 6-29　前轮侧滑抑制原理（图中箭头表示制动力）
a）右前轮侧滑的抑制　b）左前轮侧滑的抑制

同理可知，当前轮向左侧滑时，控制过程如图 6-29b 所示。ABS/ASR/VSC ECU 首先向发动机 ECU 发送一个副节气门位置调节步进电动机即将动作使副节气门开度减小的指令，通知发动机 ECU 进气量需要选择主节气门和副节气门中开度较小者进行计算。然后向副节气门位置调节步进电动机发出控制指令，使发动机输出转矩减小来降低车速。与此同时，向控制右后轮液压通道的电磁阀发出占空比控制脉冲，向右后轮施加一个制动力，以便产生一个沿顺时针方向旋转的力矩使车身向内旋转微小角度，再对两前轮施加制动力，使车速降低并沿图 6-29b 中右下方曲线所示路径行驶，从而保持路径跟踪能力。如不进行调节，则车辆将按图 6-29b 中左上方曲线所示路径行驶将路锥撞倒。

(三) 后轮侧滑的控制过程

当后轮向右侧滑时，控制过程如图6-30a所示。ABS/ASR/VSC ECU首先向发动机ECU发送一个副节气门位置调节步进电动机即将动作使副节气门开度减小的指令，通知发动机ECU进气量需要选择主节气门和副节气门中开度较小者进行计算。然后向副节气门位置调节步进电动机发出控制指令，使发动机输出转矩减小来降低车速。与此同时，向制动液压调节器中控制右前轮液压通道的电磁阀发出占空比控制脉冲，向右前轮施加一个制动力，产生一个沿顺时针方向旋转的力矩来使车身向外旋转运动，防止发生甩尾或掉头现象。

同理，当后轮向左侧滑时，控制过程如图6-30b所示。ABS/ASR/VSC ECU首先向发动机ECU发送一个副节气门位置调节步进电动机即将动作使副节气门开度减小的指令，通知发动机ECU进气量需要选择主节气门和副节气门中开度较小者进行计算。然后向副节气门位置调节步进电动机发出控制指令，使发动机输出转矩减小来降低车速。与此同时，向控制左前轮液压通道的电磁阀发出占空比控制脉冲，向左前轮施加一个制动力，产生一个沿逆时针方向旋转的力矩使车身向外旋转运动，防止发生甩尾或掉头现象，从而保证汽车稳定行驶。

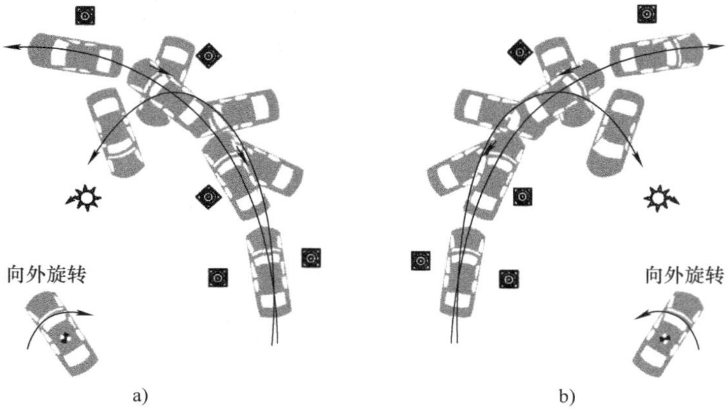

图6-30　后轮侧滑抑制原理（图中箭头表示制动力）
a）右后轮侧滑的抑制　b）左后轮侧滑的抑制

根据丰田汽车公司对三种丰田车型连续5年发生交通事故件数的统计结果表明：装备VSC后，在每10000辆汽车中，由于侧滑导致的事故率降低35%，由于侧滑导致正面冲撞的事故率降低30%。

第六节　汽车安全辅助驾驶技术

近几年来，由于机动车驾驶人疲劳驾驶、不礼让行人、闯红灯、随意接通前照灯等违规驾驶行为导致的道路交通事故时有发生，严重威胁着人们的生命安全。为了提高汽车行驶安全性和保障行人权益，各国汽车公司都开发了汽车全辅助驾驶系统，如行驶车道偏离预警系统、自动紧急制动系统、汽车轮胎压力和温度监测系统、自动刮水系统和前照灯光束自动调节系统等。

一、汽车行驶车道偏离预警系统

汽车行驶车道偏离预警系统（LDWS，Lane Departure Warning System）是一种通过报警来提醒驾驶人，预防汽车偏离行驶车道而发生交通事故的系统。

（一）行驶车道偏离预警系统的功能

LDWS 的功能是：防止车辆偏离行驶车道而引发交通事故。

当汽车在未接通转向灯的情况下偏离行驶车道时，预警系统电控单元（LDWS ECU）能在 0.5s 内，控制安装在转向盘上的微型电动机运行使转向盘振动，并控制仪表盘上的声光报警装置发出报警信号，提醒驾驶人保持在正常行驶车道线内行车；当汽车在接通转向灯的情况下偏离行驶车道时，LDWS ECU 则判定为车辆正常变道行驶，不会采取控制措施，也不会报警。

（二）行驶车道偏离预警系统的组成与控制原理

LDWS 的组成部件包括摄像头（一般安置在车身两侧或车内后视镜位置）、采集车辆状态的传感器（如车速传感器、转向与转角传感器等）、LDWS ECU（包括图像采集单元、中央处理单元、人机交互单元）、执行元件（如微型电动机、声光报警装置等），如图 6-31 所示。

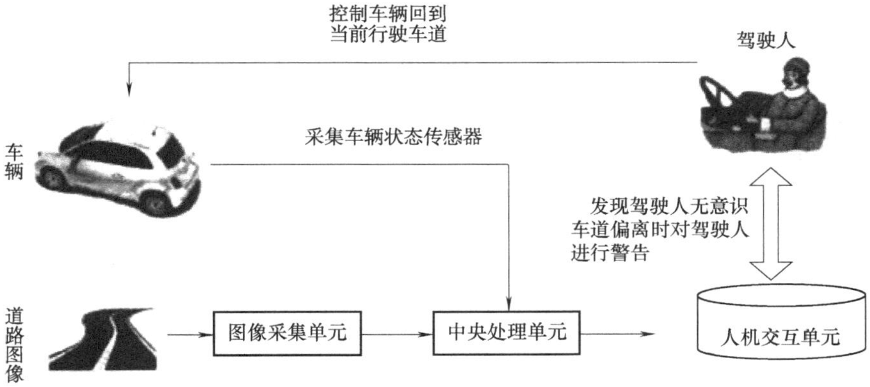

图 6-31 汽车行驶车道偏离预警系统 LDWS 组成与原理

当 LDWS 系统接通电源时，摄像头会随时采集格式道路（行驶车道）的标志线和标识等信息，并输送到 LDWS ECU 的图像处理软件进行图像信号处理，LDWS ECU 根据图像处理结果和车辆状态传感器采集的信号，计算确定汽车当前的位置参数。当位置参数超过设定的阈值时，LDWS ECU 则判定汽车已经或即将偏离行驶车道，并立即向执行元件发出指令，控制转向盘振动和发出声光警报信号，为驾驶人提供更多的反应时间，避免发生交通事故。

二、汽车自动紧急制动系统

汽车自动紧急制动系统（AEB 或 AEBS，Autonomous Emergency Braking System）也是一种主动安全系统。本田公司将其称为碰撞缓解制动系统（CMBS，Collision Mitigation Brake System），沃尔沃公司将其称为碰撞警告与辅助制动系统（CWB，Collision Warning with

Brake Assist）。

（一）自动紧急制动系统的功能

AEB 的功能是在汽车正常行驶过程中，遇到突发危险情况时自动紧急制动减速直至停车，防止发生追尾（碰撞）事故，提高行驶安全性。

（二）自动紧急制动系统的组成与控制原理

AEB 由测距装置、车速传感器、数据分析与处理单元（AEB ECU）、自动紧急制动（辅助驾驶）执行器和报警装置等组成。其中，测距装置一般由微波雷达、激光雷达或视频系统构成，其功用是提供前方车辆、行人或障碍物的实时信息；AEB ECU 的功用是对传感器和测距装置采集的信息进行计算处理，判定本车与前方目标（前车、行人或障碍物）的实际距离和相对车速等；自动紧急制动（辅助驾驶）执行器一般利用原车已有的电子控制制动装置（包括 ABS ECU、ABS 执行机构等）；报警装置一般利用液晶显示屏和语音报警系统发出声光报警信号。

AEB 的控制策略分为安全距离控制和安全速度控制两个方面，控制逻辑如图 6-32 所示，控制过程如下。

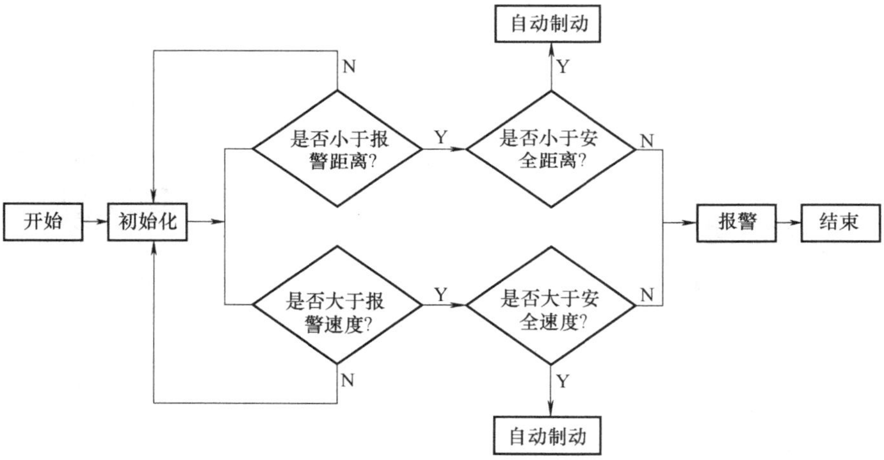

图 6-32　AEB 控制逻辑

汽车在行驶过程中，AEB ECU 首先根据测距装置（雷达或摄像头）和车速传感器检测得到与前方目标（前车、行人或障碍物）之间的距离和相对速度，然后将实际距离和相对速度与预先设定的安全距离和报警速度进行比较判断。当 AEB ECU 判定本车与前方目标的距离正在缩小且逐渐接近安全距离时，或相对速度大于报警速度时，立即向报警装置发出控制指令，驱动报警装置发出声光报警信号，提醒驾驶人已有追尾危险，需要采取必要操作加以避免。

当 AEB ECU 判定本车与前方目标的实际距离小于安全距离，或相对速度高于安全速度时，就会采取自动紧急制动或减速控制措施，立即向 ABS ECU 或发动机 ECU 发出指令，控制 ABS 的执行器增大制动力以使车辆减速直至停车，发动机 ECU 则立即进行断油控制以降低车速直至停车，从而防止发生追尾（碰撞）事故。

国产奥迪轿车已装备自动紧急制动系统，当前方道路上有行人时，该型轿车能自动紧急制动并停止在距离行人约 1 m 的位置。

由上述汽车安全辅助驾驶技术可见，LDWS 和 AEB 都采用了摄像技术或雷达技术，这为汽车无人驾驶技术奠定了基础。应用摄像技术能够自动识别格式道路，为行驶方向的控制奠定基础。应用雷达技术能够测量本车与前方目标（前车、行人或障碍物）的距离，为行车安全控制奠定基础。如果将发动机电子控制系统、底盘电子控制系统、车身电子控制系统和辅助驾驶系统组合，就构成了无人驾驶汽车的控制系统。

综上所述，ABS、EBD、EBA、ASR、VSC 和 AEB 等汽车主动安全系统控制方法的共同特点是：通过调节车轮制动器的制动力来提高制动性能（缩短制动距离、增强转向控制能力和提高行驶稳定性），从而减少交通事故。ASR 和 VSC 在调节车轮制动器制动力的同时，还要调节发动机的输出转矩。虽然 ABS、EBD、EBA、ASR、VSC 和 AEB 都可调节制动力，但其目的各不相同，ABS 是防止车轮制动力大于附着力而抱死滑移，EBD 是增大前、后车轮的制动力，EBA 和 AEB 是增大紧急制动时各个车轮的制动力，ASR 是通过施加制动力来增大总驱动力，VSC 是防止前、后轮发生侧滑。

汽车主动安全电控系统都是以 ABS 的轮速传感器和制动压力调节器为基础进行设计。在学习过程中，首先理解 ABS 的结构原理与控制过程，然后再学习 EBD、EBA、ASR、VSC 和 AEB 等电控系统，能够收到事半功倍的效果。

第七节　汽车安全气囊技术

汽车安全气囊系统的确切名称是辅助防护系统（SRS，Supplemental Restraint System）或辅助防护气囊系统（Supplemental Restraint Air Bag System，英文缩写为 SRS）。因为辅助防护系统的气囊在汽车发生碰撞时能够起到安全防护作用，所以将其称为安全气囊系统。

汽车安全气囊系统 SRS 既是被动安全装置，也是座椅安全带的辅助控制装置，只有在使用安全带的条件下，才能充分发挥保护驾驶人和乘员的作用。研究表明：SRS 与安全带共同使用的保护效果最佳，可使驾驶人和前排乘员的伤亡人数减少 43%～46%。因此，为了充分发挥 SRS 的保护作用，确保汽车驾驶人和乘客的人身安全，在汽车行驶时一定要系好安全带。

一、安全气囊系统的功用

当汽车发生碰撞时，汽车与汽车或汽车与障碍物之间的碰撞，称为一次碰撞。一次碰撞后，汽车速度将急剧减小，减速度急剧增大，驾驶人和乘客就会受到较大惯性力的作用而向前移动，使人体与转向盘、风窗玻璃或仪表台等构件发生碰撞，这种碰撞称为二次碰撞。在车辆事故中，导致驾驶人和乘客遭受伤害的主要是二次碰撞。

汽车碰撞分为正面碰撞和侧面碰撞。当汽车发生正面碰撞时，在惯性力的作用下，驾驶人面部或胸部可能与转向盘和风窗玻璃发生二次碰撞，前排乘客可能与仪表台和风窗玻璃发生二次碰撞，后排乘客可能与前排座椅发生二次碰撞。当汽车遭受侧面碰撞时，驾驶人和乘客可能与车门、车门玻璃或车门立柱发生二次碰撞。车速越高，惯性力就越大，遭受伤害的程度也就越严重。

汽车安全气囊系统 SRS 的功用是：当汽车遭受碰撞导致驾驶人和乘客的惯性力急剧增大时，使气囊迅速膨胀，从而在驾驶人、乘客与车内构件之间铺垫一个气垫，利用气囊排气节流的阻尼作用来吸收人体惯性力产生的动能，从而减轻人体遭受伤害的程度。

正面气囊保护驾驶人和乘客的面部与胸部，如图 6-33 所示，侧面气囊保护驾驶人和乘客的颈部与腰部，护膝气囊（即护膝垫）保护驾驶人和前排乘客的膝部，气帘（即窗帘式气囊）保护驾驶人和乘客的头部。

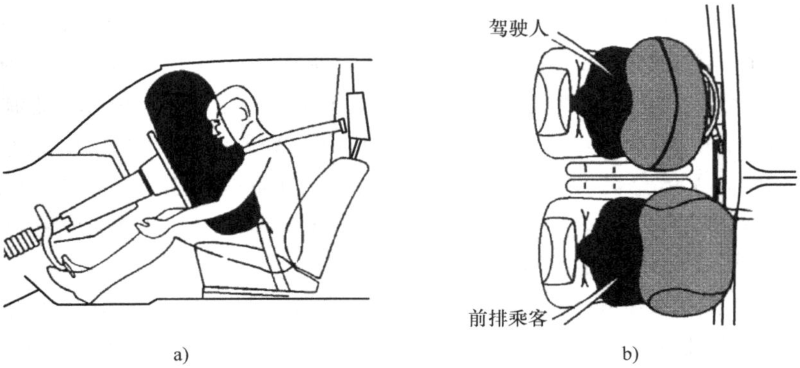

图 6-33 汽车遭受正面碰撞时 SRS 作用
a）驾驶席气囊 b）驾驶席与乘客席气囊

二、安全气囊系统的组成与分类

汽车电子控制式安全气囊系统（SRS）同其他电子控制系统一样，也是由传感器、电控单元 ECU 和执行器组成。

（一）安全气囊系统的组成

SRS 主要由碰撞传感器、安全气囊电控单元（SRS ECU）、气囊组件和 SRS 指示灯四部分组成。驾驶席 SRS 控制部件的安装位置如图 6-34 所示。

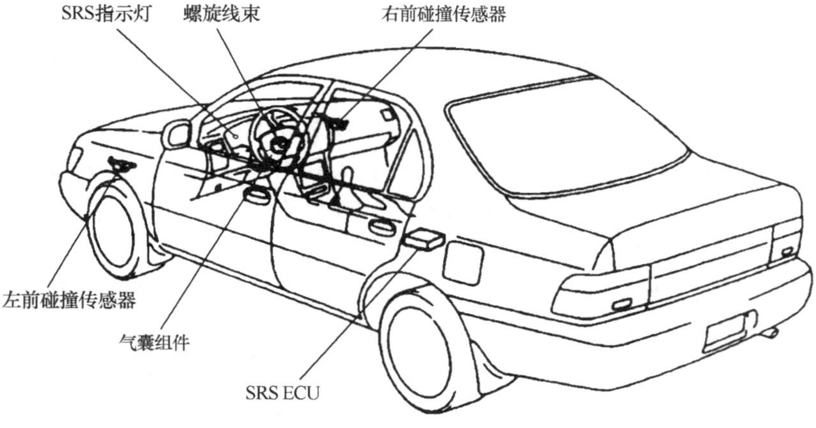

图 6-34 驾驶席 SRS 控制部件安装位置

碰撞传感器实际上是一种减速度传感器，按其安装位置不同，可分为左前碰撞传感器和右前碰撞传感器，分别安装在汽车左前与右前翼子板内侧，两侧前照灯支架下面，发动机散热器（水箱）支架左、右两侧，左右仪表台下面等，其功用是将碰撞信号输入 SRS ECU，以便 SRS ECU 判定是否引爆气囊点火器和安全带收紧系统的点火器。

电控单元（SRS ECU）是安全气囊系统的控制核心，其安装位置依车型而异，一般安装在驾驶席座椅下面、仪表台内部或其他隐蔽位置。SRS ECU 的控制电路由备用电源电路、故障记忆电路、故障诊断与监测电路、点火引爆电路等组成，如图 6-35 所示。

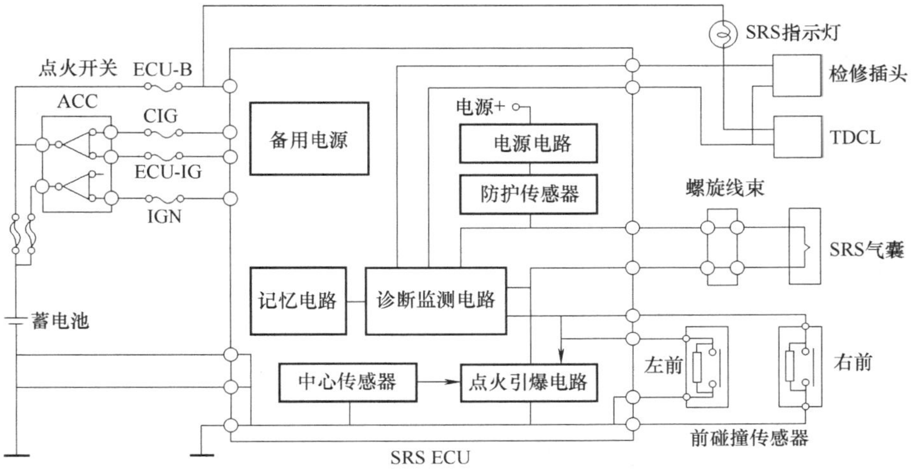

图 6-35 SRS 控制电路框图

在 SRS ECU 内部，安装有一只防护传感器，又称为安全传感器或保险传感器，其功用是控制点火器的电源电路，防止气囊错误引爆。这是因为在检修汽车前照灯或发动机散热器等部件时，可能触碰到前碰撞传感器使其电路（即内部触点）接通，如果不设防护传感器，那么气囊就会被错误引爆充气；设置防护传感器后，即使前碰撞传感器电路被错误接通，但因 SRS ECU 内部的防护传感器未将点火器电源电路接通，所以气囊不会引爆充气。防护传感器起到了安全防护和保险的作用，这也是其名称的由来。

气囊组件和 SRS 指示灯是执行器。按功能不同，气囊组件分为正面（保护面部与胸部）、侧面（保护颈部与腰部）、护膝（保护膝部）和头部气帘（保护头部）四种气囊组件。其中，正面气囊组件分为驾驶席、前排乘员席（副驾驶席）和后排乘员席三种。驾驶席气囊组件安装在转向盘上，副驾驶席气囊组件安装在右侧仪表台上。SRS 指示灯安装在组合仪表板上。

（二）安全气囊系统的分类

当今汽车装备的均为电子控制式安全气囊系统。按 SRS 功能不同，可分为正面 SRS、侧面 SRS、护膝 SRS 和头部（气帘）SRS 四大类。

按气囊数量不同可分为单 SRS、双 SRS 和多 SRS。单 SRS 只装备驾驶席气囊。20 世纪

90年代以前汽车装备的基本上都是单SRS。双SRS装备有驾驶席和前排乘员席两个气囊，目前国内外轿车都已装备双SRS或多SRS。

在同一辆汽车上，无论气囊数量多少，既可集中进行控制，也可独立控制。一般都将正面气囊和护膝气囊用一个SRS ECU进行控制，侧面气囊和头部气帘用一个SRS ECU进行控制。

三、安全气囊系统的控制原理

SRS是一种被动安全防护系统，直接关系到驾驶人和乘员人身安全。因此，必须在汽车发生碰撞瞬间发挥其作用。

（一）安全气囊的控制过程

汽车安全气囊的控制原理如图6-36所示。当汽车遭受前方一定角度范围内的碰撞时，安装在汽车前部和SRS ECU内部的传感器都会检测到突然减速的信号，并将信号输入SRS ECU，以便SRS ECU判断是否引爆气囊充气。

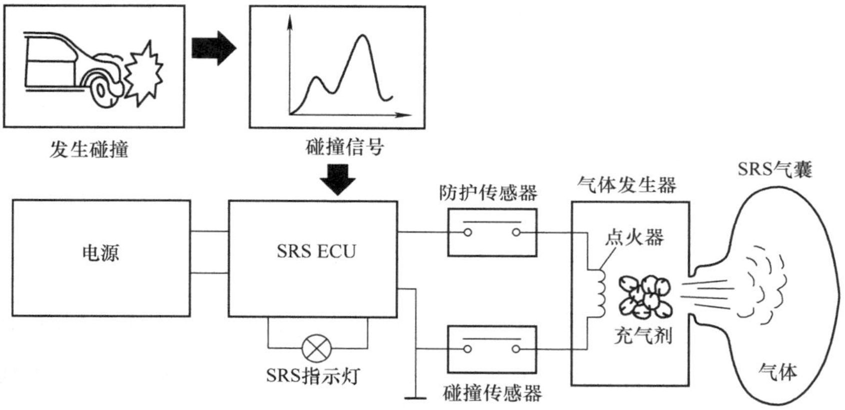

图6-36　安全气囊的控制原理示意图

当汽车遭受碰撞且减速度达到碰撞传感器设定阈值时，SRS ECU发出点火指令，将气囊组件中的点火器（电雷管）电路接通，电雷管引爆使点火剂（引药）受热爆炸（即电热丝通电发热引爆炸药）。当点火剂引爆时，迅速产生大量热量，充气剂（固态叠氮化钠）受热分解并释放出大量氮气（固态叠氮化钠受热300℃时就会分解出氮气）充入气囊，使气囊冲开气囊组件上的装饰盖向驾驶人和乘员方向膨胀，在人体与车内构件之间铺垫一个气垫，驾驶人和乘员面部与胸部压靠在充满气体的气囊上，将人体与车内构件之间的碰撞变为弹性碰撞，通过气囊产生变形和排气节流来吸收人体碰撞产生的动能，从而达到保护人体的目的。

（二）安全气囊的动作时序

根据德国博世公司在奥迪轿车上的试验研究表明：当汽车以车速50km/h与前方障碍物发生碰撞时，安全气囊的动作时序如图6-37所示。

1）发生碰撞约10ms后，气囊达到引爆极限，点火器使点火剂引爆并产生大量热量，使充气剂（固态叠氮化钠）受热分解，驾驶人身体尚未发生移动，如图6-37a所示。

2）发生碰撞约40ms后，气囊完全充满、体积最大，驾驶人身体向前移动，安全带斜系在驾驶人身上并拉紧，部分冲击能量被吸收，如图6-37b所示。

3）发生碰撞约60ms后，驾驶人头部与胸部压向气囊，气囊和气囊上的排气孔在气体和人体压力作用下排气节流吸收人体与气囊之间弹性碰撞产生的动能，如图6-37c所示。

4）发生碰撞约110ms后，大部分气体已从气囊逸出，驾驶人身体回靠到座椅靠背上，汽车前方视野恢复，如图6-37d所示。

5）发生碰撞约120ms后，碰撞危害解除，车速降低至零。

由此可见，气囊从开始充气到完全充满约需30ms。从汽车遭受碰撞开始到气囊收缩为止，所用时间约为120ms，而人们眨一下眼睛所用时间约为200ms。可见，其动作时间极短，动作状态无法用肉眼确认。安全气囊动作过程与经历时间之间的关系见表6-3。

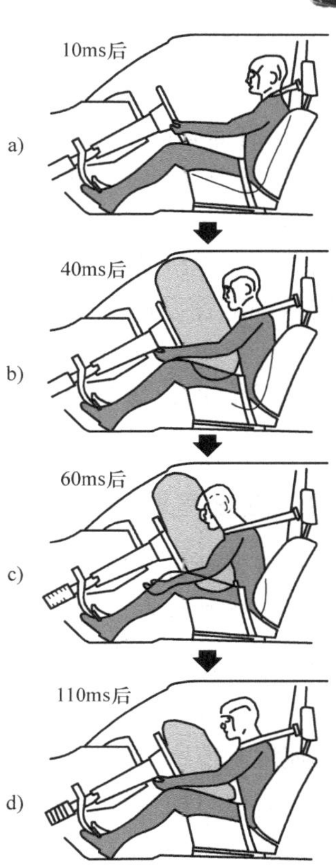

图6-37　安全气囊动作时序

表6-3　安全气囊动作过程与经历时间的关系

碰撞后经历时间	0	10ms	40ms	60ms	110ms	120ms
安全气囊动作状态	遭受碰撞	点火引爆 开始充气	气囊充满 人体前移	排气节流 吸收动能	人体复位 恢复视野	危害解除 车速降零

（三）安全气囊的有效范围

汽车SRS并非在所有碰撞情况下都能起作用。正面SRS只有在汽车正前方±30°角（图6-38）范围内发生碰撞、纵向减速度达到碰撞传感器设定阈值时，才能引爆气囊充气。在下列情况下，正面气囊不会引爆充气。

1）汽车遭受侧面碰撞超过正前方±30°角时（此时侧面气囊将引爆充气）。

2）汽车遭受横向碰撞时（此时侧面气囊将引爆充气）。

3）汽车遭受后方碰撞时。

4）汽车发生绕纵向轴线侧翻时（此时

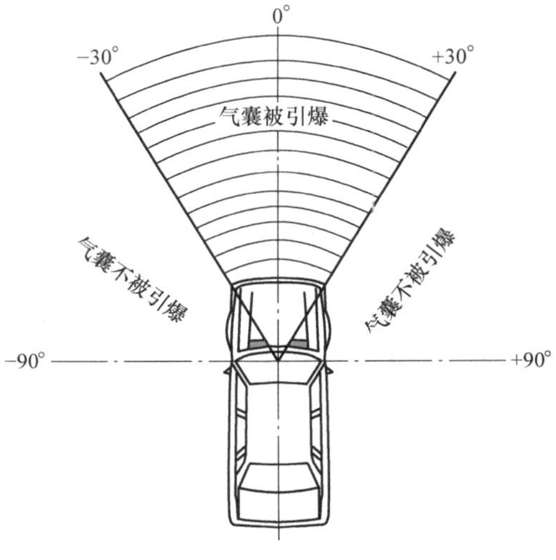

图6-38　正面碰撞SRS的有效范围

侧面气囊将引爆充气)。

5) 纵向减速度未达到设定阈值时。

6) 所有前碰撞传感器都未接通或 SRS ECU 内部的防护传感器未接通时。

7) 汽车正常行驶、正常制动或在路面不平的道路条件下行驶时。

减速度阈值根据 SRS 的性能进行设定。不同车型装备 SRS 的减速度阈值各不相同。在美国，SRS 是按驾驶人不系座椅安全带进行设计，气囊体积大、充气时间长，所以气囊应在较低的减速度阈值时引爆充气（一般在车速为 25km/h 以上发生碰撞时，气囊就应引爆充气)。在亚洲和欧洲，SRS 是按驾驶人系上座椅安全带进行设计，气囊体积小、充气时间短，所以减速度阈值较大（一般在车速为 35km/h 以上发生碰撞时，气囊才引爆充气)。

四、安全气囊系统的结构原理

同汽车发动机燃油喷射系统相比，SRS 控制部件的结构原理要简单得多。下面以典型部件为例介绍其结构特点与工作原理。

（一）传感器的结构原理

SRS 设有碰撞传感器和防护传感器，两种传感器的结构原理完全相同，唯一区别在于设定的减速度阈值有所不同。换句话说，一只传感器既可用作碰撞传感器，也可用作防护传感器，但是必须重新设定其减速度阈值。设定减速度阈值的原则是：防护传感器的减速度阈值比碰撞传感器的减速度阈值稍小。在欧洲的汽车上，当汽车以 35km/h 左右的速度撞到一辆静止的汽车上或以 25km/h 左右的速度迎面撞到一个不可变形的刚性障碍物时，减速度就会达到碰撞传感器设定的阈值，传感器就会动作。

按结构不同，碰撞传感器和防护传感器都可分为机电结合式、水银开关式和电子式碰撞传感器三种类型。机电结合式碰撞传感器是一种利用机械机构运动（滚动或转动)，使电器触点闭合（或断开）来接通（或切断）气囊点火器电路的装置，常用的有滚球式、滚轴式和偏心锤式三种。水银开关式碰撞传感器是一种利用水银的良好导电特性，将气囊点火器电路直接接通或切断的装置。电子式碰撞传感器是一种将碰撞作用力转换为电信号，使电子电路导通（或截止）来接通（或切断）气囊点火器电路的装置。下面介绍滚球式碰撞传感器。

1. 滚球式碰撞传感器的结构特点

滚球式碰撞传感器又称为偏压磁铁式碰撞传感器，结构如图 6-39 所示，主要由铁质滚球、永久磁铁、导缸、固定触点和壳体等组成。两个触点分别与传感器引线端子连接。滚球用来测量减速度大小，可在导缸内移动或滚动。壳体上印制有箭头标记，箭头方向与传感器结构有关，有的规定指向汽车前方（如雷克萨斯 LS400 型轿车)，有的规定指向汽车后方。因此在安装传感器时，箭头方向必须符合使用说明书规定。

2. 滚球式碰撞传感器的工作原理

滚球式碰撞传感器工作原理如图 6-40 所示。当传感器处于静止状态时，在永久磁铁磁力作用下，导缸内的滚球被吸向磁铁，两个触点与滚球分离，如图 6-40a 所示，传感器电路处于断开状态。

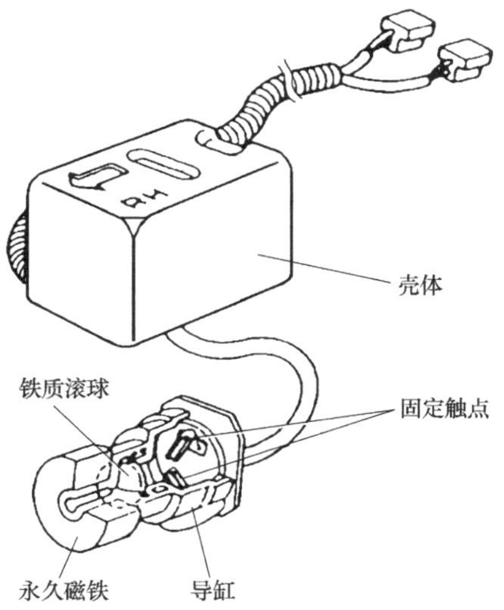

图 6-39　滚球式碰撞传感器

当汽车遭受碰撞且减速度达到碰撞传感器设定阈值时，滚球产生的惯性力将大于永久磁铁的电磁吸力。在惯性力的作用下，滚球就会克服磁力沿导缸向两个固定触点运动并将固定触点接通，如图 6-40b 所示。当传感器用作碰撞传感器时，固定触点接通则将碰撞信号输入 SRS ECU；当传感器用作防护传感器时，则将点火器电源电路接通。

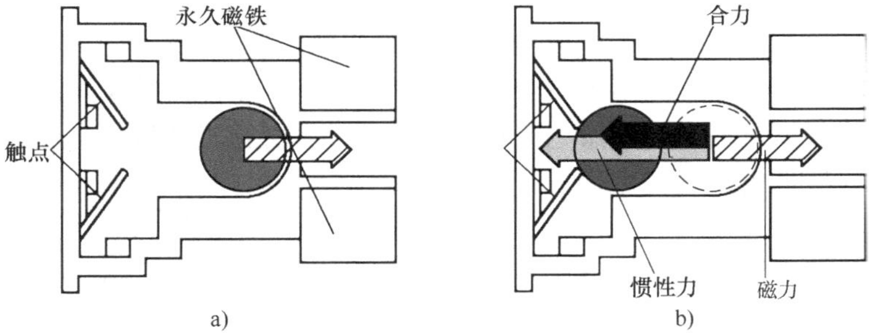

图 6-40　滚球式碰撞传感器工作原理

a）静止状态　b）工作状态

（二）电控单元 SRS ECU 的结构特点

不同车型 SRS ECU 的结构各有不同，福特林肯城市轿车 SRS ECU 的内部结构如图 6-41 所示，主要由专用 CPU、备用电源电路、稳压保护电路、信号处理电路等组成。

1）专用 CPU。专用中央处理器由模/数（Analog/Digital，A/D）转换器、数/模（D/A）转换器、串行输入/输出（Input/Out，I/O）接口、只读存储器、随机存储器、电可擦除可编程只读存储器（Electric Erasable Programmable ROM，EEPROM）和定时器等组成，其主要功用是监测汽车纵向和横向减速度是否达到设定阈值。

2）信号处理电路。信号处理电路主要由放大器和滤波电路组成，其功用是对传感器检测的信号进行整形滤波处理，以便 SRS ECU 能够接收与识别。

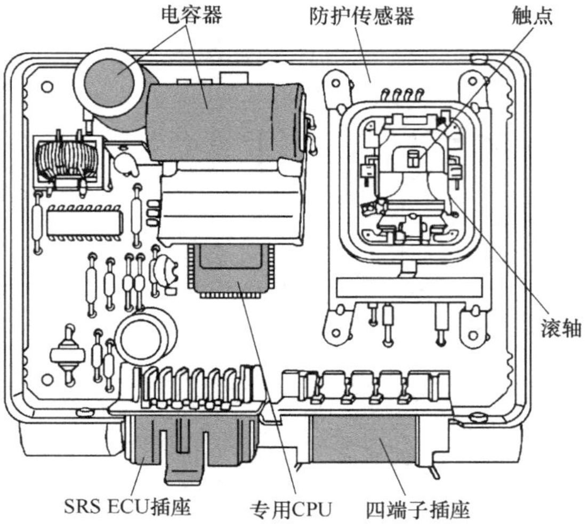

图 6-41　林肯城市轿车 SRS ECU 的内部结构

3）备用电源电路。SRS 有两个电源：一个是汽车电源（蓄电池和交流发电机）；另一个是备用电源。备用电源又称为后备电源或紧急备用电源，由电源控制电路和若干个电容器组成，其功用是当汽车电源与 SRS ECU 之间的电路被切断后，在一定时间（一般为6s）内维持 SRS 供电，保持 SRS 的正常功能。当汽车遭受碰撞导致蓄电池和交流发电机与 SRS ECU 之间的电路断路时，备用电源能在6s 之内持续供电，保证 SRS ECU 测出碰撞和发出点火指令，并供给点火器足够的点火能量引爆点火剂，使气囊充气膨开。

4）稳压保护电路。在汽车电器系统中，许多电器部件带有电感线圈，电器开关琳琅满目，电器负载变化频繁。当电感线圈电流接通或切断、开关接通或断开或负载电流突然变化时，都会产生瞬时脉冲电压（过电压），如果这些瞬时脉冲电压加到 SRS 电路上，系统中的电子元件就可能因电压过高而损坏。为了防止 SRS 元件遭受损害，SRS ECU 中必须设置保护电路。同时，为了保证汽车电源电压变化时 SRS 能正常工作，在 SRS ECU 中还必须设置稳压电路。

（三）气囊组件的结构原理

气囊组件由气囊、点火器和气体发生器等组成，原理也相同，仅外形尺寸和形状不同。下面以驾驶席气囊组件为例说明。

驾驶席气囊组件的结构如图 6-42 所示，主要由气囊、饰盖、气体发生器和安装在气体发生器内部的点火器组成。

1）气囊。气囊一般采用聚酰胺织物（如尼龙）制成，内层涂有聚氯丁二烯，用以密闭气体。早期气囊的背面制作有 2 ~4 个通气小孔，用以排气节流、吸收动能，目前气囊普遍采用透气性较好的织物制作，因此没有制作通气孔。

气囊在静止状态时，像降落伞未打开时一样折叠成包，安放在气体发生器上部与气囊饰盖之间。气囊开口一侧固定在气囊安装支架上，将其先用金属垫圈与气囊支架座圈夹紧，然后用铆钉铆接。气囊饰盖表面模压有撕印（撕缝），以便气囊充气时撕裂饰盖，减小冲出饰盖的阻力。驾驶席气囊充满氮气时的体积为 35L 左右。

2）气体发生器。气体发生器又称为充气器，将其用专用螺栓与螺母固定在转向盘上的气囊支架上，其结构如图6-43所示，由气体发生器盖、金属滤网、充气剂、点火器和引药组成，其功用是在点火器引爆引药时，产生气体向气囊充气，使气囊膨开。

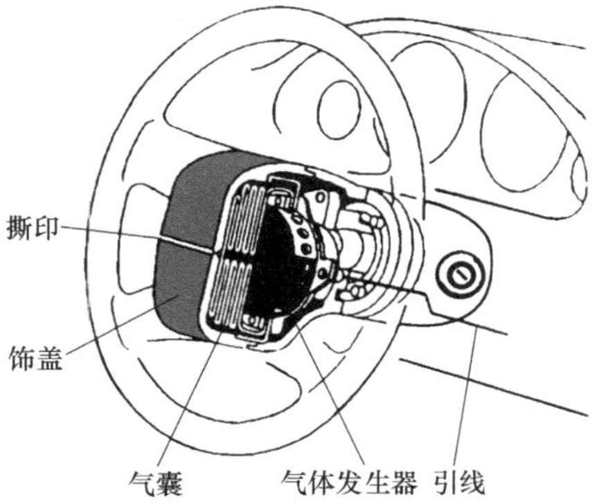

图6-42 驾驶席气囊组件的结构

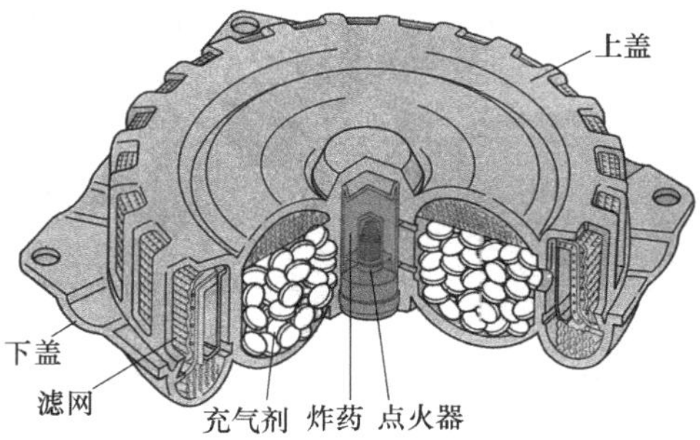

图6-43 气体发生器的结构

气体发生器壳体由上盖和下盖两部分组成。上盖上制有若干个长方形或圆形充气孔。下盖上制有安装孔，以便将气体发生器安装到转向盘上的气囊支架上。上盖与下盖用冷压工艺压装成一体，壳体内装充气剂、金属滤网和点火器。金属滤网安放在气体发生器壳体的内表面，用以过滤充气剂和点火剂燃烧产生的渣粒。

充气剂普遍采用叠氮化钠片状合剂。叠氮化钠的分子式为NaN_3，是无色六方形晶体，有剧毒，密度为$1.846g/cm^3$，在温度约300℃时分解并放出氮气。叠氮化钠可由氨基钠与一氧化二氮作用制得。大多数气体发生器都是利用热效反应产生氮气而充入气囊。在点火器引爆引药（点火剂）瞬间，点火剂会产生大量的热量，固态叠氮化钠受热立即分解并释放氮气，从充气孔充入气囊。虽然氮气是无毒气体，但是叠氮化钠反应后的副产品中有少量的氢氧化钠和碳酸氢钠（白色粉末）。这些物质是有害的，因此，在清洁气囊膨开后的车内空间时，应保证通风良好并采取防护措施。将充气剂制作成片状合剂的目的是便于填装到气体发生器壳体内部。

3）点火器。气囊点火器外包铝箔，安装在气体发生器内部中央位置，其结构如图6-44所示，主要由药筒、引药、电热丝、电极和引出导线等组成。点火器的功用是：当SRS ECU发出点火指令而使电热丝电路接通时，电热丝迅速红热，引药瞬间爆炸产生热量，药筒内温度和压力急剧升高并冲破药筒，使充气剂（叠氮化钠）受热分解、释放氮气并充入气囊。

点火器的所有部件均装在药筒内。点火剂包括引爆炸药和引药。引出导线与气囊连接器插头连接，连接器（一般都为黄色）中设有短路片（铜质弹簧片）。当连接器插头拔下或插头与插座未完全结合时，短路片将两根引线短接，防止静电或误通电将电热丝电路接通使点火剂引爆而造成气囊误膨开。

（四）SRS指示灯的结构特点

SRS指示灯又称为SRS警告灯，安装在驾驶室仪表板面膜下面，并在面膜表面相应位置制作有气囊动作图形或字母“SRS”“AIR BAG”“SRS AIR BAG”等指示。

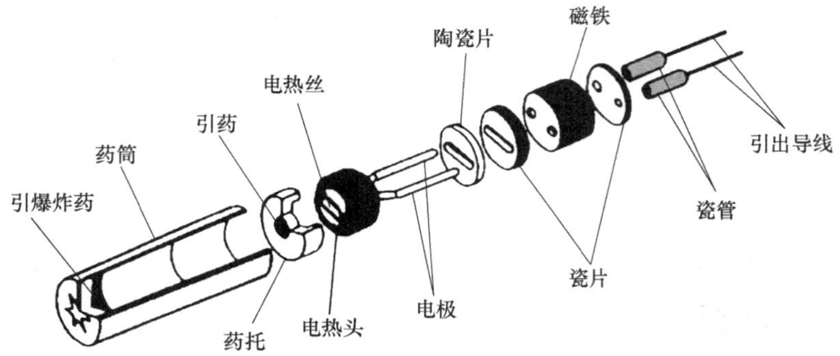

图 6-44　气囊点火器的结构组成

SRS 指示灯的功用是：指示安全气囊系统功能是否正常。将点火开关拨到“ON”或“ACC”位置后，如果指示灯发亮或闪亮，约 6s 后自动熄灭表示 SRS 正常。如果指示灯不亮、一直发亮或在汽车行驶途中突然发亮或闪亮，说明自诊断测试系统发现故障，应及时排除。自诊断系统在控制 SRS 指示灯发亮或闪亮的同时，还会将所发现的故障编成代码存储在 RAM 中。

五、安全气囊系统的保险机构

安全气囊系统工作可靠与否，直接关系到人身安全。为了便于检查排除故障，安全气囊系统的线束和连接器与其他电器系统都有区别。早期曾采用深蓝色，目前大都采用黄色，欧洲汽车有的采用橘红色（如奔驰轿车）。为了保证安全气囊系统的可靠性，其连接器采用了导电性、耐久性良好的镀金接线端子，并设计有防止气囊误爆机构、电路连接诊断机构、连接器双重锁定机构和端子双重锁定机构等保险装置。天津丰田花冠（COROLLA）轿车 SRS 连接器位置如图 6-45 所示，连接器采用的保险机构如表 6-4 所示。下面介绍设计巧妙、功能独特的防止气囊误爆机构和电路连接诊断机构。

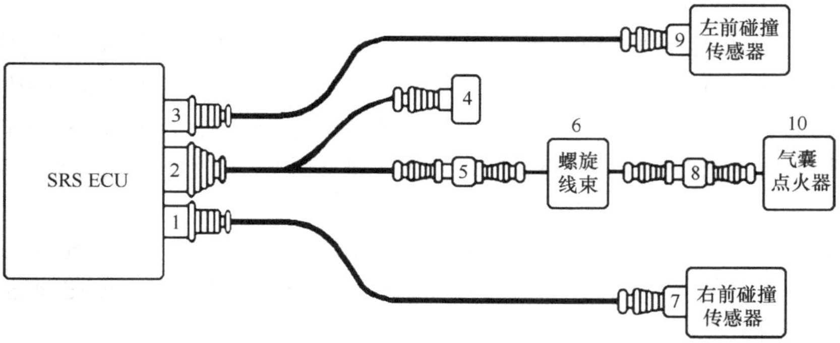

图 6-45　丰田花冠轿车 SRS 线束连接器位置示意图

1、2、3—SRS ECU 连接器　4—SRS 电源连接器　5—螺旋线束与 SRS ECU 间的中间线束连接器
6—螺旋线束　7—右前碰撞传感器连接器　8—气囊点火器与螺旋线束间连接器
9—左前碰撞传感器连接器　10—气囊点火器

表 6-4　丰田花冠轿车连接器采用的保险机构

序号	保险机构名称	采用该装置的连接器代号
1	防止气囊误爆机构	2、5、8
2	电路连接诊断机构	1、3、7、9
3	连接器双重锁定机构	5、8
4	接线端子双重锁定机构	1、2、3、4、5、7、8、9

（一）防止气囊误爆机构

防止气囊误爆机构为一块铜质弹簧片（称为短路片），其功用是：当连接器拔开（插头拔下或插头与插座未完全结合）时，短路片（弹簧片）自动将靠近气囊点火器一侧插座上的两个引线端子短接，如图 6-46 所示，防止静电或误通电将点火器电路接通而造成气囊误膨开。图 6-45 所示的 SRS ECU 至气囊点火器之间的连接器 2、5、8 均采用了防止气囊误爆机构。

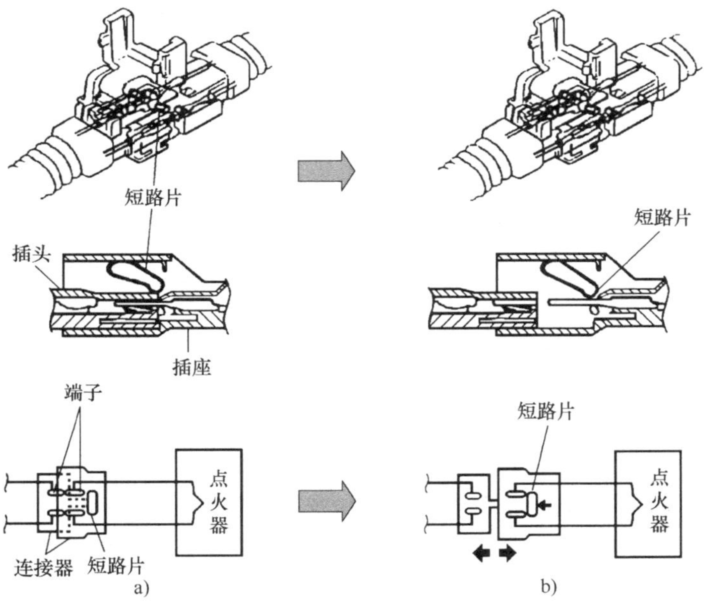

图 6-46　防止气囊误爆机构的结构原理

a）连接器正常连接时，短路片与端子脱开　b）连接器拔开时，短路片与端子短接

短路片一般设在连接器插座上，当插头与插座正常连接时，插头的绝缘壳体将短路片向上顶起，如图 6-46a 所示，短路片与连接器端子脱开，插头引线端子与插座引线端子接触良好，点火器电热丝电路处于正常连接状态。

当插头与插座脱开时，短路片将气囊点火器一侧插座上的引线端子短接，使点火器电热丝与短路片构成回路，如图 6-46b 所示，此时即使将电源加到点火器一侧连接器插座上，由于电源被短路片短路，点火器也不会引爆气囊，从而达到防止气囊误爆的目的。

（二）电路连接诊断机构

电路连接诊断机构的功用是监测连接器插头与插座是否可靠连接，其结构如图 6-47 所示。图 6-45 所示的左、右前碰撞传感器连接器及其与 SRS ECU 连接的连接器 1、3、7、9 均采用了电路连接诊断机构。

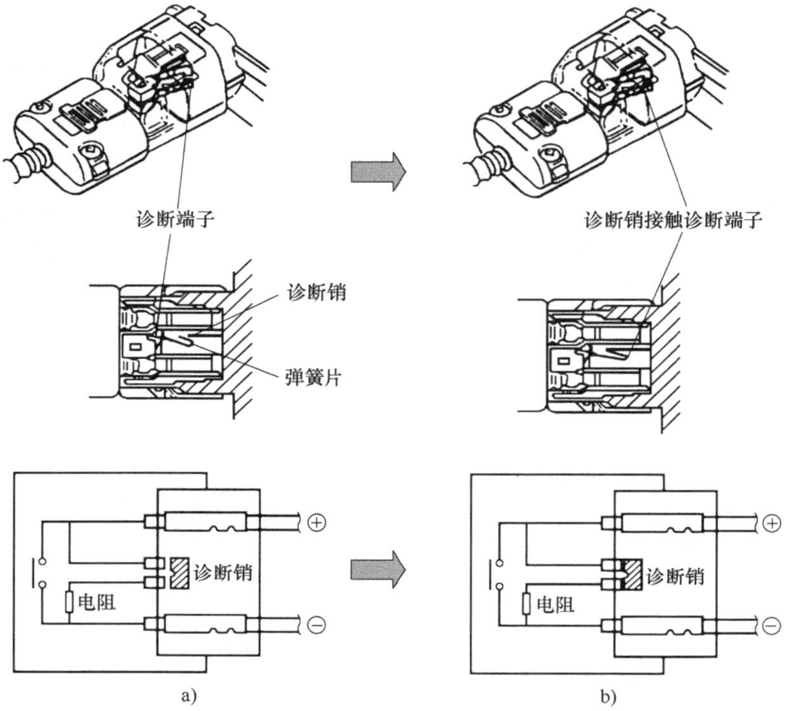

图 6-47　电路连接诊断机构的结构原理

a）半连接时　b）可靠连接时

在连接器插头（或插座）上设有一个诊断销。在连接器插座上设有两个诊断端子，端子上设有弹簧片，其中，一个诊断端子与碰撞传感器的某一个触点相连，另一个诊断端子经过一个电阻（电阻值一般为 1kΩ，丰田车系电阻值一般为 755 ~ 885Ω）后与碰撞传感器的另一个触点相连。

当传感器插头与插座半连接（未可靠连接）时，诊断端子与诊断销尚未接触，如图 6-47a 所示，此时电阻尚未与传感器触点构成并联电路，连接器引线“ + ”与“ - ”之间的电阻为无穷大。因为“ + ”“ - ”引线与 SRS ECU 连接器 1 或 3（见图 6-45）的插头连接，所以当 SRS ECU 监测到碰撞传感器的电阻为无穷大时，即判定连接器连接不可靠，SRS ECU 就会控制 SRS 指示灯闪亮报警，同时将故障编成代码存储在存储器中。

当传感器插头与插座可靠连接时，诊断端子与诊断销可靠接触，如图 6-47b 所示，此时电阻与碰撞传感器触点构成并联电路。因为碰撞传感器触点为常开触点，所以当 SRS ECU 检测到传感器电路阻值为并联电阻阻值（一般为 1kΩ，丰田车系为 755 ~ 885Ω）时，即判定连接器可靠连接，传感器电路连接正常。

第八节 汽车安全带收紧技术

汽车座椅安全带紧急收缩触发系统（SRTS，Seat – Belt Emergency Retracting Triggering System）简称为安全带收紧系统或安全带预紧系统。为了充分发挥安全带的保护作用，确保汽车驾驶人和乘员的人身安全，国产轿车大都装备有安全带收紧系统。

汽车安全带收紧系统的功用是：当汽车遭受碰撞时，在气囊膨开之前迅速收紧安全带，缩短驾驶人和乘员身体向前移动的距离，避免或减轻人体遭受伤害。

一、安全带收紧系统的结构原理

汽车安全带收紧系统是在安全气囊系统的基础上，由增设的防护传感器和座椅安全带收紧器构成。其检测碰撞的传感器和电控单元一般都与安全气囊系统公用，仍称为安全气囊电控单元（SRS ECU）。防护传感器也设在 SRS ECU 内部，用于接通安全带收紧器电源电路。

安全带收紧器是汽车安全带收紧系统的执行器，又称为安全带紧急收缩器，安装在座椅靠近左、右车身的两侧或左、右车门立柱旁边。按结构不同，安全带收紧器分为活塞式和钢珠式两种类型。

（一）活塞式安全带收紧器

活塞式安全带收紧器由导管（又称气缸）、活塞、钢丝绳、气体发生器、安全带收缩棘轮机构和安全带伸缩卷筒等组成，如图 6-48 所示。活塞外径约为 20mm，安装在导管（气缸）内。活塞上焊接有一根钢丝绳，钢丝绳的另一端固定在安全带收缩棘轮机构的一个棘爪上（图 6-48 中未画出）。

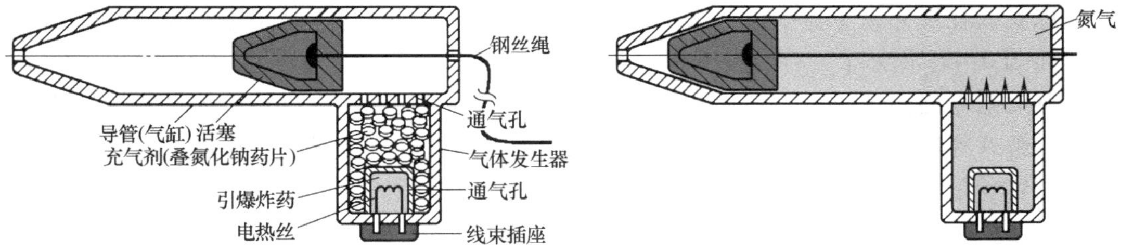

图 6-48 安全带收紧器的结构原理

a）引爆前状态 b）引爆后状态

气体发生器和点火器的结构原理与安全气囊系统的气体发生器和点火器基本相同，有所不同的是体积很小，因此充气剂的用量很小。

安全带收缩棘轮机构设在安全带伸缩卷筒的一端，由三个棘爪、一个外齿圈和螺旋弹簧组成。外齿圈固定在安全带伸缩卷筒的转轴上，可与转轴一同转动，棘爪安放在外齿圈周围的圆形固定架内。当钢丝绳不动时，棘爪在螺旋弹簧作用下处于松弛状态，外齿圈可随安全带伸缩卷筒沿顺时针或逆时针方向转动；当拉动钢丝绳时，拉力力矩克服时螺旋弹簧弹力力矩使棘爪抱紧在外齿圈上，并带动安全带伸缩卷筒转动，从而使安全带收紧。

当点火器电路接通时，电热丝通电红热引爆引药，引药爆炸燃烧释放大量热量，使充气剂受热分解并释放出大量无毒氮气充入收紧器导管（气缸）。活塞在膨胀气体的推力作用下带动钢丝绳迅速前移，如图6-48b所示。与此同时，钢丝绳通过安全带收缩棘轮机构带动安全带卷筒转动将安全带收紧，使驾驶人和乘员身体向前移动的距离缩短，避免或减轻面部、胸部与转向盘、挡风玻璃或仪表台发生碰撞而遭受伤害。

（二）钢珠式安全带收紧器

大众轿车采用的钢珠式安全带收紧器的结构如图6-49所示，主要由气体发生器、钢珠及其回收盒、带齿转子和安全带（伸缩）卷筒组成。

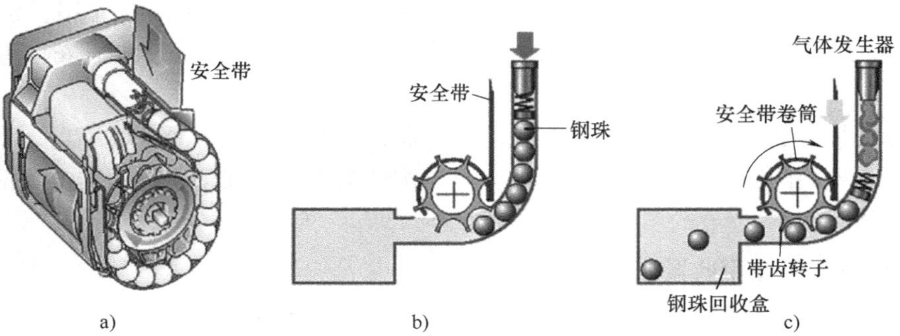

图6-49　大众轿车用钢珠式安全带收紧器的结构原理

a）内部结构　b）引爆前钢珠沿滚道安放　c）引爆后转子带动卷筒转动收紧安全带

气体发生器和点火器与上述活塞式安全带收紧器基本相同。点火器安放在气体发生器内部，钢珠安放在气体发生器前面的滚道内，如图6-49b所示。带齿转子固定在安全带卷筒的一端，如图6-49a所示。

当点火器电路接通时，电热丝通电红热引爆引药，引药爆炸燃烧释放大量热量，使充气剂受热分解并释放出大量氮气冲击钢球。滚道内钢珠在氮气气流推力的作用下连续射向带齿转子，使转子带动卷筒转动将安全带收紧，如图6-49c所示。

二、安全带收紧系统的控制过程

汽车安全带收紧系统的控制过程与安全气囊系统相似。

（一）安全带收紧的控制过程

当汽车遭受碰撞且减速度达到碰撞传感器设定阈值时，SRS ECU立即发出点火指令，点火器电路接通引爆点火剂（即电热丝通电引爆引药）。当点火剂引爆时，迅速产生大量热量使充气剂受热分解并释放出大量氮气，安全带收紧器的活塞或钢珠在气流推力下迅速移动，从而使安全带收紧。在碰撞发生后约10 ms内，将安全带收紧15～20 cm，缩短驾驶人和前排乘员身体向前移动的距离，避免或减轻面部、胸部与转向盘、前风窗玻璃或仪表台发生碰撞而遭受伤害，如图6-50所示。

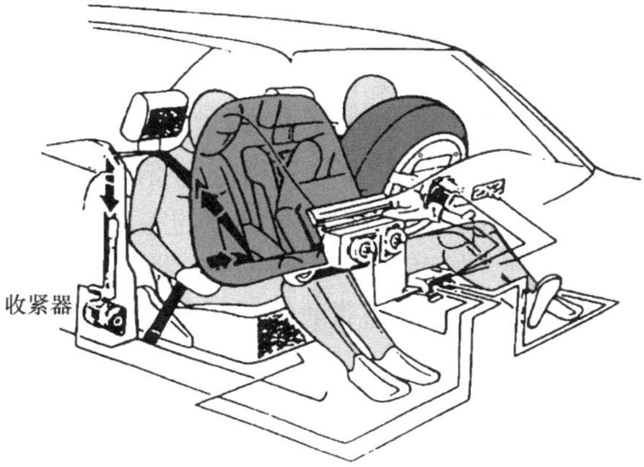

图 6-50　安全带与气囊的动作情况

（二）安全带收紧与气囊膨胀的关系

在安全气囊电控单元（SRS ECU）向安全带收紧点火器发出点火指令的同时，还要向气囊点火器发出点火指令，使气囊膨胀吸收碰撞产生的动能，达到保护驾驶人和乘员的目的。因为气囊在发生碰撞后约 40ms 才能完全充气到最大体积，所以在座椅安全带收紧后，驾驶席和乘员席各种气囊（包括正面、侧面、后排、护膝以及气帘等气囊）才会同时充气膨胀。

由此可见，安全带收紧与气囊膨胀的关系是安全带先收紧、气囊后充满，从而充分发挥安全带的作用，尽可能地达到保护驾驶人和乘员的目的。

三、安全气囊与安全带收紧系统的检查

汽车安全气囊系统和安全带收紧系统的检查与其他电子控制系统有所不同，如果在检查过程中操作程序和方法不当，就可能导致气囊意外膨开或安全带收紧器误动作，不仅带来经济损失，而且可能造成严重事故，后果不堪设想。此外，在检查安全气囊系统时，如果操作方法不当，可能在需要保护时安全气囊系统不起作用。因此，在检查安全气囊系统之前，首先应当仔细阅读制造厂家提供的维修手册，同时应注意以下几点：

1）充分利用故障自诊断系统获得故障信息。安全气囊系统的故障很难确认，自诊断系统保留在存储器中的故障码是排除故障的重要信息来源。因此，在检查排除故障时，必须在拆下蓄电池负极电缆端子之前读取故障码。

2）检查必须在整车电路断电的情况下进行，断电之前必须做好有关准备工作。按照使用要求，检查工作务必在点火开关转到锁止（LOCK）位置，并将蓄电池负极电缆端子拆下 20s 或更长时间之后才能开始。这是因为 SRS 装备有备用电源，如果检查工作在拆下蓄电池负极电缆端子 20s 以内开始进行，由于气囊系统有备用电源供电，检查中就可能导致气囊误膨开。此外，部分汽车的音响和防盗等系统设有密码，汽车上的时钟、电动座椅的前、后、高、低和靠背倾斜等位置参数、车外电控后视镜的偏转角度等参数均存储在 RAM 中，当蓄电池负极电缆端子拆下之后，存储的内容将会丢失。所以在检查工作开始之前，应通知汽车用户将有关存储内容记录下来，避免密码或参数丢失带来不必要的麻烦。待检查工作结束之后，再重新进行设定。绝不允许在检查时使用车外电源来避免各系统存储内容丢失，以免导

致气囊误膨开。

3）检查时，即使只发生了轻微碰撞而气囊并未膨开，也应对前碰撞传感器、驾驶席气囊组件、乘员席气囊组件、座椅安全带收紧器进行检查。

4）安全气囊系统对零部件的工作可靠性要求极高，所有零部件均为一次性使用部件，绝不允许将碰撞传感器、气囊组件、SRS ECU、座椅安全带收紧器等部件重复使用。如须更换零部件，则应使用新品，不允许使用不同型号车辆上的零部件。

5）在检修汽车其他零部件时，如有可能对碰撞传感器产生冲击，则应在检修工作开始之前，先将碰撞传感器拆下，以防碰撞传感器动作而导致气囊误膨开。

6）在安全气囊系统中，如有水银开关式传感器，由于水银蒸气有剧毒，传感器更换之后，换下的旧传感器不能随意毁掉，应作为有害废物处理。当车辆报废或更换装有水银开关式传感器的 SRS ECU 时，应拆下该传感器并作为有害废物处理。

7）当前碰撞传感器、SRS ECU 或气囊组件摔碰之后或其壳体、支架、连接器有裂纹、凹陷时，应予更换新品。

8）前碰撞传感器、SRS ECU 或气囊组件不得暴晒或接近火源。

9）绝对不能检测点火器的电阻值，否则可能引爆气囊。检测安全气囊系统其他零部件或线路的电阻值时，必须使用数字式万用表（其阻抗应大于 10k Ω/V），并确认在电阻档的最小量程时，其输出电流不得超过 10 mA。如果输出电流超过 10 mA，就有可能引爆气囊。如果使用指针式万用表，由于其阻抗小，表内电源电压加到气囊点火器上就可能引爆气囊。

10）在安全气囊系统各个总成或零部件的表面，均标有说明标牌或注意事项，使用和检查时必须照章行事。

11）当安全气囊系统的检查工作完成之后，必须对 SRS 指示灯进行检查。当点火开关转到接通（ON）或辅助（ACC）位置时，SRS 指示灯亮 6 s 左右后自动熄灭，说明安全气囊系统正常。

12）拆卸或搬运气囊组件时，气囊装饰盖带有撕缝一面应当朝上。不得将气囊组件重叠堆放，以防万一气囊误膨开而造成事故。

13）气囊组件应当存放在远离电场干扰的地方。当用电焊机修理汽车车身时，应在进行电焊作业之前将气囊组件与螺旋线束之间的连接器拔开。

本章小结

本章主要介绍了汽车防抱死制动、制动力分配、制动辅助、驱动轮防滑转调节、车身稳定性控制、安全辅助驾驶、安全气囊和安全带收紧控制系统的功用、分类、结构组成、控制原理与控制过程等内容。重点内容如下：

1. 防抱死制动的基本原理与控制原理。
2. 防抱死制动系统的组成与分类。
3. 防抱死制动电子控制系统的结构组成与工作原理。
4. 两位两通电磁阀式 ABS 的控制过程。
5. 制动力分配与制动辅助系统的组成与控制原理。
6. 驱动轮防滑转的基本原理、调节方法与控制方式。
7. 车身稳定性控制系统的组成、控制原理与控制过程。

8. 安全辅助驾驶系统的功能、组成与控制原理。
9. 安全气囊和安全带收紧系统的功能、结构组成、控制原理与控制过程。

思考题

一、单选题

1. 当车轮速度（即车轮瞬时圆周速度）等于0时，车轮滑移率等于（　　）。
A. 0　B. 20%　C. 50%　D. 100%

2. 在汽车制动过程中，车轮抱死滑移的根本原因是车轮制动器的制动力大于（　　）。
A. 牵引力　B. 附着力　C. 摩擦力　D. 法向力。

3. 试验证明，纵向附着系数和横向附着系数最大的路面是（　　）。
A. 水泥路面　B. 沥青路面　C. 雪路面　D. 冰路面

4. 为了获得最佳的制动效能，防抱死制动系统应将车轮滑移率控制在（　　）。
A. 1%~10%　B. 10%~30%　C. 30%~60%　D. 60%~100%

5. 在大众 MK20－Ⅰ型电控防抱死制动系统的液压控制单元中，电磁阀设有（　　）。
A. 2 只　B. 4 只　C. 8 只　D. 10 只

6. 在大众 MK20－Ⅰ型电控防抱死制动系统 ABS 中，轮速传感器设有（　　）。
A. 2 只　B. 4 只　C. 8 只　D. 10 只

7. 汽车电子控制防抱死制动系统（ABS）制动压力的调节频率一般为（　　）。
A. 80~120 次/s　B. 20~50 次/s　C. 2~10 次/s　D. 1~2 次/s

8. 在防抱死制动系统自检过程中，ABS 指示灯将发亮约几秒钟后自动熄灭（　　）。
A. 120s　B. 60s　C. 10s　D. 2s

9. 电子控制防抱死制动系统（ABS）允许的最低工作电压值是（　　）。
A. 6V　B. 10.5V　C. 12V　D. 14V

10. 当 ABS 进行“升压”控制时，阀门处于间歇打开与关闭状态的电磁阀是（　　）。
A. 进液阀　B. 出液阀　C. 止回阀　D. 单向阀

11. 在 ABS 基础上不增加硬件，只增设软件程序就能实现的控制功能是（　　）。
A. 防滑转控制　B. 制动辅助　C. 制动力分配　D. 车身稳定性

12. 电子控制制动辅助系统 EBA 控制的实质是自动增大紧急制动时的（　　）。
A. 制动力　B. 附着力　C. 驱动力　D. 摩擦力

13. 汽车防滑转调节系统 ASR 能够提高汽车的（　　）。
A. 动力性　B. 经济性　C. 操作性　D. 通过性

14. 为了获得较大的附着力，防滑转调节系统（ASR）应将车轮滑转率控制在（　　）。
A. 60%~100%　B. 30%~60%　C. 10%~30%　D. 1%~10%

15. 在 ABS 和 ASR 基础上，增设控制程序和个别传感器，就能实现的控制功能是（　　）。
A. 防抱死制动　B. 制动辅助　C. 制动力分配　D. 车身稳定性

16. 汽车行驶车道偏离预警系统（LDWS）的功能是（　　）。
A. 预防交通事故　B. 调节行驶车道　C. 自动制动减速　D. 增大制动力

17. 汽车自动紧急制动系统（AEBS）的功能是（　　）。

A. 预防交通事故　　B. 调节行驶车道　　C. 自动制动减速　　D. 增大制动力

18. 汽车安全气囊从开始充气到完全充满所需时间约为（　　）。

A. 10ms　　B. 30ms　　C. 60ms　　D. 120ms

19. 从汽车遭受碰撞开始到安全气囊收缩为止，所用时间约为（　　）。

A. 10ms　　B. 30ms　　C. 60ms　　D. 120ms

20. 汽车安全带收紧系统控制的安全带收紧长度为（　　）。

A. 15～20cm　　B. 15～20mm　　C. 1～5mm　　D. 1～5cm

二、多选题

1. 汽车主动安全系统包括下述哪几个控制系统（　　）。

A. 防抱死制动　　B. 制动力分配　　C. 制动辅助　　D. 安全气囊

2. 汽车防抱死制动电子控制系统 ABS 的组成部件有（　　）。

A. 轮速传感器　　B. ABS ECU

C. 车轮制动器　　D. 制动压力调节器

3. 在大众 MK20－Ⅰ型 ABS 的液压控制系统中，液压调节器的组成部件有（　　）。

A. 电磁阀　　B. 储液器　　C. 电动回液泵　　D. 安全阀

4. 汽车防抱死制动时，电磁阀将处于下述几种状态来调节制动轮缸的压力（　　）。

A. 泄压　　B. 保压　　C. 降压　　D. 升压

5. 汽车发动机的输出转矩可以通过下述方法进行调节（　　）。

A. 控制点火时间　　B. 控制供油量

C. 控制制动力　　D. 控制节气门开度

6. 汽车车身稳定性控制系统（VSC）在 ABS 和 ASR 的基础上，需要增设的传感器有（　　）。

A. 横摆率传感器　　B. 加速度传感器

C. 转向转角传感器　　D. 制动液压力传感器

7. 汽车行驶车道偏离预警系统（LDWS）的组成部件包括（　　）。

A. 摄像头　　B. 车辆状态传感器　　C. LDWS ECU　　D. 声光报警装置

8. 汽车安全气囊系统（SRS）的组成部件有（　　）。

A. 碰撞传感器　　B. 位置传感器　　C. SRS ECU　　D. 气囊组件

9. 在汽车安全气囊系统（SRS）中，气囊组件的组成部件有（　　）。

A. 气囊　　B. 点火器　　C. 气体发生器　　D. 气囊收紧器

10. 为了保证汽车安全气囊系统（SRS）的可靠性，系统中设置有（　　）。

A. 防误爆机构　　B. 镀金端子

C. 连接诊断销　　D. 端子锁定机构

三、判断题

1. 在汽车装备的安全系统中，主动安全系统的功用是避免车辆发生交通事故。（　　）

2. 如果制动时前轮抱死，汽车就可能冲入其他车道与迎面车辆相撞而发生恶性交通事故。（　　）

3. 车轮滑移率是车轮速度v_w与实际车速 v 的比率。 （ ）
4. 汽车防抱死制动系统是在常规制动系统的基础上，增设电子控制系统而构成。（ ）
5. 轮速传感器是汽车防抱死制动系统（ABS）必不可少的传感器。 （ ）
6. 当常规制动装置发生故障时，防抱死制动系统仍能发挥作用。 （ ）
7. 汽车在高附着系数路面（如水泥路面）上制动时，其减速度很大。 （ ）
8. 汽车行驶车道偏离预警系统（LDWS）的能够自动调整行驶车道。 （ ）
9. 当汽车发生碰撞时，导致驾驶人和乘员遭受伤害的主要原因是一次碰撞。 （ ）
10. 汽车安全气囊和安全带收紧系统气体发生器的充气剂普遍采用叠氮化钠片状合剂。 （ ）

四、问答题

1. 汽车安全电子控制系统分为哪些类型？
2. 汽车防抱死制动系统（ABS）具有哪些优点？
3. 影响车轮滑移率 S 的因素有哪些？
4. 防抱死制动与常规制动的工作关系是什么？
5. 在汽车防抱死制动系统（ABS）中，制动压力调节器常用的电磁阀有哪些？
6. 简述汽车防抱死制动电子控制系统的控制原理。
7. 当汽车起步、加速或在冰雪路面上行驶时，为什么车轮容易出现滑转现象？
8. 驱动轮防滑转调节系统（ASR）防止驱动轮滑转的控制方式有哪些？
9. 汽车主动安全系统 ABS、EBD、EBA、ASR、VSC 和 AEB 等的控制方法有何异同？
10. 简述汽车遭受碰撞时，驾驶席气囊引爆充气的控制过程。

第七章 汽车电控自动变速技术

汽车变速器电子控制自动变速技术简称汽车电控自动变速技术，是由机械式变速器技术、液力变矩器传动技术和电子控制技术组合而成的综合控制技术，又称为电子控制液力机械自动变速技术。

第一节 电控自动变速系统的组成

汽车电控自动变速是相对于手动换档变速而言的，是指电子控制系统根据道路条件和负载变化，自动改变驱动车轮的转速与转矩来满足汽车行驶要求的控制过程。

电控自动变速系统（ECT，Electronic Controlled Automatic Transmission System）又称为电控自动变速器（ECT，Electronic Controlled Automatic Transmission），由齿轮变速系统、液压控制系统和自动变速电控系统 3 个子系统组成。丰田雷克萨斯 LS400 型轿车装备的 A341E、A342E 型电控四档自动变速器的组成如图 7-1 所示。

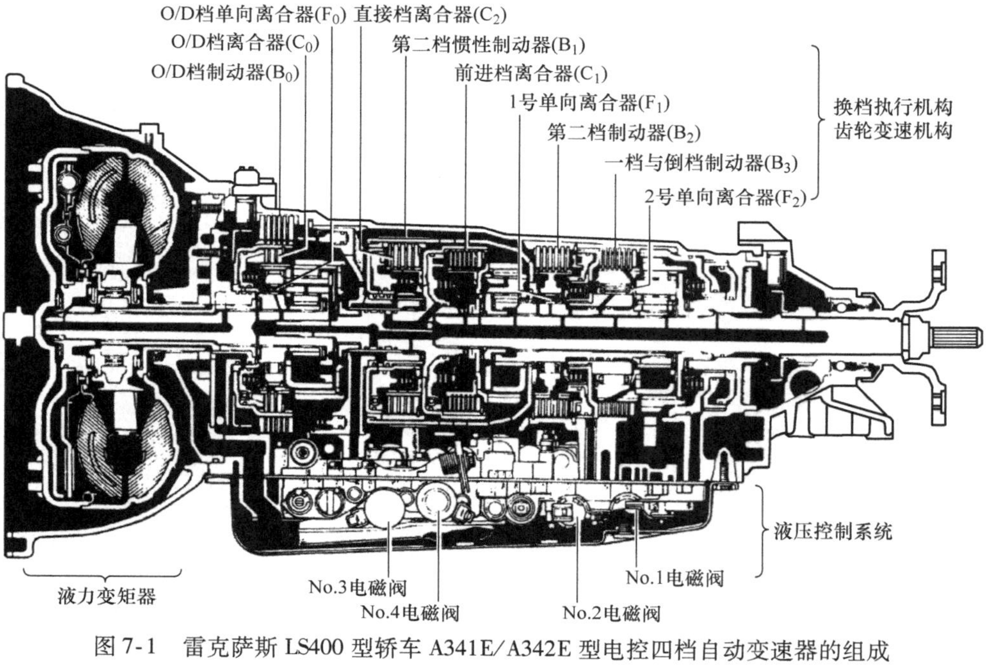

图 7-1 雷克萨斯 LS400 型轿车 A341E/A342E 型电控四档自动变速器的组成

一、齿轮变速系统

齿轮变速系统由液力变矩器、齿轮变速机构、换档执行机构和停车锁止机构组成，其功用是提供速比可变（即具有变速档）、转向可逆（即具有倒档）、切断动力（即具有空档）和可靠驻车（即停车锁止）的动力传递方式，满足汽车的使用要求。

液力变矩器安装在发动机飞轮的一端，其主要功用是将发动机输出的动力传递给齿轮变速机构的输入轴。此外，液力变矩器不仅具有防止发动机过载的功能，而且还能实现无级变速（传动比在一定范围内连续变化），具有一定的减速增矩作用。

换档执行机构包括换档离合器和换档制动器，其功用是改变齿轮变速机构的传动比，从而获得不同的档位。

齿轮变速机构又称为齿轮变速器，其功用是实现由起步至最高车速范围内的传动比变化。

二、液压控制系统

液压控制系统由液压传动装置（油泵、自动传动液）、阀体（电磁阀、换档阀、锁止阀和调压阀等）以及连接这些液压装置的油道组成。

液压控制系统的功用是：根据电磁阀的工作状态，控制换档执行元件（换档离合器和换档制动器）和动力传递元件（锁止离合器）的油路，从而改变齿轮变速机构的传动比来实现自动换档和改变液力变矩器的工作状态来实现动力传递。

三、电子控制系统

自动变速电控系统与其他电控系统一样，也是由传感器与各种控制开关、自动变速电控单元（ECT ECU）和执行器三部分组成。其主要功能是控制自动换档和动力传递。

传感器包括节气门位置传感器（TPS）、车速传感器（VSS）、冷却液温度传感器（CTS）等；控制开关包括换档规律选择开关（或驱动模式选择开关）、超速行驶 O/D（Over - Drive）开关、空档起动开关、制动灯开关等。

执行器包括换档电磁阀和锁止电磁阀。换档电磁阀一般设有两只，即 1 号电磁阀和 2 号电磁阀；锁止电磁阀一般设有一只，即 3 号电磁阀。除此之外，液压控制系统的换档阀和锁止阀，变速系统的液力变矩器、换档离合器、换档制动器以及齿轮变速机构都是电控系统的执行元件。

四、自动变速系统的类型

汽车自动变速系统（ATS，Automatic Transmission System）又称为自动变速器（AT，Automatic Transmission），其种类繁多、形式各异，且各有特点。自动变速系统的分类方法有多种。可按汽车驱动方式、前进档数目、变速齿轮类型、液力变矩器类型、控制方式等进行分类。常用方法是按控制方式进行分类，可分为液压控制式和电子控制式自动变速系统两类。

1. 液压控制式自动变速系统

液压控制式自动变速系统的全称是全液压机械传动式自动变速系统，简称液压自动变速系统（或自动变速器），在电路图中常用英文字母“A/T”表示。

液压控制式自动变速系统由液力变矩器、带有液压控制换档执行元件（离合器和制动器）的齿轮变速器（普遍采用行星齿轮变速器），以及液压控制阀（手控阀、换档阀、反映节气门开度的节气门阀、反映车速的调速阀）等组成。

2. 电子控制式自动变速系统

电子控制式自动变速系统（ECT）实际上是一种电子控制的液压机械传动式自动变速系统，由液力变矩器、带有液压控制换档执行元件（离合器和制动器）的齿轮变速器（普遍采用行星齿轮变速器）、液压控制阀（手控阀、换档阀等）和电子控制系统（传感器与控制开关、ECT ECU 和电磁阀）等组成。一般用字母 ECT 表示，以区别于液压控制式自动变速系统 A/T。生产公司不同，表示方法不尽相同。

目前，汽车采用的电子控制式自动变速系统主要有电子控制逐级变速系统（ECT）、电子控制无级变速系统（CVT，Electronic Controlled Continuously Variable Transmission System）和电子控制手动—自动一体变速系统（Activematic ECT，Electronic Controlled Active - matic Transmission System）三种类型。

五、电控变速与液控变速的区别

电子控制式自动变速与液压控制式自动变速在控制原理、控制方式和控制理论方面均有明显区别，如图 7-2 所示。

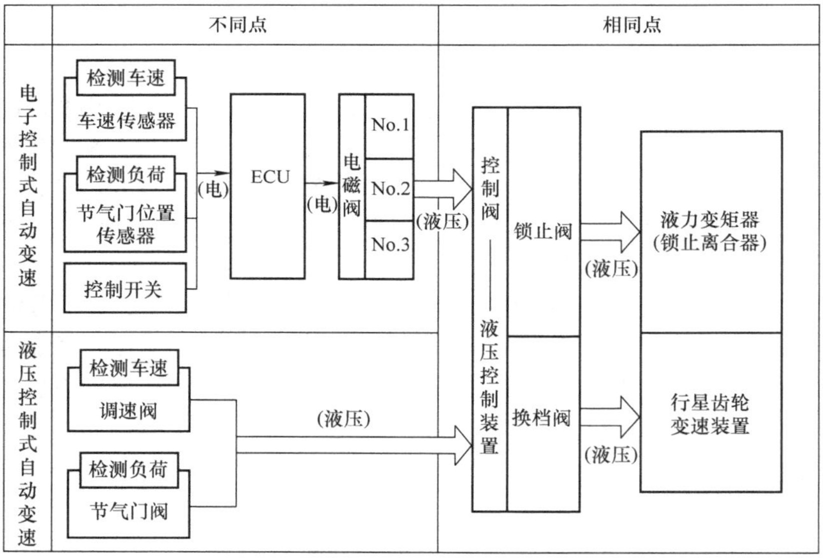

图 7-2 电子控制式与液压控制式自动变速的比较

液压控制式自动变速系统的控制原理是：液压控制阀根据反映节气门开度的节气门阀和反映车速的调速阀的液压信号决定换档档位和换档时机；控制方式是：利用液力操纵换档阀和换档元件动作来实现自动变速，其控制理论基于流体力学。

电子控制式自动变速系统（ECT）的控制原理是：自动变速电控单元（ECT ECU）根

据反映节气门开度的节气门位置传感器（TPS）、反映汽车行驶速度的车速传感器（VSS）以及发动机冷却液温度（CTS）、空档起动开关、制动灯开关等电信号，从预先存储在只读存储器（ROM）中的换档时机 MAP（换档时机图谱）中查寻得到换档档位和换档时机；控制方式是：ECT ECU 向电磁阀发出控制指令，由电磁阀控制换档阀动作，换档阀再控制换档执行元件动作来实现自动变速，其控制理论基于电工电子学和自动控制理论。

第二节 电控自动变速系统的控制原理

汽车电控自动变速系统的主要功能是：根据汽车车速和发动机负荷变化，自动控制换档和动力传递（即自动控制变速机构的换档时机和液力变矩器的锁止时机），使汽车获得良好的动力性和经济性。此外，还有失效保护功能和故障自诊断功能。

失效保护功能是指当电控系统的部分重要部件（如电磁阀、车速传感器）失效或其线路发生故障时，继续控制变速机构排入部分档位（一般排入 1 档或低档），以便汽车继续行驶回家或行驶到维修站修理。

故障自诊断功能是指当车速传感器和电磁阀等控制部件或其线路发生故障时，控制系统能将故障性质和故障部位编成代码存储在存储器中，以便设计与维修时参考。

一、电控自动变速原理

在装备电控自动变速系统（ECT）的汽车上，变速机构自动换档和液力变矩器自动锁止只有在汽车前进档位（D、3、2、L）时才能实现，在 N 位（空档）、P 位（驻车档）和 R 位（倒档）时，执行器将保持初始状态，变速器为纯机械与液压控制。电控自动变速主要包括换档时机控制和液力变矩器锁止时机控制，控制原理如图 7-3 所示。

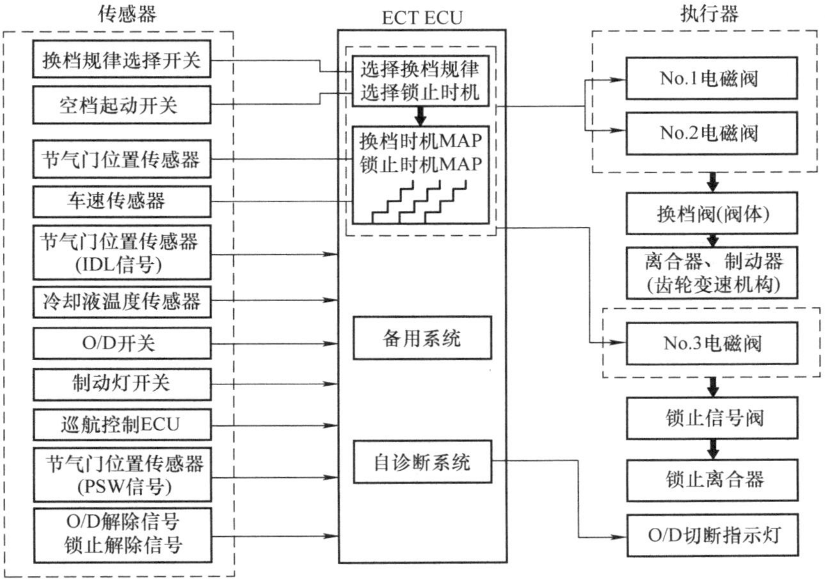

图 7-3 电控自动变速的控制原理

自动变速电控单元（ECT ECU）是电控自动变速系统的控制核心。在 ECT ECU 的 ROM 中，除了存储有进行数学计算和逻辑判断的控制程序之外，还存储有变速器换档时机 MAP 和变矩器锁止时机 MAP。这些数据 MAP 在电控自动变速系统设计完成之后，经模拟仿真和反复试验测试获得，并预先存储在 ROM 之中，以供 ECT ECU 在汽车行驶时查寻调用。

换档规律又称为驱动模式，是指汽车发动机节气门开度与车速（或变速器输出轴转速）之间的关系。电控自动变速系统常用的换档规律有普通型（NORM，Normal Mode）、动力型（PWR，Power Mode）和经济型（ECON，Economy Mode）三种。如果自动变速系统只提供有普通型与动力型，那么，其普通型换档规律就相当于经济型换档规律。

在自动变速电控单元（ECT ECU）的控制下，当变速杆（选档手柄）处于 D、2、L、R 位时，起动继电器线圈不能接通，发动机不能起动。当变速杆处于 P 或 N 位时，起动继电器线圈电路才能接通，发动机才能被起动。

发动机一旦起动，各种传感器（车速传感器、节气门位置传感器等）信号和控制开关信号就不断输入 ECT ECU，经过输入回路和模数转换电路转换成 CPU 能够识别的电信号，CPU 按照一定频率对其进行采样，并将采样信号与预先存储在 ROM 中的换档时机 MAP 和变矩器锁止时机 MAP 进行比较运算或逻辑判断，从而确定是否换档和是否锁止液力变矩器。

当变速杆拨到前进档位置时，ECT ECU 首先根据换档规律（驱动模式）选择开关的状态在换档规律 MAP 中选择相应的换档规律；然后根据节气门开度信号、车速信号和控制开关信号在换档时机 MAP 中查寻确定变速机构的换档时机、在变矩器锁止时机 MAP 中查寻确定液力变矩器的锁止时机。当确定为换档（或变矩器锁止）时，CPU 立即向相应的电磁阀发出控制指令，电磁阀再控制换档阀（或锁止阀）动作，换档阀（或锁止阀）阀芯移动改变换档离合器和制动器（或锁止离合器）的控制油路，使离合器或制动器的工作状态（接合或分离）发生改变，从而实现自动换档（或液力变矩器锁止）。

二、换档时机控制原理

换档（升档或降档）时机是指变速器自动切换档位（即速比）的时机，又称为换档点。换档时机的控制原理如图 7-4 所示。

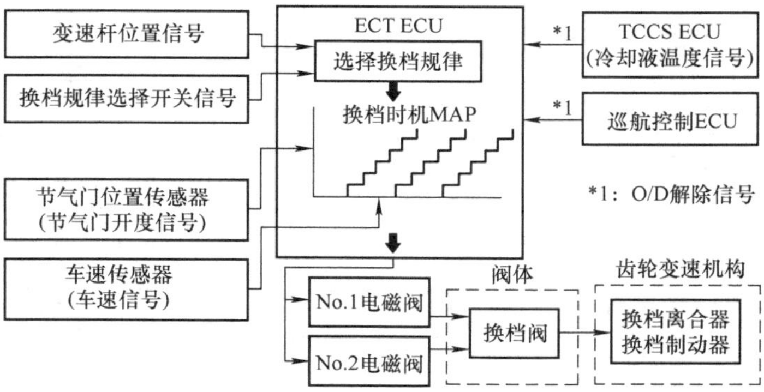

图 7-4　ECT 换档（升档或降档）时机的控制原理

在汽车行驶过程中，ECT ECU 确定换档时机的信息包括：驾驶人操作变速杆提供的位置（D、2 或 L 位）信号，驾驶人操作换档规律选择开关提供的换档规律（NORM、PWR 或 ECON）信号，节气门位置传感器提供的发动机节气门开度（即发动机负荷）信号，车速传感器提供的汽车行驶速度信号。除此之外，ECT ECU 还要接收发动机 ECU 和巡航电控单元（CCS ECU）输送的解除超速行驶信号。

当驾驶人将变速杆拨到 D、2 或 L 位置时，ECT ECU 便接收到一个表示变速杆位置的信号。此时 ECT ECU 首先根据换档规律选择开关信号在换档规律 MAP 中选择相应的换档规律；然后根据节气门位置传感器和车速传感器信号与预先存储在 ROM 中的换档时机 MAP 进行比较并确定变速机构的升档或降档时机。当节气门开度和车速达到选定的最佳升档或降档时机时，ECT ECU 立即向 1 号和 2 号换档电磁阀发出通电或断电指令，控制换档阀动作。换档阀阀芯移动时，就会接通或关闭行星齿轮变速机构中换档离合器和制动器的控制油路，使离合器和制动器接合或分离，从而实现自动升档或降档，即改变速比和车速。

三、锁止时机控制原理

汽车电控自动变速系统普遍装备锁止式液力变矩器（即带有锁止离合器的液力变矩器）。当汽车在路面不好的道路上行驶时，为了发挥液力传动自动适应行驶阻力剧烈变化的优点，锁止离合器应当分离，以发挥变矩器的作用；当汽车在路面良好的道路上行驶时，为了提高行驶速度和燃油经济性，锁止离合器应当接合，使变矩器的输入轴与输出轴成为刚性连接，将发动机动力直接传递到齿轮变速机构。当汽车高速行驶、变矩器速比增大到一定值（具体数值由液力变矩器结构决定，三元件变矩器一般为 0.8）时，变矩器将锁止传递动力。

锁止时机控制就是何时锁止液力变矩器，将发动机动力直接传递到齿轮变速器，从而提高传动效率（即提高车速），改善燃油经济性。在 ECT ECU 根据节气门位置传感器信号和车速传感器信号确定变速机构换档时机的同时，还要在变矩器锁止时机 MAP 中查寻确定液力变矩器的锁止时机。ECT 变矩器锁止时机的控制原理如图 7-5 所示。

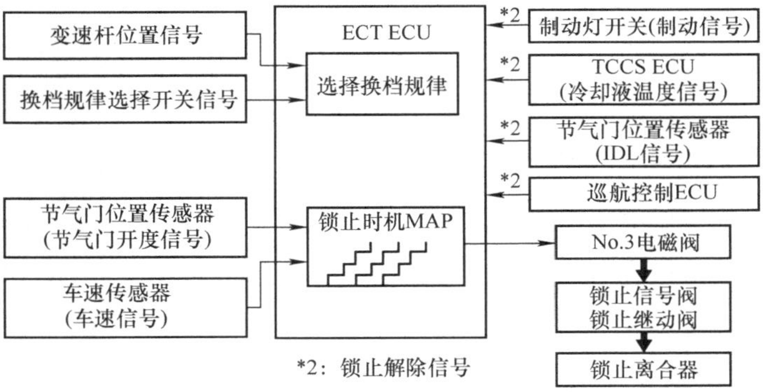

图 7-5　ECT 液力变矩器锁止时机的控制原理

当 ECT ECU 根据节气门位置和车速传感器信号在变矩器锁止时机 MAP 中查寻确定锁止液力变矩器时，立即向锁止电磁阀（3 号电磁阀）发出通电指令，控制锁止信号阀和锁止继动阀动作。当锁止信号阀和锁止继动阀阀芯移动时，就会改变液力变矩器内锁止离合器的控制油路使离合器接合，将液力变矩器与发动机飞轮锁成一体。液力变矩器锁止时，发动机输入变矩器的动力将直接传递到齿轮变速器输入轴，传动效率达 100%。

解除锁止则由制动灯开关信号、巡航电控单元（CCS ECU）信号、冷却液温度传感器信号和节气门位置传感器的怠速触点信号等决定。

第三节　齿轮变速系统的结构原理

汽车电控自动变速系统（或电控自动变速器）的齿轮变速系统由液力变矩器、齿轮变速机构、换档执行机构和停车锁止机构四部分组成。

在装备电控自动变速系统的汽车上，发动机输出的动力由液力变矩器和齿轮变速机构传递给驱动轮。齿轮变速机构传动比的改变受控于换档离合器和换档制动器等换档执行机构，换档执行机构受控于换档阀，换档阀受控于电子控制系统的换档电磁阀（No. 1 电磁阀和 No. 2 电磁阀），换档电磁阀又受控于 ECT ECU；液力变矩器中的锁止离合器受控于锁止阀，锁止阀受控于锁止电磁阀（No. 3 电磁阀），锁止电磁阀受控于 ECT ECU。

一、锁止式液力变矩器

液力变矩器是一种典型的柔性传递转矩的液力传动装置，是自动变速器必不可少的动力传动装置。液力变矩器的结构原理《汽车构造》中均有介绍，故此处仅介绍锁止式液力变矩器的结构特点和控制原理。

（一）锁止式液力变矩器的结构特点

锁止式液力变矩器的结构如图 7-6 所示，由三元件（涡轮、泵轮和导轮）液力变矩器、单向离合器（滚柱式和楔块式）和锁止离合器（变矩器前盖、锁止压盘与减振盘）组成，又称为闭锁式液力变矩器。其优点是能够直接传递动力，即传动效率可达 100%。

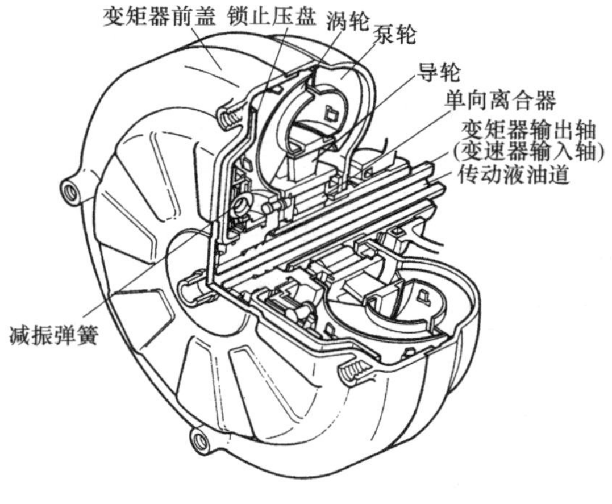

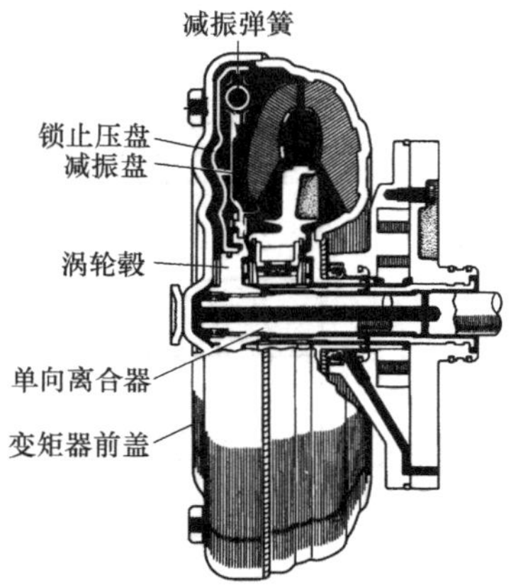

图 7-6　锁止式液力变矩器的结构

a）零部件组成图　b）平面图

锁止离合器为湿式离合器，安装在涡轮与变矩器壳体前盖之间，由主动部件、从动部件和液压控制部件组成。液力变矩器壳体的前盖为主动部件，锁止压盘（又称为锁止活塞）与减振盘为从动部件，可沿轴向移动。变矩器前盖的后端面和锁止压盘的前端面均黏附有摩擦材料，形成摩擦面。锁止压盘与减振盘外缘采用键与键槽连接，压盘与减振盘内缘均采用铆钉与涡轮毂铆接，减振盘和减振弹簧能够衰减离合器接合时的扭振。液压控制部件由控制油液和油道组成。

（二）锁止式液力变矩器的控制原理

锁止式液力变矩器的工作状态以及锁止离合器的接合与分离状态，由自动传动液（ATF，Automatic Transmission Fluid，简称传动液）及其流向进行控制，控制油道分为内油道和外油道，控制原理如图 7-7 所示。

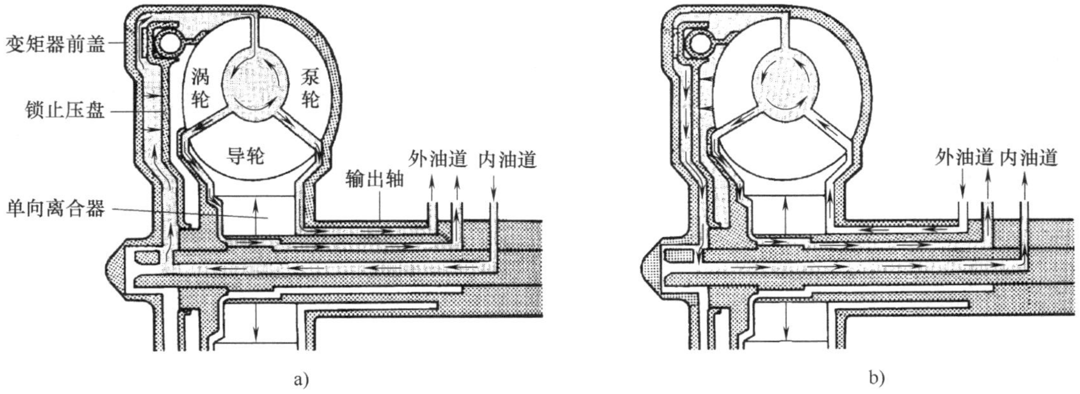

图 7-7　锁止式液力变矩器的控制原理

a）分离状态　b）接合状态

汽车低速行驶时传动速比较小，变矩器处于变矩工况工作。液压控制系统控制传动液由变速器输入轴的中心油道（内油道）流入锁止压盘左侧，如图 7-7a 所示，锁止压盘在油压作用下向后移动，离合器处于分离状态。传动液由变速器轴中心的油道（内油道）流入，经变矩器从外油道流出至冷却器冷却。此时动力传递路线为：发动机→曲轴上的驱动盘→变矩器前盖→泵轮→涡轮→涡轮毂→变矩器输出轴（变速器输入轴）。

当汽车高速行驶、速比增大到一定值（$i=0.8$）时，变矩器转换成液力偶合器工况。此时液压控制系统控制传动液流向反向，传动液由导轮固定套中的油道（外泊道）流入变矩器，从变速器输入轴中心油道（内油道）和导轮固定套与变速器轴之间的油道（外油道）流出如图 7-7b 所示。由于传动液从变速器输入轴的中心油道流出，锁止压盘左侧油压降低，而压盘右侧仍为变矩器油压。锁止压盘在左、右两侧的压力差作用下前移并压在变矩器壳体前盖上，如图 7-7b 所示，锁止离合器处于接合状态。因为锁止压盘内缘铆接在涡轮毂上，所以离合器接合便将涡轮与泵轮接合成一体，发动机输入的动力由变矩器壳体前盖、锁止压盘和涡轮毂直接传递至变速器输入轴，传动效率为 100%。此时动力传递路线为：发动机→曲轴上的驱动盘→变矩器前盖→锁止压盘→涡轮毂→变矩器输出轴（变速器输入轴）。

锁止式液力变矩器传递的动力大小既能自动适应汽车行驶阻力的变化，又能提高传动效率，因此汽车普遍采用锁止式液力变矩器。

二、行星齿轮机构的运动规律

汽车必须满足从停止到起步、从低速行驶到高速行驶和倒退行驶的使用要求。虽然液力变矩器在一定范围内能够自动无级地改变输出转矩和转速，但是其变矩系数较小（一般为2~3），难以满足使用要求。因此，汽车必须设置齿轮变速机构，且应具有速比可变（具有变速档）、转向可逆（具有倒档）和切断动力（具有空档）的功能。

齿轮变速机构主要有平行轴式和行星齿轮式两种。行星齿轮式变速机构简称行星齿轮机构，主要有辛普森（Simpson）式、拉维奈尔赫（Ravigneaux）式和阿里森（Arnoldson）式行星齿轮机构三种形式。汽车自动变速器采用的行星齿轮机构大都是由辛普森式双排行星齿轮机构或拉维奈尔赫式复合行星齿轮机构组成的。

辛普森式行星齿轮机构的显著特点：前后两个行星排的太阳轮连成一体，即“前后行星排共用一个太阳轮”，该机构能够提供三个前进档（三速或三档）和一个倒档。美国、日本及欧洲国家采用的自动变速器大都是辛普森式行星齿轮变速器，仅美国采用的就有近20个型号。

（一）行星齿轮机构的结构特点

行星齿轮机构是指在齿轮机构中，至少有一个轴线可以绕共同的固定轴线转动的齿轮机构。自动变速器由多个行星排组成，行星排多少取决于排档数量。最简单的行星齿轮机构称为单排行星齿轮机构，其结构如图7-8所示，由太阳轮、内齿圈、行星架（行星齿轮架）、行星轮（行星齿轮）和行星轮轴组成。

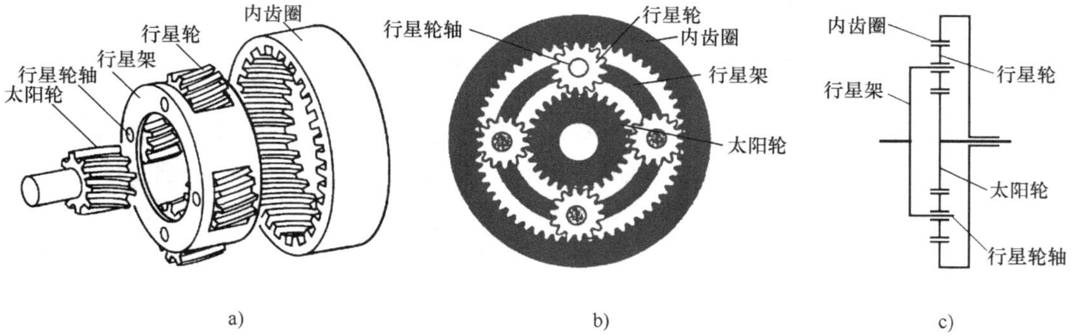

图7-8　单排行星齿轮机构的结构

a）零部件组成　b）结构简图　c）传动关系

太阳轮为中心齿轮；行星轮有3~6个，对称布置在太阳轮与内齿圈（环形齿圈）之间，行星轮轴上安装有滚针轴承。各行星轮用行星架连接成为一个整体。因为各行星轮与太阳轮和内齿圈保持啮合，所以行星轮既能绕行星轮轴自转，又能围绕太阳轮公转。这种关系如同太阳系中地球与太阳的关系，因此，这样的齿轮机构称为行星齿轮机构。

（二）行星齿轮机构的运动规律

在行星齿轮机构中，虽然将不是齿轮的行星架虚拟成一个具有明确齿数的齿轮（齿数=太阳轮齿数+内齿圈齿数）之后，其传动比也可按平行轴式齿轮变速机构传动比的计算公式来计算。但是，由于行星齿轮的轴线是转动的，且虚拟齿轮及其齿数来源不便于理解，这就需要利用行星齿轮机构的运动规律方程式来计算其传动比。此外，通过分析单排行星齿轮机构的运动规律，便可了解双排、多排或其他形式组合而成的行星齿轮变速器的变速原理。

根据单排行星齿轮机构的受力情况建立力矩平衡方程式后，再根据能量守恒定律可得太阳轮、内齿圈和行星架三个部件上输入与输出功率的代数和等于零的方程式，即可得到单排行星齿轮机构的运动规律方程式，即

$$n_1 + \alpha n_2 - (1 + \alpha) n_3 = 0$$

式中：n_1、n_2、n_3——分别为太阳轮、内齿圈和行星架的转速；

α——内齿圈齿数z_2与太阳轮齿数z_1之比。

三、行星齿轮机构的变速原理

由运动规律方程式可知行星齿轮机构的变速原理是：将太阳轮、内齿圈和行星架三者中的任意元件与主动轴相连作为输入主动件，第二元件与被动轴相连作为输出从动件，再将第三元件强制固定（称为制动）使其转速为零，或约束其运动使其转速为某一定值，则整个轮系就能以一定的传动比传递动力，实现不同档位和速度的变化。

在行星齿轮机构中，行星轮对传动比没有任何影响，在传递动力过程中只起过渡作用，决定传动比的仍然是主动齿轮、从动齿轮的齿数或转速。为了便于定量分析变速传动速比，设太阳轮齿数 $z_1 = 24$，内齿圈齿数 $z_2 = 56$，则 $\alpha = \frac{z_2}{z_1} = \frac{56}{24} = 2.33$。

（一）内齿圈固定（$n_2 = 0$）

1. 太阳轮为主动件（输入），行星架为从动件（输出）——减速传动。

在内齿圈固定（$n_2 = 0$）的前提下，由行星齿轮机构的运动规律方程式可得传动比i_{13}为

$$i_{13} = \frac{n_1}{n_3} = 1 + \alpha = 1 + \frac{z_2}{z_1} = 3.33$$

当太阳轮按顺时针方向转动时，如图 7-9a 所示，各行星齿轮既要分别绕各自的轴沿逆时针方向转动（自转），还要沿内齿圈并绕太阳轮沿顺时针方向滚动（公转），同时带动行星架绕太阳轮沿顺时针方向旋转。太阳轮旋转 3.33 转，行星架旋转 1 转。因为从动件（行星架）与主动件（太阳轮）旋转方向相同，且从动件转速低于主动件转速，因此，这种传动方案可以实现减速传动。

2. 行星架为主动件（输入），太阳轮为从动件（输出）——超速传动。

在内齿圈固定（$n_2 = 0$）的前提下，由行星齿轮机构的运动规律方程式可得传动比i_{31}为

$$i_{31} = \frac{n_3}{n_1} = \frac{1}{1 + \alpha} = 0.30$$

当行星架按顺时针方向转动时，如图 7-9b 所示，各行星轮也将分别绕各自的轴沿逆时针方向转动（自转），同时驱动太阳轮沿顺时针方向转动。行星架旋转 0.3 转，太阳轮旋转 1 转。因为从动件（太阳轮）与主动件（行星架）旋转方向相同，且从动件转速高于主动件转速，所以此种传动方案可以实现超速传动。

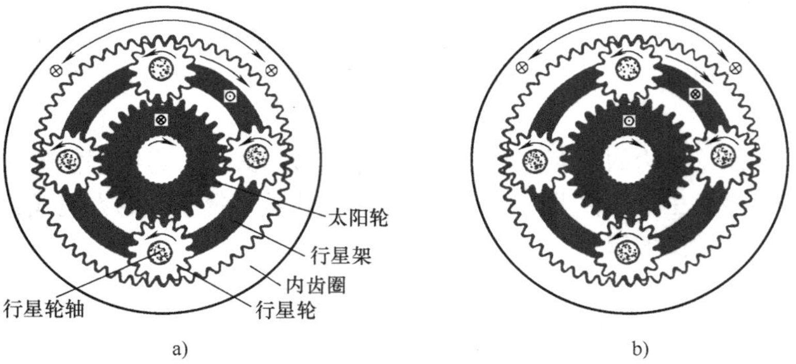

图 7-9　内齿圈固定时行星齿轮机构工作情况（⊕表示输入；⊙表示输出）
a）太阳轮输入，行星架输出　b）行星架输入，太阳轮输出

（二）太阳轮固定（$n_1=0$）

1. 内齿圈为主动件（输入），行星架为从动件（输出）——减速传动。

在太阳轮固定（$n_1=0$）的前提下，由行星齿轮机构的运动规律方程式可得传动比 i_{23} 为

$$i_{23}=\frac{n_2}{n_3}=\frac{1+\alpha}{\alpha}=1.43$$

当内齿圈按顺时针方向转动时，如图 7-10a 所示，各行星轮既要分别绕各自的轴沿顺时针方向转动（自转），还要绕太阳轮沿顺时针方向滚动（公转），同时带动行星架沿顺时针方向旋转。内齿圈旋转 1.43 转，行星架旋转 1 转。从动件（行星架）与主动件（内齿圈）旋转方向相同，且从动件转速低于主动件转速，因此这种方案可以实现减速传动，但其转速降低和转矩增加比上述内齿圈固定时的减速传动方案少，如果将上一种方案作为减速传动低档，则此种方案可作为减速传动高档。

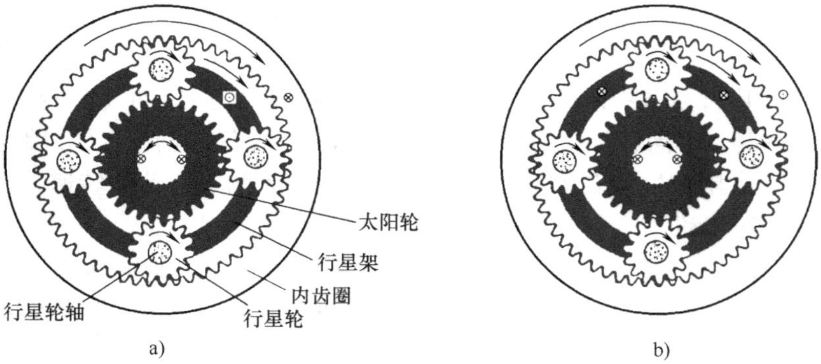

图 7-10　太阳轮固定时行星齿轮机构工作情况（⊗表示输入；⊙表示输出）
a）内齿圈输入，行星架输出　b）行星架输入，内齿圈输出

2. 行星架为主动件（输入），内齿圈为从动件（输出）——超速传动。

在太阳轮固定（$n_1=0$）的前提下，由行星齿轮机构的运动规律方程式可得传动比 i_{32} 为

$$i_{32}=\frac{n_3}{n_2}=\frac{\alpha}{1+\alpha}=0.70$$

当行星架绕固定不动的太阳轮按顺时针方向转动时，如图7-10b所示，就会带动各行星轮绕太阳轮沿顺时针方向滚动（公转）和绕各自的轴沿顺时针方向转动（自转），与此同时，带动内齿圈沿顺时针方向转动。行星架旋转0.70转，内齿圈旋转1转。从动件（内齿圈）与主动件（行星架）旋转方向相同，且从动件转速高于主动件转速，这种方案可以实现超速传动。

（三）行星架固定（$n_3=0$）

1. 太阳轮为主动件（输入），内齿圈为从动件（输出）——倒档减速传动。

在行星架固定（$n_3=0$）的前提下，由行星齿轮机构的运动规律方程式可得传动比i_{12}为

$$i_{12}=\frac{n_1}{n_2}=-\alpha=-2.33$$

式中，负号表示从动件与主动件的旋转方向相反。当行星架固定不动时，如图7-11a所示，各行星轮只能自转而无公转。此时行星轮作为惰轮使从动轮（内齿圈）与主动轮（太阳轮）反向转动。太阳轮转动2.33转，内齿圈转动1转。此种方案可以实现减速、倒档传动。

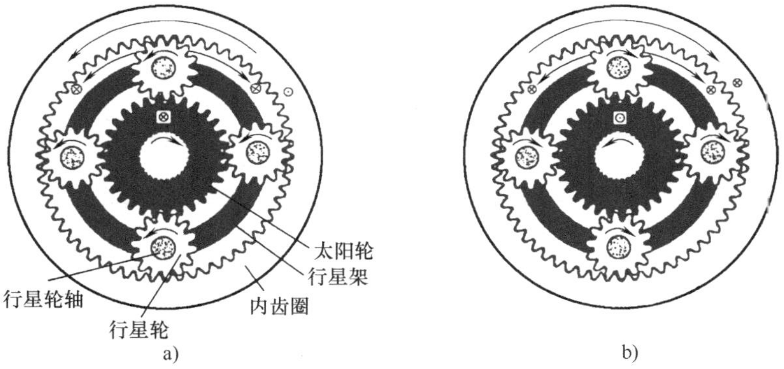

图7-11　行星架固定时行星齿轮机构工作情况（⊗表示输入；⊙表示输出）
a）太阳轮输入，内齿圈输出　b）内齿圈输入，太阳轮输出

2. 内齿圈为主动件（输入），太阳轮为从动件（输出）——倒档升速传动。

在行星架固定（$n_3=0$）的前提下，由行星齿轮机构的运动规律方程式可得传动比i_{21}为

$$i_{21}=\frac{n_2}{n_1}=-\frac{1}{\alpha}=-0.43$$

当行星架固定不动、内齿圈为主动轮时，如图7-11b所示。同理，行星轮作为惰轮使从动轮（太阳轮）与主动轮（内齿圈）反向转动。内齿圈转动0.43转，太阳轮转动1转。此种方案可以实现升速、倒档传动。

（四）联锁任意两个元件（$n_1=n_2$或$n_1=n_3$或$n_2=n_3$）**——直接档传动**

如将太阳轮、内齿圈和行星架三个元件中的任意两个元件联锁成一体（$n_1=n_2$或$n_1=n_3$或$n_2=n_3$），各齿轮间就没有相对运动，由行星齿轮机构的运动规律方程式可得$n_1=n_2=n_3$，

即整个行星齿轮机构将成为一个整体而旋转。此种方案可作为直接档传动。

（五）所有元件都不受约束——空档

在太阳轮、内齿圈和行星架三个元件中，如果所有元件都不受约束（固定），任何两个元件也没有联锁成一体，则各元件将自动转动，即当输入轴转动时，输出轴可以不动，行星齿轮机构将不传递动力，此种方案可作为空档。

综上所述，单排行星齿轮机构的运动规律可归纳为5种（减速、超速、反向、直接、空档）传动方式和8种工作状态，见表7-1。

表7-1　单排行星齿轮机构的运动规律

序号	固定件	主动件	从动件	传动比 i	工作状态	传动方式
1	内齿圈	太阳轮	行星架	$i_{13}=\frac{n_1}{n_3}=1+\alpha=3.33$	减速传动 低档	一档
2		行星架	太阳轮	$i_{31}=\frac{n_3}{n_1}=\frac{1}{1+\alpha}=0.30$	超速传动	未被采用
3	太阳轮	内齿圈	行星架	$i_{23}=\frac{n_2}{n_3}=\frac{1+\alpha}{\alpha}=1.43$	减速传动 高档	二档
4		行星架	内齿圈	$i_{32}=\frac{n_3}{n_2}=\frac{\alpha}{1+\alpha}=0.70$	超速传动	超速档
5	行星架	太阳轮	内齿圈	$i_{12}=\frac{n_1}{n_2}=-\alpha=-2.33$	反向减速 传动	倒档
6		内齿圈	太阳轮	$i_{21}=\frac{n_2}{n_1}=-\frac{1}{\alpha}=-0.43$	反向超速 传动	不合实用 未被采纳
7	三个元件中任意两个联成一体， 第三元件与前两元件等速			$i=1$	直接传动	直接档 （三档）
8	所有元件不受约束			自动转动	失去传动作用	空档

注：1. α 为内齿圈齿数 z_2 与太阳轮齿数 z_1 之比，$\alpha=\frac{z_2}{z_1}=\frac{56}{24}=2.33$。

2. 负号表示从动件与主动件转动的方向相反。

单排行星齿轮机构的变速范围有限，不能满足汽车的实际需要，汽车用行星齿轮变速器是由两个或多个单排行星齿轮机构组成的，其变速原理与单排行星齿轮机构相同，传动比可根据上述单排行星齿轮机构的运动规律方程式推导得出。

四、换档执行机构

自动变速器的换档执行机构有换档离合器（简称离合器）和换档制动器（简称制动器）两种。自动变速器采用的换档离合器有单向离合器与片式离合器两种；换档制动器有片式制动器和带式制动器两种。单向离合器的类型以及结构原理与液力变矩器以及起动系统使用的单向离合器基本相同，故不赘叙。片式离合器或片式制动器是一种利用自动传动液压力来推动活塞移动，从而使离合器片（或制动器片）接合的离合器（或制动器），故又称为活塞式离合器（或制动器）。

（一）换档离合器

在行星齿轮式自动变速器中，换档离合器的功用是将行星齿轮变速机构的输入轴与行星排的某一个元件或将行星排的某两个元件连接成一体，以实现变速传动。

1. 片式离合器的结构特点

自动变速器采用的片式离合器的零部件组成如图 7-12 所示，其主要由活塞、复位弹簧、离合器片、离合器毂等组成。

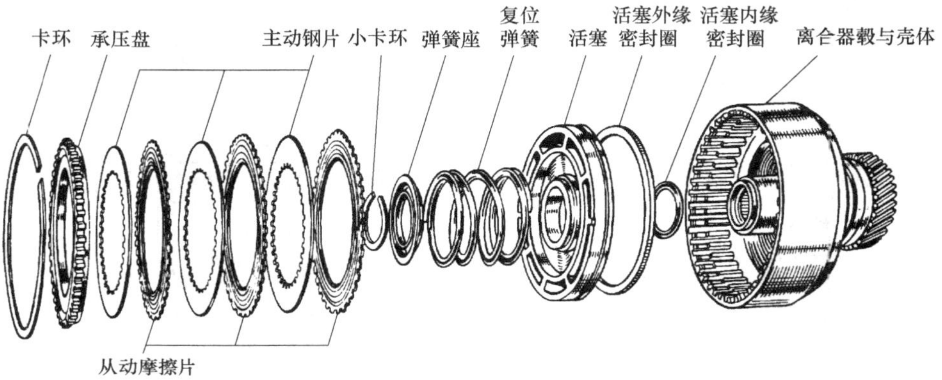

图 7-12　片式离合器的零部件组成

在离合器毂的内圆上制作有若干个键槽，用于安放离合器片。离合器片由若干钢片（主动片）和摩擦片（从动片）组成。主动片与离合器主动件相连，从动片与离合器从动件相连。在离合器片的外圆或内圆上制有若干个凸缘，以便与离合器毂或花键毂连接并传递动力。

在自动变速器中，具有离合器毂和花键毂的部件都可与变速器输入轴或行星排的某个元件连接。与输入轴相连的部件为主动件，与行星排相连的部件为从动件。在图 7-12 中，主动片的内圆制有若干个凸缘并安放在主动部件花键毂（图中未画出）外圆的键槽中，从动片的外缘制有若干个凸缘并安放在离合器毂内圆的键槽中。从动片由两个表面黏附有摩擦片的钢片制成。摩擦片由合成纤维、酚醛树脂和富有弹性的纸质材料经过硬化和浸渍处理后制成，具有很高的摩擦系数，其摩擦性能受压力和温度影响很小。因为自动变速器的离合器片都浸泡在传动液中，故又称为湿式摩擦片离合器。

2. 片式离合器的工作原理

片式离合器的工作原理如图 7-13 所示，输入轴为主动件，驱动齿轮与输入轴制成一体，主动片内圆的凸缘安放在驱动齿轮的键槽中，从而实现滑动连接。主动片既能随驱动齿轮转动，又能做少量轴向移动。

离合器毂为从动件，从动片外圆上的凸缘安放在离合器毂内圆的键槽中，从而实现滑动连接。从动片也可做少量轴向移动。离合器的活塞安装在离合器毂内，活塞与离合器毂之间形成一个环状油腔，该油腔与液压控制油道相通。环形油腔由活塞内外圆上的 O 形密封圈保证密封。

当液压控制系统的传动液经控制油道进入环形油腔时，活塞在油压作用下，克服复位弹簧弹力向右移动，将主动片与从动片压紧在一起，离合器接合并传递动力，如图 7-13b 所示。动力传递路线为：输入轴→驱动齿轮→主动件→从动片→离合器毂→输出轴。因此，当离合器处于接合状态时，便可将驱动齿轮和离合器毂连接的机件（变速器轴和行星排的基本元件）连接成一体，从而实现变速传动。

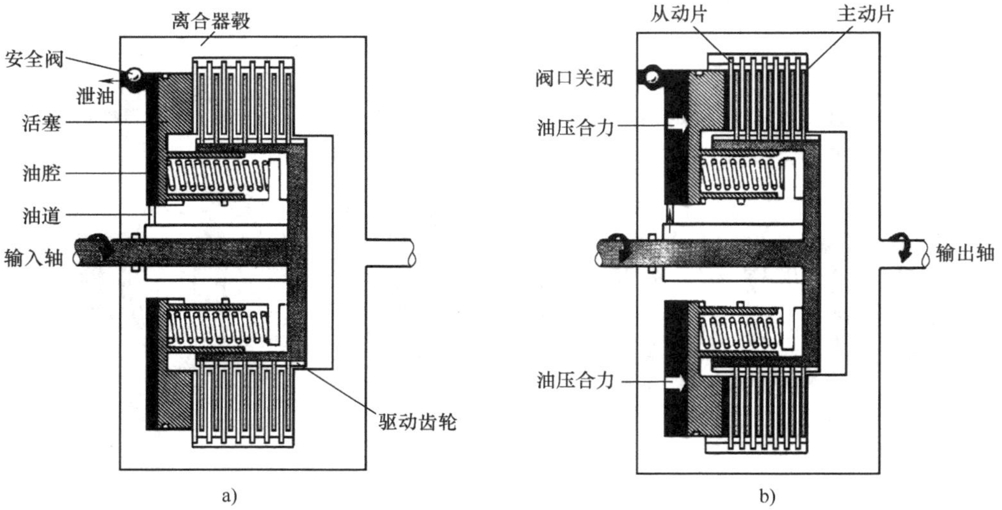

图 7-13　片式离合器的工作原理（驱动齿轮为主动件，离合器毂为从动件）
a）分离状态　b）接合状态

当液压控制系统的油压解除后，活塞在弹簧弹力的作用下复位，离合器又处于分离状态，如图 7-13a 所示。

3. 安全阀的作用

为了保证离合器工作时能够彻底分离，必须满足以下两个条件：

1）当离合器处于分离状态时，主动片与从动片之间必须具有足够的间隙，标准间隙为 0.25 ~ 0.38mm。间隙不当时，可选用不同厚度的止推垫圈或从动片进行调整。

2）当液压控制系统的油压解除后，离合器环形油腔内不能残存传动液。在离合器的油腔内，由于结构限制，仅设有一条控制油道，通常设在活塞旋转的中心部位。离合器接合与分离时，传动液均从同一油道流入与流出。因此当离合器分离时，残留在油腔中的传动液在离心力的作用下就会甩向油腔外缘，使油腔外缘产生一定的油压。这一油压作用在活塞上会使离合器分离不彻底，导致离合器从动片与主动钢片磨损加剧而缩短其使用寿命。为此，在油腔周围的离合器毂外缘或活塞外缘上设有一个球阀，称为安全阀或甩油阀。

当传动液流入环形油腔时，具有一定压力的传动液将球阀压紧在阀座上，如图 7-13b 所示，安全阀阀口处于关闭状态。传动液充入油腔使油压升高。

当需要离合器分离时，液压控制系统接通回油油道，油腔内的传动液流出，油压降低，球阀在离心力作用下离开阀座，如图 7-13a 所示，安全阀阀口处于开启状态，残留在油腔中的传动液在离心力的作用下便可从安全阀阀口流出，使离合器快速并彻底分离。

（二）换档制动器

换档制动器是换档执行机构中的锁止元件，其功用是锁定行星排中的任意一个或两个元件，以实现变速传动。换档制动器分为片式制动器和带式制动器两种。

1. 片式制动器的结构原理

片式制动器的结构原理与片式离合器基本相同，仅零部件的名称有所不同。片式制动器由制动器毂、制动器片（主动片、从动片）、活塞和复位弹簧等组成。当液压控制系统的传动液使活塞移动时，主动片与从动片压紧在一起，便将制动器连接的行星排元件与变速器壳体等部件锁定，从而实现变速传动。

2. 带式制动器的结构原理

带式制动器由制动带及其伺服装置（控制油缸）组成。

1）制动带。制动带是内表面镀有一层摩擦材料的开口式环形钢带。按制动带的变形能力不同，可分为刚性制动带和挠性制动带两种。刚性制动带比挠性制动带厚，具有较高的强度和较大的热容量，其缺点是不能产生与制动毂相适应的变形。挠性制动带可与制动毂完全贴合，因此制动效果好，且价格低廉。

按制动带的结构不同，可分为单边制动带和双边制动带两种，如图 7-14 所示。双边制动带制动效果比单边制动带好，主要用于转矩较大的低档和倒档制动器。相同类型的制动带用于不同档位时，其内表面的摩擦材料镀层不尽相同。低档、倒档制动带镀层大都采用金属摩擦材料，目的是保证制动器具有足够的制动力矩；高档制动带镀层一般采用有机耐磨材料，其目的是防止制动毂过度磨损。

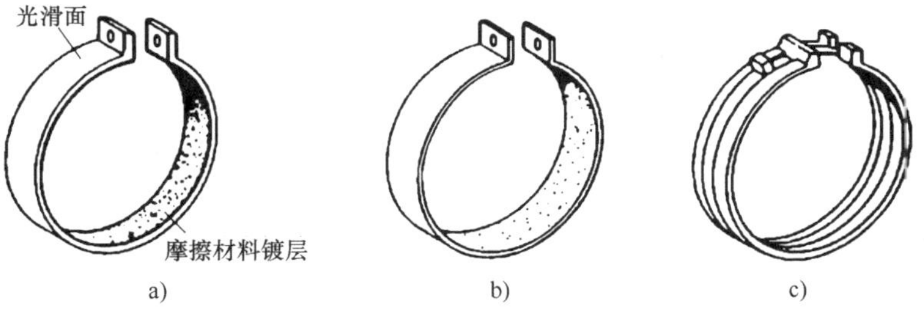

图 7-14 带式制动器制动带的结构

a）刚性单边制动带 b）挠性单边制动带 c）双边制动带

2）伺服装置。伺服装置分为直接作用式和间接作用式两种。直接作用式伺服装置的结构如图 7-15 所示，其由制动带、活塞、复位弹簧和顶杆等组成。制动带开口的一端固定在调整螺杆前端的推杆上，调整螺杆固定在与变速器壳体相连的支座上，另一端支承在与油缸活塞相连的顶杆上。制动器不工作时，活塞在复位弹簧弹力作用下右移到极限位置。

当液压控制系统的传动液从控制油道进入活塞的工作油腔（活塞右面无弹簧一侧油腔）时，在油压作用下，活塞克服弹簧弹力推动顶杆左移，制动带以左侧顶杆支撑点为支点收紧。在制动力矩的作用下，制动带将制动毂抱死并停止转动，此时行星齿轮机构与制动毂连接的元件便处于锁止状态，从而实现变速传动。

当工作油缸泄压时，活塞在复位弹簧弹力作用下，带动顶杆一同复位，制动解除。如果仅靠弹簧弹力，活塞复位速度较慢，这种结构多用于早期生产的自动变速器以及换入空档用制动器。目前，大多数制动器设置了左侧油腔进油道，当右侧油腔回油使压力降低时，活塞在左侧油腔压力和复位弹簧弹力共同作用下复位，制动可迅速解除。

间接作用式伺服装置的结构如图 7-16 所示，与直接作用式伺服装置的区别在于增设了一套杠杆机构，杠杆一端与活塞推杆连接，另一端与制动带顶杆连接。活塞移动时，活塞推杆通过杠杆使制动带顶杆动作，从而使制动带收紧。由于采用了杠杆机构将活塞作用力放大，因此可以增大制动力矩。

3. 带式制动器间隙的调整

带式制动器在解除制动后，制动带与制动毂之间应有一定间隙，以便制动毂旋转，否则就会导致制动毂与制动带加速磨损，影响行星齿轮机构正常工作。制动带与制动毂间隙的调整方法有两种：一是通过调节调整螺杆进行调整，如图 7-15 所示；二是调节活塞推杆进行调整，如图 7-16 所示。调整方法是，先将调整螺杆或活塞推杆拧紧到维修手册中规定的力矩，然后拧回规定的圈数即可。

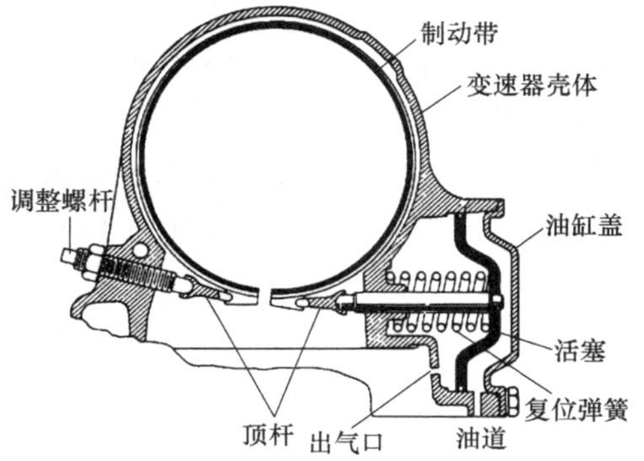

图 7-15　直接作用式伺服装置的结构

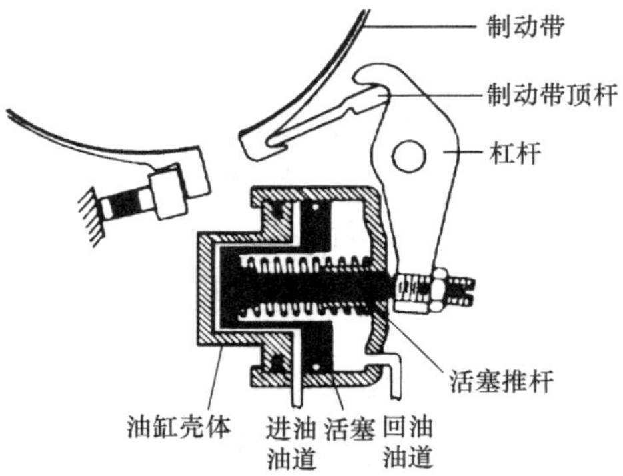

图 7-16　间接作用式伺服装置的结构

五、停车锁止机构

自动变速器大都是通过锁止输出轴实现驻车（停车）。停车锁止机构的结构如图 7-17a 所示，主要由停车棘爪、停车齿圈和锁止杆等组成。停车棘爪上制作有一个锁止凸齿，一端支承在变速器壳体的支承销上，且可绕支承销转动。锁止杆的一端制作成直径大小不同的圆柱杆，如图 7-17b 所示，另一端经连杆机构与选档操作手柄连接。

当选档操纵手柄拨至 P 位以外的任意一个位置时，手柄连杆机构带动锁止杆向离开停车棘爪方向移动，使锁止杆直径较小的圆柱杆与停车棘爪接触，停车棘爪在复位卡簧弹力的作用下复位，其锁止凸齿与外齿圈分离，变速器输出轴可以自由旋转。

当选档操纵手柄拨至 P 位时，手柄连杆机构推动锁止杆向接近停车棘爪方向移动，使锁止杆

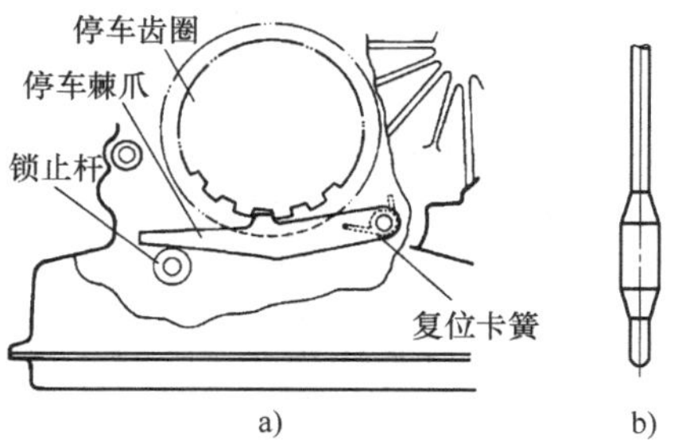

图 7-17　停车锁止机构的结构
a）机构组成　b）锁止杆结构

直径较大的圆柱杆部分与停车棘爪接触，将停车棘爪顶向停车齿圈。当锁止凸齿嵌入齿圈的齿槽时，便将输出轴与变速器壳体连成一体而无法转动，使汽车停止不动。

第四节　液压控制系统的结构原理

自动变速器的变速机构是由换档执行机构（换档离合器或换档制动器）的接合与分离来实现变速的。由于换档执行机构的接合与分离直接受控于液压控制系统，液压控制系统又受控于电子控制系统，因此，在学习自动变速控制过程之前，还必须熟悉液压控制系统和电子控制系统各种控制阀或控制部件的结构特点与工作原理。

汽车各型自动变速器液压控制系统的结构大同小异，丰田凯美瑞（Camry）5S－FE燃油喷射式发动机轿车和赛利卡（Celica）轿车采用的A140E型电控自动变速器液压控制系统的组成如图7-18所示，主要由液压传动装置（油泵、传动液）、液压控制装置（包括主副调压阀、节气门油压修正阀、换档阀、手控阀、电磁阀和锁止阀等）以及连接这些液压装置的油道等组成。

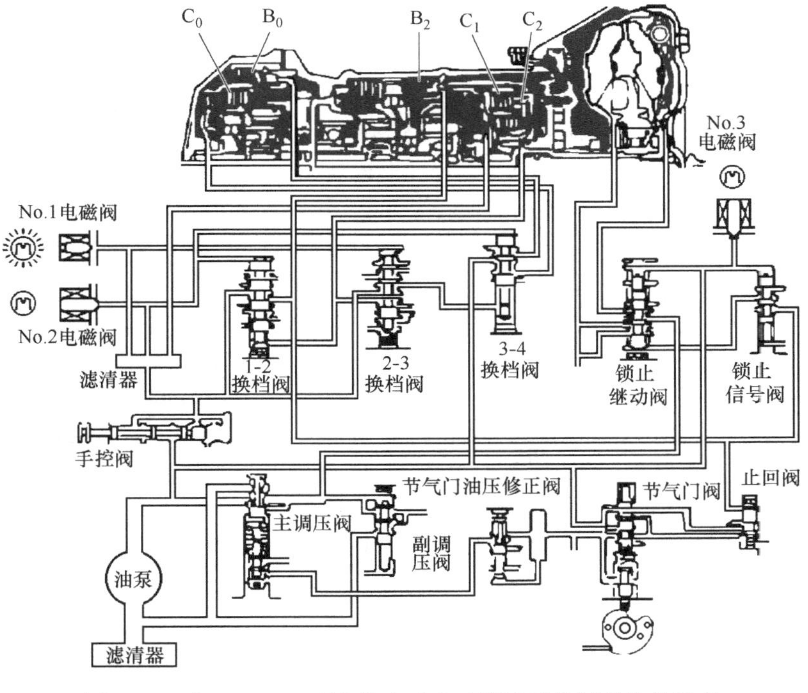

图7-18　丰田A140E型电控自动变速器液压控制系统的组成

一、液压传动装置

自动变速器液压控制系统的液压传动装置主要包括液压油泵和传动液。

（一）液压油泵

液压油泵通常安装在液力变矩器的后面，由发动机飞轮通过液力变矩器壳体直接驱动，其功用：一是为液力变矩器和液压控制系统提供具有一定压力的传动油液；二是为齿轮变速机构和变速器运动部件提供润滑油液。油泵作为液压控制系统的动力源将油底壳中的传动液泵出，经过调压阀将油压调节到规定值后，一部分输送到液力变矩器，其余输送到液压控制系统的控制机构、换档执行机构和齿轮变速机构，以便实现档位变换和润滑运动部件。

变速器传动档位和工况不同，所需传动液压力的大小也不相同。丰田车系电控自动变速器在不同档位和工况时，液压传动管路传动液的压力见表7-2。可见，当自动变速器工作时，需要液压油泵提供压力高达1900kPa（约19个大气压）的传动液。

自动变速器常用油泵有内啮合齿轮泵、摆线转子泵和变量叶片泵三种，分别简称为齿轮泵、转子泵和叶片泵。三种油泵的共同特点是，主动部件（内转子）通过液力变矩器泵轮轴套上的花键毂由发动机曲轴驱动，从动部件与主动部件之间具有一定的偏心距。因此，一旦发动机转动，就会驱动油泵泵油。

表7-2　丰田车系电控自动变速器液压传动管路传动液的压力

变速器型号		档位	管路传动液的压力/kPa		变速器结构特点	应用车型
			怠速	失速（涡轮转速为零）		
前桥驱动的电控自动驱动桥	A140E	D	373～422	902～1049	电控、四速、带锁止离合器	凯美瑞 赛利卡
		R	550～707	1412～1648		
	A240E	D	373～422	902～1049	电控、四速、带锁止离合器	花冠 科罗纳
		R	550～707	1412～1648		
	A241E	D	373～422	903～1050	电控、四速、带锁止离合器	花冠 科罗纳
		R	638～795	1560～1893		
	A540E	D	353～412	992～1040	电控、四速、带锁止离合器	雷克萨斯 凯美瑞
		R	637～745	1608～1873		
后桥驱动的电控自动变速器	A340E	D	363～422	902～1147	电控、四速、带锁止离合器	皇冠 赛利卡
		R	500～598	1236～1589		
	A341E	D	363～422	902～1147	电控（智能型）、四速、带锁止离合器	雷克萨斯
		R	500～598	1236～1589		
	A342E	D	363～422	902～1147	电控（智能型）、四速、带锁止离合器	雷克萨斯
		R	500～598	1236～1589		
	A43DE	D	353～402	1030～1196	电控、三速、带锁止离合器	克雷西达
		R	550～569	1422～1785		

（二）传动液

传动液是自动传动液（ATF，Automatic Transmission Fluid）的简称，具有传递能量、润滑、清洗和冷却等功用，是一种特殊的高级润滑油。在液力变矩器中，它是传递动力的介质；在液压控制系统中，它既是操纵油液，也是润滑油液。在自动驱动桥中，传动液还用来润滑主减速器和差速器等。自动变速器使用的传动液必须满足以下要求：

1）适当的黏度和良好的黏度稳定性。自动变速器的工作温度变化范围较大，一般为－40℃～170℃，其黏度变化范围也较大。就提高液力变矩器的传动效率和控制系统动作的灵敏度以及汽车低温顺利起步而言，传动液黏度低较为有利；就满足行星齿轮变速机构的润滑要求和防止泄漏而言，传动液黏度又不能过低。为了满足自动变速器各部机件的使用要求，传动液在不同温度条件下，必须达到规定的黏度值，见表7-3所示。

表7-3 PTF－1类传动液的黏度特性 （单位：mm^2/s）

项目	温度/℃	通用汽车公司 Dexron 型	通用汽车公司 DexronⅡ型	福特汽车公司 M2C33－E/F 型	克莱斯勒汽车公司 MS－4228 型
黏度	99	7.0（最小）	—	7.0（最小）	7.25（最小）
	－17.8	—	—	1400（最大）	—
	－23.3	4000（最大）	4000（最大）	—	—
	－29	—	—	—	2300（最大）
	－40	55000（最大）	50000（最大）	55000（最大）	—
黏度稳定性（耐久性试验）	90	5.5（最小）	5.5（最小）	6.2（最小）	6（最小）
	－17.8	—	—	1400（最大）	—

2）良好的热氧化稳定性。传动液工作时的最高温度可达170℃，若热氧化稳定性不好，就会生成高温氧化沉淀物，使各种液压控制阀和换档元件工作失灵。

3）良好的抗磨性。自动变速器齿轮变速机构的工作条件比较苛刻，且其零部件分别采用钢、铜等不同金属材料制成。因此，传动液要求能够保证不同材料制成的零部件均不易磨损。

4）良好的抗泡性。传动液产生泡沫，不仅会降低液力变矩器的传动效率和液压控制机构动作的灵敏度，还会导致液压传动系统油压波动，严重时会导致供油中断。因此，传动液要求具有良好的抗泡性，机械搅拌时产生的泡沫应能迅速消失。

5）对橡胶密封材料具有良好的适应性。自动变速器的密封件采用丁腈橡胶、丙烯橡胶和硅橡胶（合成橡胶的一种，原料是二甲基二氯硅烷，能耐高温和低温，主要用来制造飞机和宇宙飞船的密封件、薄膜、胶管和绝缘材料）等密封材料制成。传动液应不会使这些密封件产生明显的膨胀、收缩和硬化现象，否则就会导致传动液泄漏。

二、液压控制装置

自动变速液压控制系统的控制装置主要有调压阀和控制阀。调压阀、控制阀以及电子控制系统的电磁阀都安装在阀体中，阀体一般都安装在变速器下部或侧面，由上阀体、下阀体、阀体板（阀板）组成。丰田雷克萨斯LS400型轿车装备的A341E、A342E型电控四速自动变速器阀体的结构如图7-19所示。

各种阀都安装在上、下阀体之间，其控制油道分别制作在上、下阀体和阀板上。丰田A341E、A342E型电控自动变速器上阀体剖面图如图7-20所示。下阀体结构及剖面与上阀体类似，篇幅所限不再附图。当上阀体、下阀体和阀板组装成一体时，便形成密密麻麻、弯弯曲曲、形似“迷宫”的控制油道。

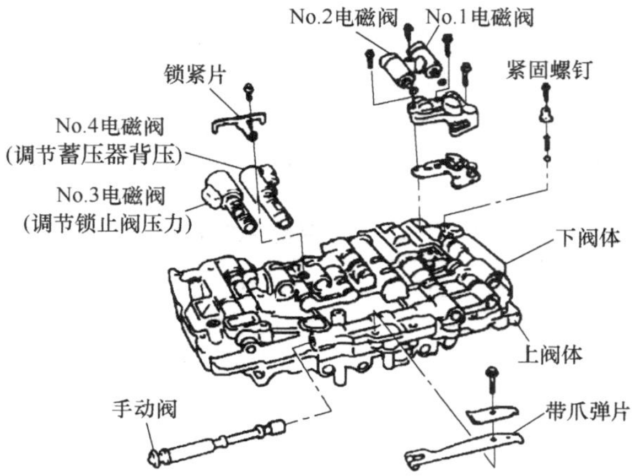

图 7-19　丰田 A341E、A342E 型自动变速器阀体总成的结构

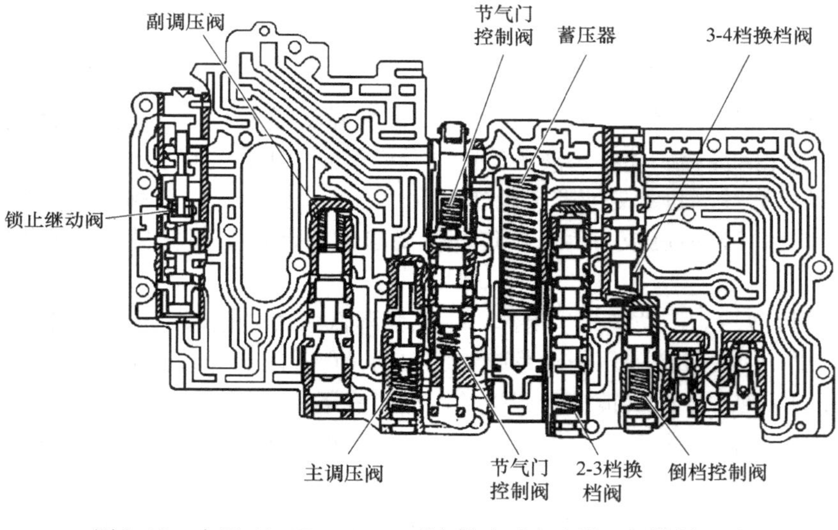

图 7-20　丰田 A341E、A342E 型电控自动变速器上阀体剖面图

三、调压阀的结构原理

发动机一旦转动，液压油泵就在曲轴的带动下运转，将变速器壳体中的传动液泵入主油路，使主油路油压升高。如果主油路油压过高，就会导致换档冲击或传动液产生泡沫，影响变速器正常工作。调压阀的功用就是将主油路油压控制在一定范围内。

按总体结构不同，调压阀分为球阀式、活塞式和滑阀式调压阀三种类型。

（一）球阀式调压阀

球阀式调压阀由球阀、弹簧和阀座组成，其结构原理如图 7-21 所示。油路规定的油压由弹簧预紧力决定。当油路油压 F_1 低于弹簧预紧力 F_2 时，弹簧将球阀压紧在阀座上，如图 7-21a 所示，油路油压随油泵转速升高和油量增加而升高。

当油路压力 F_1 高于弹簧预紧力 F_2 时，弹簧被压缩，球阀打开，如图 7-21b 所示，部分传动液从球阀阀口排出，使油路压力降低至规定油压。

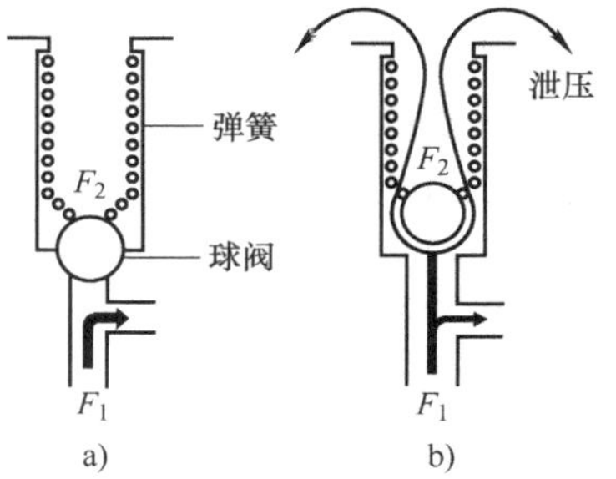

图 7-21　球阀式调压阀的结构原理

a）$F_1 < F_2$，升压　b）$F_1 > F_2$，降压

（二）活塞式调压阀

活塞式调压阀由活塞、弹簧和阀体组成，其结构原理如图 7-22 所示。油路规定的油压由弹簧预紧力决定。来自油泵的液压油液从进液口进入阀体并作用至活塞的上端面上。当油路压力 F_1 低于弹簧预紧力 F_2 时，弹簧伸长，活塞将泄压的进排液口关闭，如图 7-22a 所示，油路油压随油泵转速升高和油量增加而升高。

当油路压力高于弹簧预紧力时，弹簧被压缩，活塞移动将进排液口打开，如图 7-22b 所示，部分传动液从进排液口排出泄压，使油路压力降低至规定油压。

（三）滑阀式调压阀

普通滑阀式调压阀由滑阀、弹簧和阀体组成，其结构原理如图 7-23 所示，其工作原理与活塞式调压阀相似。弹簧预紧力 F_2 作用在滑阀底部端面 B 上，来自油泵的液压油液从进液口进入阀体并作用至滑阀上部端面 A 上。

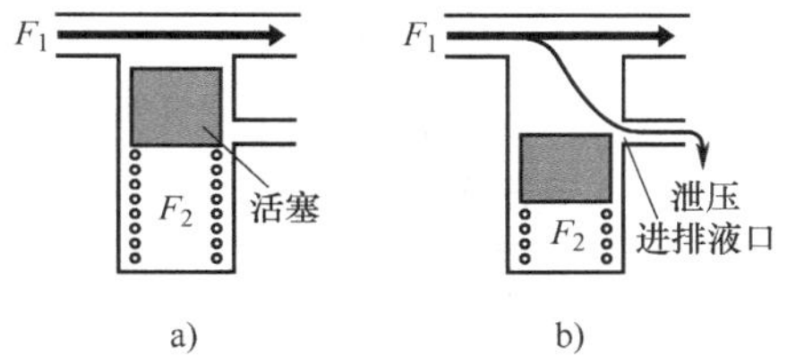

图 7-22　活塞式调压阀的结构原理

a）$F_1 < F_2$，升压　b）$F_1 > F_2$，降压

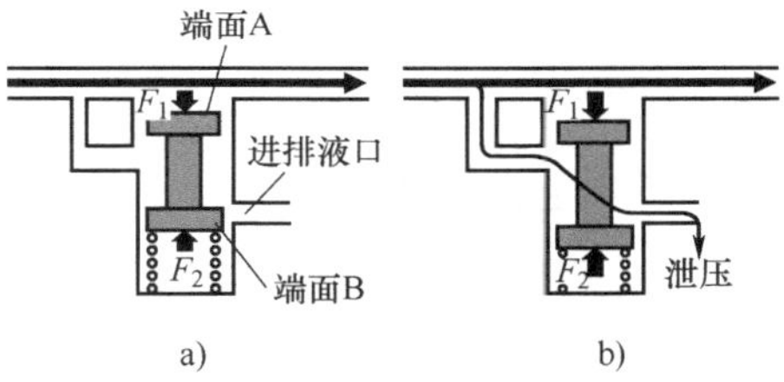

图 7-23　滑阀式调压阀的结构原理

a）$F_1 < F_2$，升压　b）$F_1 > F_2$，降压

当油路压力对端面 A 的作用力 F_1 低于弹簧预紧力 F_2 时，弹簧伸长，滑阀上移并将进排液口关闭，如图 7-23a 所示，油路油压随油泵转速升高和油量增加而升高。

当油路压力对端面 A 的作用力 F_1 高于弹簧预紧力 F_2 时，弹簧被压缩，滑阀向下移动并将进排液口打开，如图 7-23b 所示，部分传动液从进排液口排出泄压，使油路压力降低至规定油压。

（四）改进滑阀式调压阀

改进滑阀式调压阀的结构原理如图 7-24 所示，其工作原理是根据传动液压力暂时升高或降低来调节油压，工作状态有保压、调压、降压、升压四种。在滑阀上作用有两个力，弹簧安装在滑阀底部，其预紧力 F_2 始终作用在滑阀上。来自油泵的传动液通过进排液口 1 加到滑阀端面 A 和端面 B 上，因为端面 B 的面积大于端面 A 的面积，所以在端面 B 上将作用一个力图使滑阀向下移动的力 F_1（作用力 F_1 等于端面 B 上压力减去端面 A 上的压力）。

当传动液压力低于规定值时，作用力 F_1 小于弹簧预紧力 F_2，进排液口 3 保持关闭，如

图7-24a 所示，来自油泵的传动液经过进排液口1直接从进排液口2排出，传动液压力不会改变，从而实现“保压”功能。

当传动液压力超过规定值时，作用力 F_1 就会超过弹簧预紧力 F_2 并推动滑阀向下移动，将进排液口3打开，如图7-24b 所示，来自油泵的部分传动液就会从进排液口3排出泄压，使进排液口2排出传动液的压力降低，从而实现“调压”功能。

如果将进排液口4与具有一定压力的油路接通，使滑阀底部增加一个向上的推力 F_3（相当于弹簧预紧力增大 F_3），如图7-24c 所示，那么进排液口3的开启面积和传动液流量就会减小，进排液口2处传动液的流量相应地就会增大，使进排液口2处传动液的压力升高，从而起到“升压”作用。

同理，如果将进排液口5与具有一定压力的油路接通，使滑阀顶部增加一个向下的推力 F_3，如图7-24d 所示，那么进排液口3的开启面积和传动液流量就会增大，进排液口2处传动液的流量相应地就会减小，使进排液口2处传动液的压力降低，从而起到“降压”作用。

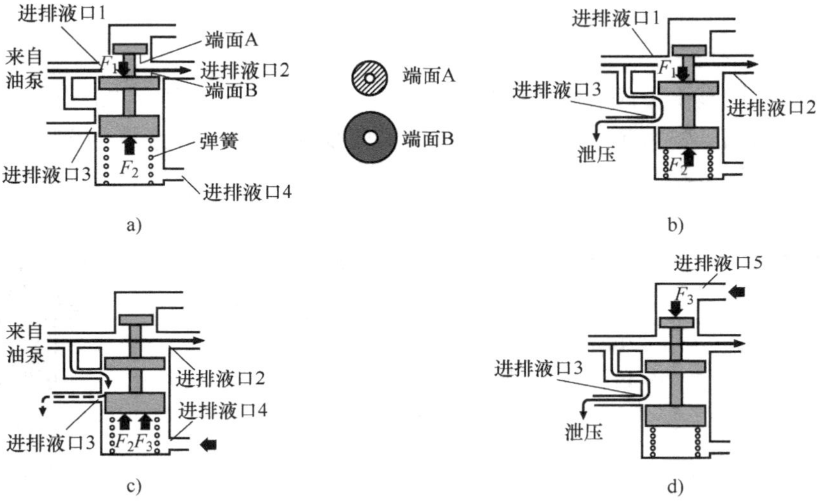

图7-24　改进滑阀式调压阀的结构原理

a）$F_1 < F_2$，保压　b）$F_1 > F_2$，调压

c）$F_1 < F_2 + F_3$，升压　d）$F_1 + F_3 > F_2$，降压

（五）调压阀的应用

在自动变速器中，一般都设有主调压阀和副调压阀（又称为第二调压阀）两只调压阀。丰田 A140E 型自动变速器调压阀的结构原理如图7-25 所示。

1. 主调压阀的功用与工作情况

主调压阀功用是：根据节气门开度和选档手柄（变速杆）的位置，将油泵输入至管路的油压调节至规定数值。管路油压是操纵换档离合器、制动器以及液压控制装置的动力源。如果主调压阀工作异常，就会导致管路油压不定。管路油压过高会导致换档产生冲击现象和发动机功率损失；管路油压过低会导致离合器、制动器打滑磨损或烧蚀而缩短变速器的使用寿命。

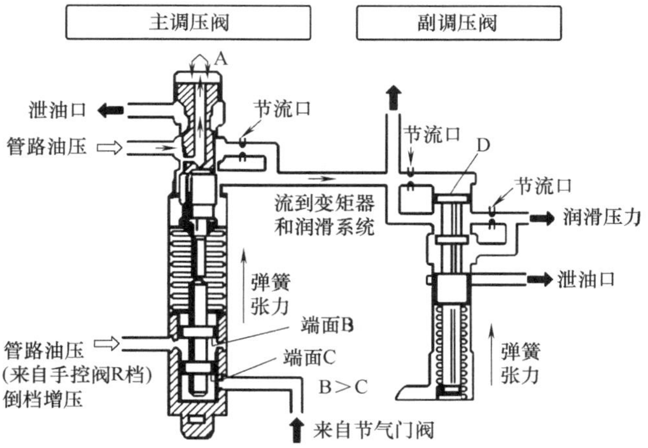

图 7-25　丰田 A140E 型自动变速器调压阀的结构原理

主调压阀阀芯上部端面 A 受管路油压作用（油泵油液从主调压阀入口，经阀芯内部油道作用至阀芯上部端面 A）。阀芯下部受三个力作用：第一个是弹簧张力；第二个是来自节气门阀并作用于端面 C 的液体压力；第三个是来自手控阀并作用于端面 B 的液体压力。主调压阀阀芯的位置取决于上述四个力的平衡结果。

当油泵压力升高时，管路油压升高，阀芯上部作用力增大，推动阀芯下移，使泄油口开度增大，传动液泄流量增大，从而使管路油压稳定在规定值。

当踩下加速踏板时，节气门开度增大，使发动机负荷以及输出转矩增大。此时来自节气门阀的传动液压力升高，阀芯端面 C 上的作用力增大，阀芯就会向上移动使泄油口开度减小，从而使管路油压升高，变矩器可传递的额定转矩增大，用以满足传递发动机输出转矩的要求。

当选档手柄拨到 R 位置时，来自手控阀的传动液压力作用于阀芯端面 B。因为端面 B 的面积大于端面 C，所以在阀芯上将增加一个向上的推力（该推力等于管路油压对端面 B 的作用力减去对端面 C 的作用力），使阀芯向上移动，管路油压进一步升高，从而使管路油压在 R 档位时比在其他任何档位都高，具体数值见前述表 7-2。这是因为倒档传动比较大，需要换档元件（换档离合器、换档制动器）传递更大的转矩。

2. 副调压阀的功用与工作情况

副调压阀的功用是：调节供给液力变矩器和各摩擦副的润滑油压，并在发动机停止转动时关闭液力变矩器的油路，保证再次起动时变矩器具有足够的传动液传递动力。

副调压阀实际上是一个限压阀。其阀芯受到两个力的作用：一个是弹簧向上的张力；另一个是来自主调压阀并流到液力变矩器和润滑系统的传动液压力，作用力方向向下。当供给液力变矩器的传动液压力升高时，阀芯上端面 D 受到向下的液体作用力增大，阀芯将向下移动，部分传动液从泄油口泄流，使供给液力变矩器的传动液压力保持不变。由此可见，液力变矩器和润滑系统的传动液压力是由副调压阀弹簧预紧力决定的。

四、控制阀的结构原理

控制阀的功用是转换通向各换档执行元件（换档离合器、换档制动器）的油路，以便实现档位变换。

按控制方式不同，控制阀分为手动控制阀（手控阀）、液压控制阀（液压阀）和电磁控制阀（电磁阀）三种类型。

（一）手动控制阀（手控阀）

手动控制阀（手控阀）是一种由人工手动操作选档元件的换向阀，其基本结构如图7-26所示，滑阀（阀芯）通过连杆机构或缆索与操纵手柄连接。当操纵手柄处于不同位置时，滑阀随阀杆移动至相应位置，从而接通相应的控制油路。

（1）选档元件

选档元件有手柄式和按钮式两种，选档手柄（变速杆）一般布置在驾驶室地板上，如图7-27所示。按钮式选档元件一般布置在仪表台或转向柱管上，通过操纵按钮来选择档位。

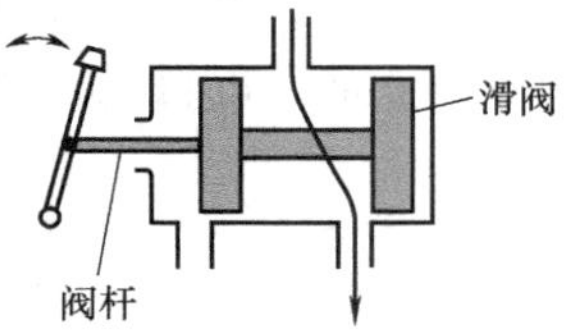

图7-26　手控阀的基本结构

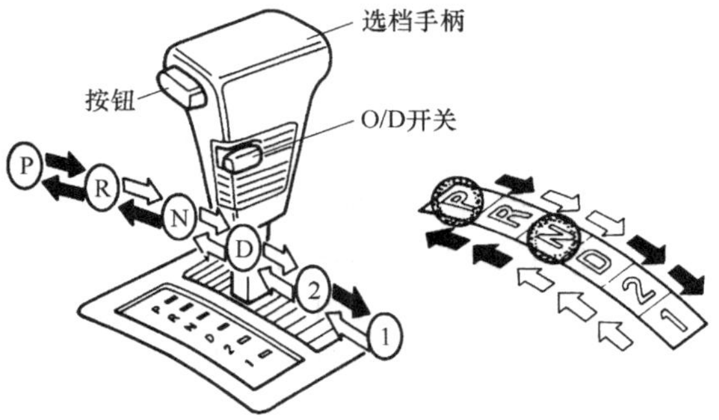

图7-27　手柄式选档元件的布置

当选档手柄（变速杆）或操作按钮在不同位置时，就能接通主调压阀与不同档位（R、D、2和L）之间的油路，如图7-28所示。

当驾驶人操纵选档手柄时，连杆机构便带动阀芯移动，从而接通不同的油路。与此同时，还要接通点火开关至换档位置指示灯和ECT ECU之间的电路（见本书后述自动变速电控系统的结构原理中图7-39所示空档起动开关的结构简图及连接电路）。

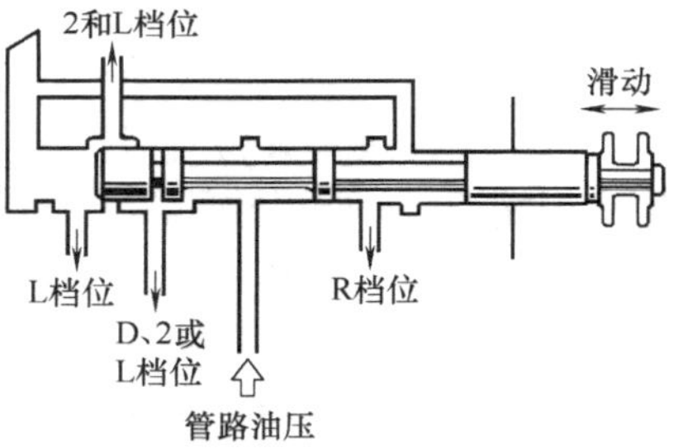

图7-28　手控阀的控制油路

（2）档位代号的含义

对于自动变速器而言，选档手柄所处的档位（位置）与变速器所处的档位是两个完全不同的概念。实际上，选档手柄只改变自动变速器阀体总成中手控阀的位置，而变速器所处的档位是由手控阀和换档执行元件（换档离合器、换档制动器）的工作状态决定，即不仅取决于手控阀的位置，还与车速、发动机节气门开度等因素有关。选档手柄一般都有P、R、N、D、2、L（或1）六个档位供驾驶人选择，各档位代号的含义如下：

① 代号P位置（“停车档”位置）。当选档手柄拨至P位置时，自动变速器中的停车锁止机构（机械机构）将变速器的输出轴锁止，使驱动轮不能转动，从而防止汽车移动。与此同时，换档执行机构使自动变速器处于空档状态。

② 代号 R 位置（“倒车档”位置）。当选档手柄拨至 R 位置时，换档执行机构将接通自动变速器倒档传动的油路，使倒档的动力传递路线接通，汽车驱动轮反转而实现倒退行驶。

③ 代号 N 位置（“空档”位置）。当选档手柄拨至 N 位置时，换档执行机构使自动变速器处于空档状态，发动机的动力虽然能够经过输入轴输入变速器，但各齿轮只是空转，变速器输出轴不能输出动力。在使用过程中，只有当选档手柄处于 N 位置或 P 位置时，发动机才能起动（此功能由空档起动开关控制）。

④ 代号 D 位置（“前进档”位置）。当选档手柄拨至 D 位置时，大部分轿车的自动变速器可以获得四个不同的传动比传递动力，即一档、二档、三档和超速（O/D，Over－Drive）档。在汽车行驶过程中，如果选档手柄位于 D 位置，则自动变速器的控制系统（液压控制系统或电子控制系统）将根据汽车速度、节气门开度等电信号（电子控制式自动变速器）或液压信号（液压控制式自动变速器），按照预先设定的换档规律自动变换档位，使汽车以不同车速行驶。在道路条件良好的情况下行驶时，选档手柄应当拨至 D 位置。

⑤ 代号 2 位置（“高速发动机制动档”位置）。当选档手柄拨至 2 位置时，自动变速器的控制系统（液压控制系统或电子控制系统）将限制前进档的变化范围，只能接通一、二档的油路，自动变速器只能在一、二档之间变换档位，无法升入更高档位，从而使汽车具有足够的驱动力而稳定地上坡，下坡时可利用发动机制动，故此档位称为“高速发动机制动档”。

⑥ 代号 L（或 1）位置（“低速发动机制动档”位置）。当选档手柄拨至 L（或 1）位置时，自动变速器的控制系统（液压控制系统或电子控制系统）只能接通一档油路，自动变速器只能在一档行驶，无法升入高档。因此，当选档手柄拨至 L（或 1）位置时，可以获得比选档手柄拨至 2 位置更强的发动机制动效果，故此档位称为“低速发动机制动档”。此档位适用于汽车在山区、上坡或下坡行驶，使汽车具有足够的驱动力而稳定地上坡，下坡时又可利用发动机制动。

（二）液压控制阀（液压阀）

液压控制阀简称液压阀，是一种由液压控制的换向阀。电控自动变速器常用的液压阀有节气门阀、节气门油压修正阀、锁止信号阀、锁止继动阀和换档阀等。

1. 液压阀的基本结构与原理

液压阀的结构原理如图 7-29 所示，滑阀的一端作用有弹簧预紧力，另一端作用有传动液压力。

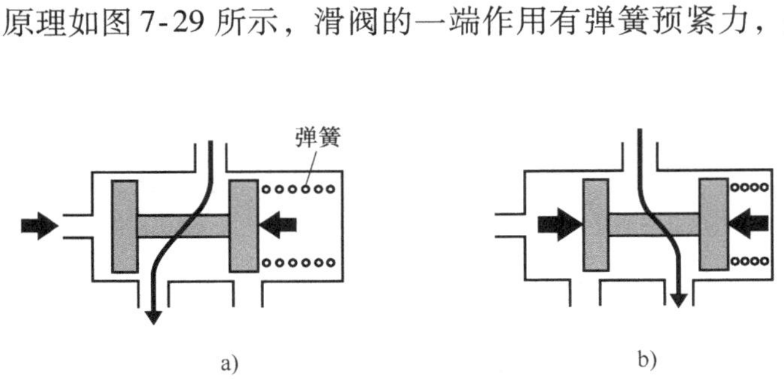

图 7-29　液压阀的结构原理

当传动液对滑阀的作用力低于弹簧预紧力时，弹簧伸长，滑阀左移，使控制阀左边油路接通、右边油路关闭，如图 7-29a 所示。

当传动液压力高于弹簧预紧力时，滑阀压缩弹簧右移，使控制阀右边油路接通、左边油路关闭，如图7-29b所示，从而实现油路转换。

改进型液压阀滑阀（阀芯）的两端都可施加传动液压力，结构原理如图7-30所示。

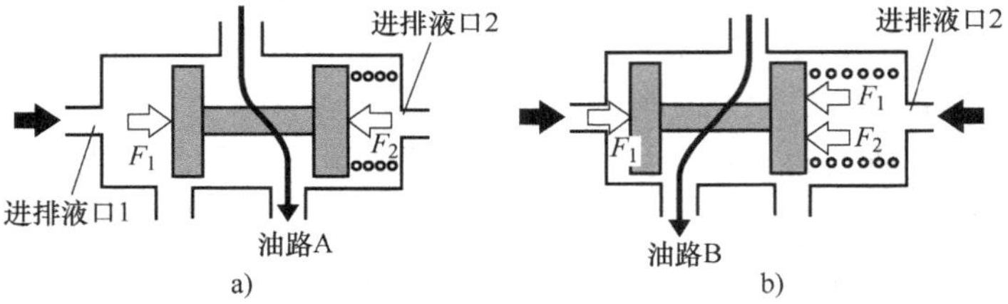

图7-30 改进型液压控制阀的结构原理

a）$F_1>F_2$，油路A接通 b）$F_1<F_1+F_2$，油路B接通

当传动液从进排液口1流入控制阀时，液体对阀芯的作用力F_1克服弹簧预紧力F_2推动滑阀右移，使控制阀右边的油路A接通，如图7-30a所示。

当在进排液口1和2处都施加相同的传动液压力F_1时，如图7-30b所示，滑阀两端的液体压力相等，在弹簧预紧力F_2作用下，滑阀就会向左移动，使控制阀左边的油路B接通，从而实现油路转换。

下面以锁止信号阀和1－2换档阀的工作情况说明上述液压控制阀的控制原理。

2. 锁止信号阀的结构原理

在自动变速器中，液力变矩器的锁止与分离受锁止离合器控制，锁止离合器的接合与分离受锁止继动阀控制，锁止继动阀受锁止信号阀控制，锁止信号阀受锁止电磁阀No.3控制，No.3电磁阀又受控于ECT ECU。锁止信号阀的功用是控制二档制动器至锁止继动阀之间液压油路的接通与关闭。锁止继动阀的功用是根据锁止信号阀的锁定信号，通过改变传送至液力变矩器的传动液的流向，使液力变矩器内部的锁止离合器接合与分离。

锁止信号阀的结构原理如图7-31所示，阀芯受到两个力作用，上端面A与管路油压和No.3电磁阀阀门相通，受到的作用力随管路油压变化而变化，下端面受弹簧预紧力作用。

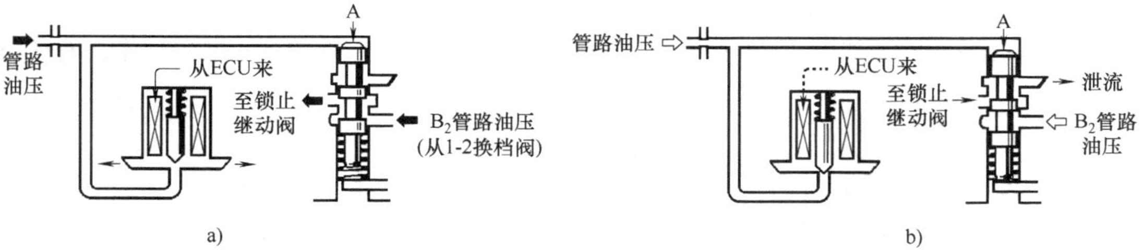

图7-31 锁止信号阀的结构原理

a）No.3电磁阀通电，管路接通 b）No.3电磁阀断电，管路关闭

当No.3电磁阀接收到ECT ECU发出的接通指令时，电磁线圈电流接通，产生电磁吸力使阀芯向上移动，电磁阀阀门开启泄压，如图7-31a所示，使管路油压对锁止信号阀阀芯上端面A的作用力减小。锁止信号阀阀芯在弹簧预紧力推动下向上移动，将二档制动器B_2至

锁定继动阀之间的液压管路接通。此时锁止继动阀接通液力变矩器的锁止离合器油路，锁止离合器接合，将液力变矩器锁定而直接传递发动机动力。

当 ECT ECU 发出指令切断 No. 3 电磁阀线圈电流时，电磁阀的电磁吸力消失，其阀芯在复位弹簧弹力作用下复位，电磁阀阀门关闭，如图 7-31b 所示。电磁阀阀门一旦关闭，管路油压就会升高，锁止信号阀阀芯上端面 A 上的作用力增大，端面 A 上的作用力克服弹簧预紧力使阀芯向下移动，将二档制动器 B_2 至锁止继动阀之间的液压管路关闭。

3. 换档阀的工作情况

换档阀的功用是控制换档元件（换档离合器、换档制动器）油路的接通与关闭。换档阀受控于换档电磁阀（No. 1、No. 2 电磁阀），No. 1、No. 2 电磁阀又受控于 ECT ECU。

自动变速器一般设有 3 只换档阀用于换档控制，分别用 1－2 换档阀、2－3 换档阀和 3－4 换档阀表示，各种档位之间的变换依靠 3 只换档阀相互配合工作才能实现。3 只换档阀的工作原理相同，下面以图 7-32 所示 1－2 换档阀的工作情况为例进行说明。

换档阀的工作状态受换档电磁阀（No. 1 电磁阀和 No. 2 电磁阀）控制，丰田 A140E 型辛普森式四速自动变速器换档电磁阀及换档执行元件的工作情况见表 7-4 所示，表中各换档执行元件代号的含义分别为：

C_0——超速离合器；

F_0——超速单向离合器；

B_0——超速制动器；

C_1——前进离合器；

C_2——直接档离合器；

B_1——二档滑行制动器；

B_2——二档制动器；

B_3——低档、倒档制动器；

F_1——No. 1 单向离合器（二档制动器 B_2 工作时，防止太阳轮逆时针转动）；

F_2——No. 2 单向离合器（防止前行星架逆时针转动）。

表 7-4　丰田 A140E 型辛普森式四速自动变速器换档电磁阀及换档执行元件的工作情况

档位	传动档位	No. 1 电磁阀	No. 2 电磁阀	换档执行元件									
				C_0	F_0	B_0	C_1	C_2	B_1	B_2	B_3	F_1	F_2
P	停车档	通电	断电	●									
R	倒档	通电	断电	●	●			●			●		
N	空档	通电	断电	●									
D	一档	通电	断电	●	●		●						●
	二档	通电	通电	●	●		●			●		●	
	三档	断电	通电	●	●		●	●		●			
	O/D 档	断电	断电			●	●	●		●			
2	一档	通电	断电	●	●		●						●
	二档	通电	通电	●	●		●		●	●		●	
	三档*	断电	通电	●	●		●	●		●			

（续）

档位	传动档位	No. 1 电磁阀	No. 2 电磁阀	换档执行元件									
				C_0	F_0	B_0	C_1	C_2	B_1	B_2	B_3	F_1	F_2
L	一档	通电	断电	●	●		●				●		●
	二档*	通电	通电	●	●		●		●	●		●	

注：1. 符号“●”表示该元件投入工作。

2. 符号“＊”表示仅下行换档至2或L位时才能换入该档，在2或L位时不能换入该档。

当变速器排入一档时，由表7-4可知，ECT ECU将控制No. 2电磁阀断电，其阀门关闭并将泄流回路关闭。此时，主调压阀调节的管路油压作用至1－2换档阀阀芯上部A处，管路油压对阀芯上端面的作用力克服弹簧张力使阀芯向下移动，此时1－2换档阀工作状态如图7-32a所示。

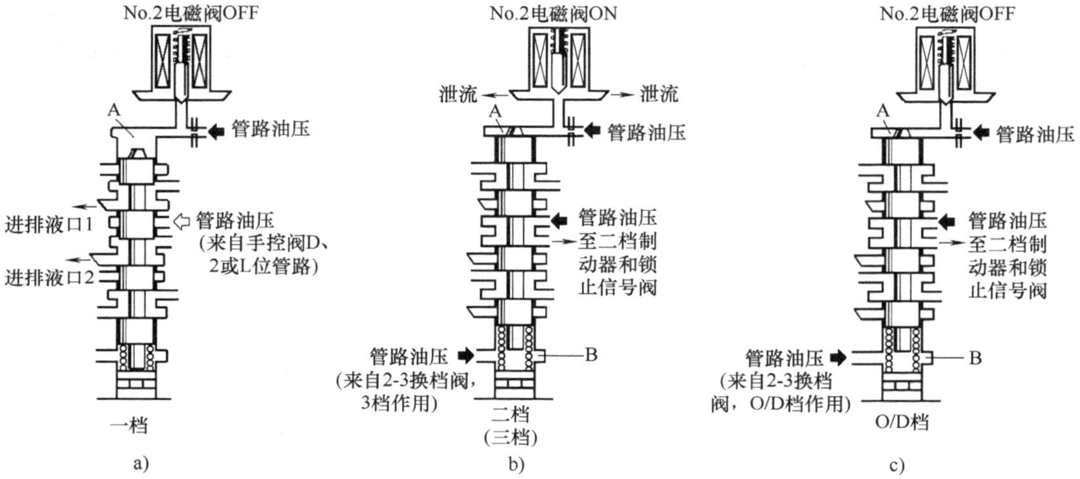

图7-32　1－2换档阀的工作情况

a）排入一档　b）排入二档或三档　c）排入O/D档

当变速器排入二档或三档时，由表7-4可知，ECT ECU向No. 2电磁阀发出通电指令，No. 2电磁阀线圈通电，阀门开启泄流降压，1－2换档阀阀芯上部A处的管路油压降低。在换档阀下部B处来自2－3换档阀的管路油压以及弹簧张力作用下，1－2换档阀阀芯向上移动，从而接通二档制动器B_2油路，此时1－2换档阀工作状态如图7-32b所示。

当变速器排入超速档（O/D档）时，由表7-4可知，ECT ECU将向No. 2电磁阀发出断电指令。虽然No. 2电磁阀断电时阀门关闭，管路油压将作用在1－2换档阀上部A处，但是由于来自2－3换档阀的管路油压和弹簧张力一直作用在1－2换档阀阀芯下部B处，因此1－2换档阀阀芯保持在上述二档或三档时所处位置不变，二档制动器B_2油路保持接通，此时1－2换档阀工作状态如图7-32c所示。

4. *其他改进型液压阀的功用*

在电控自动变速器中，节气门阀的功用是：根据节气门开度大小建立一个控制管路油压（主油路油压）的节气门油压，使主调压阀调节的管路油压随节气门开度增大而升高或随节气门开度减小而降低，用以满足发动机负荷变化时换档元件工作和零部件润滑对主油路油压的要求。节气门油压修正阀的功用是：将作用于主调压阀的节气门油压转换成随节气门开度变化而呈非线性变换的油压。其目的是在节气门开度较大时，使主调压阀调节的管路油压增长幅度减小，以满足传递发动机动力的需要，防止主油路油压过高而导致换档冲击。

（三）电磁控制阀（电磁阀）

电磁控制阀简称电磁阀，是一种用电磁力控制其阀门打开或关闭的机电一体阀。电磁阀一般安装在变速器阀体内部，也有的安装在阀体外面，其结构原理如图 7-33 所示，由电磁铁机构（电磁线圈和铁心）、阀芯和复位弹簧组成。阀芯受控于电磁铁机构，从而控制传动液油路的接通与关闭。

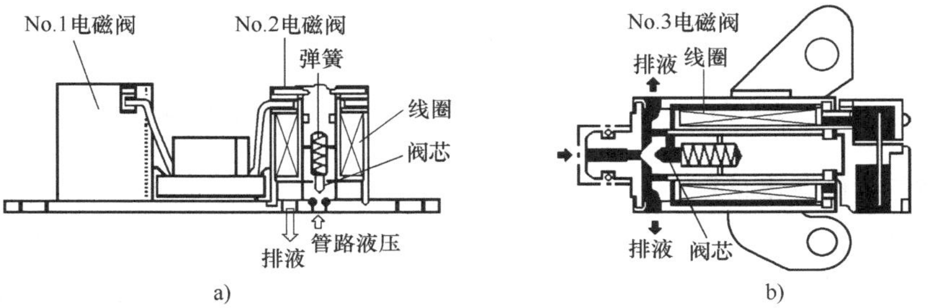

图 7-33　电磁阀的结构原理
a）No. 1 与 No. 2 电磁阀　b）No. 3 电磁阀

当电磁线圈断电时，阀芯在弹簧弹力作用下将阀门关闭，油路切断。当电磁线圈接通电流时，阀芯在电磁吸力作用下，克服弹簧张力离开阀座将阀门打开，接通换档执行元件或锁止离合器油路，从而实现档位变换或离合器锁定。

电磁阀既是电子控制系统的直接执行元件，也是液压控制系统的始控元件。电控自动变速器一般设有 3 只（No. 1、No. 2、No. 3）电磁阀。在高性能变速器上，设有 4 只或更多只电磁阀。No. 1 电磁阀、No. 2 电磁阀控制档位变换，No. 3 电磁阀控制液力变矩器的锁止（锁定）离合器，No. 4 或其他电磁阀用于提高换档品质，使换档离合器和制动器接合柔和。电磁阀越多，换档品质越高，变速器的性能越好。

第五节　变速电控系统的结构特点

汽车自动变速电子控制系统由传感器与控制开关、自动变速电控单元（ECT ECU）和执行器三部分组成。丰田凯美瑞、赛利卡轿车装备的 A140E 型自动变速器部分控制部件的安装位置如图 7-34 所示。执行器有 No. 1 电磁阀、No. 2 电磁阀和 No. 3 电磁阀。

一、传感器

汽车电控自动变速器常用传感器有节气门位置传感器、车速传感器、冷却液温度传感器等。下面介绍其结构特点与输出特性。

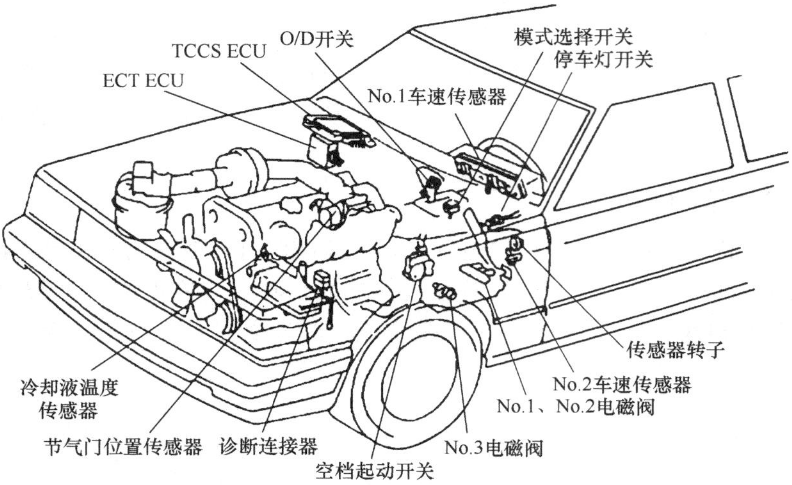

图 7-34　丰田 A140E 型自动变速器控制部件的安装位置

（一）节气门位置传感器

节气门位置传感器（TPS）是电控发动机或电控变速器必不可少的传感器之一。在装备电控自动变速器的汽车上，TPS 将发动机负荷（对应于节气门开启角度）转换为电压信号之后，除输入发动机 ECU 之外，还要输入 ECT ECU 作为确定变速器换档时机（换档点）和变矩器锁止时机的主要信号之一。

1. 传感器的结构特点

在装备或选装自动变速器的汽车上，电控发动机和电控变速器一般都共用一只 TPS。为了较为精确地反映发动机负荷大小，以便精确控制变速器的换档时机和变矩器的锁止时机，可选用触点式 TPS，其结构要复杂一些（触点较多），如图 7-35 所示为丰田车系用开关量输出型 TPS 的结构原理。其安装在节气门轴的一端，内部设有一个凸轮，套装在节气门轴上，随节气门开度变化而转动。传感器有 8 个输出端子，分别与传感器内部触点连接，端子 IDL、ACC_1、ACC_2、PSW 提供发动机控制信号；端子 L_1、L_2、L_3 提供自动变速器控制信号，E_2 为搭铁端子。

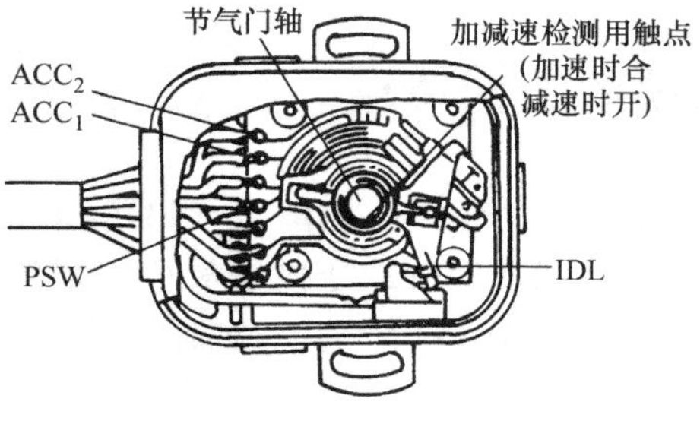

a)

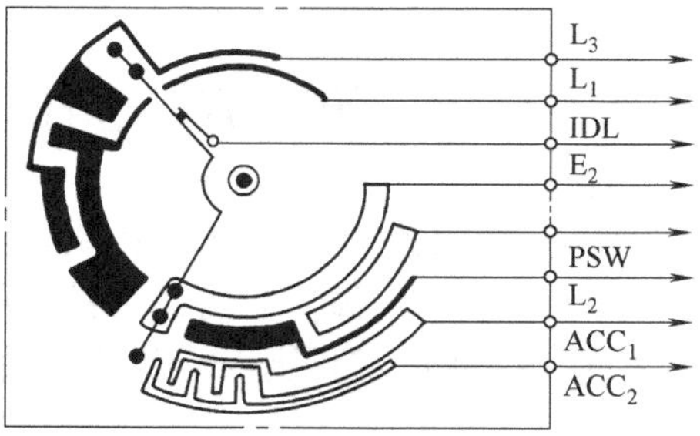

b)

图 7-35　丰田车系用开关量输出型 TPS 的结构原理

2. 传感器的输出特性

丰田车系用开关输出型 TPS 的输出特性如图 7-36 所示，当节气门完全关闭，凸轮使怠速 IDL 触点接通时，IDL 端子输出低电平 0，ECT ECU 接收到 IDL 端子输出的低电平信号时，将判定发动机处于怠速状态，输出信号与节气门开度之间的关系见表 7-5 所示。

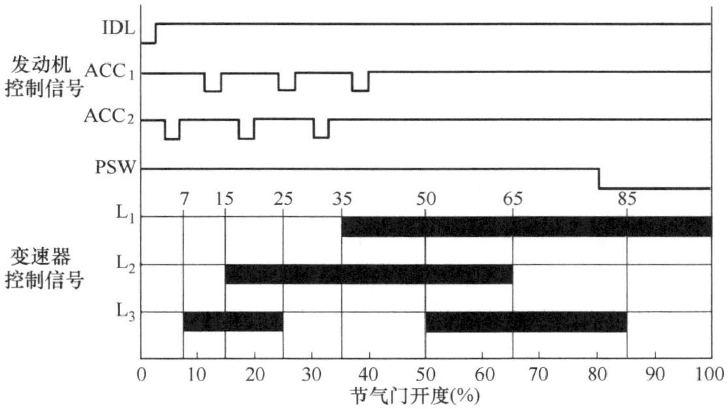

图 7-36　丰田车系用开关量输出型 TPS 的输出特性

表 7-5　丰田 TOYOTA 开关输出型节气门位置传感器的输出特性

节气门开度（发动机负荷）	传感器输出信号			
	IDL	L_1	L_2	L_3
0	0	1	1	1
0～7%	1	1	1	1
7%～15%	1	1	1	0
15%～25%	1	1	0	0
25%～35%	1	1	0	1
35%～50%	1	0	0	1
50%～65%	1	0	0	0
65%～85%	1	0	1	0
85%～100%	1	0	1	1

注：输出信号 0 表示触点闭合，输出为低电平（0）；输出信号 1 表示触点断开，输出为高电平（5V）。

当 ECT ECU 接收到 IDL、L_1、L_2、L_3输出均为高电平 1 时，将判定发动机负荷为 0～7%。当 ECT ECU 接收到 IDL、L_1、L_2输出为高电平 1，L_3输出为低电平 0 时，将判定发动机负荷为 7%～15%。

当 ECT ECU 接收到 IDL、L_1输出为高电平 1，L_2、L_3输出为低电平 0 时，将判定发动机负荷为 15%～25%。节气门在其他开度时，传感器输出信号依次类推。

（二）车速传感器的结构特点

在汽车自动变速电子控制系统中，车速传感器（VSS）的功用是产生频率与车速成正比的信号电压，并输入 ECT ECU 作为确定变速器换档时机和变矩器锁止时机的主要信号之一。

车速传感器一般都采用磁感应式和舌簧开关式。为了实现车速传感器失效保护功能，电控自动变速器（如丰田A140E、A340E、A341E、A342E和A540E型等）上配装有主车速传感器（No.2车速传感器）和辅助车速传感器（No.1车速传感器）。两只车速传感器的安装位置依车型而异，丰田雷克萨斯LS400型轿车用A341E、A342E型ECT和科罗纳轿车用A240E、A241E型ECT的No.1、No.2车速传感器均安装在自动变速器上。丰田凯美瑞、赛利卡轿车用A140E型ECT、克雷西达轿车用A43DE型等ECT的No.2车速传感器安装在变速器上，No.1车速传感器安装在组合仪表盘内。

当两只车速传感器工作都正常时，ECT ECU只采用No.2车速传感器的脉冲信号来控制换档。当No.2车速传感器发生故障，其输出信号的频率或幅值超出正常值范围时，ECT ECU将自动切换运行程序，采用No.1车速传感器信号控制换档。如果两只车速传感器都发生故障，则ECT ECU将停止自动换档。No.2车速传感器定子安装在变速器延伸壳体上，信号转子安装在变速器输出轴上。转子上的磁铁随输出轴一同转动，从而使传感器定子中的舌簧开关产生频率与车速成正比的脉冲信号并输送至ECT ECU。

二、控制开关

自动变速系统常用的控制开关有换档规律选择开关（驱动模式选择开关）、超速开关、空档起动开关、制动灯开关等。

（一）换档规律（驱动模式）选择开关

换档规律（或驱动模式）选择开关用于选择换档规律，安装在仪表台或选档手柄上，如图7-37所示。换档规律有普通型NORM、动力型PWR和经济型ECON三种。在汽车行驶过程中，驾驶人可据行驶条件来选择不同的换档规律。

（二）超速开关（O/D开关）

超速开关通常称为O/D开关，其功用是控制自动变速器能否升至超速档行驶。O/D开关一般都为按钮式开关，设在选档手柄上。同时在组合仪表盘上设有相应的指示灯，称为超速切断（O/D OFF）指示灯，该指示灯受O/D开关控制，控制电路如图7-38所示。

图7-37　换档规律选择开关

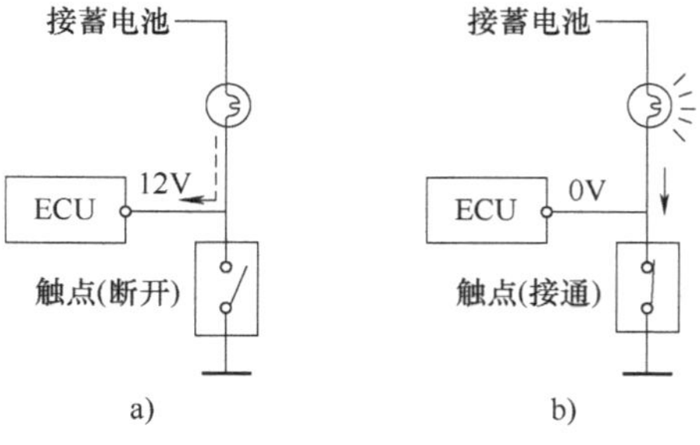

图7-38　O/D开关及其指示灯电路

a）O/D开关OFF，O/D档断开　b）O/D开关ON，O/D档可接通

当按下O/D开关按钮使其处于ON位置时，开关触点断开，超速切断指示灯电路不通而熄灭，如图7-38a所示。电源电压（12V）经超速切断指示灯加至ECT ECU上，此时如选档手柄处于D位，ECT ECU控制变速器升档时，最高可以升至超速档（相当于四档）。

当再按一下 O/D 开关按钮，开关处于 OFF 位置时，开关触点接通，超速切断指示灯接通而发亮，如图 7-38b 所示，此时 ECT ECU 接收到的信号电压为 0，无论汽车在什么条件下行驶，变速器都不能升入超速档，最高只能升至三档。

当 O/D 开关按钮处于 ON 位置时，如果变速控制系统发生故障，自诊断系统将控制超速切断（O/D OFF）指示灯闪亮报警。

（三）空档起动开关

空档起动开关是一个由选档手柄控制的多位多功能开关，其结构简图及连接电路如图 7-39 所示。

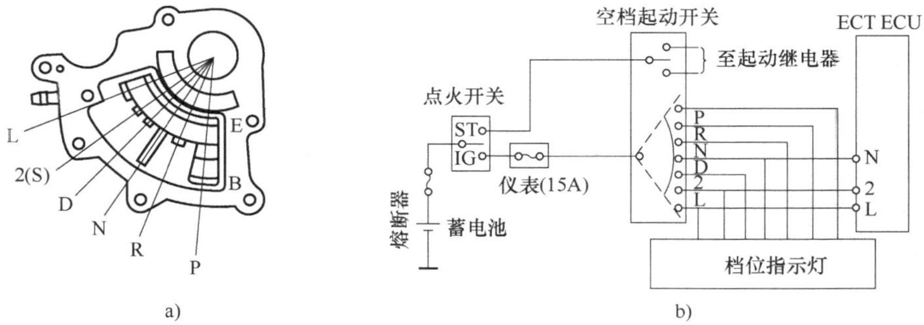

图 7-39　空档起动开关的结构简图及连接电路
a）结构简图　b）连接电路

当选档手柄拨至某一位置时，选档手柄使开关上相应的触点闭合，从而接通点火开关至 ECT ECU 和档位指示灯之间的相应电路。与此同时，选档手柄的连杆机构带动选档阀的阀芯移动，接通选档阀的不同控制油路。

ECT ECU 根据空档起动开关输入的 N、2、L 三个（或 N、2、L、R 四个）位置信号（高电平信号）来判断选档手柄所处位置。如果 N、2、L 三个（或 N、2、L、R 四个）端子都无信号输入，ECT ECU 则判定选档手柄处于 D 位。空档起动开关的具体功用如下：

（1）当选档手柄拨至停车档 P 位或空档 N 位时，起动继电器线圈电路才能接通，发动机才能被起动，与此同时接通停车档 P 或空档 N 的档位指示灯电路，故空档起动开关又称为空档安全开关。

（2）当选档手柄拨至倒车档 R 位时，接通倒车灯开关和倒车档档位指示灯电路。

（3）当选档手柄拨至前进档 D 位时，变速器可由一档顺序升至高档。

（4）当选档手柄拨至前进档 2 位时，允许变速器从三档降至一档，或由一档升至二档。

（5）当选档手柄拨至前进档 L 位或 1 位时，变速器被锁止在一档。

（四）制动灯开关

制动灯开关安装在制动踏板下面的支架上。当驾驶人踩下制动踏板时，制动灯开关接通，制动灯发亮，并从制动灯开关信号输入端子 STP（或 BK）向 ECT ECU 输入一个高电平（电源电压）信号。ECT ECU 接收到该高电平信号时，便知已经使用制动，立即发出解除液力变矩器锁止指令，使锁止离合器分离。其目的是在车轮抱死制动时，防止发动机突然熄火。

当驾驶人未踩下制动踏板时，STP（或BK）端没有信号输入，ECT ECU将按正常控制程序控制液力变矩器锁止与分离。

（五）驻车制动灯开关

驻车制动灯开关又称为停车制动灯开关，受驻车制动手柄（手制动）控制。当驻车制动手柄放松时，停车制动开关断开，制动报警灯熄灭，电源电压经制动报警灯从驻车制动灯开关信号输入端子PKB向ECT ECU输入一个高电平（12V）信号。ECT ECU接收到这一信号后，在起步和换档时，将控制减少车尾的下坐量。当驾驶人拉紧驻车制动手柄制动时，停车制动开关接通，制动报警灯发亮，ECT ECU的PKB端将接收到一个低电平（0）信号，此信号告知ECT ECU驻车制动手柄已经拉紧。

三、执行器

执行器的功用是根据ECT ECU的控制指令，完成变速器自动换档和变矩器自动锁止动作。自动变速电子控制系统的直接执行器是电磁阀（一般设有No.1、No.2、No.3共3只电磁阀）。此外，液压控制系统的换档阀、换档离合器与换档制动器、变速齿轮机构、锁止信号阀、锁止继动阀、锁止离合器等属于间接执行器。

在自动变速系统工作过程中，电磁阀根据ECT ECU的控制指令，再控制液压控制系统的各个执行器动作，利用传动液液力驱动换档离合器和换档制动器动作实现自动换档功能、驱动锁止离合器动作实现变矩器锁止功能。

第六节　电控自动变速器的控制

自动变速器型号不同，其控制电路也不相同。下面以丰田凯美瑞和赛利卡等轿车采用的A140E型自动变速器的电控系统为例说明。

一、自动变速器的控制电路

丰田凯美瑞轿车A140E型电控自动变速器的控制电路如图7-40所示，ECT ECU各接线端子的代号及其含义如下。

1）+B：ECT ECU备用电源端子。该端子为随机存储器RAM等提供电源。

2）IG：ECT ECU电源端子。当点火开关接通时，ECT ECU接通12 V电源。

3）STP（或BR）：制动信号输入端子。当制动踏板踩下时，向ECT ECU输入高电平（12 V）信号，ECT ECU立即发出解除液力变矩器锁止指令，防止发动机在车轮抱死制动时突然熄火。

4）PWR：换档规律（驱动模式）选择开关信号输入端子。PWR端有信号电压（电源电压）输入时，ECT ECU选用PWR型换档规律控制换档，组合仪表板上的PWR指示灯发亮；PWR端无信号电压输入时，ECT ECU选用NORM型换档规律控制换档，组合仪表板上的PWR指示灯熄灭，NORM指示灯发亮。

5）IDL：节气门位置传感器（TPS）怠速触点闭合信号输入端子。当发动机怠速或汽车急减速行驶时，节气门将关闭，TPS怠速触点接通，IDL端子将向ECT ECU输入一个高电平

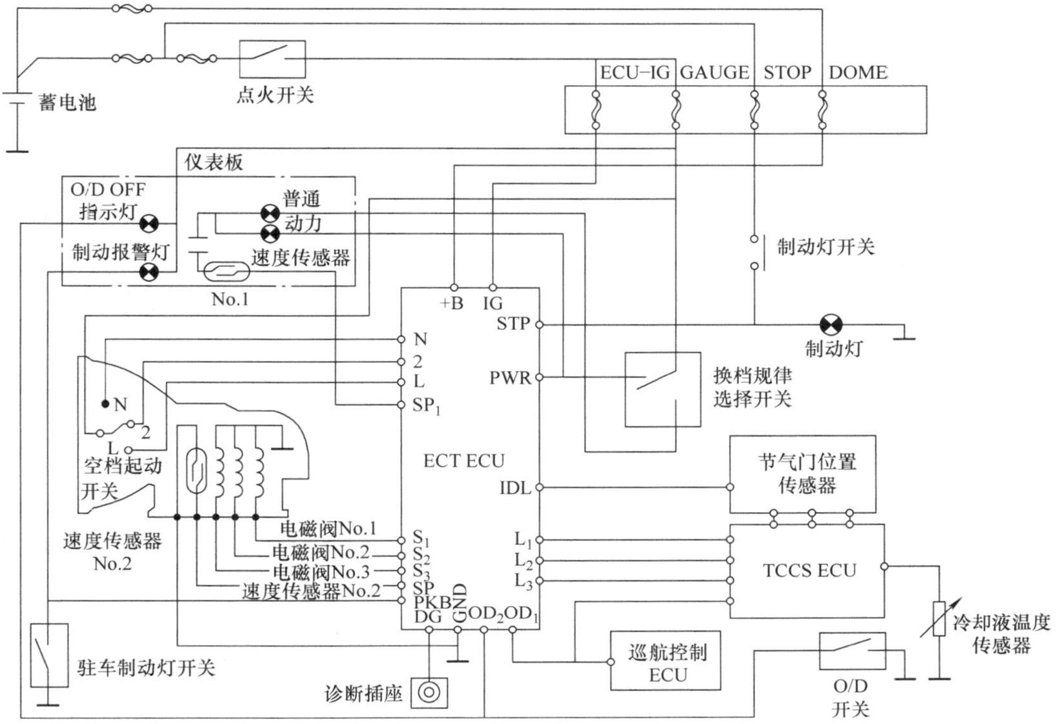

图 7-40 丰田凯美瑞轿车 A140E 型 ECT 控制电路

信号。此时，ECT ECU 将向 3 号电磁阀发出解除变矩器锁止状态指令，防止发动机怠速或在驱动轮抱死时突然熄火。

6）L_1、L_2、L_3：节气门开度信号输入端子。分别输入节气门不同开度时的信号电压。

7）OD_1：超速与锁止解除信号输入端子。当发动机冷却液温度低于 60℃时，发动机电控单元（TCCS ECU）将向 ECT ECU 发出一个解除超速行驶信号，防止 ECT 自动升入超速档行驶。此外，当使用巡航控制功能使汽车在超速档行驶时，若因行驶条件或其他原因使实际车速降低到低于巡航控制系统预先设定的车速 4km/h 以上时，巡航控制 ECU 将向 ECT ECU 发出一个解除超速行驶信号，ECT ECU 将控制变速器换入超速档以外的档位行驶；在实际车速达到巡航控制系统预先设定的车速以前，ECT ECU 也不会控制 ECT 换回超速档。

8）OD_2：超速切断信号输入端。当 O/D 开关置于 ON 位置（即按下 O/D 开关按钮）时，OD_2端子将接收到电源电压（12V）信号，如果此时变速杆处于 D 位，ECT 最高可以升到超速档（相当于四档）。如再按一下 O/D 开关（即 O/D 开关置于 OFF 位置）时，OD_2端子将接收到低电平 0V 信号，此时无论汽车在什么条件下行驶，变速器都不能升入超速档，最高只能升到 3 档。

9）GND：ECT ECU 搭铁端子。

10）DG（或 ECT）：故障自诊断测试触发端子。

11）PKB：驻车制动信号输入端子。当驻车制动手柄放松时，驻车制动灯熄灭，PKB 端子将接收到一个高电平（12V）信号，在起步和换档时，ECT ECU 将控制减少车尾的下坐量。当驾驶人拉紧驻车制动手柄制动时，驻车制动灯发亮，PKB 端将接收到一个低电平（0V）信号，通知 ECT ECU 驻车制动手柄已经拉紧。

12）SP_1、SP：1 号、2 号车速传感器信号输入端子。ECT ECU 优先采用 SP 端由 2 号车速传感器输入的车速信号。当 SP 端子无信号或信号异常时，再采用 SP_1 端由 1 号车速传感器输入的车速信号。

13）S_1、S_2、S_3：电磁阀控制信号输出端子。ECT ECU 从 S_1、S_2 端子输出的控制指令控制 1 号、2 号电磁阀通电与断电，从而控制行星齿轮变速器自动换档；S_3 端子输出的控制指令控制 3 号电磁阀通电与断电，从而控制液力变矩器的锁止离合器接合与分离。

14）L、2、N：空档起动开关输入信号端子。当 L、2、N 端子分别输入信号电压（电源电压）时，ECT ECU 判定变速器分别处于 L、2、N 档位；如 L、2、N 端子无信号输入，ECT ECU 判定变速器处于 D 档位。

二、自动变速器的换档规律

换档规律又称为驱动模式，是指汽车发动机节气门开度与车速（或变速器输出轴转速）之间的关系。各种电控自动变速系统的硬件结构大同小异，但软件程序千差万别，变速器的换档规律不同，其换档时机 MAP 也不尽相同。A140E 型 ECT 的部分换档规律如表 7-6 所示。

表 7-6　丰田 A140E 型电控自动变速器的换档规律　　（单位：km/h）

档位	模式选择开关	节气门全开（或全关）							
		1→2	2→3	3→O/D	(3→O/D)	(O/D→3)	O/D→3	3→2	2→1
D 位	NORM	53 - 61	104 - 115	164 - 176	(35 - 40)	(21 - 25)	159 - 171	97 - 107	43 - 48
	PWR	53 - 61	104 - 115	164 - 176	(35 - 40)	(21 - 25)	159 - 171	97 - 107	43 - 48
2 位	NORM PWR	53 - 61	—	—	—	—	—	97 - 107	43 - 48
L 位	NORM PWR	—	—	—	—	—	—	—	54 - 59

注：括号“( )”内数字表示节气门全关（即减速）时的车速。

1. 普通型换档规律

普通型（NORM）换档规律是指动力性和燃油经济性介于经济型与动力型之间的换档规律，其曲线如图 7-41 所示。普通型换档规律适用于一般道路驾驶，能够兼顾汽车的动力性和经济性。

汽车在行驶过程中，车速升高时升档，车速降低时降档。由换档规律可见，在节气门开度相同的情况下，相同档位的升档车速（如 2 档升到 3 档时的车速）比降档车速（3 档降到 2 档时的车速）要高，即降档曲线均处在升档曲线左侧，其目的是充分利用发动机动力和提高燃油经济性。

2. 动力型换档规律（PWR）

动力型（PWR）换档规律是指以汽车获得最大动力为目的的换档规律，其曲线如图 7-42 所示。动力型换档规律适用于坡道和山区驾驶，能够通过改变变速器换档时机和变矩器锁止时机，充分利用液力变矩器增加转矩的功能来提高汽车的动力性。

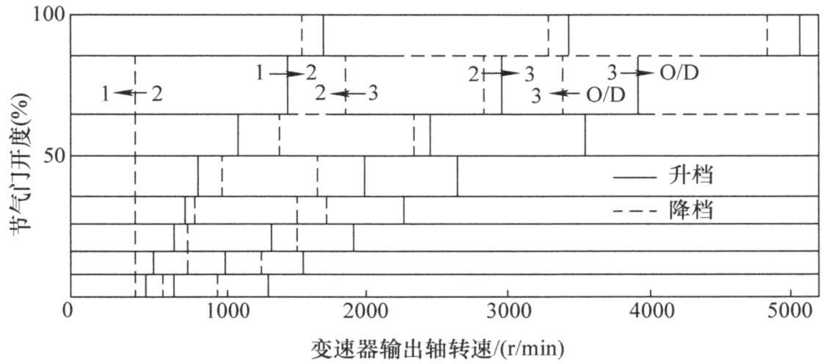

图 7-41　普通型（NORM）换档规律曲线

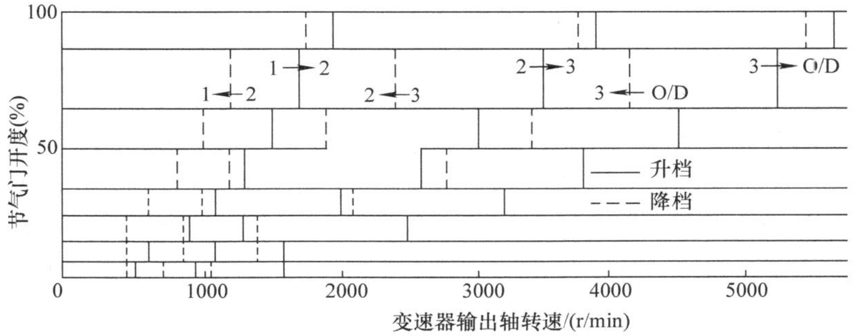

图 7-42　动力型（PWR）换档规律曲线

由图 7-41 和图 7-42 所示曲线可见，节气门开度在 65% ~ 85% 的换档参数见表 7-7。在节气门开度（即发动机负荷）相同的情况下，当变速器换入相同档位时，动力型换档规律的变速器输出轴转速（或车速）比普通型要高得多。这是因为在节气门开度相同的情况下，车速越高动力性就越好，所以动力型换档规律的动力性比普通型换档规律的动力性要好。反之，升档车速（或降档车速）越低，则燃油经济性越好。换句话说，动力型换档规律是牺牲一定的经济性来提高动力性，而普通型换档规律是牺牲一定的动力性来提高燃油经济性。由于二者的目的各不相同，因此在使用中，应当根据行驶条件（如坡度大小、风阻大小、路面好坏等）选择适当的换档规律。

表 7-7　节气门开度 65% ~ 85% 的换档参数　　（单位：r/min）

档位	模式选择开关	节气门开度 65% ~ 85% 时的变速器输出轴转速					
		1→2	2→3	3→O/D	O/D→3	3→2	2→1
D 位	NORM	1500	3000	3900	3400	1900	400
	PWR	1700	3600	5100	4100	2400	1200

3. 经济型换档规律（ECON）

经济型（ECON）换档规律是指以汽车获得最佳燃油经济性为目的的换档规律，其曲线如图 7-43 所示。因为经济型换档规律是以提高燃油经济性为目的，汽车基本上都是以经济车速行驶，所以特别适用于道路条件良好的城市和高速公路行驶时选用。

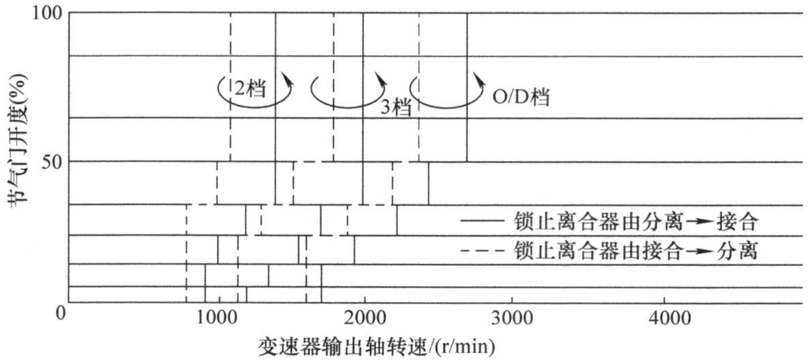

图 7-43　经济型（ECON）换档规律曲线

三、变速器自动换档的控制过程

各种电控自动变速器的换档控制过程大同小异，控制方法基本相同，都是 ECT ECU 根据节气门开度和车速传感器信号，在换档时机 MAP 中查寻确定换档时机，然后向换档电磁阀（1 号、2 号电磁阀）发出控制指令，换档电磁阀再控制液压控制系统的换档阀动作，使换档离合器和换档制动器的控制油路改变来实现档位自动变换。下面分别以 A140E 型电控自动变速器排入 2 档和排入 3 档为例，说明自动变速系统的换档控制过程。

（一）自动排入二档

换档规律是指汽车发动机节气门开度与车速（或变速器输出轴转速）之间的关系。丰田 A140E 型自动变速器的部分换档规律见表 7-6，这些数据预先以数据地图（换档时机 MAP 或换档时机图谱）的形式存储在 ECT ECU 的 ROM 中，以供自动变速系统控制换档时调用。

1. 电控系统工作情况

在驾驶人将变速杆拨到 D（或 2）位置、换档规律选择开关置于 NORM（或 PWR）位置的情况下，如果节气门位置传感器信号表示节气门全开、车速传感器信号表示车速为 53 ~ 61km/h 时，电控单元 ECT ECU 根据这些信号从换档时机 MAP 中查寻确定结果就为从一档排入二档。

由表 7-4 所示 A140E 型自动变速器换档电磁阀及执行元件工作情况可知，此时 ECT ECU 将向换档电磁阀 No. 1、No. 2 发出通电指令，控制换档阀接通前进离合器 C_1、超速离合器 C_0 和二档制动器 B_2 油路。

2. 液压油路接通情况

由 1 – 2、2 – 3 和 3 – 4 换档阀工作情况可知，当 No. 2 电磁阀通电（No. 2 电磁阀 ON）、变速器排入二档时，超速离合器 C_0、前进离合器 C_1 和二档制动器 B_2 油路接通。由图 7-18 可见，各控制油路分别如下。

超速离合器 C_0 油路由 3 – 4 换档阀接通，由图 7-18 可见，其控制油路为：油泵→3 – 4 换档阀→超速离合器 C_0。当 No. 1 电磁阀通电、变速器排入二档时，2 – 3 换档阀将 3 – 4 换档阀下部油路接通，保证 3 – 4 换档阀向上移动接通 C_0 油路。

前进离合器 C_1 油路由手控阀接通，由图 7-18 可见，其控制油路为：油泵→手控阀→滤清器→前进离合器 C_1。

二档制动器 B_2 油路由 1 －2 换档阀接通，如图 7-32b 和图 7-18 所示，其控制油路为：油泵→手控阀→1 －2 换档阀→二档制动器 B_2。

在电控系统的控制下，超速离合器 C_0、前进离合器 C_1 和二档制动器 B_2 油路接通而接合，从而实现变速器自动排入二档。

（二）自动排入三档

1. 电控系统工作情况

汽车在上述行驶条件下（换档规律选择开关置于 NORM 或 PWR 位置、节气门位置传感器信号表示节气门全开），如果变速杆在 D 位置，那么当车速升高到 104 ~ 115km/h 时，由表 7-6 可知，ECT ECU 根据节气门位置传感器全开信号和车速传感器信号从换档时机 MAP 中查寻判定结果将为从二档排入三档。由表 7-4 可知，此时 ECT ECU 将发出 No. 1 电磁阀断电、No. 2 电磁阀通电指令，控制换档阀接通超速离合器 C_0、前进离合器 C_1、直接档离合器 C_2 和二档制动器 B_2 油路。

2. 液压系统工作情况

由 1 －2、2 －3 和 3 －4 换档阀工作情况可知，当 No. 1 电磁阀断电时，2 －3 换档阀将接通直接档离合器 C_2 油路；No. 2 电磁阀通电时，3 －4 换档阀将接通超速离合器 C_0 油路；1 －2 换档阀将接通二档制动器 B_2 油路；手控阀接通前进离合器 C_1 油路。由图 7-18 可见，各控制油路分别如下。

直接档离合器 C_2 油路为：油泵→手控阀→2 －3 换档阀→直接档离合器 C_2。

超速离合器 C_0 油路为：油泵→3 －4 换档阀→超速离合器 C_0。

二档制动器 B_2 油路为：油泵→手控阀→1 －2 换档阀→二档制动器 B_2。

前进离合器 C_1 油路为：油泵→手控阀→滤清器→前进离合器 C_1。

在电控系统的控制下，超速离合器 C_0、前进离合器 C_1、直接档离合器 C_2 和二档制动器 B_2 油路接通而接合，从而实现变速器自动排入三档。

四、变矩器自动锁止的控制过程

液力变矩器的控制分为锁止时机控制和解除锁止状态两种情况。下面以丰田 A140E 型 ECT 液力变矩器的控制为例，说明锁止时机的控制过程。

A140E 型 ECT 变矩器的锁止时机见表 7-8。这些数据预先以数据图谱的形式存储在 ECT ECU 的 ROM 中，称为锁止时机 MAP（锁止时机图谱）。液力变矩器中的锁止离合器受控于锁止阀，锁止阀受控于锁止电磁阀（3 号电磁阀），锁止电磁阀受控于 ECT ECU。

表 7-8　丰田 A140E 型 ECT 变矩器的锁止时机　　（单位：km/h）

档位	模式选择开关	节气门开度 5%					
		变矩器锁定			变矩器不锁定		
		2 档	3 档*	O/D 档	2 档	3 档*	O/D 档
D	NORM	—	59 ~ 65	55 ~ 61	—	54 ~ 58	54 ~ 59
	PWR	—	59 ~ 65	55 ~ 61	—	54 ~ 58	54 ~ 59

注：“ * ” 号表示 O/D 开关处于 OFF 位置。

1. 电控系统工作情况

在汽车行驶过程时，当驾驶人将换档规律开关置于 NORM 或 PWR 位置、O/D 开关置于 ON 位置时，如果节气门传感器信号表示节气门开度为 5%（或 5% 以上）、车速传感器信号表示车速为 55 ~ 61km/h 时，ECT ECU 根据这些信号从锁止时机 MAP 中查寻判定结果就为变矩器锁止。当 ECT ECU 判定为锁止变矩器时，立即向 3 号电磁阀发出通电指令，控制锁止信号阀和锁止继动阀的控制油路接通。

2. 液压系统工作情况

当 No. 3 电磁阀通电时，线圈产生电磁吸力使阀门开启泄压，如图 7-31a 所示，使管路油压对锁止信号阀阀芯上端面 A 的作用力减小，锁止信号阀阀芯在弹簧预紧力推动下向上移动，将二档制动器 B_2 至锁定继动阀之间的液压管路接通，油压信号传送到锁止继动阀阀芯（参见图 7-18 所示，传送到继动阀阀芯下端面处，油压对阀芯下端面的作用力将克服油压对上端面的作用力与复位弹簧弹力之和，使阀芯向上移动），此时锁止继动阀阀芯将向上移动，将副调压阀输出油压经继动阀阀芯传送到液力变矩器，使变矩器的锁止离合器接合，变矩器锁定而直接传递发动机动力，从而提高车速和燃油经济性。由图 7-18 可见，各控制元件的油路如下。

锁止继动阀阀芯下端面油路为：油泵→手控阀→1 －2 换档阀→锁止信号阀→锁止继动阀阀芯下端面。

液力变矩器油路为：油泵→主调压阀→副调压阀→锁止继动阀→液力变矩器。油路接通使液力变矩器锁止离合器的锁止压盘压在壳体前盖上（见图 7-7b），锁止离合器接合，将涡轮与泵轮接合成一体，发动机输入动力由液力变矩器壳体前盖、锁止压盘和涡轮毂直接传递至液力变速器输入轴，传动效率为 100%。

五、变矩器解除锁止的控制

在行星齿轮变速器升档或降档时，ECT ECU 将发出暂时解除变矩器锁止状态指令，使换档离合器或制动器接合柔和，防止或减轻换档冲击。

1. 液力变矩器解除锁止状态的条件

当出现下列情况之一时，自动变速器的 ECT ECU 将强制解除液力变矩器的锁止状态。

1）当制动灯开关接通时。当制动踏板踩下时，ECT ECU 的 STP（或 BK）端子将输入高电平（电源电压）信号，ECT ECU 接收到此信号后，立即发出解除液力变矩器锁止状态指令，以便制动器制动将车速降低，并防止发动机在驱动轮抱死制动时突然熄火。

2）当节气门位置传感器 TPS 怠速触点闭合表示节气门完全关闭时。当发动机怠速或汽车急减速行驶时，TPS 怠速触点接通，IDL 端子将向 ECT ECU 输入一个高电平信号。此时，ECT ECU 将向 3 号电磁阀发出解除变矩器锁止状态指令，防止在驱动轮不转或抱死时导致发动机突然熄火。

3）当巡航控制 ECU 向 ECT ECU 发出解除锁止信号时。当使用巡航控制功能使汽车巡航行驶时，若因行驶条件（如坡道阻力、迎风阻力、路面阻力等）使实际车速降低到低于巡航控制系统预先设定的车速 4km/h 以上时，巡航控制 ECU 将向 ECT ECU 发出一个解除锁止信号，以便解除巡航控制状态。

4）当发动机冷却液温度低于 60℃ 时。当冷却液温度低于 60℃ 时，发动机 ECU 将向

ECT ECU 发出一个解除锁止信号，ECT ECU 将强制解除变矩器锁止状态，以便发动机加速预热达到正常工作温度。

2. 液力变矩器解除锁止状态的控制过程

当自动变速器升档或降档以及在其他条件下需要解除液力变矩器锁止状态时，ECT ECU 将向锁止电磁阀（3 号电磁阀）发出断电（DFF）指令，并通过锁止信号阀和锁止继动阀切换锁止离合器油路，使液力变矩器解除锁止状态。

电磁阀断电时，其阀芯在复位弹簧弹力作用下复位，电磁阀阀门关闭，如图 7-31b 所示。电磁阀阀门关闭后，管路油压升高，锁止信号阀阀芯上端面 A 上的作用力增大，克服弹簧预紧力使阀芯向下移动，将二档制动器 B_2 至锁止继动阀之间的液压管路关闭，锁止继动阀阀芯在油泵输出的管路油压和复位弹簧张力作用下迅速（向下）移动，使液力变矩器传动液的流动方向迅速改变，锁止离合器迅速分离，从而解除液力变矩器锁止状态。

由图 7-18 可见，此时液力变矩器油路为：油泵→主调压阀→副调压阀→锁止继动阀→液力变矩器。由图 7-7a 可见，锁止压盘在油压作用下向后移动，使锁止离合器分离，液力变矩器解除锁止状态。

六、控制部件失效保护控制

车速传感器和换档电磁阀是 ECT 电控系统的重要部件。当电磁阀或车速传感器及其电路出现故障时，ECT ECU 将利用其备用功能，配合变速杆和手控阀工作，以便汽车继续行驶回家或行驶到维修站修理，这一功能称为电控自动变速系统的失效保护功能。换档电磁阀的失效保护功能见表 7-9。

表 7-9　ECT 换档电磁阀 1 号、2 号失效保护功能表

档位	正常状态			1 号电磁阀故障			2 号电磁阀故障			1 号、2 号电磁阀故障
	传动档位	电磁阀		电磁阀		传动档位	电磁阀		传动档位	手动操纵时换档执行元件的排档
		1 号	2 号	1 号	2 号		1 号	2 号		
D	1 档	通电	断电	×	通电	3 档	通电	×	1 档	O/D 档
	2 档	通电	通电	×	通电	3 档	断电	×	O/D 档	O/D 档
	3 档	断电	通电	×	通电	3 档	断电	×	O/D 档	O/D 档
	O/D 档	断电	断电	×	断电	O/D 档	断电	×	O/D 档	O/D 档
2 或 S	1 档	通电	断电	×	通电	3 档	通电	×	1 档	3 档
	2 档	通电	通电	×	通电	3 档	断电	×	3 档	3 档
	3 档	断电	通电	×	通电	3 档	断电	×	3 档	3 档
L	1 档	通电	断电	×	断电	1 档	通电	×	1 档	1 档
	2 档	通电	通电	×	通电	2 档	通电	×	1 档	1 档

注：“×”号表示失效。

1. 电磁阀及其电路失效保护控制

当 1 号、2 号电磁阀正常时，在汽车行驶过程中，ECT ECU 通过控制 1 号和 2 号电磁阀通电或断电，即可控制换档阀切换换档元件油路，使变速器从 1 档升档到 O/D 档或从 O/D

档降档到 1 档。

当 1 号、2 号电磁阀中的某一只电磁阀电路发生故障（短路、断路或搭铁）而失去油路控制作用时，ECT ECU 仍能继续控制另一只电磁阀通电或断电，使变速器进行部分档位变换。

如果 1 号电磁阀电路发生故障，ECT ECU 将继续控制 2 号电磁阀通电或断电，使变速器按表 7-9 中“1 号电磁阀故障”时所示的档位换档。如果 2 号电磁阀电路发生故障，ECT ECU 将继续控制 1 号电磁阀通电或断电，使变速器按表 7-9 中“2 号电磁阀故障”时所示档位换档。

如果 1 号和 2 号电磁阀都发生故障，则电控系统不能控制换档，此时只能由手动操纵换档。手动换档时，变速杆将操纵手控阀按表 7-9 中“1 号、2 号电磁阀故障”时所示的档位换档。

由表 7-9 可见，当电磁阀或其电路故障时，多数排档都比电磁阀正常时偏高。例如，当两只电磁阀都发生故障时，如果变速杆拨到 D 位，则排档都为 O/D 档；如果拨到“2（或 S）”位，排档则为 3 档。因为排档越高，传动比越小，车速越快，所以在使用中，必须根据行驶条件（平坦路面、坡道弯道、城市道路或野外公路等）慎重选择变速杆位置，以免车速过高而导致发生事故。

2. 车速传感器及其电路失效保护控制

在 1 号和 2 号车速传感器中，1 号车速传感器为备用传感器。当 1 号、2 号车速传感器正常时，ECT ECU 只利用 2 号车速传感器信号控制换档；当 2 号车速传感器或其电路发生故障时，ECT ECU 将利用 1 号车速传感器信号控制变速器换档和变矩器锁止；当 1 号和 2 号车速传感器都发生故障时，ECT ECU 将无法进行控制，汽车只能在 1 档行驶而无其他档位；ECT ECU 既不会使 O/D OFF 指示灯闪亮报警，也不会存储任何故障码。

第七节　电控无级变速技术

经过研究人员的不懈努力，在 20 世纪 90 年代终于攻克了“V”形驱动带（即 V 带）无级变速传动技术，先后开发成功了汽车电控连续可变传动比自动变速系统（CVT，Electronic Controlled Continuously Variable Transmission System），又称为电子控制无级自动变速系统或电子控制无级自动变速器，简称电控无级变速系统或电控无级变速器（CVT）。国产奥迪 A4、A6、A8 等轿车都已采用电控无级变速技术。

一、电控无级变速系统的优点

电控无级变速系统（CVT）应用了 V 带无级变速传动技术，与电控自动变速系统（ECT）和手动变速器相比，具有以下显著优点。

1）汽车经济性和排放性好。这是因为电控无级变速系统能将汽车行驶条件与发动机负荷协调到最佳状态，使发动机总是工作在较高的效率区域。汽车装备 CVT 与装备 5 档手动变速器进行道路对比试验表明，装有 CVT 汽车的燃油消耗要少 11.5%，碳氢化合物（HC）排放量少 33%，一氧化碳（CO）排放量少 20%。

2）汽车动力性好。装备 CVT 后，因为传动比连续可变，没有动力间断，所以在变速过程中没有动力损失。与装备电控4档自动变速器ECT的汽车相比，从0~100km/h的加速时间缩短约10%。

3）传递效率高。电控无级变速系统采用V带传动技术，其传动比变化非常平滑，传动比曲线为光滑的曲线。因此，传动效率不仅优于电控液力自动变速系统，而且接近于手动变速器。此外，还有动力传递无间断，对动力传动系统冲击小等优点。其操作方便性和乘坐舒适性均可与电控液力自动变速系统相媲美。

二、电控无级变速系统的组成

电控无级变速系统的组成与电控逐级变速系统基本相同，也是由变速系统、液压控制系统和无级变速电控系统三大部分组成，国产奥迪轿车CVT的结构简图如图7-44所示。其中，液压控制系统和无级变速电控系统的功能、组成和结构原理与ECT大同小异，但变速系统的结构组成和变速原理却大不相同。

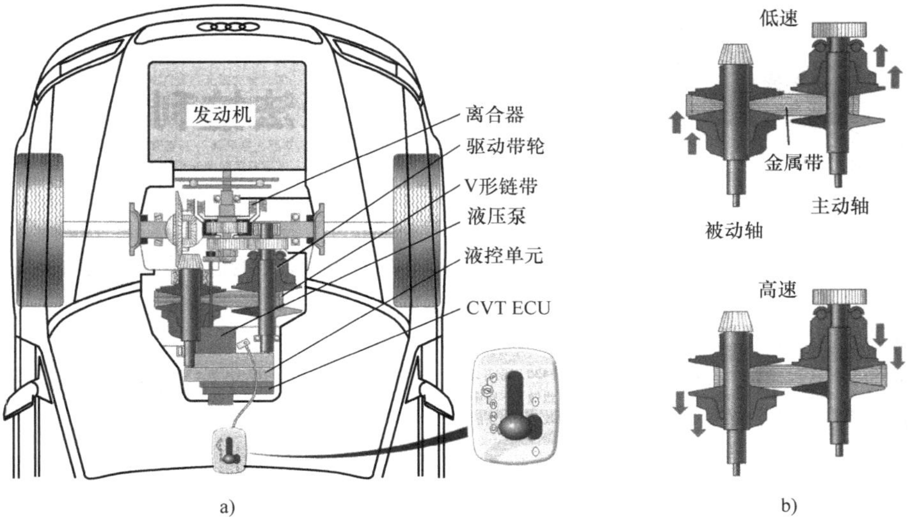

图7-44　奥迪轿车电控无级变速系统结构组成简图

a）CVT组成　b）变速传动机构

三、变速系统的结构原理

CVT的变速系统主要由动力传动装置、齿轮传动机构、换档执行机构和变速传动机构四部分组成。

动力传动装置的功用是将发动机输出的动力直接传递到齿轮传动机构。该装置既可采用电磁离合器，也可采用液力变矩器。因为是直接传递动力，所以必须采用锁止式液力变矩器，如图7-45所示。因为电磁离合器的结构原理与空调系统的电磁离合器基本相同，具有结构简单、控制方便等优点。所以CVT普遍采用。

齿轮传动机构的功用是将发动机输出的动力由电磁离合器传递到机械变速机构，并在液压控制系统和电子控制系统的控制下，配合换档执行机构（换档离合器和换档制动器）实现汽车前进和倒车的档位变换。

换档执行机构由换档离合器和换档制动器等换档控制元件组成，其功用和结构原理与电控逐级变速系统的换档执行机构基本相同。

变速传动机构由主动带轮、被动带轮和 V 形驱动带组成，如图 7-46 所示。

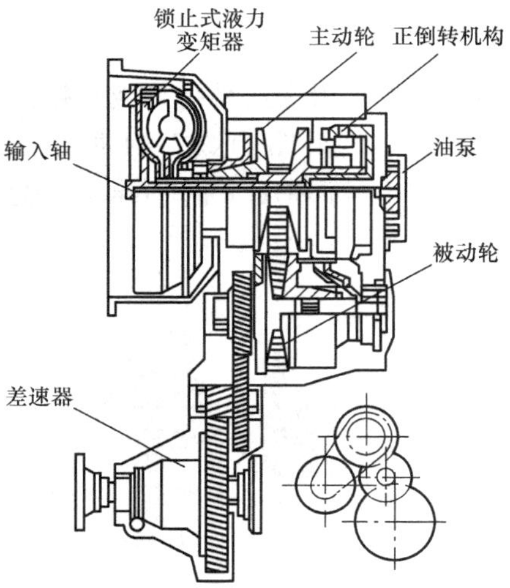

图 7-45　带锁止式液力变矩器的 CVT

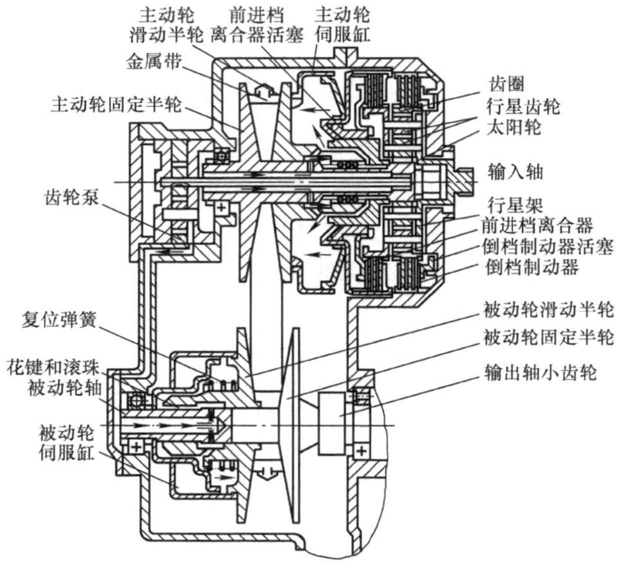

图 7-46　无级变速传动机构的结构

1. 主动带轮与被动带轮

变速传动机构的主动带轮和被动带轮都是由制有锥面的两个半轮组成。其中，一个半轮是固定的（即固定半轮），另一个半轮可以通过液压伺服油缸推动其沿轴向移动（即滑动半轮）。每对半轮之间构成的槽为 V 形槽，V 形驱动带能够紧贴在带轮的锥面上。

主动带轮轴（输入轴）轴线与被动带轮轴（输出轴）轴线之间的距离固定不变，因此，主动轮与被动轮之间的传动比取决于驱动带与主动轮和从动轮的传动半径（即接触半径）。当液压控制机构推动滑动半轮轴向移动时，滑动半轮与固定半轮之间的轴向相对位置发生改变，主动轮与从动轮的传动半径发生变化，从而改变主动轮与被动轮之间的传动比。

2. V 形驱动带

V 形驱动带是无级变速器 CVT 的关键部件。V 形驱动带简称 V 带，主要由多条柔性钢带和多块金属片组成，结构与连接关系如图 7-47 所示。

一条 V 带由 2～11 条柔性钢带和 300 片左右金属块组成，总长约 600mm。其中，每条柔性钢带厚约 0. 18mm；每块金属片厚约 2mm，宽约 25mm，高约 12mm。

金属片为工字形，夹紧在两侧钢带之间，如图 7-47b 所示。工字下横部分（钢带下面）的金属片侧面为斜面，该斜面与带轮的锥面相接触，如图 7-47c 所示。

V 带套装在滑动半轮与固定半轮之间，并利用金属片斜面与带轮锥面之间的摩擦力传递动力。柔性钢带起到连接与保持作用。

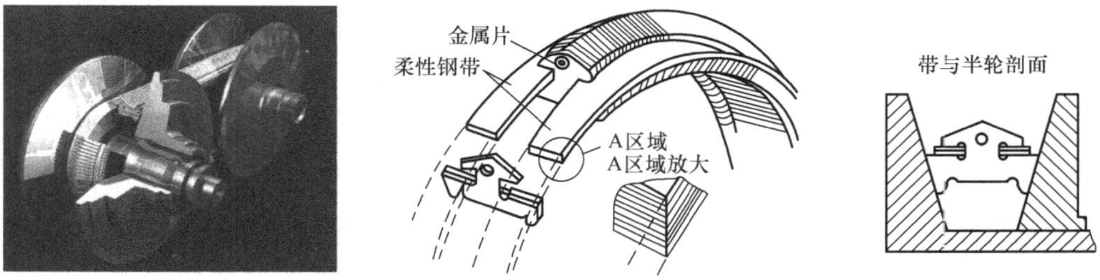

a) b) c)

图 7-47 无级变速器 V 形驱动带的结构与连接

a）V 带与半轮的连接 b）V 带的结构 c）V 带与半轮的接触面

四、无级变速传动原理

CVT 的传动比是连续变化的，传动比变化曲线为连续平滑的曲线。无级变速传动原理是：电控系统的执行元件（控制传动比的电磁阀）通过逐渐改变 V 带滑动半轮液压伺服油缸的压力，使滑动半轮移动的位移量逐渐改变，从而使主动带轮和被动带轮的传动半径逐渐改变来实现无级变速，如图 7-48 所示。

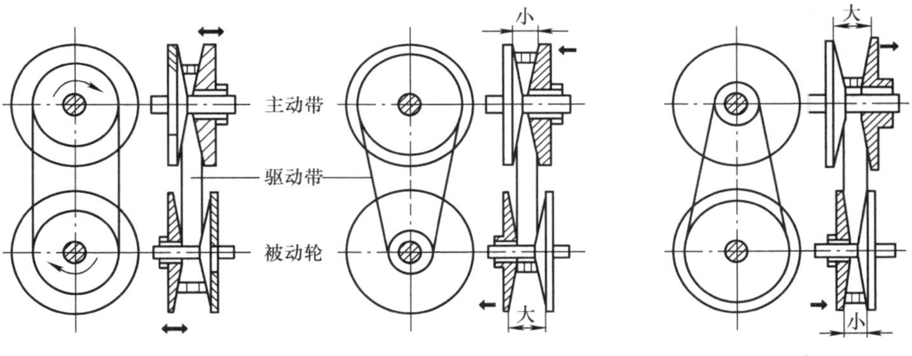

a) b) c)

图 7-48 无级变速传动原理

a）传动比 $i=1$ b）$i=0.385$ c）$i=2.47$

当 CVT ECU 根据各种传感器信号从传动比数据 MAP 中查寻确定的传动比 $i=1$ 时，CVT ECU 分别向主动轮滑动半轮的传动比控制电磁阀和被动轮滑动半轮的传动比控制电磁阀发出占空比控制指令，电磁阀再控制液压阀调节两个滑动半轮液压伺服缸的压力，液压缸同时推动两个滑动半轮位移到主、被动轮传动半径相等的位置，如图 7-48a 所示，从而使传动比 $i=1$。CVT ECU 还可根据变速器输出轴转速传感器信号（即车速传感器信号）对传动比进行反馈控制，通过调节电磁阀控制信号的占空比，修正滑动半轮的位移量，使传动比精确控制在 CVT ECU 查寻确定的数值。

当 CVT ECU 根据各种传感器信号从传动比数据 MAP 中查寻确定的传动比 i 小于 1 时，CVT ECU 将控制主、被动轮的滑动半轮向左滑移，如图 7-48b 所示，使主动半轮之间的距离减小、传动半径增大；同时也使被动半轮之间的距离增大、传动半径减小，从而使汽车行驶速度升高。在 CVT ECU 改变占空比大小控制电磁阀时，电磁阀电流连续变化，电磁阀控制液压伺服缸的压力也连续变化，使滑动半轮连续向左滑移，主动轮和被动轮的传动半径也连续变化。当主动轮传动半径逐渐增大，因为主动轮轴（输入轴）轴线与被动轮轴（输出轴）轴线之间的距离固定不变，所以被动轮传动半径逐渐减小，使传动比逐渐减小。由于主、被动轮半径连续变化，因此，所形成的传动比也连续无级地减小，直到主动轮半径达到最大而从动轮半径达到最小为止，相当于汽车处于高档加速行驶。

同理可知，当 CVT ECU 根据各种传感器信号从传动比数据 MAP 中查寻确定的传动比 i 大于 1，CVT ECU 将控制主、被动轮的滑动半轮向右滑移，如图 7-48c 所示，使主动半轮之间的距离逐渐增大、传动半径逐渐减小；同时也使被动半轮之间的距离逐渐减小、传动半径逐渐增大，传动比也连续增大，直到主动轮半径达到最小而从动轮半径达到最大为止，相当于汽车处于低档行驶。

汽车起步时，主动轮的传动半径较小，变速器可以获得较大的传动比，保证驱动桥具有足够大的驱动转矩，从而保证汽车稳定起步。随着车速的增加，主动轮的传动半径逐渐增大，被动轮的传动半径逐渐减小，CVT 的传动比减小，汽车能够稳步加速行驶。

五、无级变速控制原理

汽车电控无级变速系统的控制项目主要有控制电磁离合器、带轮油压和传动比。传动比的控制逻辑是：传感器→CVT ECU→电磁阀→液压控制阀→滑动半轮位移→传动半径改变→传动比连续变化。

目前，确定 CVT 传动比（即变速比或速比）的方法有两种，一种是由曲轴位置传感器提供的发动机转速信号（或主动带轮转速传感器信号）和反映发动机负荷大小的加速踏板位置信号（柴油机或汽油机）或节气门位置传感器信号（汽油机）、空调开关信号等决定；另一种是由主、被动轮转速信号和加速踏板位置信号决定。后者引入主、被动轮转速信号直接控制传动比，主、被动轮的滑动半轮分别进行控制，其控制方法更加灵活，控制原理如图 7-49 所示。

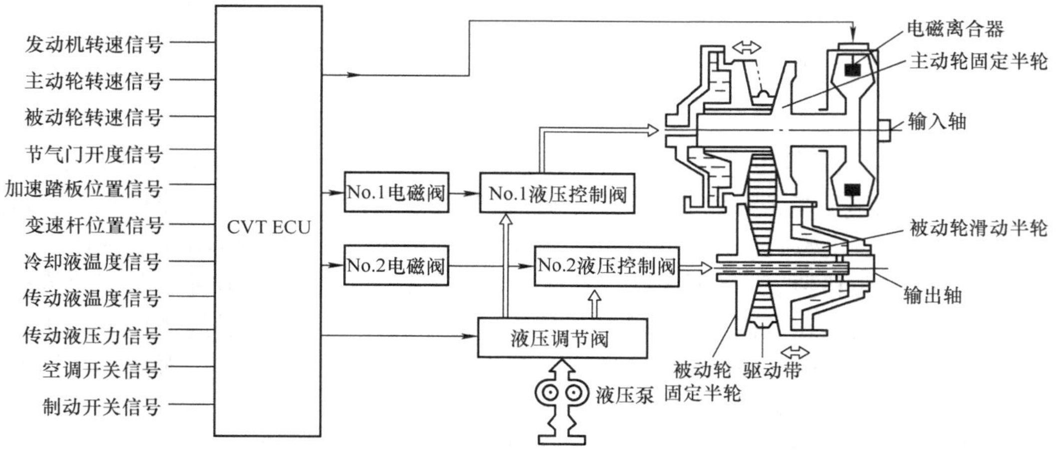

图 7-49　CVT 的控制原理

在 CVT 中，传动比数据 MAP 预先试验测定并存储在 CVT ECU 的 ROM 之中。发动机起动后，CVT ECU 首先根据变速杆位置（一般 CVT 只设有 P、R、N、D 四个位置）信号判定是否控制变速。

当 CVT ECU 接收到变速杆 D 位和 R 位信号时，立即控制电磁离合器接合，然后根据各种传感器信号从传动比数据 MAP 中查寻确定传动比，再向电磁阀发出占空比控制指令，电磁阀控制液压控制阀动作，通过调节滑动半轮液压伺服油缸的压力，改变滑动半轮移动的位移量，使主动带轮和被动带轮的传动半径改变，将传动比控制在最佳数值。

本章小结

本章主要介绍了汽车电控自动变速系统的结构组成与控制原理，电控变速器自动换档和液力变矩器锁止时机的控制原理；齿轮变速系统的组成，行星齿轮机构的运动规律与变速原理，换档执行机构和停车锁止机构的结构原理，液压控制系统的组成，液压传动装置、调压阀和控制阀的结构原理；自动变速电子控制系统的组成，控制部件的结构特点与输出特性；变速器的控制电路与换档规律，自动排入二档和三档的控制过程；液力变矩器自动锁止的控制过程、解除锁止的条件及其控制过程；电控无级变速系统的结构组成与控制原理等。重点内容如下。

1. 电控自动变速系统 ECT 的组成、变速器换档时机和变矩器锁止时机的控制原理。
2. 齿轮变速系统的组成，行星齿轮机构的运动规律与变速原理，换档执行机构和停车锁止机构的结构原理。
3. 液压控制系统的组成，液压传动装置、调压阀和控制阀的结构原理。
4. 自动变速电子控制系统的组成，控制部件的结构特点与输出特性。
5. 自动变速器的控制电路与换档规律，变速器自动换档（换入二档和三档）的控制过程。
6. 液力变矩器自动锁止的控制过程、解除锁止的条件及其控制过程。
7. 车速传感器和换档电磁阀失效的保护控制原理。
8. 电控无级变速器 CVT 的优点、结构组成与无级变速控制原理。

思考题

一、单选题

1. 在汽车电控自动变速系统 ECT 中，液力变矩器将发动机动力传递给齿轮变速机构的（　　）。

A. 输出轴　　B. 输入轴　　C. 换档离合器　　D. 换档制动器

2. 当变速杆处于下列位置时，电控自动变速系统才能起动发动机（　　）。

A. N 位　　B. 2 位　　C. 3 位　　D. D 位

3. 在装备电控自动变速系统的汽车上，控制液力变矩器锁止的电磁阀是（　　）。

A. No. 1 电磁阀　　B. No. 2 电磁阀

C. No. 3 电磁阀　　D. No. 1、No. 2 电磁阀

4. 当电控自动变速系统的液力变矩器锁止时，其传动效率为（　　）。

A. 65%　　B. 80%　　C. 95%　　D. 100%

5. 在电控自动变速系统 ECT 中，电子控制系统控制自动换档的起始执行元件是（　　）。

A. 换档离合器　　B. 换档制动器　　C. 换档电磁阀　　D. 锁止电磁阀

6. 在电控自动变速系统 ECT 中，电子控制系统控制液力变矩器锁止的起始执行元件是（　　）。

A. 锁止离合器　　B. 换档制动器　　C. 换档电磁阀　　D. 锁止电磁阀

7. 如果自动变速系统没有提供经济型换档规律，那么相当于经济型换档规律的是（　　）。

A. KOEO　　B. NORM　　C. PWR　　D. KOER

8. 在汽车电控自动变速系统的换档规律中，动力型换档规律适用于（　　）。

A. 山区驾驶　　B. 越野驾驶　　C. 一般道路驾驶　　D. 高速公路驾驶

9. 在汽车电控自动变速系统的换档规律，普通型换档规律适用于（　　）。

A. 山区驾驶　　B. 越野驾驶

C. 一般道路驾驶　　D. 高速公路驾驶

10. 在汽车电控自动变速系统的换档规律中，经济型换档规律适用于（　　）。

A. 山区驾驶　　B. 越野驾驶

C. 一般道路驾驶　　D. 高速公路驾驶

二、多选题

1. 汽车电控自动变速系统 ECT 的子系统有（　　）。

A. 齿轮变速系统　　B. 液压控制系统　　C. 变速电控系统　　D. 锁止控制系统

2. 在电控自动变速系统 ECT 中，其齿轮变速子系统的组成部件有（　　）。

A. 液力变矩器　　B. 齿轮变速机构　　C. 换档执行机构　　D. 停车锁止机构

3. 汽车电控自动变速系统的执行器包括（　　）。

A. 换档电磁阀　　B. 锁止电磁阀　　C. 换档离合器　　D. 换档制动器

4. 在电控自动变速系统 ECT 中，齿轮变速子系统提供的动力传递方式（　　）。

A. 变速档　　B. 倒档　　C. 空档　　D. 停车锁止

5. 当变速杆处于下列位置时，电控自动变速系统不能起动发动机（　　）。

A. L 位　　B. P 位　　C. R 位　　D. D 位

6. 在电控自动变速系统 ECT 中，行星齿轮机构的组成部件有（　　）。

A. 太阳轮　　B. 内齿圈　　C. 中间轮　　D. 行星架

7. 在电控自动变速的液压控制系统中，按总体结构不同，调压阀分为（　　）。

A. 球阀式　　B. 电磁式　　C. 活塞式　　D. 滑阀式

8. 汽车电控自动变速系统常用的换档规律有（　　）。

A. 普通型　　B. 动力型　　C. 经济型　　D. 越野型

9. 在电控自动变速系统 ECT 中，控制变速机构自动换档的执行元件有（　　）。

A. 换档电磁阀　　B. 锁止电磁阀　　C. 换档离合器　　D. 换档制动器

10. 在汽车电控自动变速系统 ECT 中，控制液力变矩器自动锁止的执行元件有（　）。

A. 锁止电磁阀　B. 锁止信号阀　C. 锁止继动阀　D. 锁止离合器

三、判断题

1. 自动变速器齿轮变速机构的功用是实现起步至最高车速范围内的传动比变化。（　）
2. 当电控自动变速器的变速杆处于 P 或 N 位时，汽车发动机不能被起动。（　）
3. 辛普森式行星齿轮机构的显著特点是前后行星排共用一个太阳轮。（　）
4. 在行星齿轮式自动变速器中，换档离合器将行星齿轮变速机构的输入轴与行星排的某一个元件或将行星排的某两个元件连接成一体，就能实现变速传动。（　）
5. 变速器的换档规律是指发动机节气门开度与车速（或输出轴转速）之间的关系。（　）
6. 汽车电控自动变速系统控制液力变矩器锁止的电磁阀是 No. 2 电磁阀。（　）
7. 当变速杆处于“3”位置时，电控自动变速系统最高能够排入三档。（　）
8. 当电控自动变速系统的 No. 1 电磁阀发生故障时，汽车就不能前行。（　）
9. 电控无级变速器 CVT 能够提高汽车的动力性，不能提高经济性。（　）
10. 在电控无级变速器 CVT 中，一旦 V 带折断，就不能实现无级变速。（　）

四、问答题

1. 在汽车电控自动变速系统 ECT 中，齿轮变速系统的控制逻辑是什么？
2. 在汽车电控自动变速系统 ECT 中，变速器换档时机的控制原理是什么？
3. 在汽车电控自动变速系统 ECT 中，液力变矩器锁止时机的控制原理是什么？
4. 在汽车电控自动变速系统 ECT 中，行星齿轮机构的变速原理是什么？
5. 在汽车电控自动变速系统 ECT 中，控制阀的功用是什么？控制阀分为哪些类型？
6. 在汽车电控自动变速系统 ECT 中，解除液力变矩器锁止的条件有哪些？
7. 当所有车速传感器都发生故障时，ECT ECU 能否继续进行自动换档控制？为什么？
8. 汽车电控无级变速器 CVT 具有哪些优点？
9. 汽车电控无级变速系统由哪几部分组成？
10. 简述汽车电控无级变速器 CVT 的无级变速传动原理。

第八章　汽车电控系统故障自诊断技术

汽车使用条件恶劣，运行环境复杂，发生故障难以预料。为了及时发现故障，汽车电子控制系统都应用了故障自诊断技术，一旦系统发生故障，就能迅速报警提醒使用人员采取相应措施，同时还能保持基本的运行能力，以便将汽车驾驶回家或送修理站修理。

第一节　故障自诊断系统的组成与功能

汽车故障自诊断是指汽车电控系统监测自身的运行情况，诊断系统有无故障，并采取相应的控制措施的功能。当今汽车的每一个电子控制系统都配置有相应的故障自诊断子系统，通常称为第二代车载故障自诊断系统（OBD－Ⅱ，On Board Diagnosis System－Ⅱ），简称故障自诊断系统 OBD。

一、故障自诊断系统的组成

汽车故障自诊断系统（OBD）主要由传感器监测电路、执行器监测电路、故障码存储器 RAM、软件程序、故障诊断通信接口（TDCL，Trouble Diagnostic Communication Link）以及各种故障指示灯等组成。

传感器与执行器监测电路一般都与各种电控单元制在同一块印刷电路板上，软件程序存储在各种电控单元内部的专用存储器中。图 8-1 所示为典型的发动机冷却液温度传感器自诊断电路示意图。

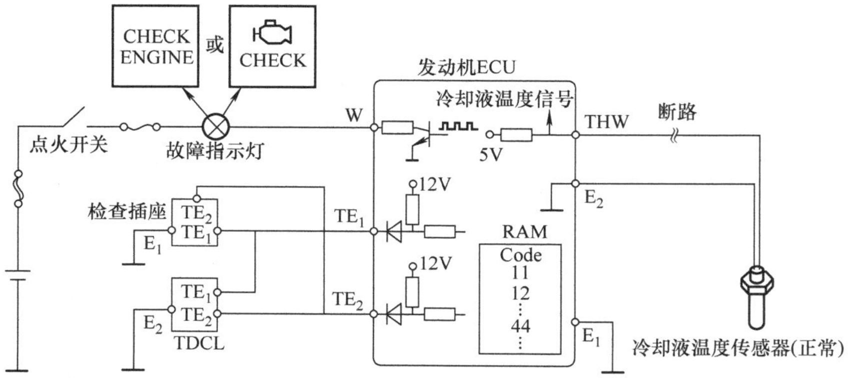

图 8-1　冷却液温度传感器自诊断电路示意图

故障诊断通信接口（TDCL）通常称为故障诊断插座，一般安装在熔断器盒上、仪表板下方或发动机舱内。为了便于检修人员在发动机舱盖开启状态下测试发动机电子控制系统有无故障，一般在发动机舱内还设有一个故障检查插座，其功用与故障诊断插座相同。如果没有检查插座，检修人员就必须进入驾驶室利用故障诊断插座（TDCL）进行诊断测试。

二、故障自诊断系统的功能

在汽车运行过程中，各种电控单元（ECU）根据不同传感器和控制开关输入的信号，按照预先设定的控制程序进行数学计算和逻辑判断，并向各种执行器发出相应的控制指令完成不同的控制功能。如果某只传感器或控制开关发生故障，就不能向 ECU 正常输送信号，汽车性能就会变坏甚至无法运行。当执行机构发生故障，其监测电路反馈给 ECU 的信号就会出现异常，汽车性能也会变坏甚至无法运行。因此，在使用汽车时，一旦接通点火开关，自诊断电路就会投入工作，实时监测各种传感器、控制开关和执行器的工作状态。一旦发现某只传感器或控制开关信号异常，或执行机构监测电路反馈的信号异常，就会立即采取三个方面的措施：一是发现某只传感器或执行器参数异常时，立即发出报警信号；二是将故障内容编成代码（称为故障码）存储在随机存储器（RAM）中，以便维修时调用或供设计参考；三是启用相应的后备功能（又称为“回家”功能），使控制系统处于应急状态运行。

1. 发出报警信号

在电子控制系统运转过程中，当某只传感器、控制开关或执行器发生故障时，电控单元（ECU）将立即接通仪表板上的故障指示灯电路，使指示灯发亮或闪亮。目的是提醒驾驶人控制系统出现故障，应立即检修或送修理厂修理，以免故障范围扩大。

各种电子控制系统的故障指示灯都设置在组合仪表板的透明面膜下面，并在面膜上印制有不同的图形符号或英文缩写字母。如发动机电子控制系统的故障指示灯用发动机图形符号或字母“CHECK ENGINE（检查发动机）”“SERVICE ENGINE SOON（立即维修发动机）”表示，防抱死制动系统用字母“ABS”表示，安全气囊系统用字母“SRS”或“AIR BAG”表示等。

2. 存储故障码

当自诊断系统发现某只传感器、控制开关或执行器发生故障时，其电控单元（ECU）会将监测到的故障内容以故障码的形式存储在 RAM 中。只要存储器电源不被切断，故障码就会一直保存在 RAM 中。即使是汽车在运行中偶尔出现一次故障，自诊断电路也会及时检测到并记录下来。在每一辆汽车的自诊断系统电路中，都设置有一个专用的故障诊断插座（1994 年以后均为 16 端子插座），当诊断排除故障或需要了解电子控制系统的运行参数时，使用制造厂商提供的专用故障检测仪或通过特定的操作方法，就可通过故障诊断插座将存储器中的故障码和有关参数读出，为查找故障部位、了解系统运行情况和改进控制系统的设计提供依据。

3. 启用后备功能

后备功能又称为失效保护功能。当自诊断系统发现某只传感器、控制开关或执行器发生故障时，其电控单元将以预先设定的参数取代故障传感器、控制开关或执行器工作，使控制系统继续维持控制功能，汽车将进入故障应急状态运行并维持基本的行驶能力，以便将汽车行驶到修理厂修理。电子控制系统的这种功能称为后备功能或失效保护功能。下面分别以发动机电子控制系统以下几个方面的后备功能为例说明。

1）冷却液温度传感器电路断路或短路时，ECU 按固定温度值控制喷油器喷油。当冷却液温度传感器工作正常时，冷却液温度一般设定在 -30～120℃，其输出信号电压在 0.3～4.7V 范围内变化，如图 8-2 所示。

当冷却液温度传感器电路发生短路或断路故障时，其输出的信号电压就会低于 0.3V 或高于 4.7V。当 ECU 接收到低于 0.3V 或高于 4.7V 的冷却液温度信号时，自诊断系统就会判定冷却液温度传感器及其电路有短路或断路故障，并立即启用后备功能，按固定温度值（断路时按 80℃、短路时按 19.5℃）的工作状态控制喷油器喷油，并将故障编成代码存储在 RAM 中，以便检测维修时调用。

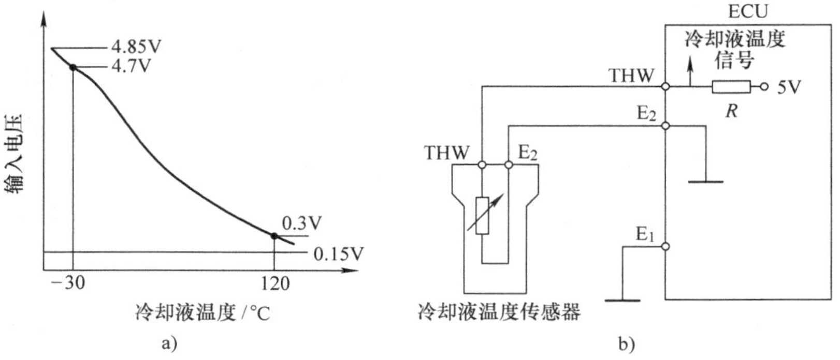

图 8-2 冷却液温度传感器 CTS 自诊断电路
a）CTS 输出特性 b）CTS 工作电路

2）当进气温度传感器发生故障或其电路断路或短路时，发动机 ECU 将按进气温度为 20℃ 的工作状态控制喷油器喷油。

3）当空气流量传感器或歧管压力传感器电路断路或短路时，ECU 将按节气门位置传感器信号以三种固定的喷油量控制喷油器喷油。当节气门位置传感器的怠速触点闭合时，以固定的怠速喷油量控制喷油；当怠速触点断开、节气门尚未全开时，以固定的小负荷喷油量控制喷油；当节气门全开或接近全开时，以固定的大负荷喷油量控制喷油。对于多点燃油顺序喷射系统，喷油频率则由发动机每转两转顺序喷油一次改为每转一转同时喷油一次。

4）当节气门位置传感器电路断路或短路时，ECU 将根据发动机转速信号和空气流量传感器信号计算出一个替代值来控制喷油器的喷油量。

5）当大气压力传感器电路断路或短路时，ECU 将按 101kPa（1 个标准大气压力）控制喷油器喷油。

6）当氧传感器电路断路、短路或输出信号电压保持不变或每 1min 变化低于 10 次时，ECU 将取消空燃比反馈控制，并以开环控制方式控制喷油器喷油。

7）当曲轴位置和凸轮轴位置传感器中的一种传感器电路断路或短路时，ECU 则根据另一种传感器信号控制喷油和点火，点火提前角根据工况不同按预先设定的固定值（起动和怠速工况一般为上止点前 10°左右，其他工况一般为上止点前 20°左右）进行控制，喷油量根据节气门位置传感器信号按预先设定的固定值控制喷油。对于多点燃油顺序喷射系统，喷油频率则由发动机每转两转顺序喷油一次改为每转一转同时喷油一次。

8）当执行器（如喷油器、点火控制器、怠速控制阀等）出现故障时，有的故障能被ECU检测出来，有的则不能检测，具体情况依车型的控制软件和硬件设计而异。例如，当大众公司汽车节气门控制组件内的怠速节气门位置传感器信号中断时，控制组件将利用应急弹簧将节气门拉开到规定开度，使怠速转速升高而进入应急状态运行。监控执行器故障一般都设有专用监测电路，监测点火器的自诊断电路如图8-3所示。当发动机转速变化时，ECU发出与转速同步变化的点火脉冲控制指令，点火控制器内部功率晶体管导通与截止的频率随发动机转速变化而同步变化，点火监控电路将从功率晶体管的集电极接收到高、低电平且交替变化的同步信号。

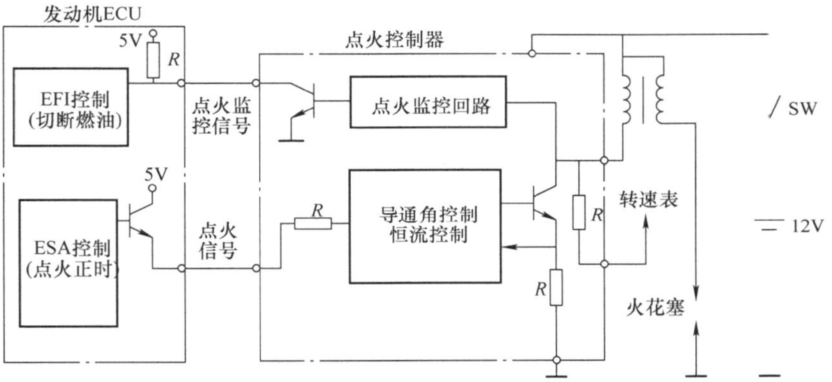

图8-3　点火器故障自诊断电路

当发动机运转而点火线圈初级电路一直接通或一直断开时，监控电路就接收不到交替变化的信号，反馈到ECU的监控信号将保持高电平或低电平不变。当ECU连续发出与气缸数相同个数的点火脉冲控制指令而点火监控反馈信号仍保持不变时，ECU就会判定点火系统发生故障，立即进入应急状态运行，并将故障内容编成代码存储在RAM中，以便检测维修时调用。

当发动机电子控制系统在后备功能工作状态下，由于发动机的性能将受到不同程度的影响。因此某些车型的发动机自诊断系统还将自动切断空调、音响等辅助电器系统电路，以便减小发动机的工作负荷。

第二节　汽车电控系统故障自诊断监测原理

在汽车电子控制系统工作过程中，自诊断电路随时都在监测各种传感器、控制开关和执行器的工作状况，诊断它们是否发生故障。

在一般情况下，自诊断系统能够识别出故障类型，如无信号（断路）、对地短路（搭铁）、对正极短路等。但是，由于控制部件的结构、线路连接以及故障原因各有不同，所以某些类型的故障自诊断系统难以区分出来。下面分别以自诊断监测点位于被监测部件正极和监测点位于被监测部件负极的故障自诊断原理为例说明。

一、监测点位于被监测部件正极的自诊断原理

在汽车电子控制系统中，各种传感器的故障自诊断监测点一般都位于传感器的正极。

1. 搭铁和对负极短路的自诊断

当监测点位于被监测部件正极时，传感器搭铁或对负极短路故障的自诊断电路如图 8-4 所示。当传感器及控制系统正常时，自诊断电路从自诊断监测点测得传感器输入中央处理单元 CPU 的信号电压为 0.3 ~4.7V，表示该传感器工作正常，自诊断结果为无故障记录。

如果传感器与电控单元 ECU 之间的信号线、插接器插头或传感器部件本身“搭铁”，如图 8-4a 所示，则自诊断监测点输入 CPU 的监测值将始终为 0V。

如果传感器信号线与负极导线短接，即“对负极短路”，如图 8-4b 所示，则自诊断监测点输入 CPU 的监测值也将始终为 0V。

综上所述，在监测点位于被监测部件正极的情况下，当控制部件的信号线、插接器插头或部件本身“搭铁”或“对负极短路”时，CPU 的监测值均为 0V。因为 CPU 难以区分其故障类型，所以 CPU 记录的故障为：“搭铁或对地短路”。

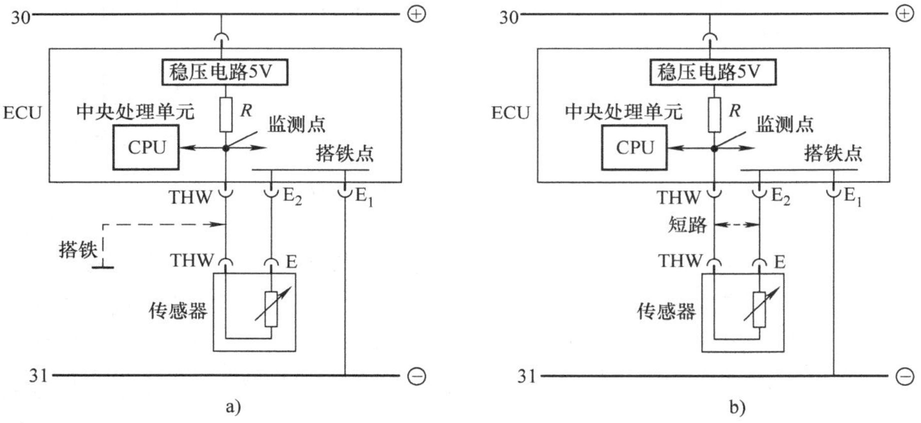

图 8-4　传感器线路搭铁或对负极短路故障的自诊断电路

a）搭铁的自诊断电路　b）对负极短路的自诊断电路

2. 断路与对正极短路的自诊断

当监测点位于被监测部件正极时，断路与对正极短路故障的自诊断电路如图 8-5 所示。

当传感器与 ECU 之间的信号线、插接器插头或传感器部件本身“断路”时，如图 8-5a 所示，自诊断监测点输入 CPU 的监测值将始终为 5V。

某些传感器（如节气门位置传感器）需要提供电源，其电源线、信号线及搭铁线等均通过线束插头或插座与电控单元 ECU 的线束插座连接。当传感器与 ECU 之间的信号线、线束插头或部件本身“对正极短路”时，如图 8-5b 所示，自诊断监测点输入 CPU 的电压也将始终保持 5V 不变。

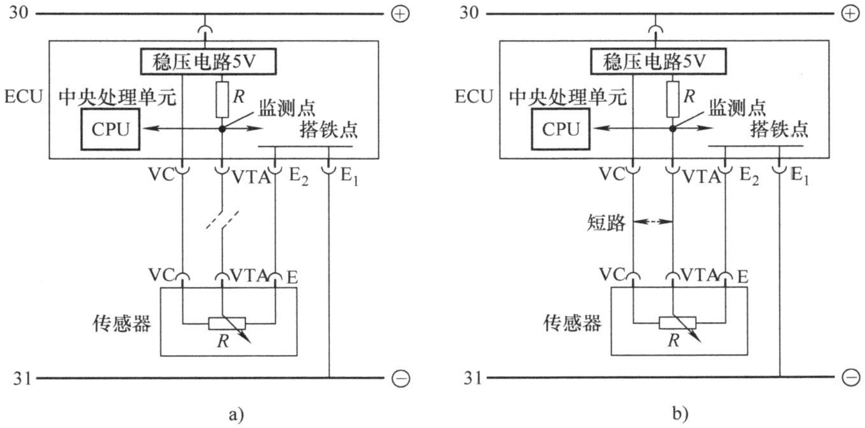

图 8-5　传感器线路断路与对正极短路的自诊断电路

a）断路的自诊断电路　b）对正极短路的自诊断电路

由此可见，当传感器发生“断路”和“对正极短路”两种类型的故障时，因为自诊断监测点输入 CPU 的监测值始终都为 5V，所以 CPU 难以区分其故障类型。因此，在监测点位于被监控部件正极的情况下，当出现“断路”和“对正极短路”两种故障之一时，CPU 自诊断记录的结论将是：“断路或对正极短路”。

二、监测点位于被监测部件负极的自诊断原理

在汽车电子控制系统中，各种执行器的故障自诊断监测点一般都设在执行器的负极，以便驱动回路驱动执行器动作。

1. 对电源线短路或对正极短路的自诊断

当自诊断监测点位于被监测部件负极时，对电源线短路或对正极短路故障的自诊断电路如图 8-6 所示。

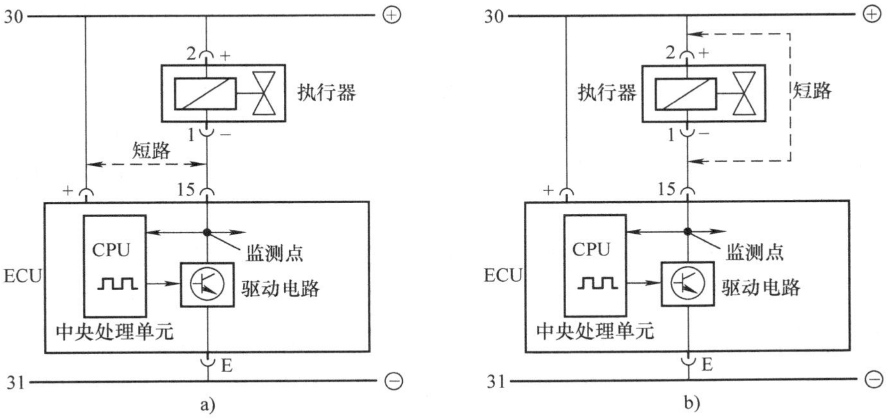

图 8-6　执行器对正极短路的自诊断电路

a）对电源线短路的自诊断电路　b）对正极短路的自诊断电路

当执行器及控制系统正常时，中央处理单元（CPU）向输出回路（即驱动电路）发出一定频率的脉冲控制信号驱动执行器动作，自诊断电路从自诊断监测点可以测得交替变化的脉冲信号并反馈到 CPU，从而说明控制系统工作正常，此时 CPU 无故障记录。

当执行器负极导线、插接器插头或部件本身对电源线短路或对部件正极导线短路时，如图 8-6 所示，自诊断监测点反馈输入到 CPU 的监测值将始终等于电源电压。因此，CPU 自诊断记录的结论将是："对正极短路"。

2. 断路与搭铁故障的自诊断

当自诊断监测点位于被监测部件负极时，断路与搭铁（又称为对地短路）故障的自诊断电路如图 8-7 所示。

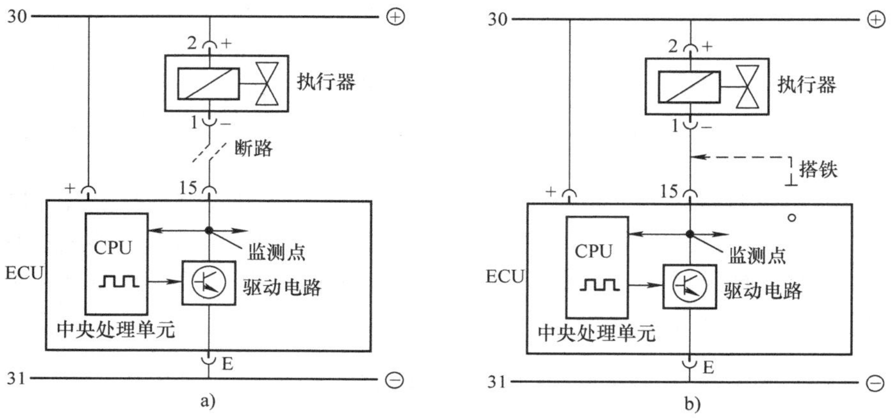

图 8-7 执行器断路与搭铁的自诊断电路

a）断路的自诊断电路 b）搭铁的自诊断电路

当执行器负极导线、插接器插头或部件本身与 ECU 之间的导线发生断路故障时，如图 8-7a 所示，自诊断监测点反馈输入 CPU 的监测值将始终等于 0V。

当执行器负极导线、插头或部件本身搭铁时，如图 8-7b 所示，自诊断监测点反馈输入 CPU 的监测值也将始终等于 0V。

由此可见，当执行器发生断路和搭铁两种类型的故障时，自诊断监测点反馈输入 CPU 的监测值相同，CPU 难以区分故障类型。因此，在自诊断监测点位于被监测部件负极的情况下，当出现断路和搭铁故障之一时，CPU 自诊断记录的结论将是："断路/对地短路"。

第三节 电控系统故障自诊断测试

故障自诊断测试是指利用专用故障检测仪与 ECU 进行通信，或按特定的操作方式触发车载 ECU 的控制程序运行，以便读取故障码、清除故障码、读取车载 ECU 内部的控制参数、检测各种传感器和执行器的工作状态及其控制电路是否正常等活动。

汽车电子控制系统都具有故障自诊断功能，利用专用仪器或专用工具，通过自诊断测试，根据测试过程中显示的故障码来检查排除各种电子控制系统的故障，是排除汽车电子控制系统故障最有效、最方便和最快捷的方法。

一、故障自诊断测试方式

根据发动机工作状态不同，自诊断测试方式分为静态测试（KOEO，Key ON Engine OFF）和动态测试（KOER，Key ON Engine Run）两种。

静态测试方式（KOEO）是指：在点火开关接通（ON）、发动机不运转（OFF）的情况下进行诊断测试，主要用于读取或清除故障码。

动态测试方式（KOER）是指：在点火开关接通（ON）、发动机运转（Run）的情况下进行诊断测试，主要用于读取或清除故障码、检测传感器或执行器工作情况及其控制电路是否良好以及与车载ECU进行数据通信（即数据流分析）等。

二、故障自诊断测试内容

故障自诊断测试内容包括读取与清除故障码、数据流分析、监控执行器和编程匹配等。

1. 读取与清除故障码

读取与清除故障码是指利用故障检测仪或专用工具，将汽车电子控制系统各种ECU中存储的故障码读出或清除的过程。读取故障码是对各种汽车电子控制系统进行自诊断测试的主要工作之一。

汽车在使用过程中，各种电控系统的故障码和单片机工作时暂时需要存储的数据（如输入/输出数据、单片机运算得出的结果、空燃比修正数据等），都存储在RAM中，这些数据根据需要可随时调用或被新的数据改写。只要蓄电池正极柱和负极柱上的电缆端子未曾拆下，ECU中存储的故障码就能长期保存。将故障码从ECU中读出，即可知道故障性质、故障部位或故障原因，为检查与排除故障以及系统设计与改进提供依据。

在各型汽车上，蓄电池正极都直接与ECU连接，不受任何开关控制，以便蓄电池向RAM持续供电。因为RAM一旦断电，其内部存储的信息就会丢失。所以，在装备电子控制系统的汽车上，不能轻易断开蓄电池极柱上的电缆接头。

读取与清除故障码的方法有两种：一种是利用故障检测仪读取，另一种是利用特定的操作方法和操作程序进行读取。汽车检测仪对故障码有比较详细的说明，比如是历史性故障码还是当前的故障码，故障码出现几次。历史性故障码表示故障曾经出现过（如线路接触不良），现在已不出现，但在电控单元ECU中已经存储记忆。当前故障码表示最近出现的故障，并且通过出现的次数来确定此故障是否经常出现。

清除故障码必须在汽车运行一段时间、并确认故障已经排除之后才能进行。确认故障是否排除时，非常关键的一步是根据使用手册或相关资料，查明出现故障码的运行条件。如果运行条件不满足要求，故障就可能仍然存在。以发动机控制系统的空气流量传感器信号频率低（故障码为DTC P0102）为例，产生该故障的设定条件是空气流量传感器信号频率低于1200Hz且持续时间超过0.5s。出现故障码DTC P0102的运行条件是：起动发动机运行；点火电压高于8.0V；节气门开度低于50%。如上述运行条件不满足，即使空气流量传感器存在故障，发动机ECU也不会发出指令使故障指示灯发亮指示，从而导致维修人员误认为故障已经排除。

2. 数据流分析

当发动机运转时，利用故障检测仪将车载 ECU 内部的控制参数和计算结果等数值以数据表和串行输出方式在检测仪屏幕上一一显示出来的过程，称为数据流分析，又称为“数据通信”“数据传输”或“读取数据块”。

数据流显示的数据主要包括氧传感器、发动机转速、喷油脉宽、空气流量、节气门开度、怠速转速、蓄电池电压、点火提前角、冷却液温度、进气温度等信号参数。汽车电控系统传感器和执行器的工作参数具有一定的标准和范围，通过数据流分析，各种传感器输出信号电压的瞬时值、ECU 内部的计算与判断结果、各种执行器的控制信号都能一目了然地显示在检测仪屏幕上。根据发动机运转状态和传输数据的变化情况，即可判断控制系统工作是否正常，将特定工况下的传输数据与标准数据进行比较，就能准确判断故障类型和故障部位。

3. 监控执行器

监控执行器是指利用汽车检测仪对执行器（如喷油器、怠速电动机、继电器、电磁阀、冷却风扇电动机等）进行人工控制，向其发出强制驱动或强制停止指令来监测其动作情况，用以判定执行器及其控制电路的工作状况是否良好。

在发动机怠速状态下对怠速电动机进行动作测试时，随着怠速电动机控制节气门（或旁通空气道）开度大小的变化，发动机怠速转速应当相应地升高或降低，通过测试就可判定怠速电动机及其控制线路是否正常。同理，可在发动机运转时对燃油泵继电器进行监控，当发出断开燃油泵继电器控制指令时，发动机应很快就停止运转。

在发动机运转状态下，如果发出控制某只喷油器停止喷油的指令后，用手触摸该喷油器仍有振动感或发动机转速不降低，说明其控制电路有故障；当控制模式设定为闭环控制模式时，系统将对空燃比实施闭环控制，氧传感器信号将发挥作用，如果检测仪屏幕上表示发动机混合气浓度的红色指示灯（混合气浓）与绿色指示灯（混合气稀）交替闪亮，说明闭环控制系统正常，如果红色指示灯常亮不闪或绿色指示灯常亮不闪，则说明氧传感器失效。

在发动机熄火状态下，可控制电动燃油泵运转、控制某只电磁阀或继电器（如冷却风扇继电器、空调压缩机继电器等）工作、控制某只喷油器喷油等。当发出相应的控制指令后，如燃油泵不转（听不到运转声音）、电磁阀不工作（用手触摸时没有振动感）、冷却风扇或空调压缩机不转动，则说明该执行器或其控制电路有故障。

不同汽车检测仪所能支持的执行器动作测试项目不尽相同，有的支持测试项目多，有的支持测试项目少，主要取决于检测仪和汽车电控单元的软件程序与匹配关系。

4. 编程匹配

编程匹配是指电控系统工作参数发生变化或更换新的控制部件之后，利用汽车检测仪与电控系统的 ECU 进行数据通信，通过设定工作参数使系统或新换部件与控制系统匹配工作的过程，又称为初始设定。

编程匹配必须具有详细的技术资料才能进行操作，主要用于怠速设定、电子节气门设定、更换各种电控单元后的编码设定、防盗功能设定、自动灯光设定、自动变速器维修后的设定等。随着汽车电控技术的发展和控制精度的提高，编程匹配工作越来越多，特别是大众系列汽车在更换新的控制部件之后，大都需要进行编程匹配。

三、故障自诊断测试工具

汽车电控系统常用的故障自诊断测试工具有跨接线、调码器和故障检测仪三种类型。汽车故障检测仪功能齐全、使用方便，但价格昂贵。为了便于没有故障检测仪的用户通过读取故障码来诊断故障，有的汽车厂商在汽车 ECU 中设有利用跨接线或调码器来读取故障码的软件程序，将跨接线或调码器与诊断插座上相应的接线端子连接之后，即可根据组合仪表板上或调码器上故障指示灯的闪烁情况来读出故障码。1994 年开始统一采用第二代车载故障诊断系统（OBD－Ⅱ）之后，因为全球汽车厂商统一了故障诊断插座形式（即规定为标准的 16 端子诊断插座）和故障测试软件通用标准（即规定各种车型的故障测试软件在不同故障检测仪中可以通用），所以 1994 年后生产的汽车，一般都需要使用故障检测仪进行自诊断测试。

1. 跨接线

跨接线是一根普通的单芯导线或两端带有鳄鱼夹的导线，如图 8-8 所示。将跨接线与诊断插座上相应的接线端子连接之后，接通点火开关即可触发读取故障码的软件程序运行，同时根据组合仪表板上故障指示灯的闪烁情况就可读出故障码。

2. 调码器

调码器是由发光二极管（LED）与一定阻值的电阻 R 串联组成的显示器，如图 8-9 所示，串联电阻 R 为限流电阻，防止电流过大而烧坏 LED；两只 LED 并联的目的是：无论调码器输出端子 T1、T2 与诊断插座输出信号的正负极怎样连接，都有一只 LED 导通工作。将调码器与诊断插座上的相应端子连接，接通点火开关即可触发读取故障码的软件程序运行，根据调码器上发光二极管的闪烁情况就可读出故障码。

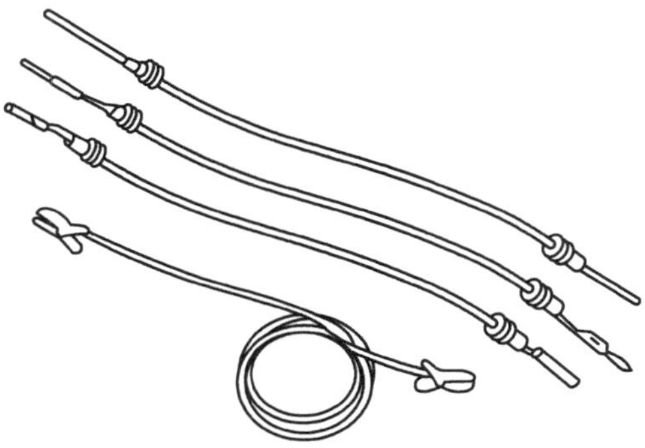

图 8-8 跨接线

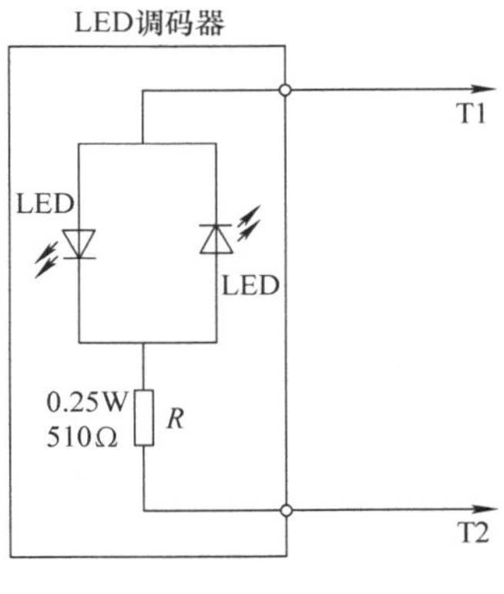

图 8-9 调码器电路

3. 故障检测仪

汽车故障检测仪是一种利用配套的连接线束与汽车上的故障诊断插座（TDCL）相连，并与各种电子控制系统的 ECU 进行数据交流的专用仪器。为了便于维修人员诊断测试汽车电子控制系统故障，汽车制造公司或厂家都为自己生产的汽车设计有专用故障检测仪。汽车故障检测仪又称为故障诊断测试仪、故障阅读仪和解码器等。

汽车故障检测仪通常分为专用检测仪和综合检测仪两种。专用检测仪是指由汽车制造厂家提供或指定的汽车故障检测仪，如奔驰汽车用 HHT、宝马汽车用 MONIC3、大众（奥迪）汽车用 V. A. G1551（图 8-10）、V. A. G1552（图 8-11）、V. A. G5051、V. A. G5052（V. A. G5051、V. A. G5052 分别是 V. A. G1551、V. A. G1552 的换代升级产品，其功能更齐全，但体积有所增大），通用汽车用 TECH－2、克莱斯勒汽车用 DRB－2、DRB－3、福特汽车用 WDS 和 NGS、日产汽车用 CONSULT－Ⅰ、CONSULT－Ⅱ等。一般来说，每个汽车制造厂家（公司）都针对自己生产的各种车系研制有专用的检测仪器，以便为自己生产的汽车提供良好的维修服务。

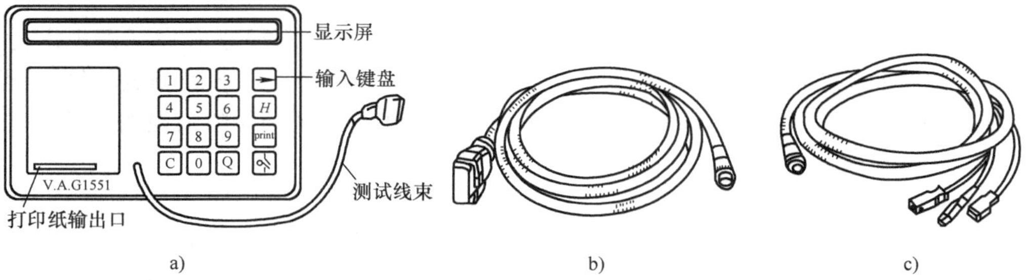

图 8-10 故障测试仪 V. A. G1551 与测试线束

a）V. A. G1551 外形 b）16 端子测试线束 V. A. G1551/3 c）2 端子测试线束 V. A. G1551/1

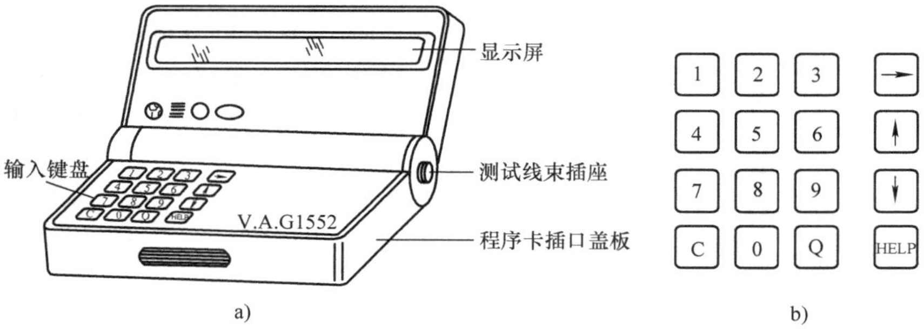

图 8-11 故障测试仪 V. A. G1552 结构与键盘

a）V. A. G1552 结构 b）V. A. G1552 键盘

综合检测仪是指非汽车制造厂家（公司）提供或指定，由仪器设备厂商生产的汽车故障检测仪，如德国博世汽车故障检测仪、美国的红盒子 MT2500，国内生产的 X－431、金奔腾彩圣、车博士、电眼睛和修车王等。所有品牌的检测仪器都具有读取与清除故障码、分析数据流、执行器功能测试、编程匹配、用作示波器和万用表的功能。同一种故障检测仪配备有多种车型的自诊断软件，购买检测仪时可据需要选购。由于不同车型的自诊断软件不尽相同，因此某一种测试软件仅适用于指定车型的诊断测试，对其他厂家或公司的车型不能使用。

国产汽车常用故障测试仪 V. A. G1551、V. A. G1552 的功能和使用方法完全相同，唯一区别在于 V. A. G1552 没有打印功能。故障测试仪主要由仪器硬件与软件、显示屏、键盘、打印机、测试线束插孔、程序卡安装槽（位于仪器后上部）和交叉线束连接插孔（位于仪器背面）组成。其中，16 端子测试线束适用于具有 16 端子诊断插座的汽车，2 端子测试线束适用于具有 2 端子诊断插座的汽车。不同年份生产的车型，配有不同的磁卡，将其插入相应的故障测试仪，即可对不同的车型进行诊断测试。

汽车故障检测仪不仅可以检测诊断燃油喷射系统（EFI）故障，而且还能检测诊断防抱死制动系统（ABS）、安全气囊系统（SRS）、自动变速系统（ECT）等各种电子控制系统的故障。故障测试仪型号不同，使用方法也不相同。因此，使用故障测试仪时，必须按照不同测试仪的使用说明进行操作。

四、故障自诊断测试方法

将故障检测仪、调码器或跨接线等自诊断测试工具与汽车上的诊断插座连接后，接通点火开关，即可触发自诊断系统进行自诊断测试。利用故障检测仪进行自诊断测试时，其显示屏能够直接显示故障内容与故障原因。各种故障检测仪的使用方法各有不同，下面以国产汽车普遍使用的 V. A. G1551 和 V. A. G1552 型故障测试仪测试大众轿车多点喷射系统为例，说明利用故障测试仪进行自诊断测试的过程。

测试仪 V. A. G1551 或 V. A. G1552 可供选择的功能有 10 项，见表 8-1。中文版本的测试仪可直接识读，使用操作十分方便，维修人员将其称为“傻瓜机”。为了便于读者掌握不同版本测试仪的使用方法，下面以英文版本测试仪并附译文进行说明。

表 8-1　测试仪 V. A. G1551 或 V. A. G1552 可供选择的功能

代码	功能	前提条件	
		发动机停转，点火开关接通	发动机怠速运转
01	显示控制系统版本号	—	—
02	读取故障码	是	是
03	执行机构测试	是	否
04	进入基本设定	是	是
05	清除故障码	是	是
06	结束输出	是	是
07	控制模块编号	—	—
08	读取测量数据块	是	是
09	读取单个测量数据	×	×
10	自适应测试	×	—

注：1. 发动机停转，点火开关接通进行基本设定时，必须在更换电控单元 J220、节气门控制组件 J338、发动机或拆下蓄电池电缆后，才能选择代码“04”进行基本设定。

2. 发动机怠速运转进行基本设定时，冷却液温度高于 80℃才能进行，如果冷却液温度低于 80℃，基本设定功能将被锁止。

3. 自适应测试目前仅用于厂内检查。

1. 读取故障码

使用故障诊断仪进行诊断测试时，蓄电池电压必须高于 11.5V；燃油喷射熔丝正常；发动机和变速器上的搭铁线连接必须可靠。读取故障码的操作程序如下：

1）起动发动机进行至少 220s 试车。试车中应当满足的条件有：必须在发动机冷却液温度高于 70℃的情况下至少运转 174s；发动机至少高速运行 6s；发动机运转 210s 后至少再怠速运转10s；发动机转速至少有一次超过2200r/min。对于发动机不能起动的车辆，首先应当排除机械故障，然后反复接通起动开关，使发动机转动数次。

2）连接故障测试仪。大众轿车电控系统设有一个标准的OBD－Ⅱ插座（16端子故障诊断插座），安装在变速杆下端皮质护套下面，如图8-12所示。诊断电控系统故障时，断开点火开关，用测试线束V. A. G1551/3将故障阅读仪V. A. G1551或汽车系统测试仪V. A. G1552与诊断插座连接，即可进行诊断测试。

图8-12　大众轿车诊断插座位置

3）接通电源进入诊断测试程序。首先接通点火开关或起动发动机怠速运行（如故障导致发动机不能起动，则接通点火开关即可），然后接通故障诊断仪电源开关。此时故障诊断仪进入“车辆系统测试”模式，显示如图8-13所示。

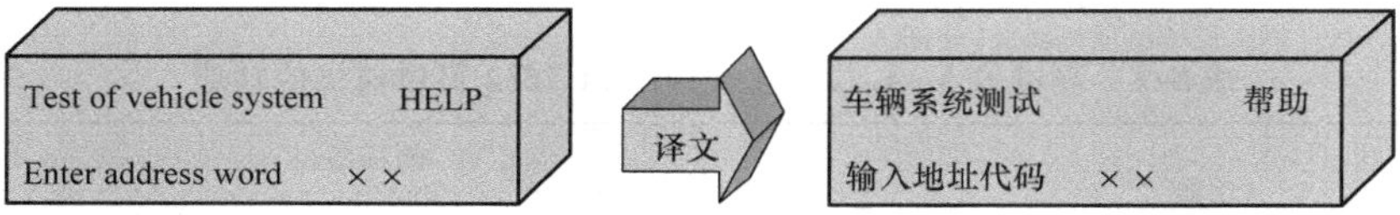

图8-13　进入车辆系统测试模式时显示的信息

4）输入“发动机控制系统”的地址指令“01”，并单击Q键确认，地址指令代表的系统名称就会出现在屏幕上（单击C键可以改变输入指令）。电控单元确认后将显示如图8-14所示的电控单元信息（注意：只有在点火开关接通或发动机运转时，才能显示控制器的编号和代码）。需要特别指出的是：由于汽车使用的电控单元以及诊断仪使用的程序卡型号不同，各项功能所显示和打印的内容可能有所不同。

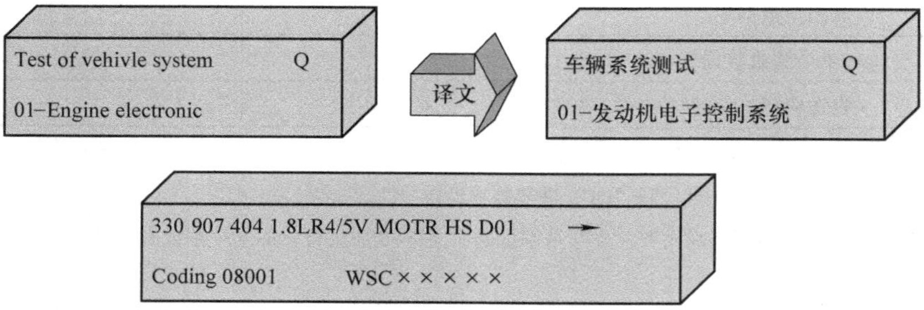

图8-14　输入电控单元地址代码“01”后显示的信息

330 907 404-电控单元零件编号（实际编号参见配件目录）　1.8L-发动机排量（1.8升）
R4/5V-直列4缸5气门发动机　MOTR-燃油喷射系统（MOTRONIC）名称　HS-手动变速器
D01-电控单元软件代码（程序编号）　Coding 08001-电控单元编码　WSC × × × × ×-服务站代码

5）单击→键，直到诊断仪屏幕上显示输入“功能选择代码”，如图8-15所示。

图 8-15　单击→键后显示的功能选择信息

6）输入读取故障码的功能选择代码“02”，并单击 Q 键确认，屏幕上将首先显示存储故障的数量（图 8-16）或显示“没有故障被识别”（图 8-17）。

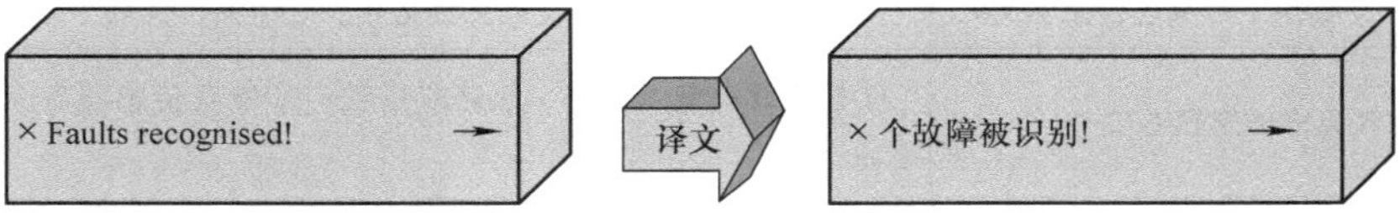

图 8-16　输入功能选择代码“02”且有故障码时显示的信息

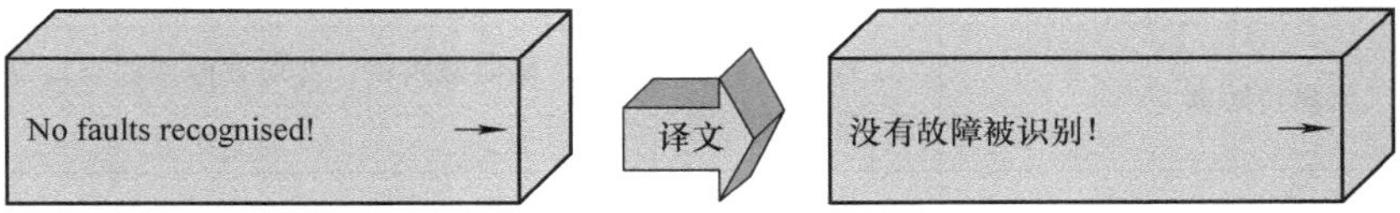

图 8-17　输入功能选择代码“02”但无故障码时显示的信息

7）单击→键继续运行，每个故障的文字说明将单独显示在屏幕上，如图 8-18 所示。

图 8-18　显示每个故障的文字说明信息

如果使用 V. A. G1551 型测试仪，单击 Print 键接通打印机（Print 键上的指示灯将发亮），存储的一个或多个故障码及其文字说明将按存储故障的顺序打印出来。为了使打印输出的故障码与维修手册印制的故障码表一一对应，故障码均按 5 位数字排列，大众轿车的故障码见表 8-2。

表 8-2　大众轿车发动机电子控制系统故障码

故障码	故障部位	排除方法
00000	无故障	如果汽车有故障，说明故障没有被控制系统识别
00513	发动机转速传感器 G28	①检查曲轴位置传感器有无松动；②检查线束有无短路、断路或搭铁；③检查传感器有无故障或更换传感器

（续）

故障码	故障部位	排除方法
00515	霍尔式凸轮轴位置传感器 G40	①检查霍尔传感器转子的安装位置是否准确；②检查线束有无短路、断路或搭铁；③检查传感器有无故障或更换传感器
00518	节气门控制组件的节气门位置传感器（电位计）G69	①检查线束有无短路、断路或搭铁；②检查传感器有无故障或更换传感器
00522	冷却液温度传感器 G62	①检查线束有无短路、断路或搭铁；②检查传感器有无故障或更换传感器
00524	1、2 缸用 1 号爆燃传感器 G61	①检查线束有无短路、断路或搭铁；②更换传感器
00527	进气温度传感器 G72	①检查线束有无短路、断路或搭铁；②检查传感器有无故障或更换传感器
00530	节气门怠速位置传感器 G88	①检查线束有无短路、断路或搭铁；②检查传感器有无故障或更换传感器
00540	3、4 缸用 2 号爆燃传感器 G66	①检查线束有无短路、断路或搭铁；②更换传感器
00553	空气流量传感器 G70	①检查线束有无短路、断路或搭铁；②检查传感器至发动机之间是否漏气；③检查传感器是否脏污
00668	30 号电源线电压过低	①检查蓄电池电压是否过低；②检查整体式交流发电机能否发电
01165	节气门控制组件 J338 基本设定错误	①检查控制组件与 ECU 是否匹配；②检查节气门或控制电动机 V60 是否卡死；③重新进行基本设定
01247	活性炭罐电磁阀 N80	①检查电磁阀线圈电阻（20℃时标准值 40～80Ω）；②检查线束有无短路、断路或搭铁
01249	第 1 缸喷油器 N30	①检查线束有无短路、断路或搭铁；②检查喷油器线圈电阻（20℃时标准值 13～18Ω）
01250	第 2 缸喷油器 N31	①检查线束有无短路、断路或搭铁；②检查喷油器线圈电阻（20℃时标准值 13～18Ω）
01251	第 3 缸喷油器 N32	①检查线束有无短路、断路或搭铁；②检查喷油器线圈电阻（20℃时标准值 13～18Ω）
01252	第 4 缸喷油器 N33	①检查线束有无短路、断路或搭铁；②检查喷油器线圈电阻（20℃时标准值 13～18Ω）

在显示屏上，下面一行显示的是故障类型。如果故障类型后面显示有“/SP”字样，表明该故障为偶然性故障。故障码及其类型显示完毕，显示屏将显示输入“功能选择代码”。此时输入“功能选择代码”01、02、03……10，可继续进行其他诊断测试。

2. 清除故障码

故障排除后应及时清除故障码，否则再次读取故障码时，存储器中所有的故障码都会一并调出，影响工作效率。

如果ECU电源被切断（如控制器插头被拔下）或蓄电池极柱上的电缆端子被拆下，则随机存储器中存储的故障信息将被清除。

利用故障测试仪V. A. G1551或V. A. G1552清除大众轿车发动机电控系统故障码的操作程序如下：

1）按读取故障码的操作程序1）~5）进入诊断测试“功能选择”。当诊断仪屏幕上显示输入“功能选择代码”时，如图8-19所示，输入“读取故障码”的功能选择代码“02”，并单击Q键确认；

图8-19　单击→键后显示的功能选择信息

2）单击→键，直到显示出所有的故障码，并在屏幕上显示输入“功能选择代码”时，输入“清除故障码”的功能选择代码“05”，并单击Q键确认，显示如图8-20所示。

图8-20　输入功能选择代码“05”时显示的信息

3）单击→键，直到故障码被清除，并在屏幕上显示输入“功能选择代码”时，输入“结束输出”功能选择代码“06”，并单击Q键确认。

4）重新试车并再次读取故障码，此时应当没有故障码显示。

第四节　汽车电控系统故障诊断与排除

各种汽车电控系统故障的诊断与排除方法大同小异，下面以发动机电控系统为例说明汽车电控系统故障的诊断程序与排除方法。

一、发动机电控系统故障诊断与检修程序

实践证明，发动机电子控制系统故障可按下述程序进行诊断与检修。

1）向用户询问有关情况。如故障产生时间、产生条件（包括天气、气温、道路情况以及发动机工况等）；故障现象或症状；故障发生频率；是否进行过检修以及检修过哪些部位等。

2）进行直观检查。即检查电子控制系统的控制部件是否正常；电气线路插接器或接头有无松动、脱接；导线有无断路、搭铁、错接以及烧焦痕迹；管路有无折断、错接或凹瘪等。部分传感器与执行器对发动机性能的影响见表8-3，熟悉传感器与执行器对发动机以及

车辆运行状态的影响，对迅速诊断与排除故障极为重要。

表 8-3　汽车发动机电控系统控制部件对发动机性能的影响

序号	部件名称	故障现象
1	电控单元	①发动机不能起动；②发动机工作失常
2	点火线圈	①发动机不能起动；②无高压火花跳火；③次级电压过低
3	燃油泵继电器	①发动机不能起动；②燃油泵不工作；③喷油器不喷油
4	继电器盒熔丝	发动机不能起动
5	曲轴与凸轮轴位置传感器	①发动机不能起动；②发动机工作不稳定；③怠速不稳；④中途熄火
6	空气流量与歧管压力传感器	①发动机起动困难；②发动机工作失常；③怠速不稳；④油耗增加
7	进气温度传感器	①发动机工作不良；②怠速不稳或怠速熄火；③油耗与排放增加；④混合气过浓
8	节气门位置传感器	①发动机起动困难；②怠速不稳；③发动机工作不良；④容易熄火
9	爆燃传感器	①发动机工作不稳；②加速时爆燃；③点火正时不准
10	氧传感器	①发动机工作不良；②怠速不稳；③油耗与排放增加；④混合气过浓
11	冷却液温度传感器	①发动机起动困难；②发动机工作不良；③怠速不稳；④容易熄火
12	喷油器	①发动机不能起动或起动困难；②油耗增加；③怠速不稳；④发动机工作不良
13	怠速控制阀	①发动机起动困难；②怠速不稳或怠速过高；③容易熄火
14	曲轴箱通风阀（PVC 阀）	①发动机不能起动或起动困难；②怠速不稳或怠速过高；③加速困难；④油耗增加
15	活性炭罐电磁阀	①发动机工作不良；②发动机怠速不稳
16	空调（A/C）开关	①发动机不能起动；②发动机怠速不稳；③怠速熄火
17	电动燃油泵	①发动机不能起动或起动困难；②发动机工作不良；③怠速不稳或怠速熄火；④发动机回火

3）按基本检查程序进行检查。在诊断发动机电子控制系统故障时，为了尽快确定故障类型与部位，尽可能少走弯路，在对汽车进行直观检查后，可按图 8-21 所示程序进行基本检查，包括怠速检查调整和点火正时的检查调整。

4）进行自诊断测试读取故障码。如有故障码，则按故障码表指示的故障原因和部位逐一排除故障；如无故障码但故障症状依然存在，则通过故障征兆模拟试验来判断试验线路或部件工作是否正常，同时参照“故障征兆表”进行诊断检查，以便缩小故障范围。汽车电子控制系统的“故障征兆表”是一种根据汽车故障征兆（如起动困难、不能起动或怠速失常等）和零部件（各种传感器、控制开关及油气管路等）名称，按各种零部件导致该故障产生的可能性大小，用阿拉伯数字由小到大列出的表格。

5）如按上述程序检查仍不能排除故障，说明发动机可能有机械故障和其他故障，可按“发动机机械故障与其他故障征兆表”进行诊断与排除。

二、发动机电控系统故障诊断与检修方法

诊断检修发动机电子控制系统故障时，常用以下几种故障征兆模拟试验方法进行：

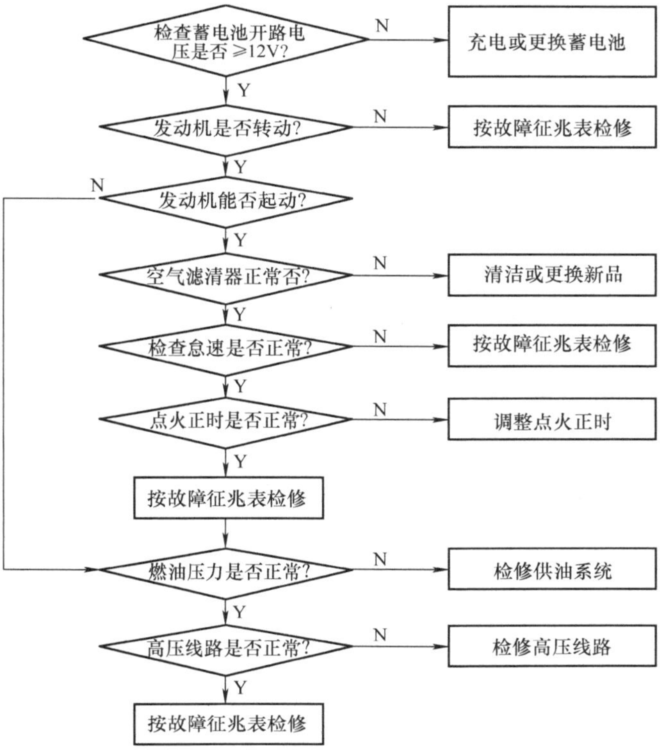

图 8-21　发动机电子控制系统故障的基本检查程序

1. 振动试验法

当振动可能是导致产生故障的主要原因时，就可利用振动试验法进行检验。试验方法主要包括：在水平和垂直方向轻轻摆动插接器、线束、导线接头；用手轻轻拍打传感器、执行器、继电器和开关等控制部件（注意继电器不能用力拍打，以免产生误动作）。

2. 加热试验法

当汽车故障是在热机时出现或是由某些传感器与零部件受热所致时，可用电加热吹风机等加热工具对可能引起故障的零部件或传感器进行适当加热，以检查其是否有此故障（注意加热温度不得超过60℃，且不能对 ECU 进行加热）。

3. 水淋试验法

当故障在雨天或湿度较大的条件下产生时，可通过喷淋试验检查诊断故障。试验时，将水喷洒在散热器前面和汽车顶部，间接改变温度和湿度检查其是否发生故障。注意：不能将水直接喷洒在电器与电子部件上，以免造成短路和其他故障。

本章小结

本章主要介绍了汽车故障自诊断系统的组成与功能，故障自诊断检测原理，自诊断测试方式、测试内容、测试工具和测试方法，电控系统故障诊断与排除方法等。重点内容如下：

1. 汽车故障自诊断系统的组成与功能。一是发出报警信号；二是存储故障码；三是启用后备功能使控制系统处于应急状态运行。

2. 汽车电控系统故障自诊断监测原理、测试方式、测试内容、测试工具和测试方法。自诊断测试内容包括读取与清除故障码、数据流分析、监控执行器和编程匹配等。

3. 发动机电子控制系统故障诊断检修程序与检修方法。常用故障征兆模拟试验方法有振动试验法、加热试验法和水淋试验法。

思考题

一、单选题

1. 当今汽车车载故障自诊断系统称为（　　）。

A. TDCL　　B. BOD　　C. OBD　　D. BCD

2. 当今汽车都设置有故障诊断插座，该插座上的接线端子数目规定为（　　）。

A. 2个　　B. 16个　　C. 20个　　D. 32个

3. 当汽车电控系统的传感器发生故障时，自诊断系统就会将故障编成代码存储在（　　）中。

A. RAM　　B. ROM　　C. ECU　　D. TDCL

4. 当冷却液温度传感器“断路”时，发动机ECU按下列温度控制喷油（　　）。

A. 10℃　　B. 19.5℃　　C. 20℃　　D. 80℃

5. 当曲轴位置传感器断路或短路时，如果发动机运行在部分负荷工况，则ECU控制的点火提前角为压缩上止点前（　　）。

A. 10°　　B. 20°　　C. 30°　　D. 60°

二、多选题

1. 汽车故障自诊断系统中的故障诊断插座，一般都安装在（　　）。

A. 熔断器盒上　　B. 电控单元内　　C. 仪表板下方　　D. 发动机舱内

2. 汽车故障自诊断系统的功能有（　　）。

A. 发出报警信号　　B. 存储故障码　　C. 启用后备功能　　D. 调用控制程序

3. 汽车电控系统的故障自诊断测试内容有（　　）。

A. 读取故障码　　B. 数据流分析　　C. 监控执行器　　D. 编程匹配

4. 汽车电子控制系统常用的故障自诊断测试工具有（　　）。

A. 万用表　　B. 跨接线　　C. 调码器　　D. 故障检测仪

5. 诊断排除汽车发动机电控系统故障时，常用的故障征兆模拟试验方法有（　　）。

A. 辅助试验法　　B. 振动试验法　　C. 加热试验法　　D. 水淋试验法

三、判断题

1. 当今汽车上每一个电子控制系统，都配置有相应的故障自诊断子系统。（　　）

2. 当冷却液温度传感器短路时，发动机ECU将按19.5℃的工作状态控制喷油。（　　）

3. 当进气温度传感器短路时，发动机ECU将按20℃的工作状态控制喷油。（　　）

4. 对发动机电控系统进行静态自诊断测试既可读取故障码，也可监控传感器。（　　）

5. 用故障检测仪测试发动机电控系统时，蓄电池电压必须高于11.5V。（　　）

四、问答题

1. 汽车电控系统的故障自诊断系统（OBD）由哪些部件组成？
2. 什么是汽车故障自诊断测试（即故障自诊断测试的含义是什么）？
3. 分析说明车载故障自诊断系统监测传感器搭铁故障的自诊断原理。
4. 为什么在当今汽车上，不能轻易断开蓄电池极柱上的电缆接头？
5. 什么是汽车电子控制系统的“故障征兆表”？

参 考 文 献

[1] 蹇小平，麻友良. 汽车电器与电子技术 [M]. 北京：人民交通出版社，2015.
[2] 王尚勇，杨青. 柴油机电控技术 [M]. 北京：机械工业出版社，2006.
[3] 徐家龙. 柴油机电控喷油技术 [M]. 北京：人民交通出版社，2004.
[4] 史文库. 汽车新技术 [M]. 北京：人民交通出版社，2016.
[5] 吴刚. 汽车电子控制技术 [M]. 北京：人民交通出版社，2014.
[6] 周云山. 汽车电器与电子控制技术 [M]. 北京：人民交通出版社，2014.
[7] 陈焕江. 汽车检测与诊断技术 [M]. 2 版. 北京：人民交通出版社，2015.
[8] 张建俊. 汽车诊断与检测技术 [M]. 4 版. 北京：人民交通出版社，2016.
[9] 刘仲国. 现代汽车检测与故障诊断 [M]. 2 版. 北京：人民交通出版社，2015.
[10] 麻友良. 汽车电器与电子控制系统 [M]. 2 版. 北京：机械工业出版社，2010.
[11] 周建平. 汽车电气设备构造与维修 [M]. 3 版. 北京：人民交通出版社，2016.
[12] 解福泉. 汽车典型电子控制系统构造与维修 [M]. 3 版. 北京：人民交通出版社，2015.
[13] 吴际璋，王林超. 当代汽车电子控制系统结构原理与检修 [M]. 北京：人民交通出版社，2016.
[14] 彭小红，陈清. 汽车电路和电子系统检测诊断与修复 [M]. 北京：人民交通出版社，2014.
[15] 冯崇毅，鲁植雄，何丹娅. 汽车电子控制技术 [M]. 2 版. 北京：人民交通出版社，2016.